Förschler
Grundzüge des Wirtschaftsprivatrechts

Grundzüge des Wirtschaftsprivatrechts

von

Prof. Dr. jur. Peter Förschler

Verlag Franz Vahlen München

Prof. Dr. jur. Peter Förschler ist Professor für Wirtschaftsrecht und Corporate Compliance an der Hochschule für Wirtschaft und Umwelt Nürtingen-Geislingen sowie Honorarprofessor an der Universität Hohenheim.

ISBN 978-3-8006-5489-5

© 2018 Verlag Franz Vahlen GmbH
Wilhelmstraße 9, 80801 München
Satz: Fotosatz Buck
Zweikirchener Str. 7, 84036 Kumhausen
Druck und Bindung: Nomos Verlagsgesellschaft mbH & Co. KG
In den Lissen 12, 76547 Sinzheim
Umschlaggestaltung: Ralph Zimmermann – Bureau Parapluie
Bildnachweis: © mpavlov – depositphotos.com

Gedruckt auf säurefreiem, alterungsbeständigem Papier
(hergestellt aus chlorfrei gebleichtem Zellstoff)

Vorwort

Das vorliegende Werk verschafft einen kompakten und komprimierten Überblick über alle praxisrelevanten Bereiche des Wirtschaftsprivatrechts. Dabei werden zunächst in Kapitel 1 bis 9 die allgemeinen bürgerlich-rechtlichen Regelungen über die handelnden Personen, ihre Rechtsgeschäfte und deren Abwicklung sowie die Leistungsstörungen mit ihren Auswirkungen und Rechtsfolgen erklärt, abgerundet durch eine Darstellung der unerlaubten Handlungen unter Einschluss des Produkthaftungsrechts und des allgemeinen Schadensersatzrechts. Sodann widmet sich das Buch in Kapitel 10-14 den spezifischen Rechtsfragen betriebswirtschaftlicher Funktionen und weiterer praxisrelevanten Fragestellungen: So werden die rechtlichen Implikationen des *Beschaffungswesens* mit besonderen Vertragsgestaltungen durch Single Sourcing und Just-in-Time-Belieferung, dem Gewährleistungsrecht und internationalen Lieferbeziehungen (IPR, CISG) behandelt; es folgen die Rechtsgrundlagen der *Finanzierung* mit dem Verbraucherdarlehenswesen und dem Leasing. Nach einem Kapitel über das *Marketing- und Vertriebsrecht* unter Einschluss des Wettbewerbs- und Kartellrechts, der handelsrechtlichen Vertriebsorgane sowie besonderer Vertriebsformen behandelt ein weiteres Kapitel die *gesellschaftsrechtlichen Formen unternehmerischer Betätigung*; den Abschluss bilden Ausführungen zu außergerichtlicher und gerichtlicher *Rechtsdurchsetzung*.

Dabei wurde versucht, alle jeweils wesentlichen Aspekte in der gebotenen Kürze juristisch korrekt, aber ohne rechtstheoretische Umschweife anzusprechen und mit Beispielen fassbar zu machen. In *Exkursen* werden an manchen Stellen wichtige Details etwas vertiefter dargestellt. *Übungen* geben dem Leser vor allem Impulse für eigene Recherchetätigkeit, häufig im Internet, um das Gelesene in der eigenen Realität erlebbar zu machen. Es wurde darauf verzichtet, den kurz gehaltenen Text mit Literaturquellen zu belasten, an etlichen Stellen jedoch wurde auf einschlägige Rechtsprechung bzw. auf Kommentarliteratur Bezug genommen und eine Fundstelle genannt. Für das vertiefte Studium der Materien wurden im Anhang als *weiterführende Literaturhinweise* einige wenige Standardwerke angegeben, anhand derer das Gelernte bei Bedarf noch vertiefter nachzulesen ist. Jedem Kapitel sind nach einer kurzen Einleitung *Lernziele* vorangestellt, anhand derer der Leser schnell die wesentlichen Themenbereiche des Kapitels erkennen kann. Zur Vorbereitung auf Prüfungen folgen jedem Kapitel *Merksätze*, die den gesamten Stoff auf mittlerem Abstraktionsniveau abdecken. Zur Selbstkontrolle des Verständnisses schließt jedes Kapitel mit *Kontrollfragen*, die der Leser selbst – ggf. unter Nachschlagen im Kapiteltext – beantworten möge. Das vorliegende Werk berücksichtigt bereits das zum 01.01.2018 in Kraft tretende Gesetz zur Reform des Bauvertragsrechts und zur Änderung der kaufrechtlichen Mängelhaftung vom 28.04.2017.

Das Buch richtet sich an Studierende jeder Fachrichtung, die sich mit wirtschaftsrechtlichen Fragestellungen befassen müssen und eine kompakte und praxisnahe Abhandlung wünschen. Studierende der Rechtswissenschaften mögen durch dieses Buch die zu vertiefenden Grundlagen schnell erfassen. Das Werk mag aber auch seine Leser im Bereich der Wirtschaft finden, wo – etwa im Rahmen von Compliance-Schulungen – etliche Rechtsthemen präsent sein müssen.

Mein Dank gilt vor allem meiner Familie, die auf mich während der Anfertigung des Werkes verzichten musste.

Esslingen, im August 2017 *Peter Förschler*

Inhaltsverzeichnis

Rechtsordnung und Wirtschaftsprivatrecht

Dieses Kapitel gibt einen Überblick über die Rechtsordnung der Bundesrepublik Deutschland, die Funktion des Rechts und seine Einteilung. Teil dieser Rechtsordnung ist das Wirtschaftsprivatrecht. Es regelt die Beziehungen zwischen den am Wirtschaftsverkehr beteiligten Privatrechtssubjekten. Das Kapitel zeigt die zu diesem Rechtsgebiete gehörenden Rechtsmaterien auf und gibt einen groben Überblick über deren Inhalte. Das Wirtschaftsprivatrecht wird dabei auch zu angrenzenden Rechtsgebieten in Beziehung gesetzt.

Lernziele

Nach Lektüre dieses Kapitels kennen Sie die Grundlagen der Rechtsordnung der Bundesrepublik Deutschland. Im Einzelnen können Sie

- die **Funktion des Rechts** in einem Rechtsstaat beschreiben;
- zwischen dem **objektiven Recht** und der **subjektiven Berechtigung** einer Person unterscheiden;
- die **Rechtsquellen** des objektiven Rechts benennen;
- das **positive Recht** vom **Gewohnheitsrecht** differenzieren und beide Rechtsarten nach ihrer Herkunft unterscheiden;
- drei Arten von **subjektiven Berechtigungen** benennen und jeweils ein Beispiel machen;
- anhand **Über- oder Unterordnung** von Personen zueinander beurteilen, ob deren Rechtsbeziehung den Regeln des **öffentlichen Rechts** oder des **Privatrechts** folgt und den Hintergrund dieser Differenzierung beschreiben;
- den **Begriff des Wirtschaftsprivatrechts** definieren und gegen verwandte wirtschaftsrechtliche Gebiete abgrenzen;
- die wichtigsten **Materien** des Wirtschaftsprivatrechts, deren **Rechtsquellen** und inhaltlichen Schwerpunkte benennen;
- das **materielle Recht** vom formellen **Verfahrensrecht** unterscheiden und Regelungsinhalte des Verfahrensrechts beschreiben.

1.1 Die Rechtsordnung

Das menschliche Zusammenleben braucht **Regeln**, die für **alle Teilnehmer** einer Gesellschaft in gleichem Maße **verbindlich** sind. Sie **verhindern Konflikte.** Neben den Regeln, die sich aus der Natur, der Tradition oder der Moral ableiten, gibt es in einem Rechtsstaat das **geltende Recht**, das sich durch seine – notfalls mit staatlicher Hilfe durchsetzbare – Verbindlichkeit von den anderen Geboten unterscheidet.

Beispiel
§ 2 Abs. 1 der Straßenverkehrsordnung ordnet an: Fahrzeuge müssen die Fahrbahnen benutzen, von zwei Fahrbahnen die rechte". Dieses „Rechtsfahrgebot" garantiert ein gefahrloses Begegnen zweiter Fahrzeuge. Wenn jeder Kraftfahrer in seiner Fahrtrichtung „rechts" fährt, kommt er an entgegen kommenden Fahrzeugen kollisionsfrei vorbei. Dieses Beispiel zeigt gut die Funktion von Recht als die Summe aller Regeln des Zusammenlebens in einer Gesellschaft: Wer sich an die Regeln hält, hat gute Chancen, konfliktfrei durch das Leben zu kommen. Wer gegen die Regeln verstößt, riskiert Kollisionen mit anderen und löst Konflikte aus. Deshalb ist es in einem Rechtsstaat unerlässlich, dass das geltende Recht gleichermaßen für alle verbindlich ist, die sich im Geltungsbereich des Rechts aufhalten. Und deshalb ist es auch erforderlich, dass jeder weiß, dass die Regelverletzungen sanktioniert und daraus resultierende Ausgleichsansprüche durch andere erzwungen werden können: Rechtsverstöße können einerseits durch staatliche Strafen oder Geldbußen geahndet werden, andererseits hat jede durch regelwidriges Verhalten geschädigte Person grundsätzlich einen Ausgleichsanspruch gegen den Schädiger, der mit staatlicher Hilfe notfalls auch durchgesetzt werden kann. Wer also im Straßenverkehr regelwidrig „links" fährt und einen Unfall mit einem entgegenkommenden Verkehrsteilnehmer verursacht, bekommt eine Strafe oder Geldbuße; er muss aber auch dem Unfallgegner den angerichteten Schaden ersetzen.

Definition:
Die Rechtsordnung ist die Gesamtheit aller Normen zur Regelung des menschlichen Zusammenlebens in einer Gesellschaft, die einerseits aus objektiven, kodifizierten und ungeschriebenen Rechtsregeln, andererseits aus subjektiven Rechtspositionen bestehen und sich je nach Art der Beziehung zwischen den Rechtssubjekten in öffentliches und in privates Recht kategorisieren lassen.

1.1.1 Objektives und subjektives Recht mit seinen Rechtsquellen

Die Rechtsordnung lässt sich einerseits in das **objektive** Recht, andererseits in das **subjektive** Recht einteilen.

1.1.1.1 Objektives Recht

Das **objektive Recht** ist überwiegend in festgelegten Gesetzgebungsverfahren durch die zur Gesetzgebung berufenen Organe „gesetzt" worden (sog. gesetztes oder **positives Recht**). Die **Rechtsquellen** des positiven Rechts sind in Deutschland das **Grundgesetz**, unmittelbar geltende **EU-Verordnungen**, die deutschen **Bundes- und Landesgesetze** sowie in deutsche Gesetze umgesetzte europäische **Richtlinien**, ministeriale **Rechtsverordnungen** und **Satzungen** öffentlich-rechtlicher Körperschaften.

Abb. 1: Die Normenpyramide

Beispiele:
Das Grundgesetz ist die deutsche Verfassung („Verfassungsrecht"); sie regelt die Grundrechte, die Staatsorgane, Gesetzgebungskompetenzen von Bund und Ländern und trifft u. a. grundsätzliche Aussagen zur rechtsprechenden Gewalt und zur Finanzverfassung.

EU-Verordnungen erlassen das europäische Parlament und der Rat und gelten in den Mitgliedsstaaten der Europäischen Union unmittelbar (z. B. REACH-Verordnung, die Rom II-VO oder die Gurkenverordnung).

Die Zahl einfacher Gesetze, die vom Bundestag und Bundesrat erlassen wurden oder in den Parlamenten der deutschen Bundesländer verabschiedet wurden, ist unüberschaubar groß. Die wichtigsten im Bereich des Wirtschaftsprivatrechts sind vor allem das BGB, das HGB, das AktG und das GmbH-Gesetz sowie die Wettbewerbsgesetze GWB und UWG.

Die Ziele von EU-Richtlinien müssen von den Mitgliedsstaaten ebenfalls in nationale Gesetze umgesetzt werden, um dort Wirksamkeit zu erlangen (z. B. Verbrauchsgüterkauf-Richtlinie, die in §§ 437 ff., §§ 474 ff. BGB Niederschlag gefunden hat).

Rechtsverordnungen werden auf gesetzlicher Ermächtigungsgrundlage von der Bundesregierung, von Bundesministerien oder von einer Landesregierung erlassen wie z. B. die Grundwasserverordnung oder die Verpackungsverordnung.

Demgegenüber stammen Satzungen von öffentlich-rechtlichen Körperschaften wie Städte und Gemeinden (z. B. Bebauungsplan), Universitäten (z. B. Promotionsordnung) oder Rundfunkanstalten (z. B. ARD-Satzung).

In weitaus geringerem Maße gehört zum objektiven Recht aber auch das **Gewohnheitsrecht**, welches sich durch **lang andauernde** und von der Gesellschaft **anerkannte praktizierte Anwendung** herausgebildet hat und nirgends „kodifiziert" ist. Es spielt in Zeiten gesetzgeberischer Überregulierung eine zu vernachlässigende Rolle.

Beispiel:
Der „Scheinkaufmann" ist eine gewohnheitsrechtlich anerkannte Rechtsfigur, die im HGB keinen Niederschlag gefunden hat, aber in der Rechtspraxis seit vielen Generationen zur Anwendung kommt.

1.1.1.2   Subjektives Recht

Aus dem objektiven Recht leitet sich das **subjektive Recht** der „Rechtssubjekte" ab, also die konkrete *Berechtigung* einer Person. Das kann ein **Forderungsrecht**, ein **Herrschaftsrecht** oder ein **Gestaltungsrecht** sein.

Beispiele:
Nach § 433 Abs. 2 BGB resultiert aus einem Kaufvertragsabschluss für den Verkäufer ein Kaufpreiszahlungsanspruch gegen den Käufer (Forderung). Der Eigentümer eines Grundstücks kann nach § 903 BGB mit seinem Grundstück nach Belieben verfahren, es als Wiese belassen, es mit einem Haus bebauen und durch einen Zaun Fremde vom Grundstück fernhalten (Herrschaftsrecht). Der Auftraggeber eines Bauhandwerkers („Besteller") kann den Werkvertrag bis zur Vollendung des Werks nach § 648 BGB jederzeit kündigen, wenn er will (Gestaltungsrecht).

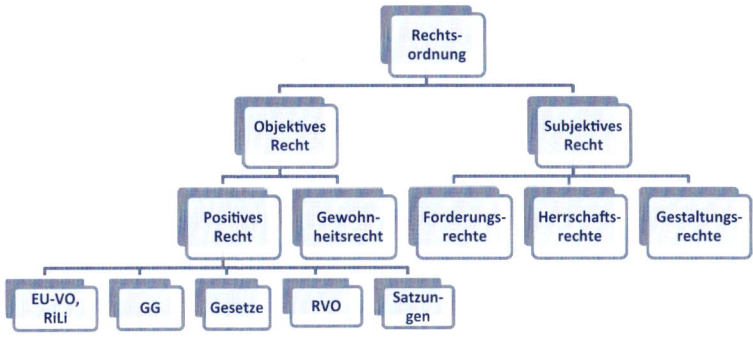

Abb. 2: Zusammenfassende Übersicht über die Einteilung der Rechtsordnung

1.1.2 Privatrecht und öffentliches Recht

Neben der Einteilung des Rechts in objektives und subjektives gibt es noch eine weitere, sehr praxisrelevante Untergliederung der Rechtsmaterie in **Privatrecht** und **Öffentliches Recht.** Denn je nach Zuordnung zur einen oder anderen Rechtskategorie sind im Streitfall entweder die **Zivilgerichte** der „ordentlichen Gerichtsbarkeit" oder die **Verwaltungsgerichte** bzw. das Landes- oder **Bundesverfassungsgericht** zur Entscheidung berufen. Maßgeblich für die Einteilung ist, ob die **Beziehungen der an einem Rechtsverhältnis beteiligten Parteien** als privatrechtlich oder als öffentlich-rechtlich zu qualifizieren sind.

1.1.2.1 Privatrecht

Rechtsbeziehungen zwischen Bürgern bzw. zwischen Unternehmen untereinander oder zwischen Bürgern und Unternehmen unterliegen dem Prinzip der **Gleichordnung**; die Beteiligten stehen also „in Augenhöhe" auf einer Stufe. Dies ist charakteristisch für das **Privatrecht.** Hier entscheiden in erster Instanz die **Amt- und Landgerichte** oder die **Arbeitsgerichte.**

> **Beispiel:**
> Der Bauvertrag zwischen einer Privatperson und einem Bauunternehmen über die Errichtung eines Einfamilienhauses unterliegt ebenso privatrechtlichen Regeln wie das Arbeitsverhältnis zwischen Arbeitnehmer und Arbeitgeber oder wie der Kauf einer Unternehmensbeteiligung durch ein Unternehmen an einem anderen Unternehmen.

1.1.2.2 Öffentliches Recht

Wo der **Staat in hoheitlicher Funktion an einem Rechtsverhältnis beteiligt** ist, herrscht meist das Prinzip der **Über- und Unterordnung**, der Staat entscheidet i. d. R. auf **Antrag** oder **von Amts wegen** durch **Verwaltungsakt**. Die Behörde ist in ihren Entscheidungen **gebunden** und hat meist nur geringen **Ermessensspielraum**. Das ist typisch für das **öffentliche Recht**. Ebenfalls öffentliches Recht kommt zur Anwendung, wo **staatliche Institutionen zueinander** in Beziehung treten. Im Konfliktfall ist der Streit vor die **Verwaltungs-, Finanz-, Sozialgerichte** oder das **Bundesverfassungsgericht** zu bringen. Nicht hoheitliches, **fiskalisches Handeln** des Staates hingegen, etwa im Bereich der Beschaffung von Sachgütern von Privatunternehmen, vollzieht sich wieder in den Formen des Privatrechts.

> **Beispiel:**
> Die Erteilung einer Baugenehmigung durch die Baubehörde gegenüber einem Bürger hat ebenso wie der Einkommensteuerbescheid des Finanzamts oder aber auch der Rundfunkstaatsvertrag zwischen zwei Bundesländern öffentlich-rechtlichen Charakter. Der Anmietung eines Verwaltungsgebäudes für die Kommunalverwaltung bei einem Hauseigentümer liegt jedoch ein privatrechtlicher Mietvertrag zugrunde.

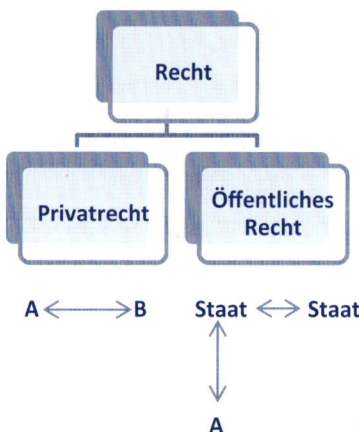

Abb. 3: Zusammenfassende Übersicht Privatrecht und Öffentliches Recht

1.2 Das Wirtschaftsprivatrecht und seine Rechtsquellen

1.2.1 Begriff des Wirtschaftsprivatrechts

Das **Wirtschaftsprivatrecht** ist gesetzlich nicht definiert. Es ist jedenfalls Teil des **Wirtschaftsrechts** und bezieht sich auf die Regelung der **privatrechtlichen Rechtsbeziehungen** der Teilnehmer des Wirtschaftslebens untereinander.

> **Exkurs**
>
> Das Wirtschaftsrecht umfasst daneben das öffentlich-rechtliche Wirtschaftsverfassungs- bzw. **Wirtschaftsverwaltungsrecht** mit Normen, die die rechtlichen Rahmenbedingungen für wirtschaftliche Betätigung schaffen (z. B. Art. 2, 12, 14 GG; GewerbeO; HandwerksO; Subventionsrecht), sowie das **Wirtschaftsstrafrecht** (vgl. wegen der darunter fallenden Strafrechtsbereiche die Zuständigkeitsregelung der Wirtschaftsstrafkammer am Landgericht in § 74c GVG).

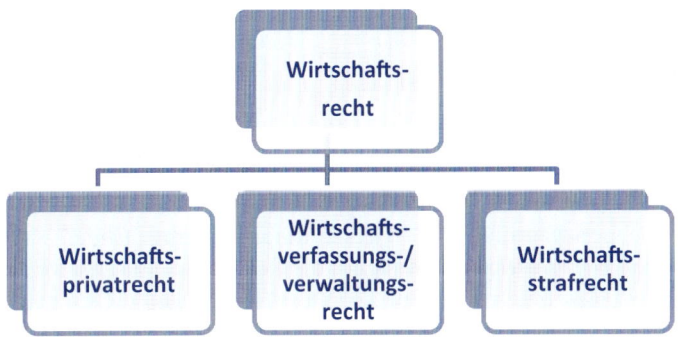

Abb. 4: Zusammenfassende Übersicht Wirtschaftsrecht

Die Materien des Wirtschaftsprivatrechts finden sich vor allem im **Bürgerlichen Recht** (BGB, EGBGB, UKlaG, AGG), im **Handels-** und **Gesellschaftsrecht** (HGB, GmbHG, AktG), im **Arbeitsrecht** (u. a. BGB, KSchG, BetrVG), im **Wettbewerbsrecht** (UWG, GWB, AEUV) oder im **gewerblichen Rechtsschutz** (u. a. PatentG; MarkenG). Daneben gibt es weitere Sondermaterien wie etwa das Wertpapierrecht oder das Versicherungsrecht.

In der vorliegenden kompakten Darstellung des Wirtschaftsprivatrechts liegen die Schwerpunkte auf dem Bürgerlichen Recht, dem Handels- und Gesellschaftsrecht sowie dem Wettbewerbsrecht. Nach Darstellung der allgemeinen Grundlagen des Wirtschaftsprivatrechts werden besondere wirtschaftsrechtliche Rechtsverhältnisse eines Unternehmens behandelt. Arbeitsrecht und gewerblicher Rechtsschutz sind eigenständige Rechtsgebiete, die in Spezialliteratur behandelt werden.

Da neben diesem sog. materiellen Recht (Regelung der Entstehung, Veränderung oder des Untergangs von Ansprüchen) auch das formelle Recht (prozessuale Durchsetzung von Ansprüchen) zu beachten ist, werden auch die wichtigsten Grundsätze des **Verfahrensrechts** (ZPO) kurz behandelt.

> **Definition:**
> Als Wirtschaftsprivatrecht werden diejenigen Rechtsmaterien bezeichnet, die sich mit den privatrechtlichen Rechtsbeziehungen der Teilnehmer des Wirtschaftslebens untereinander beziehen und sich vor allem im Bürgerlichen Recht, im Handels- und Gesellschaftsrecht, aber auch im Wettbewerbsrecht, im Arbeitsrecht oder im gewerblichen Rechtsschutz finden und verfahrensrechtlich v. a. durch die Regeln der ZPO ergänzt werden.

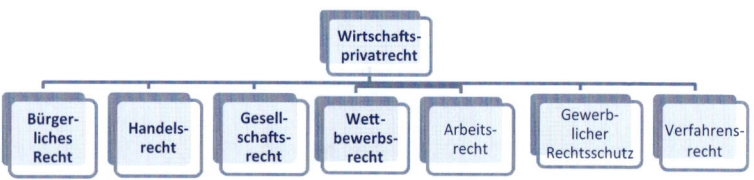

Abb. 5: Zusammenfassende Übersicht Materien des Wirtschaftsprivatrechts

1.2.1.1   Das Bürgerliche Recht

Die meisten Normen des Wirtschaftsprivatrechts finden sich im **Bürgerlichen Gesetzbuch**, welches die Rechtsbeziehungen zwischen Privatrechtssubjekten in fünf „Büchern" vollumfänglich regelt. Der **Allgemeine Teil** des BGB behandelt – die vor die Klammer gezogenen – Rechtsfragen der handelnden Personen („Rechtssubjekte"), der Gegenstände („Rechtsobjekte") und sodann die Grundlagen von Rechtsgeschäften („Willenserklärungen"). Im **Schuldrecht** geht es um Anbahnung, Abschluss und Durchführung von Verträgen („Schuldverhältnisse"), um die Behandlung auftretender Komplikationen („Leistungsstörungen") sowie um Ausgestaltungsvorschläge für ganz bestimmte Vertragstypen („Kaufvertrag, Werkvertrag, Reisevertrag..."). Das **Sachenrecht** behandelt die Rechtsbeziehungen zwischen Personen und Sachen („Eigentum, Besitz, Hypothek..."), wohingegen das **Familienrecht** mit den vielfältigen Verbindungen zwischen Mitgliedern einer Familie und das **Erbrecht** mit Regelungen beim Ableben von Menschen für das Wirtschaftsprivatrecht eher von geringerer Bedeutung sind.

Ergänzt werden die Regelungen des BGB durch Vorschriften zum **Internationalen Privatrecht** (bei grenzüberschreitenden Sachverhalten) und zum **Verbraucherschutz** im **EGBGB**. Auch das **UKlaG** richtet sich gegen verbraucherschutzwidrige Praktiken im Geschäftsverkehr, während das **AGG** dem **Gleichbehandlungsgrundsatz** im Bereich des Privatrechts und des Arbeitsrechts zur Geltung verhilft. Das **ProdHG** regelt Schadensersatzansprüche wegen fehlerhafter Produkte.

1.2.1.2 Das Handelsrecht

Das Handelsrecht ist das **Sonderprivatrecht** der Kaufleute. Das **Handelsgesetzbuch** kommt nur zur Anwendung, wenn mindestens **einer** der Beteiligten ein **Kaufmann** i.S. der §§ 1 ff. HGB ist. Es ermöglicht im Vergleich zum BGB eine **zügigere Abwicklung** von Verträgen, stellt an Kaufleute **höhere Sorgfaltsanforderungen** und **vermindert deren Schutz** durch Wegfall von Formvorschriften. Auch sieht das HGB in vielen Fällen ein **Entgelt** für kaufmännische Leistungen vor.

Das HGB enthält im ersten Buch die Regelungen zu den **Handelspersonen** (Kaufleute, Handelsregister, Firma, Prokura, Handelsvertreter), im zweiten Buch finden sich Vorschriften zur Führung von **Handelsbüchern** und im vierten Buch werden **Handelsgeschäfte** näher geregelt. Diese Vorschriften des HGB gelten zunächst **ergänzend** zu den Paragrafen des BGB und ändern punktuell anderslautende Paragrafen des BGB teilweise ab. Insoweit ist das BGB dann **subsidiär** anwendbar.

Beispiele:
So hat die kaufmännische Vollmacht „Prokura" im Vergleich zum Vollmacht nach § 164 BGB einen besonders weiten, unbeschränkbaren Umfang (§§ 48, 49 HGB), bei Handelsgeschäften kann der Kaufmann Zinsen nicht erst ab Verzug (§ 288 BGB), sondern schon „Fälligkeitszinsen" verlangen (§§ 353 HGB), ein gutgläubiger Eigentumserwerb ist – auch ohne guten Glauben an das Eigentum des Veräußerers nach § 932 BGB – erleichtert schon dann möglich, wenn der Erwerber nur an dessen „Verfügungsbefugnis" glaubt (§ 366 HGB), andererseits verliert der Kaufmann Gewährleistungsansprüche wegen Mängeln einer gekauften Sache, wenn er diese Mängel – auch innerhalb der Verjährungsfrist des § 438 BGB – nicht unverzüglich nach Übergabe der Ware „rügt" (§ 377 HGB).

Übung

Schlagen Sie das „Vierte Buch, Erster Abschnitt" des HGB auf und vergleichen Sie, was das HGB zur „Vertragsstrafe" im Vergleich zu § 343 BGB, zum „gesetzlichen Zinssatz" im Vergleich zu § 246 BGB und zu „Fälligkeitszinsen" im Vergleich zu § 288 Abs. 1 Satz 1 BGB regelt.

1.2.1.3 Das Gesellschaftsrecht

Vor Aufnahme einer unternehmerischen Tätigkeit ist die Überlegung angebracht, in welcher Rechtsform diese ausgeübt werden soll: So agiert der **Einzelunternehmer**, der unter gewissen Umständen sogar ein **Kaufmann** i. S. von § 1 HGB ist, alleine. Schließen sich hingegen mehrere Unternehmer zu gemeinschaftlicher erwerbswirtschaftlicher Tätigkeit zusammen, so spricht man von einer **Gesellschaft**. Unterschiedliche Gesellschaftsformen bieten das BGB mit der **Gesellschaft bürgerlichen Rechts** (GbR) und das HGB im zweiten Buch mit den **Handelsgesellschaften OHG, KG** und der **stillen Gesellschaft**. Daneben ist aber auch die Gründung einer **juristischen Person** etwa als **GmbH** oder als **AG** denkbar. Deren Rechtsverhältnisse regeln das **GmbHG** und das **AktG**. Darüber hinaus existieren aber noch weitere Rechtsformen (SE, EWIV, KGaA u. a. m.).

Beispiel

Schließen sich drei IT-Spezialisten zur gemeinsamen Entwicklung von Apps zusammen, so bilden sie zunächst eine GbR, für deren Verbindlichkeiten jeder der Gesellschafter haftet (§§ 705, 708 BGB). Entwickelt sich die Gesellschaft nach Art und Umfang zu einem Handelsgewerbebetrieb, weil sie nun viele hundert Mitarbeiter beschäftigt und ein Umsatzvolumen von mehreren Mio. € im Jahr erwirtschaftet, so wird aus der GbR eine OHG (§§ 105 Abs. 1, 1 Abs. 2 HGB). Soll die Haftung der Gesellschaft auf das Gesellschaftsvermögen begrenzt werden, bietet sich die Gründung einer juristischen Person in Form der GmbH an (§§ 1, 5, 13 Abs. 2 GmbHG). Wird zur Entwicklung neuer digitaler Technologien eine größere Kapitalsumme benötigt, ist an die Ausgaben von Aktien und die Gründung einer AG zu denken (§ 1 AktG).

1.2.1.4 Das Wettbewerbsrecht

Besonders Marketing und Vertrieb weisen erhebliche Bezüge zum Wettbewerbsrecht auf. **Wettbewerbsbeschränkungen** schaden dem freien Wettbewerb: Bei der Preisbildung ist auf das Unterlassen von **Kartellen** zu achten, die durch das GWB und im europäischen Rahmen durch den AEUV verboten sind. Jegliche Werbemaßnahmen müssen sich an den Festsetzungen des Gesetzes gegen den unlauteren Wettbewerb (UWG) messen lassen, so sind **aggressive** und **irreführende Werbung** ebenso verboten wie **unzulässige Behinderung**. Bei **vergleichender Werbung** sind die rechtlichen Grenzen einzuhalten.

Beispiel

Im Rahmen eines Verbandstreffens des Verbands der Metallindustrie mit Vertretern etlicher konkurrierender Unternehmen kommt die Sprache auf die hohen Einkaufspreise für Stahl. Ein Vertreter äußert gegenüber dem Vertreter eines Wettbewerbers die Idee, man könne sich doch auf einen gemeinsamen, erhöhten Wiederverkaufspreis für das ähnliche Produkt beider Unternehmen verständigen. So wird es vereinbart. Ein Preiskartell ist entstanden, das durch das GWB verboten ist und mit hohen Bußgeldern durch die Kartellbehörde belegt wird.

1.2.1.5 Wirtschaftsprivatrecht und Verfahrensrecht

Das Wirtschaftsprivatrecht behandelt die Voraussetzungen von Rechtsansprüchen der Teilnehmer des Wirtschaftslebens untereinander. Nicht immer ist die Rechtslage jedoch eindeutig oder sind die Rechtsbeteiligten gleicher Meinung, sodass es zum **Konflikt** kommt. Für diesen Fall stehen neben außergerichtlichen Konfliktlösungsinstrumenten wie der Schlichtung oder der Mediation auch private Schiedsgerichte oder öffentliche Gerichte für die Konfliktlösung zur Verfügung. Bei Anrufung staatlicher Gerichte stellen sich vielfältige Fragen von der Wahl des richtigen Verfahrens über die Zuständigkeit des angerufenen Gerichts oder die Notwendigkeit einer Rechtsanwaltsbeauftragung bis hin zur Frage der Berufung gegen ein Urteil. Diese Fragen werden im Wesentlichen durch die **Zivilprozessordnung** (ZPO) behandelt und erfahren angesichts ihrer großen wirtschaftlichen Bedeutung auch im vorliegenden Werk eine kurze Abhandlung.

Beispiel

Die SMARTApps-OHG hat individuell entwickelte Software an die Kranich AG im Wert von 3 Mio. € geliefert. Die Kranich AG hält die Software für mangelhaft und bezahlt nicht. Hier stellt sich die Frage des weiteren Vorgehens durch die SMARTApp-OHG bei Verfolgung ihres materiellen Werklohnanspruchs nach § 631 Abs. 1 Satz 2 BGB. Soll mit der Kranich AG ein außergerichtliches Konfliktlösungsverfahren angestrebt werden („Mediation"?), soll man einen gerichtlichen Mahnbescheid schicken (§ 688 ff. ZPO) oder gleich Klage erheben (§ 253 ZPO)? Benötigt man für die verschiedenen Varianten einen Rechtsanwalt (§ 78 ZPO)? Bei welchem Gericht an welchem Ort muss man Klage einreichen (§§ 12, 17, 29 ZPO, 71 GVG)?

1.3 Merksätze/Kontrollfragen

Merksätze

- Die Rechtsordnung organisiert das **konfliktfreie Zusammenleben** von Menschen durch allgemein für jedermann **verbindliche Regeln**.

- Das Recht besteht einerseits aus kodifizierten Normen des sog. **positiven Rechts**, andererseits aus **gewohnheitsrechtlich anerkannten Regeln**.

- Die **Rechtsquellen** des positiven Rechts lassen sich in einer **Normenpyramide** darstellen, an deren Spitze das deutsche Grundgesetz steht, gefolgt von ordentlichen Gesetzen, Rechtsverordnungen und Satzungen. Daneben haben auch europäische Verordnungen unmittelbare Geltung, wohingegen Europäische Richtlinien einer Umsetzung in nationale Gesetze bedürfen.

- **Gewohnheitsrecht** entsteht durch **lang andauernde Übung** in **Rechtsüberzeugung** von der Richtigkeit des Tuns.

- Die Unterscheidung zwischen **Privatrecht** und **Öffentlichem Recht** hat vor allem Bedeutung für das einzuhaltende **Verfahren** und die zuständigen **Gerichte**.

- **Privatrechtliche Rechtsbeziehungen** liegen vor, wo zwischen den Beteiligten **Gleichordnung** herrscht.

- Für **öffentlich-rechtliche Rechtsbeziehungen** ist die Beteiligung des Staates in **hoheitlicher Funktion** in einem **Über-/Unterordnungsverhältnis** charakteristisch. Zwischen staatlichen Institutionen bestehen dem öffentlichen Recht unterliegende Rechtsbeziehungen.

- Das **Wirtschaftsrecht** lässt sich in das zivilrechtliche **Wirtschaftsprivatrecht**, in das öffentlich-rechtliche **Wirtschaftsverfassungs- und Wirtschaftsverwaltungsrecht** sowie in das **Wirtschaftsstrafrecht** untergliedern.

- Das **Wirtschaftsprivatrecht** regelt die **privatrechtlichen Rechtsbeziehungen** der Teilnehmer des Wirtschaftslebens untereinander.

- Die Regelungen des Wirtschaftsprivatrechts finden sich vor allem im **Bürgerlichen Recht**, im **Handelsrecht**, im **Gesellschaftsrecht** und im **Wettbewerbsrecht**. Daneben können auch das Arbeitsrecht und das Recht des gewerblichen Rechtsschutzes dem Wirtschaftsprivatrecht zugerechnet werden.

- Das **Bürgerliche Recht** ist im Wesentlichen im **BGB** mit fünf Büchern kodifiziert: Dem **Allgemeinen Teil**, dem **Schuldrecht** und dem **Sachenrecht**. Das Familienrecht und das Erbrecht spielen eine untergeordnete Rolle.

- Das **Handelsrecht** findet sich in drei Büchern des **HGB**, in denen die Handelspersonen, die Handelsbücher und die Handelsgeschäfte geregelt werden.

- Subjektiver Anknüpfungspunkt für das Handelsrecht ist der **Kaufmann**.

- Das Handelsrecht trägt dem Bedürfnis nach **schneller Geschäftsab-wicklung, Entgeltlichkeit** von Leistungen, dem **verminderten Schutzbe-dürfnis** der Kaufleute Rechnung, stellt aber auch **höhere Sorgfaltsan-forderungen** an diesen Personenkreis.
- Neben dem **HGB** gilt das **BGB ergänzend** und **subsidiär** dort, wo das HGB vom BGB abweichende Regelungen trifft.
- Das **Gesellschaftsrecht** stellt verschiedene **Rechtsformen** für gemein-schaftliche unternehmerische Betätigung zur Verfügung. Dies sind im Kern die GbR (BGB), die OHG und die KG (HGB), die GmbH (Gmb-HG) und die AG (AktG).
- Das **Wettbewerbsrecht** verhindert **Wettbewerbsbeschränkungen** (GWB) und sorgt für **Lauterkeit** im Wettbewerb (UWG).
- Auch wirtschaftsprivatrechtliche Ansprüche benötigen im Streitfall **neu-traler Konfliktlösungsinstitutionen.** Im Falle gerichtlicher Auseinander-setzung spielt hierbei das **Zivilverfahrensrecht** eine bedeutsame Rolle.

Kontrollfragen

K 1   Welche Funktion nimmt das Recht in einer Gesellschaft ein? Welche Voraussetzungen müssen dazu vorliegen? Machen Sie bitte ein Beispiel!

K 2   Wie lässt sich die Rechtsordnung nach deutschem Recht definieren? Finden Sie Kategorien der Einteilung des Rechts.

K 3   Wie lassen sich objektives Recht und subjektives Recht von-einander unterscheiden?

K 4   Beschreiben Sie die Normenpyramide und nennen Sie den jeweiligen Normgeber.

K 5   Welche Voraussetzungen müssen gegeben sein, damit man von Gewohnheitsrecht sprechen kann?

K 6   Untergliedern Sie die subjektiven Rechte und machen sie jeweils ein Beispiel.

K 7   Vor welchem Hintergrund macht die Differenzierung von Privatrecht und Öffentlichem Recht Sinn?

K 8   Nach welchen Kriterien ist zu bestimmen, ob ein Rechtsver-hältnis den Regeln des Privatrechts oder des öffentlichen Rechts unterfällt?

K 9   In welchen Formen kann der Staat handeln?

K 10   Definieren Sie den Begriff des Wirtschaftsprivatrechts und grenzen Sie das Rechtsgebiet gegen andere wirtschaftsrechtliche Bereiche ab.

K 11   Wie ist das BGB aufgebaut und welche Themen werden dort systematisch behandelt?

K 12   Unter welcher Voraussetzung kommt Handelsrecht zur Anwendung, welche Themen behandelt das HGB und wie ist das Verhältnis zwischen HGB und BGB?

K 13   Wann liegt eine Gesellschaft vor und welche sind die wichtigsten Rechtsformen, die das Recht für wirtschaftliche Betätigung bereit stellt?

K 14   Welche beiden Ziele verfolgt das Wettbewerbsrecht vor allem?

K 15   Worin besteht der Unterschied zwischen materiellem und formellem Recht? Welche Funktion hat das formelle Recht im Wirtschaftsleben? Wo finden sich die wichtigsten Regeln dafür?

Personen und Gegenstände 2

Im vorliegenden Kapitel betrachten wir die Akteure des Wirtschaftslebens, also die handelnden Personen und deren rechtliche Fähigkeiten, die sog. Rechtssubjekte, aber auch die Bezugsobjekte ihres Handelns, die Rechtsobjekte.

Letztlich agiert immer ein Mensch als sog. „natürliche Person", häufig alleine, bei wirtschaftlicher Betätigung aber oft im Zusammenwirken mit anderen. Dadurch entstehen Synergien durch sich ergänzende Kompetenzen, aber auch durch die Möglichkeit der Ansammlung erheblicher Vermögensmassen zur Bewältigung großer Vorhaben, etwa des Betriebs einer Versicherung, eines Industrieunternehmens oder einer Bank. Der Zusammenschluss von Menschen, um solche gemeinsame Ziele zu erreichen, erfolgt entweder durch Schaffung einer „künstlichen" Rechtspersönlichkeit, einer sog. „juristischen Person", oder durch Gründung einer „Personengesellschaft". Insgesamt lassen sich zwei einander gegenüberstehende Personengruppen ausmachen, die der Geschäftsleute als „Unternehmer" oder „Kaufleute" und die der Konsumenten als „Verbraucher".

All diese Personen haben die Fähigkeit, Träger von Rechten und Pflichten zu sein, sie sind rechtsfähig. Sie können Eigentum haben, Gläubiger oder Schuldner sein. Ihre Persönlichkeit ist dabei gegen Eingriffe von außen in vielfältiger Weise geschützt („Allgemeines Persönlichkeitsrecht"). Wollen sie Geschäfte machen, müssen sie darüber hinaus aber auch handlungsfähig, also geschäftsfähig, sein und für ihre Handlungen notfalls auch dort einstehen, wo Schäden entstehen; insoweit spricht man von Deliktsfähigkeit. Beide dieser Handlungsfähigkeiten entstehen in Abstufungen (z. B. geschäftsunfähig, beschränkt geschäftsfähig, voll geschäftsfähig), sie werden manchmal durch gesetzliche Vertreter wahrgenommen.

Gegenstand des Wirtschaftsverkehrs ist häufig der Transfer von Gütern und Dienstleistungen. Dazu werden zwischen den Vertragspartnern „relative" Rechtspositionen begründet und müssen „absolute

Rechte" wie z. B. Eigentums- und Besitzrechte an Sachen übertragen werden. Hier geht es in der Masse um Waren und Güter, also „bewegliche Sachen", aber auch um Immobilien als „unbewegliche Sachen".

Lernziele

Nach Lektüre dieses Kapitels sind Ihnen die Akteure des Wirtschaftsprivatrechts und die Objekte ihres Handelns bekannt. Im Einzelnen können Sie

- die **Rechtssubjekte** nach **natürlichen Personen, juristischen Personen** und **Personengesellschaften** voneinander unterscheiden;
- die **Rechtsfähigkeit** definieren und zur **Handlungsfähigkeit** abgrenzen;
- die **Geschäftsfähigkeit** bei natürlichen Personen definieren und in drei Phasen einteilen;
- die Besonderheiten des **Minderjährigenrechts** benennen;
- die Grundzüge der **Betreuung** aufzeigen;
- die **Deliktsfähigkeit** natürlicher Personen definieren und verschiedene Stadien differenzieren;
- zwischen **juristischen Personen des Privatrechts** und solchen des Öffentlichen Rechts unterscheiden;
- die wichtigsten juristischen Personen des Privatrechts nach ihren **Rechtsformen** und jeweiligen ideellen oder wirtschaftlichen Zwecken benennen und gegenüber Personengesellschaften abgrenzen;
- die **Charakteristika juristischer Personen** darstellen;
- die Abgrenzung zwischen **Verbrauchern** und **Unternehmern** vornehmen und Beispiele bilden;
- das Rechtsverhältnis von **Unternehmern** und **Kaufleuten** zueinander beschreiben;
- verschiedene **Kaufmannsarten** nach deren jeweiligen Voraussetzungen gegeneinander abgrenzen;
- zwischen **Rechten** und **Sachen** als **Rechtsobjekte** unterscheiden;
- die **Sachen** in verschiedene Kategorien einteilen und deren unterschiedliche Übereignungsvorgänge darstellen;
- die Voraussetzungen von **wesentlichen Bestandteilen** bei beweglichen Sachen und Grundstücken benennen, deren sachenrechtliche Auswirkungen aufzeigen sowie von **einfachen Bestandteilen**, **Scheinbestandteilen** und **Zubehör** abgrenzen;
- die Wirkungsweise von **relativen** und **absoluten Rechten** beschreiben, absolute Rechte nach verschiedenen Kategorien und darüber hinaus **sonstige subjektive Rechte** benennen.

2.1 Handelnde Personen und deren rechtliche Fähigkeiten: Rechtssubjekte

Akteure des Wirtschaftslebens sind immer **Personen**. Man nennt sie auch **Rechtssubjekte**. An sie richten sich die Rechtsregeln. Bei den Personen wird zwischen den natürlichen Personen und den juristischen Personen differenziert. Daneben gibt es noch Personengesellschaften.

2.1.1 Natürliche Personen

2.1.1.1 Begriff

Definition
Natürliche Person ist jeder **Mensch**, sobald und solange er lebt.

Wichtigstes Rechtssubjekt ist der Mensch. Man unterscheidet hinsichtlich seiner Fähigkeiten die **Rechtsfähigkeit**, von der Handlungsfähigkeit, die beim Abschluss von Geschäften im Rechtsverkehr als **Geschäftsfähigkeit** und für seine Verantwortlichkeit bei der Begehung von Delikte als **Deliktsfähigkeit** eine Rolle spielt.

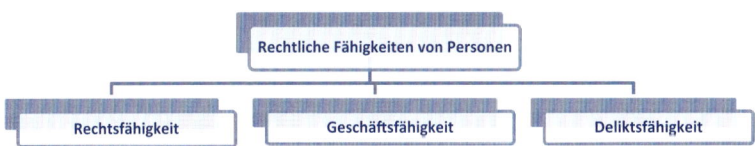

Abb. 6: Übersicht Fähigkeiten von Personen

2.1.1.2 Rechtsfähigkeit des Menschen

Definition
Die Fähigkeit Träger von Rechten und Pflichten sein zu können, nennt man Rechtsfähigkeit.

Die Rechtsfähigkeit des Menschen beschreibt die Fähigkeit, z. B. als Eigentümer, Erbe, Gläubiger oder Schuldner **Träger von Rechten und Pflichten** sein zu können. Da dazu jedoch keine besonderen geistige Reife erforderlich ist, erlangt der Mensch die Rechtsfähigkeit mit **Vollendung der Geburt**, § 1 BGB. Das vollständig aus dem Mutterleib herausgetretene Kind muss leben, ein totgeborenes Kind erlangt keine Rechtsfähigkeit. Dementsprechend endet die Rechtsfähigkeit mit dem **Hirntod des Menschen**. Abstufungen dazwischen gibt es nicht: Der lebende Mensch ist immer „voll" rechtsfähig. Ohne jegliche Bedeutung sind daher Alter, Geschlecht oder Staatsangehörigkeit des Menschen. Die Rechtsfähigkeit darf jedoch nicht mit der zur Eingehung von Verbindlichkeiten notwendigen „Geschäftsfähigkeit"

oder der „Deliktsfähigkeit" als Verantwortlichkeit für unerlaubte
Handlungen verwechselt werden.

Beispiele:

Schon ein Säugling kann *Eigentümer* eines Grundstücks oder *Inhaber* von Unternehmensaktien sein, die seine Eltern auf ihn übertragen haben. Diese Konstellation kommt im Wirtschaftsleben aus steuerlichen Gründen bei großen Vermögen, z. B. im Zusammenhang mit der sukzessiven Übertragung von Unternehmensanteilen auf Kinder, nicht selten vor, um einen Schenkungssteuerfreibetrag über derzeit 500.000 € alle 10 Jahre steuerfrei nutzen zu können.

Ein Kind kann auch schon – etwa nach dem Tod eines Angehörigen – dessen *Erbe* sein, vgl. § 1922 BGB. Erbfähig ist, wer zur Zeit des Erbfalls lebt, § 1923 Abs. 1 BGB. Hat ein Kind vom Erblasser in Fall des Todes ein Vermächtnis versprochen bekommen, ist es *Gläubiger* der Vermächtniserfüllung durch den Erben, vgl. § 2147 BGB.

Einen Vertrag selbst abschließen kann das Kind jedoch noch nicht, das ist eine Frage der Geschäftsfähigkeit! Dazu benötigt es noch seine Eltern.

 Übungen

Schlagen Sie bitte § 1923 Abs. 2 BGB auf und notieren Sie, welche Besonderheit es hinsichtlich der Erbfähigkeit von Ungeborenen gibt. Worin besteht der Unterschied zwischen einer „Erbschaft" und einem „Vermächtnis"? Vergleichen Sie §§ 1922 ff. BGB und §§ 2147 ff. BGB!

Solange und sobald der Mensch *rechtsfähig* ist, kann er auch in einem Zivilprozess vor Gericht als Partei (Kläger, Beklagter) auftreten, er ist **parteifähig**, § 50 Abs. 1 ZPO.

Beispiel:

Ein 80-Jähriger, aber auch ein 16-Jähriger können wegen einer Schlägerei auf Zahlung von Schadensersatz verklagt werden und sind dann in diesem Zivilprozess *Beklagte*. Ob der 16-Jährige allerdings für den Schaden haftet, hängt von seiner Deliktsfähigkeit ab!

2.1.1.3   Geschäftsfähigkeit des Menschen

Definition

Unter Geschäftsfähigkeit versteht man die Fähigkeit einer natürlichen Person, Rechtsgeschäfte selbständig wirksam vornehmen zu können.

Anders als die Rechtsfähigkeit verlangt die Geschäftsfähigkeit eine gewisse geistige Reife des Menschen. Es geht dabei nämlich um die Fähigkeit, im Rechtsverkehr **selbst wirksam Rechtsgeschäfte** abschließen zu können. Das setzt die Fähigkeit eines Menschen voraus, eigenverantwortlich einen Willen bilden und eine „Willenserklärung" abgeben zu können.

Exkurs:

Ein Vertrag kommt durch zwei korrespondierende, von deren Willen getragene Erklärungen der Vertragspartner zustande, sog. Willenserklärungen. Der Händler sagt beispielweise: „Ich will dieses Fernsehgerät für 1000,- Euro an Sie verkaufen" (Willenserklärung des Verkäufers). Der Kunde sagt daraufhin: „O.k., ich kaufe dieses Gerät zu dem von Ihnen genannte Preis hiermit" (Willenserklärung des Käufers). Damit ist der Vertrag zustande gekommen.

Anders als bei der Rechtsfähigkeit erlangt der Mensch entsprechend seiner geistigen Entwicklung die Geschäftsfähigkeit erst sukzessive: Zunächst ist er **geschäftsunfähig**, dann **beschränkt geschäftsfähig** bis er schließlich voll **geschäftsfähig** wird.

- **Geschäftsunfähigkeit:** Der Gesetzgeber erklärt **Kinder** bis zum Tage ihres 7. Geburtstags und Personen, deren **Geistestätigkeit auf Dauer krankhaft gestört** ist, für geschäftsunfähig, § 104 Nr. 1 und Nr. 2 BGB. Geben diese Personen eine „Willenserklärung" ab, so ist diese zu ihrem eigenen Schutz vor rechtlich nachteiligen Geschäftsabschlüssen wegen ihres noch nicht voll entwickelten oder eingeschränkten Verstandes grundsätzlich **nichtig**, § 105 Abs. 1 BGB.

Beispiele:

Kauft ein Sechsjähriger im Lebensmittelmarkt eine Tafel Schokolade, so findet juristisch gar kein wirksamer Kauf statt, weil die Vertragserklärung des Kindes keine Wirkung entfaltet, unabhängig davon, ob das Kind schon „reif" ist oder wie ein Achtjähriger auftritt.

Die gleiche Rechtslage gilt bei psychisch Kranken, auch bei unter Demenz oder der Alzheimer-Erkrankung leidenden Menschen.

Exkurs:

Ausnahmsweise können *volljährige Geschäftsunfähige* unter engen Voraussetzungen Geschäfte des täglichen Lebens wirksam tätigen, § 105a BGB. Ist die Störung der Geistestätigkeit eines *Erwachsenen* nur *vorübergehend*, wie etwa im Alkohol- oder Drogenrausch oder während eines epileptischen Anfalls, so ist Geschäftsfähigkeit zwar grundsätzlich gegeben, dennoch ist die *in diesem Zustand* abgegebene Willenserklärung ebenfalls nichtig, § 105 Abs. 2 BGB.

Nach § 104 BGB geschäftsunfähige Kinder und Erwachsene können daher im Geschäftsleben wirksam nur durch ihre **gesetzlichen Vertreter** agieren. Bei **minderjährigen Kindern** sind dies grundsätzlich die **Eltern**, §§ 1626, 1629 BGB, ausnahmsweise – wenn Eltern an der gesetzlichen Vertretung gehindert sind – ein **Vormund**, §§ 1773, 1793 Abs. 1 BGB. Bei **erwachsenen Geschäftsunfähigen** wird vom Betreuungsgericht ein **Betreuer** bestellt, §§ 1896 ff. BGB, 271 FamFG. **Bote** einer fremden Willenserklärung können Geschäftsunfähige jedoch sein.

Beispiele:

Soll die 5-jährige Tochter von ihrem ererbten Vermögen ein Grundstück kaufen, so müssen die Eltern an Stelle der Tochter deren Vertragserklärung abgeben, vgl. § 145 BGB. Vertragspartnerin wird die 5-Jährige. Gleiches gilt, wenn später für Renovierungsarbeiten am Haus der Tochter ein Handwerker beauftragt werden soll. Bestellerin ist die Tochter, vgl. § 631 Abs. 1 BGB. Dieser Fall ist nicht zu verwechseln mit dem Fall, in dem die Mutter den 6-jährigen Sohn mit 5 € und einem Zettel über einzukaufende Waren in den Supermarkt schickt. Hier überbringt der Kleine nur die Willenserklärung seiner Mutter als **Bote**. Er wird nicht selbst Vertragspartner, sondern die Mutter!

Exkurs:

Soweit ein Volljähriger seine Angelegenheiten aufgrund einer psychischen Krankheit oder einer körperlichen, geistigen oder seelischen Behinderung nicht selbst regeln kann, bestellt das **Betreuungsgericht** auf Antrag oder von Amts wegen für ihn einen **Betreuer**, § 1896 Abs. 1 BGB, in der Regel nahe Angehörige oder Personen, die Betreuungen berufsmäßig übernehmen. Dem Wunsch des Betreuten soll dabei Rechnung getragen werden, § 1897 Abs. 4, 5 BGB. Der Betreuer darf nur für solche **Aufgabenkreise** bestellt werden, in denen eine Betreuung nötig ist, § 1896 Abs. 2 BGB, etwa für die Vermögensverwaltung des Betreuten.

Sofern kein Fall des § 104 Nr. 2 BGB vorliegt, bleibt der Betreute **voll geschäftsfähig**. Daneben hat er für den bezeichneten Aufgabenkreis im **Betreuer** einen **gesetzlichen Vertreter**, § 1902 BGB. Wird allerdings zur Abwendung einer erheblichen Gefahr für Person oder Vermögen des Betreuten vom Betreuungsgericht ein „**Einwilligungsvorbehalt**" angeordnet, so bedarf der Betreute im Aufgabenkreis des Betreuers bei der Abgabe von Willenserklärungen der Einwilligung des Betreuers, § 1903 Abs. 1. Es gelten die Vorschriften und Ausnahmen des Minderjährigenrechts der §§ 108 bis 113 BGB, vgl. § 1903 Abs. 1 Satz 2 BGB.

Abb. 7: Übersicht Arten der Geschäftsunfähigkeit und Rechtsfolge

- **Beschränkte Geschäftsfähigkeit:** Die beschränkte Geschäftsfähigkeit betrifft Kinder und Jugendliche vom vollendeten siebten bis zum Tag vor dem vollendeten **18. Lebensjahr** („sog. **Minderjährige**"), vgl. § 106 BGB, und spielt im Wirtschaftsleben keine besonders große Rolle. Immerhin kann ein 7-Jähriger schon eine Willenserklärung, die zu einem Vertragsschluss führen kann, abgeben. Allerdings müssen die Eltern in diese Willenserklärung des Minderjährigen i. d. R. **einwilligen**, § 107 BGB. Es bleibt jedoch die Willenserklärung des Minderjährigen selbst.

> **Beispiel:**
> Der 17-jährige Max möchte sich ein Saxophon für 900,– € in 9 Raten je 100,– € kaufen. Der Instrumentenhändler Adolphe frägt bei den Eltern telefonisch an, ob sie einverstanden seien, was diese bejahen. Nach Bezahlung der ersten Rate beschließt Max, statt Saxophon lieber Schlagzeug zu spielen und bleibt die Bezahlung der weiteren 800,– € schuldig. Adolphe verklagt die Eltern auf Zahlung restlicher 800,– € vor Gericht – und verliert. Denn die Eltern selbst haben keinen Vertrag mit Adolphe geschlossen, vielmehr kam die Vertragsbeziehung wirksam mit Max zustande, in welche die Eltern lediglich eingewilligt haben. Adolphe muss daher Max verklagen und wird den Prozess gewinnen.

Hat der Minderjährige einen Geschäftsabschluss ohne *vorherige* Einwilligung seiner Eltern getätigt, können die Eltern den Vertrag nachträglich **genehmigen**, § 108 Abs. 1 BGB. Bis zu dieser Genehmigung ist die Willenserklärung des Minderjährigen – und demnach der Vertrag – **„schwebend unwirksam"**. Erfolgt die Genehmigung, wird sie wirksam, bleibt die Genehmigung aus oder wird verweigert, wird die Willenserklärung gänzlich unwirksam.

> **Beispiel:**
> Der 8-jährige Moritz kauft sich im Spielwarenhandel einen „Detektivkoffer" für 30,– €, die er sogleich an der Kasse bar bezahlt. Der Vertrag ist schwebend unwirksam, weil es an der Zustimmung der Eltern fehlt. Sind die Eltern mit dem Kauf nachträglich einverstanden, liegt darin einen Genehmigung, § 108 Abs. 1 BGB. Will der Spielwarenhändler darüber Rechtssicherheit erlangen, kann er die Eltern zur Erklärung der

Genehmigung ihm gegenüber auffordern, diese kann dann nur innerhalb von zwei Wochen erteilt werden, § 108 Abs. 2 BGB. Sind die Eltern von Moritz jedoch gegen den Detektivkoffer, weil sie ein solches Spielzeug für ihren Sohn ablehnen, so wird der schwebend unwirksame Kauf nun endgültig ganz unwirksam. Der Kauf muss rückabgewickelt werden, weil den Übereignungen von Koffer und Geld kein wirksamer Vertrag als „Rechtsgrund" zugrunde lag, vgl. § 812 Abs. 1 BGB.

Exkurs:

Lesen Sie § 812 BGB und analysieren Sie den Aufbau dieser Norm: Welches sind die Voraussetzungen, welches ist die Rechtsfolge?

Von diesem Einwilligungs- bzw. Genehmigungserfordernis für Willenserklärungen Minderjähriger gibt es vier Ausnahmen:

- **Lediglich rechtlich vorteilhafte Erklärung des Minderjährigen**: Soweit sich der Minderjährige durch seine Willenserklärung selbst rechtlich nicht zu einer Leistung verpflichtet, kann er die Willenserklärung ohne Einwilligung der Eltern abgeben, § 107 BGB.

Beispiel:
Erhält der 17-jährige Max ein Gartengrundstück geschenkt, so bedarf er beim Abschluss des notariell zu beurkundenden Schenkungsvertrages keiner Einwilligung der Eltern. Anders ist die Rechtslage, wenn das Grundstück mit einem vermieteten Haus bebaut ist, denn dann wird er wegen § 566 BGB automatisch als Vermieter Vertragspartner der Mieter mit allen Rechten und vor allem Pflichten.

- **Taschengeldgeschäfte**: Wurde dem Minderjährigen Geld von seinen Eltern oder mit deren Zustimmung zur freien Verfügung oder zu einem bestimmten Zweck überlassen, liegt bereits darin die Einwilligung zu einem entsprechenden Geschäft, wenn der Minderjährige seiner Zahlungspflicht dann mit diesem Geld nachgekommen ist, also auch tatsächlich bezahlt hat, § 110 BGB. Das Geschäft wird dann sofort wirksam.
- **Ermächtigter Betrieb eines Erwerbsgeschäfts**: Ermächtigen die Eltern (mit Genehmigung des Familiengerichts) den Minderjährigen zum selbständigen Betrieb eines gewerblichen oder sonstigen Unternehmens, so kann er alle Geschäfte, die im Zusammenhang mit der Geschäftstätigkeit anfallen, z. B. ein Geschäftskonto bei der Bank einrichten, Waren bestellen und verkaufen, alleine und ohne elterliche Zustimmung abschließen, § 112 BGB.

- **Ermächtigte Eingehung eines Dienst- oder Arbeitsverhältnisses**: Ermächtigen die Eltern den Minderjährigen, in Dienst oder Arbeit zu treten, so ist er für alle die Eingehung, Aufhebung oder Erfüllung dieses Verhältnisses betreffenden Willenserklärungen, voll geschäftsfähig, § 113 BGB.

> **Beispiel:**
> Ermächtigen die Eltern ihre 17-jährige Tochter Mia, bei der CAD GmbH eine Ausbildung zur technischen Zeichnerin zu absolvieren, so kann sie selbständig am Arbeitsort einen Wohnung anmieten, sich Arbeitskleidung kaufen, ein Gehaltskonto eröffnen und sogar den Ausbildungsvertrag wieder kündigen.

Beschränkte Geschäftsfähigkeit
Minderjährige zwischen 7 und 17 Jahren, § 106 BGB Willenserklärung bis zur Einwilligung der gesetzlichen Vertreter schwebend unwirksam, §§ 107, 108 BGB

Ausnahmen: - Lediglich rechtlicher Vorteil, § 107 BGB - Taschegeld, § 110 BGB	- Ermächtigter Betrieb eines Erwerbsgeschäfts, § 112 BGB - Ermächtigte Eingehung eines Dienstverhältnisses, § 113 BGB

Abb. 8: Übersicht beschränkte Geschäftsfähigkeit und Ausnahmen

- **Volle Geschäftsfähigkeit**: Mit Vollendung des 18. Lebensjahres ist der Mensch endlich **volljährig** und zugleich **voll geschäftsfähig**, § 2 BGB. Sämtliche Beschränkungen bei Abgabe einer Willenserklärung entfallen, sofern keine Störung der Geistestätigkeit vorliegt. Er kann nun auch in einem Zivilprozess seine Angelegenheiten *selbst* vertreten, er ist **prozessfähig**, § 51 ZPO.

2.1.1.4 Deliktsfähigkeit des Menschen

Definition
Unter Deliktsfähigkeit versteht man die Verantwortlichkeit, für einen selbst angerichteten Schaden („Delikt") einstehen, also haften zu müssen.

Auch die Deliktsfähigkeit hängt von der geistigen Reife bzw. vom geistigen Zustand eines Menschen ab, weshalb es auch hier Abstufungen gibt. Erwachsene im Zustand der Unzurechnungsfähigkeit sowie Kinder und Minderjährige sind **deliktsunfähig**, Jugendliche sind **bedingt deliktsfähig**, um mit Volljährigkeit die **volle Deliktsfähigkeit** zu erlangen.

- **Deliktsunfähigkeit**: Kinder sind bis zur Vollendung des **siebten Lebensjahres** für Schäden, die sie anderen zufügen, nicht verantwortlich, § 828 Abs. 1 BGB. Wenn sich der Schaden im Rahmen eines **fahrlässig verursachten Unfalls mit einem Kraftfahrzeug** (z. B. Auto, Bus, Motorrad, Moped), einer **Schienen- oder Schwebebahn** (z. B. Straßenbahn, Zug) ereignet, ist der Minderjährige sogar über das siebente Lebensjahr hinaus bis zum Alter von **10 Jahren** deliktsunfähig, §828 Abs.2 BGB. Der Grund liegt darin, dass ihn die Geschwindigkeit des motorisierten Fahrzeugverkehrs i. d. R. überfordert.

> **Beispiel:**
> Der 9-jährige Linus spielt mit seinen Freunden vor dem Haus Fußball. Als ein Schuss daneben geht, fliegt der Ball auf die Straße. Linus stürzt zwischen parkenden Fahrzeugen hinterher und achtet im Eifer des Spiels (unachtsam, also „fahrlässig", § 276 Abs. 2 BGB) nicht auf ein herannahendes Fahrzeug. Durch ein abrupt eingeleitetes Ausweichmanöver des Fahrers Mike prallt das Fahrzeug aber auf ein parkendes Motorrad. Das Auto des Mike und das Motorrad sind beschädigt. Linus haftet für den von ihm verursachten Unfall im motorisierten Straßenverkehr wegen § 828 Abs. 2 Satz 1 BGB nicht. Anders wäre der Fall, wenn Linus vor ein (unmotorisiertes) herannahendes Fahrrad gesprungen wäre und der Fahrradfahrer zur Sturz gekommen wäre. Hier haftet Linus grundsätzlich.

Deliktsunfähigkeit liegt auch bei Erwachsenen vor, die im Zustand der **Bewusstlosigkeit** oder der **krankhaften Störung der Bewusstlosigkeit** (z. B. epileptischer Anfall) andere schädigen, §827 Satz 1 BGB: Keine Haftung in diesem Zustand der **Unzurechnungsfähigkeit**. Wer sich jedoch absichtlich mit **Alkohol** betrinkt oder durch **Drogen** in einen Rausch versetzt und dabei Schäden verursacht, haftet voll, §827 Satz 2 BGB.

• **Bedingte Deliktsfähigkeit und volle Deliktsfähigkeit:** Wo keine Deliktsunfähigkeit nach §828 Abs.1 und Abs.2 Satz 1 BGB vorliegt, also bei Kindern und Jugendlichen, die **älter als 7** bzw. – bei Unfällen im motorisierten Straßenverkehr – **10 Jahre**, aber **noch keine 18** sind, liegt **bedingte Deliktsfähigkeit** vor. Gleiches gilt übrigens auch dann, wenn ein 7 bis 10-jähriger **vorsätzlich** im motorisierten Straßenverkehr einen Unfall herbeiführt, §828 Abs.2 Satz 2 BGB.

> **Übung**
> Worin unterscheiden sich wohl Vorsatz und Fahrlässigkeit? Lesen Sie § 276 Abs. 1 und Abs. 2 BGB!

In all diesen Fällen ist eine Schadenshaftung nur dann gegeben, wenn der Jugendliche ganz konkret nach seiner **intellektuellen**

Einsichtsfähigkeit in der Lage war, die **Gefährlichkeit seines Handelns zu erkennen**, § 828 Abs. 3 BGB. Das muss notfalls ein psychologischer Sachverständiger feststellen.

> **Beispiel:**
> Rüdiger, 7 Jahre, schubst mit dem Fuß von einer Brücke Kieselsteine auf die darunter verlaufende Straße. Beschädigt er dabei passierende Fahrzeuge oder Personen, so wird er die Gefährlichkeit des Steinschlags wohl noch nicht erkannt haben, also keine Haftung. Bei einem 15-jährigen hingegen wird man von der Einsichtsfähigkeit ausgehen müssen, daher Haftung.

In all diesen Fällen der mangelnden oder bedingten Deliktsfähigkeit von Kindern und Jugendlichen kommt jedoch für die angerichteten Schäden eine **Haftung der Eltern** oder anderer Aufsichtspersonen in Frage, die ihre Aufsichtspflicht verletzt haben, § 832 BGB.

Ist der Schädiger **18 Jahre alt** hat er **volle Deliktsfähigkeit** erlangt und haftet demnach für die von ihm angerichteten Schäden voll, sofern kein Fall des § 827 BGB vorliegt.

 Übung

> Fertigen Sie eine grafische Übersicht über die Deliktsfähigkeitsphasen bei Kindern, Minderjährigen und Erwachsenen!

2.1.2 Juristische Personen

Die juristische Person ist ein Zusammenschluss von zumeist natürlichen Personen zu einer **Organisation mit eigener Rechtspersönlichkeit**. Das bedeutet, dass die juristische Person als eigenständiges „künstliches" Rechtssubjekt am Rechtsverkehr teilnimmt, ohne dass dabei ihre Mitglieder nach außen in Erscheinung treten würden.

2.1.2.1 Rechtsformen und Zwecke

Bei juristischen Personen wird zwischen solchen des öffentlichen Rechts und des **Privatrechts** unterschieden. Vor dem Hintergrund privatwirtschaftlicher Betätigung sind jedoch nur die privatrechtlichen juristischen Personen von Bedeutung.

> **Exkurs:**
>
> Juristische Personen des öffentlichen Rechts sind etwa Städte und Gemeinden als **Gebiets-Körperschaften** des öffentlichen Rechts, Hochschulen oder Industrie- und Handelskammern als **Personal-Körperschaften**, Rundfunkanstalten oder Sparkassen als **Anstalten** des öffentlichen Rechts und die Stiftung preußischer Kulturbesitz als **Stiftung** des öffentlichen Rechts.

Privatrechtliche juristische Personen werden neben **ideellen Zwecken** vor allem zur Erreichung **wirtschaftlicher Ziele** errichtet:

- **Eingetragene Vereine (e.V.)** sind als Idealverein (z. B. Tennisclub Seerach e.V., Kulturverein Oberesslingen e.V., § 21 BGB) oder als wirtschaftlicher Verein (z. B. Taxizentrale Nordberg e.V., § 22 BGB) aktiv.
- **Gesellschaften mit beschränkter Haftung (GmbH)** können zu jedem gesetzlich zulässigen Zweck mit einem Stammkapital von mindestens 25.000 € gegründet werden, § 1 GmbHG (z. B. Stuttgarter Textilvertriebs-GmbH). Als „Unternehmergesellschaft (haftungsbeschränkt)" kann sie auch mit weniger als 25.000 € gegründet werden, § 5a GmbHG.
- **Aktiengesellschaften (AG)** dienen der Bereitstellung großer Kapitalmengen durch viele Anleger zur Bewältigung wirtschaftlicher Großvorhaben mit einem in Aktien zerlegten Grundkapital und einem Mindestnennbetrag des Grundkapitals von 50.000 €, §§ 1, 6, 7 AktG (z. B. Kölner Lebensversicherungs-AG, Gruber Hoch-Tiefbau –AG).
- **Genossenschaften (eG)** fördern die sozialen, kulturellen oder wirtschaftlichen Ziele ihrer Mitglieder durch Kooperation wie z. B. Einkaufsgenossenschaften, Konsumgenossenschaften (z. B. coop eG), Wohnbaugenossenschaften (z. B. Baugenossenschaft Esslingen eG) oder landwirtschaftliche Genossenschaften (z. B. Winzergenossenschaft Haberschlacht eG), § 1 GenG.
- **Stiftungen** stellen das von einem Stifter bereitgestellte Vermögen für einen vom Stifter bestimmten Zweck zur Verfügung, das auch verbraucht werden kann, § 81 BGB. Die Stiftung bedarf der staatlichen Genehmigung und kommt als Familienstiftung, kirchliche Stiftung oder kommunale Stiftung vor.

> **Übung:**
>
> Suchen Sie in Internet je zwei juristische Personen jeder Rechtsform aus Ihrem Wohnort bzw. Umkreis!

2.1.2.2 Charakteristika juristischer Personen

Juristische Personen sind mit eigener **Rechtsfähigkeit** ausgestattet. Sie sind also selbst Träger von Rechten und Pflichten. (e.V. nach §§21, 22 BGB; **GmbH** „als solche hat selbständig ihre Rechte und Pflichten" nach §13 GmbHG; **AG** nach §1 AktG; **eG** „als solche hat selbständig ihre Rechte und Pflichten" nach §17 GenG; **Stiftung** nach §80 Abs.1 BGB). Sie sind vom **Bestand ihrer Mitglieder** (Gesellschafter, Aktionäre, Genossen) **unabhängige** Rechtspersonen, d. h. ein Wechsel in den Mitgliedern beeinträchtigt die Rechtsperson nicht. Sie haben auch ein **eigenes Vermögen**, das von dem der Mitglieder getrennt ist. Mit diesem Vermögen haben sie ihre **Verbindlichkeiten** zu erfüllen, vgl. z.B. §13 Abs.2 GmbHG. Ein Rückgriff auf das Vermögen der Mitglieder ist regelmäßig nicht möglich.

Sie bilden einen **Kollektivwillen** in den jeweiligen Mitgliedergremien (Mitgliederversammlung, Gesellschafterversammlung, Aktionärsversammlung, Generalversammlung).

Da juristische Personen künstliche Konstrukte sind, können sie im Rechtsverkehr nach außen natürlich *selbst* nicht agieren. Sie benötigen dazu eine natürliche Person als **gesetzlichen Vertreter**, die in ihrem Namen handelt, die sog. **Organe**. Das sind der Vorstand, der Geschäftsführer oder der Aufsichtsrat, vgl. §§26 BGB; §6 GmbHG; §§76, 112 GmbHG; 24 GenG; §81 Abs.1 Nr.5 BGB.

2.1.3 Personengesellschaften

Neben den natürlichen und den juristischen Personen existieren in der Rechtswirklichkeit noch weitere rechtsfähige Persönlichkeiten, insbesondere sind dies die sog. **Personengesellschaften**. Bei ihnen stehen die **personenrechtlichen Beziehungen** der Gesellschafter sehr im Vordergrund, sodass die gemeinsame Gesellschaft zwar eigene **Rechtspersönlichkeit** und eigenes **Vermögen** hat sowie für eigene **Verbindlichkeiten** selbst haftet, aber dennoch *keine juristische Person* ist. Sie wird nicht durch gesellschaftsfremde Organe, sondern durch die **Gesellschafter** geleitet und nach außen vertreten.

Die wichtigsten Erscheinungsformen sind die **Gesellschaft bürgerlichen Rechts** (GbR, §§705ff. BGB), sowie die Personen*handels*gesellschaften in Form der **Offenen Handelsgesellschaft (OHG,** §§105ff. HGB) und der **Kommanditgesellschaft (KG,** §§161ff. HGB).

2.1.4 Erscheinungsformen von Personen im Recht

In Zeiten zunehmender Marktmacht globalisierter Unternehmen und steigender Komplexität von IT-basierten Rechtsvorgängen ist ein Bedürfnis zum Schutze strukturell unterlegener Marktteilnehmer entstanden. Das sind häufig die Verbraucher. Sie können im Rechtsverkehr mit Unternehmern nicht auf Augenhöhe verhandeln, weshalb sie in der Regel schutzbedürftig und daher gesetzlich privilegiert sind. Dem trägt im bürgerlichen Recht eine Untergliederung der handelnden Personen in **Verbraucher** und **Unternehmer** Rechnung. Unternehmer werden darüber hinaus untergliedert in **Kaufleute** und **nichtkaufmännische Gewerbetreibende** bzw. **sonstige Selbständige**.

2.1.4.1 Verbraucher und Unternehmer

Verbraucher ist jede natürliche Person, die ein **Rechtsgeschäft** zu **Zwecken** abschließt, die überwiegend **weder einer gewerblichen noch selbständigen beruflichen Tätigkeit** zugerechnet werden können, sondern „rein privat" sind, § 13 BGB. Es kommt daher auf das **konkrete einzelne Rechtsgeschäft** an. Grundsätzlich ist aber bei einer natürlichen Person davon auszugehen, dass sie als Verbraucher handelt (BGH NJW 2009, 3780).

Im Gegensatz dazu agiert eine Person als **Unternehmer**, wenn sie ein Rechtsgeschäft in Ausübung ihrer **gewerblichen** oder **selbständigen beruflichen Tätigkeit** abschließt. Die Abgrenzung zum Verbraucher stellt sich allerdings nur bei **natürlichen Personen. Juristische Personen** oder **Personengesellschaften** haben kein „Privatleben" und handeln daher stets als gewerbliche Unternehmer, nie als Verbraucher.

Beispiel:
Der Inhaber einer Maschinenbaufabrik kauft in der Mittagspause eine Brezel zum eigenen Verzehr (Verbraucher), für seine Sekretärin zum Betriebsjubiläum einen Strauß Frühlingsblumen (Unternehmer), für seine Ehefrau einen Strauß rote Rosen (Verbraucher) und für seine Mitarbeiter bei der Betriebsversammlung 50 Brezeln (Unternehmer).

2.1.4.2 Kaufleute

Manche Unternehmer sind Kaufleute: **Alle Kaufleute sind Unternehmer, aber nicht alle Unternehmer sind Kaufleute,** vielmehr hat ein Unternehmer nur dann die Kaufmannseigenschaft, wenn deren Voraussetzungen nach dem HGB vorliegen.

- **Istkaufmann**: Wer ein „Handelsgewerbe betreibt", ist Istkaufmann, § 1 Abs. 1 HGB. Der Unternehmer muss einen **Gewerbebetrieb** führen, also eine selbständige, dauerhafte Tätigkeit mit Gewinnerzielungsabsicht ausüben, die nicht als freier Beruf zu qualifizieren ist. Weiterhin gilt der Betrieb nur dann als „Handelsgewerbe", wenn er **nach Art und Umfang eine kaufmännische Einrichtung**

erfordert, §1 Abs. 2 HGB. Gegenstand der Unternehmung muss jedoch – trotz des Wortlauts – keine Handelstätigkeit sein!

Beispiel:
Eine Speisegaststätte ist ein Gewerbebetrieb. Ob der Gastwirt ein Ist-kaufmann ist, hängt davon ab, ob er wegen der Größe des Betriebs, der Anzahl der Mitarbeiter, der Vielzahl von Speisen und des Jahresumsatzes eine kaufmännische Unternehmensorganisation mit Buchhaltung, kaufmännisch geschultem Personal oder Bilanzierung benötigt, oder ob er die Geschäftsvorfälle mittels Einnahme-Überschuss-Rechnung bewältigen kann. Ist eine kaufmännische Einrichtung nötig, so ist der Unternehmer Istkaufmann, ob er will oder nicht. Auch die nach §29 HGB vorzunehmende Eintragung ins Handelsregister ist lediglich „deklaratorisch", also klarstellend, und hat keinen Einfluss auf das Vorliegen der Kaufmannseigenschaft. Hat die Gaststätte hingegen nur am Wochenende geöffnet und verkauft nur Würstel mit Senf, ist der Gastwirt sicher kein Kaufmann, aber dennoch Unternehmer.

 Übung:
Suchen Sie im HGB die Vorschriften über das „Handelsregister". Wo wird es geführt? In welcher Form sind Anmeldungen zur Eintragung einzureichen? Womit ist zu rechnen, wenn der Pflicht zur Anmeldung nicht nachgekommen wird? Welche Wirkung geht von der „Publizität des Handelsregisters" aus?

- **Kannkaufmann**: Wer einen Gewerbebetrieb führt, aber nach Art und Umfang keine kaufmännische Einrichtung benötigt, ist – wie gesehen – kein Kaufmann. Dennoch hat er die Möglichkeit, sich **freiwillig** in das Handelsregister eintragen zu lassen, um in den Genuss handelsrechtlicher Privilegien und Pflichten zu kommen. Hat er dazu optiert und ist die Eintragung im Handelsregister vollzogen, so ist auch er vollwertiger Kaufmann, ein sog. „Kannkaufmann", §2 HGB. Hier ist die Handelsregistereintragung „konstitutiv".

Beispiel:
Der Fahrradservicebetrieb von Lukas wird in dessen Garage betrieben. Nach Feierabend repariert er auf eigene Rechnung fremde Fahrräder gegen Honorar. Sein Umsatz beträgt jährlich 50.000 €. Nach Art und Umfang benötigt Lukas keine kaufmännische Einrichtung und ist kein Ist-kaufmann. Lässt er sich jedoch in das Handelsregister eintragen, wird er durch die Eintragung konstitutiv zum Kannkaufmann und kann fortan als „Lukas Bikefit e.K." firmieren.

Übung:

Suchen Sie im HGB die Vorschriften über die „Handelsfirma" und lesen Sie dort, was die Buchstaben „e.K." bedeuten.

- **Formkaufmann**: Ihn erkennt man leicht am „Rechtsformzusatz". **Handelsgesellschaften** wie die **OHG** oder die **KG**, §§ 105, 161 HGB, sind stets Kaufmann, § 6 Abs. 1 HGB. Aber auch juristischen Personen wie der **GmbH** oder der **AG** wird über die Fiktion einer Handelsgesellschaft die Kaufmannseigenschaft zuteil, vgl. § 6 Abs. 2 HGB „Verein" i. V. m. § 3 AktG, § 13 Abs. 3 GmbHG. Auf die Erfüllung der Kriterien des § 1 HGB kommt es daher nicht an.

Einzelheiten zu den Kaufleuten finden sich im Kapitel 13 „Rechtsformen unternehmerischer Betätigung".

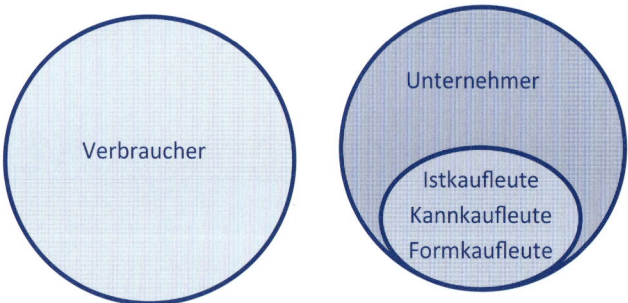

Abb. 9: Verhältnis Unternehmer – Kaufleute

2.2 Gegenstände rechtlichen Handelns: Rechtsobjekte

Unter **Rechtsobjekten** versteht man die Gegenstände, auf die sich das Handeln der Rechtssubjekte bezieht. Das sind einerseits unkörperliche subjektive **Rechte** (z. B. schuldrechtliche Forderungen, Eigentumsrechte oder ein Kündigungsrecht), andererseits körperliche Gegenstände, sog. **Sachen** nach § 90 BGB, aber auch **Tiere,** die als Teil der Schöpfung zwar keine Sachen sind, ihnen jedoch gleichgestellt werden, vgl. § 90a BGB, und im Wirtschaftsprivatrecht zu vernachlässigen sind. Rechte und Sachen können Gegenstand von Vereinbarungen und Übertragungen sein.

2.2.1 Sachen

Definition:
Sachen im Sinne des BGB sind nur körperliche Gegenstände, § 90 BGB.

Eine wesentliche Rolle im Wirtschaftsleben spielen die Produktion bzw. der Transfer von Gütern. Das BGB bezeichnet körperliche, dreidimensionale Güter als **Sachen**, also durch ihre eigene Festigkeit, durch Gefäße oder Markierungen abgrenzbare Gegenstände.

> **Beispiele:**
> Unproblematisch sind Handys, Kraftfahrzeuge oder Möbelstücke als Sachen zu erkennen. Wasser und Gase gelten als Sachen solange sie beherrschbar in Behältnissen eingeschlossen und damit „handelbar" sind. Auch Software gilt als Sache, wenn sie sich auf Datenträger befindet (BGH NJW 2007, 2394 ff.). Keine Sachen sind elektrischer Strom, Lichtenergie oder der Geschäftswert eines Unternehmens, ebenso wenig der Körper des lebenden Menschen.

2.2.1.1 Bewegliche und unbewegliche Sachen

Das BGB unterscheidet grundlegend zwischen solchen Gütern, die räumlich übertragen werden können und als **„bewegliche Sachen"** bezeichnet werden (sog. „Mobilien"), und **„unbeweglichen Sachen"**, also Grundstücken bzw. Immobilien. Angesichts der großen Bedeutung von Grundstücken als Daseinsgrundlage (Wohnungen, Ackerland, Produktionsfläche) unterliegt die Übertragung von Immobilien oder deren Bestandteilen – als abgegrenztem Teil der Erdoberfläche – strengeren Regeln als sie für den Transfer von beweglichen Gütern gelten.

> **Exkurs:**
> Während die Übereignung von Kraftfahrzeugen auf Grundlage eines formlos möglichen Kaufvertrages durch bloße Willensübereinstimmung über den Eigentumswechsel zwischen Veräußerer und Erwerber („**Einigung**") nebst eines Besitzwechsels an Fahrzeugschlüsseln und –papieren („Übergabe") gem. § 929 BGB vollzogen werden kann, bedarf ein Grundstückskaufvertrag einer **notariellen Beurkundung** (Formzwang nach § 311b BGB), die **Einigung** der Grundstücksübereignung selbst muss wieder **notariell beurkundet** (§§ 873 Abs. 1, 925 BGB) und der Eigentumswechsel in ein öffentliches Register, das **„Grundbuch"**, **eingetragen** werden (§ 873 Abs. 1 BGB).

Während Grundstücke immer „Unikate" sind, unterscheidet man bei den beweglichen Sachen zwischen den **„vertretbaren"**, also nur nach Maß, Zahl oder Gewicht bestimmten gleichartigen Massengütern (z. B. Milchtüte im Regal des Einzelhändlers), und individuellen Einzelstücken, den **„nicht vertretbaren"** Sachen (z. B. Ihr konkretes

Kfz mit Tachostand 241.768 km und einer Delle im hinteren Kotflügel), vgl. § 91 BGB.

2.2.1.2 Einfache und wesentliche Bestandteile von Sachen

Die meisten Sachen sind aus Einzelteilen zusammengesetzt (z. B. Brille aus einem Rahmen, zwei Bügeln, zwei Gläsern, zwei Nasenpads, Schräubchen etc.). Man nennt sie juristisch „Bestandteile". Dabei stellt das BGB den Grundsatz auf, dass die Sache selbst und ihre Bestandteile **dasselbe rechtliche Schicksal** haben müssen, sich das Eigentum der Sache auch auf all deren Bestandteile erstreckt. Allerdings macht dies nur dann Sinn, wenn eine gewisse **Festigkeit** zwischen Bestandteil und Hauptsache gegeben ist, die nach der **Trennbarkeit** voneinander beurteilt wird:

Solche Bestandteile einer Sache, die **nicht ohne Zerstörung** des einen oder anderen Teils voneinander getrennt werden können, sind „wesentliche Bestandteile". Sie können nicht „Gegenstand besonderer Rechte" sein, müssen also die identischen Eigentumsverhältnisse der Hauptsache aufweisen, § 93 BGB. Ob durch die Trennung der *wirtschaftliche Zweck* der Hauptsache bzw. deren *Nutzbarkeit* verloren geht, spielt keine Rolle. Wo die Verbindung so locker ist, dass eine Trennung auch ohne Zerstörung erfolgen kann, gilt der Grundsatz der Rechtsgleichheit nicht, man spricht von „**einfachen Bestandteilen**". § 93 BGB gilt für bewegliche Sachen gleichermaßen wie für Grundstücke.

> **Beispiele:**
> **Wesentliche Bestandteile**: Einbanddeckel dieses Buches, Lackierung des Kfz-Stoßfängers, miteinander verlötete Bauteile eines Handys, am Jackett angenähter Knopf, Türzarge einer Wohnungstüre oder Elektrokabel in einer Gebäudedecke gehören dem, dem das Buch, das Kfz, das Handy, das Jackett oder das Gebäude gehört.
>
> **Einfache Bestandteile**: Angeschraubter Brillenbügel, Armband einer Uhr, Glühbirne in der Lampe, Tintenpatrone eines Druckers, Reifen am Kfz können, aber müssen nicht demjenigen gehören, dem die Brille, die Uhr, die Lampe, der Drucker, das Kfz gehört.

Für die Bestandteile von Grundstücken gibt es zwei weitere Regeln: Wesentliche Bestandteile eines Grundstücks sind auch alle **mit dem Grund und Boden fest verbundenen Sachen**, also vor allem das **Gebäude** und die Pflanzen, § 94 Abs. 1 BGB. Schließlich zählen zu den wesentlichen Bestandteilen eines Gebäudes (!) auch all die Bauteile, die zur Fertigstellung eines Bauwerks als notwendig angesehen werden, also die „**zur Herstellung des Gebäudes eingefügten Sachen**",

§ 94 Abs. 2 BGB. Mit der Erstellung des Gebäudes etwa durch Aufmauern von Mauersteinen und dem Ausbau des Gebäudes, z. b. durch Einfügen von Fensterrahmen oder den Einbau eines Heizkessels, werden die beweglichen Teile „wesentliche Bestandteile" von Gebäude und Grundstück und gehen in das Eigentum des Gebäude-, und damit des Grundstückseigentümers über, vgl. § 946 BGB.

Von „**Scheinbestandteilen**" spricht man, wenn die Verbindung von beweglichen Sachen mit einem Grundstück nur zu einem vorübergehenden Zweck oder aufgrund eines zeitlich begrenzten Grundstücksrechts erfolgt, § 95 Abs. 1 und 2 BGB.

> **Beispiele:**
> Wohnhäuser, Garagen, Mauern, Terrassen oder Pflanzen sind wesentliche Bestandteile von Grund und Boden; Heizkörper, Fenster, Parkettböden, WC-Anlagen oder Steckdosen sind zwar ohne Zerstörung trennbar, aber zur Herstellung eingefügt und daher wesentliche Bestandteile des Gebäudes; von einem Gärtner bis zum Verkauf zwischengepflanzte Bäumchen, während der Bauzeit im Boden fest fundamentierte Baucontainer, von Mietern während der Mietzeit eingebaute Zwischenwände einer Wohnung oder die Errichtung eines Gebäudes in Ausübung eines Erbbaurechts sind keine wesentlichen, sondern Scheinbestandteile.

> **Übung:**
> Schlagen Sie in § 1 ErbbaurechtsG nach, was unter einem Erbbaurecht zu verstehen ist!

2.2.1.3   Zubehör und Nutzungen

Was nicht Bestandteil einer anderen Sache ist, kann aufgrund der räumlichen Nähe und einer wirtschaftlichen Zweckverbindung mit der Hauptsache deren „**Zubehör**" sein, § 97 BGB, also etwa der Traktor des landwirtschaftlichen Grundstücks oder Produktionsmaterial eines Industrieunternehmens. Sie haften bei einer Grundstückshypothek mit, § 1120 BGB, und sind auch von einer Zwangsversteigerung des Grundstücks mit umfasst, § 865 Abs. 1 Satz 1 ZPO.

„**Nutzungen** sind die **Früchte** und **Gebrauchsvorteile** einer Sache (oder eines Rechts), z. B. Obst einer Baumwiese, aber auch Mieteinnahmen aus einem Grundstücksnießbrauch. Wem sie zustehen regelt das BGB unterschiedlich, vgl. z. B. § 1030 BGB.

2.2.2 Rechte

Definition:
Subjektive Rechte sind einer Person zugeordnete unkörperliche **„Berechtigungen"** gegenüber anderen Personen

Sie richten sich als „relative" Rechte gegen bestimmte Personen, man nennt sie **„Forderungen".** Als „absolute" Rechte richten sie sich gegen jedermann. Letztere beziehen sich als **„dingliche Rechte"** auf Sachen. Daneben gibt es weitere **subjektive Rechte** wie z. B. Gestaltungsrechte.

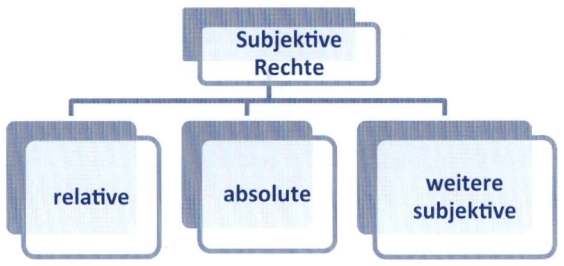

Abb. 10: Subjektive Rechte

2.2.2.1 Relative und absolute Rechte

Durch den Abschluss von schuldrechtlichen Verträgen (z. B. Kaufvertrag, Werkvertrag, Arbeitsvertrag) entstehen (nur) zwischen den Vertragspartnern **Forderungen:** „Kraft des Schuldverhältnisses ist der Gläubiger berechtigt, vom Schuldner eine Leistung zu fordern", § 241 Abs. 1 BGB. Das nennt man einen **Anspruch.** Da dieser Anspruch **nur** in Relation („Beziehung") zwischen **Gläubiger** und **Schuldner** besteht, nennt man solche Forderungen auch **„relative Rechte".**

Exkurs:

Das BGB bietet für solche vertraglichen Ansprüche die notwendigen Anspruchsgrundlagen, z. B. § 433 Abs. 1 BGB Anspruchsgrundlage (AGL) des Käufers gegen den Verkäufer, die Ware zu liefern und zu übereignen; § 433 Abs. 2 BGB AGL des Verkäufers gegen den Käufer, den vereinbarten Kaufpreis zu bezahlen; §§ 437 Nr. 1, 439 BGB AGL des Käufers gegen den Verkäufer auf Nacherfüllung, d. h. Reparatur oder Umtausch der mangelhaft gelieferten Ware. Man erkennt solche Anspruchsgrundlagen an den Formulierungen „ist verpflichtet zu" oder „kann verlangen".

Im Gegensatz zur relativen Rechten richten sich absolute Rechte **gegen jedermann.**

Gerade das **Eigentum** ist ein solches **absolutes Recht**, weil der Eigentümer einer Sache „mit der Sache nach Belieben verfahren und andere von jeder Einwirkung ausschließen kann", § 903 Satz 1 BGB. Auch alle anderen Sachenrechte, sog. **dingliche Rechte**, wie *Nutzungsrechte* (Besitzrecht, § 854 BGB; Nießbrauch, § 1030 BGB, Dienstbarkeiten, §§ 1018, 1090 BGB; Erbbaurecht, § 1 ErbbauRG), *Verwertungsrechte* (Pfandrechte, § 1204 BGB, Hypotheken, § 1113 BGB, Grundschuld, § 1191 BGB) und *Erwerbsrechte* (Vorkaufsrecht, § 1094 BGB, Vormerkung § 883 BGB) sind absolute Rechte.

Schließlich gehören aber auch die bei Verletzung durch § 823 Abs. 1 BGB geschützten Rechtspositionen eines Menschen auf Unversehrtheit von **Leben, Körper, Gesundheit** oder **persönlicher Freiheit** sowie als „sonstige Rechte" das **Allgemeine Persönlichkeitsrecht**, das **Namensrecht**, das **Urheberrecht** eines Schöpfers von Werken der Literatur, Wissenschaft oder Kunst (wie es der Autor dieses Buches in Anspruch nimmt) oder ein **Patentrecht** für geistige Erfindungen zu den absoluten Rechten.

Exkurs:

Aus den Grundsätzen der Unantastbarkeit der menschlichen Würde aus Art. 1 GG und der individuellen Entfaltungsfreiheit nach Art. 2 GG leitet sich das vom Bundesverfassungsgericht entwickelte **Allgemeine Persönlichkeitsrecht** des Menschen auf Schutz seiner Persönlichkeitssphäre ab (BVerfG NJW 1984, 419 „Volkszählung"; BVerfG NJW 2008, 822 „Online-Durchsuchung"). Es umfasst das Recht des Menschen auf **Schutz seiner Privatheit** im Bereich der *Intimsphäre* als der inneren Gedanken- und Gefühlswelt des Menschen (z. B. Sexualität, Krankheiten, Tagbuchaufzeichnungen), der *Privatsphäre* als dem häuslichen und Familienkreis (z. B. Unverletzlichkeit der Wohnung) und der *Individualsphäre* mit den Beziehungen des Menschen zu seiner Umwelt (z. B. Wirken in der Öffentlichkeit und am Arbeitsplatz), das **Recht auf Selbstdarstellung** (z. B. Recht am eigenen Wort und Bild, Ehre, Schutz vor verfälschenden Darstellungen) und ein Recht auf **Gewährleistung der Grundbedingungen der Selbstentfaltung** (z. B. Restschuldbefreiung bei Verbraucherinsolvenz, schuldangemessene Strafe). Dieses Persönlichkeitsrecht wird durch vielfältige spezialgesetzliche Normen geschützt, etwa das **Datenschutzrecht**, das **Urheberrecht** oder das **Namens- und Firmenrecht**, § 12 BGB, §§ 17 ff. HGB. Wo das Persönlichkeitsrecht verletzt wird bestehen neben Abwehransprüchen, z. B. § 1004 BGB, auch Schadensersatzansprüche, etwa nach § 823 Abs. 1 BGB als „sonstiges Recht" (BGH NJW 2005, 215).

2.2.2.2 Sonstige subjektive Rechte

Soweit die subjektiven Rechte nicht bereits als relative oder absolute erfasst wurden, gibt es weitere subjektive Rechte etwa in Form eines Gestaltungsrechts wie dem **Kündigungsrecht** bei Dauerschuldverhältnissen (z. B. Miete, Werkvertrag, Darlehen), einem **Anfechtungsrecht** wegen Irrtums, vgl. § 119 BGB, einem vertraglich vorbehaltenen **Rücktrittsrecht**, vgl. § 346 BGB, oder einem Gegenrecht wie es die **Einrede der Verjährung** gibt, § 214 Abs. 1 BGB (sog. **Leistungsverweigerungsrecht**).

2.3 Merksätze/Kontrollfragen

Merksätze
- Rechtssubjekte sind **natürliche** und **juristische Personen** sowie **Personengesellschaften**.
- Natürliche Person ist der **Mensch**, bei dem zwischen **Rechtsfähigkeit**, **Geschäftsfähigkeit** und **Deliktsfähigkeit** differenziert wird.
- Die **Rechtsfähigkeit** ist die Fähigkeit, **Träger von Rechten und Pflichten** zu sein, sie beginnt bei Menschen mit der **Geburt** und endet mit dem **Tod**.
- Die **Geschäftsfähigkeit** ist die Fähigkeit, **selbst wirksam Rechtgeschäfte** vornehmen zu können. Sie ist ab dem **18. Lebensjahr** i. d. R. voll gegeben.
- **Geschäftsunfähigkeit** besteht bei Kindern unter 7 Jahren und Menschen mit einer dauerhaften Erkrankung der Geistestätigkeit.
- Willenserklärungen Geschäftsunfähiger sind **nichtig**. Sie benötigen für Rechtsgeschäfte einen **gesetzlichen Vertreter** oder einen Betreuer.
- **Beschränkte Geschäftsfähigkeit** besteht bei Kindern und Jugendlichen nach dem 7. und vor dem 18. Lebensjahr ("**Minderjährige**").
- Die Willenserklärungen Minderjähriger sind bis zur **Einwilligung** ihrer gesetzlichen Vertreter **schwebend unwirksam**, sofern keine Ausnahme nach §§ 107, 110, 112, 113 BGB gegeben ist.
- **Deliktsfähigkeit** ist die Fähigkeit, für angerichteten Schaden **selbst einstehen** zu müssen. Sie ist ab dem **18. Lebensjahr** uneingeschränkt gegeben.
- Bis zum 7. Lebensjahr sind Kinder **deliktsunfähig**, für Taten im motorisierten Straßenverkehr sogar bis zum 10. Lebensjahr.
- Bei der bedingten Deliktsfähigkeit zwischen 7. und 18. Lebensjahr entscheidet die geistige Reife und **Einsichtsfähigkeit** über eine Haftung.
- **Juristische Personen** sind **künstliche Organisationen** mit eigener **Rechtspersönlichkeit**.
- Die wichtigsten juristischen Personen des Privatrechts sind der **e.V.**, die **GmbH**, die **AG**, die **Genossenschaft** und die **Stiftung**.

- Charakteristisch für juristische Personen ist, dass sie **Rechtsfähigkeit** besitzen, einen **Kollektivwillen** bilden, eigenes **Vermögen** haben und durch ihre **Organe** handeln.
- **Personengesellschaften** (GbR, OHG, KG) sind **keine juristischen Personen**, bei ihnen dominieren die personenrechtlichen Beziehungen der Gesellschafter.
- Das BGB unterscheidet zwischen **Verbrauchern** und **Unternehmern**, je nach Zweckrichtung privat oder beruflich beim Abschluss eines Rechtsgeschäfts.
- Bei Kaufleuten wird der **Istkaufmann**, der nach Art und Umfang eine kaufmännische Einrichtung benötigt, vom **Kannkaufmann** unterschieden, der dies nicht benötigt, sich aber freiwillig ins Handelsregister hat eintragen lassen.
- Juristische Personen und Personenhandelsgesellschaften sind **Formkaufleute**.
- **Rechtsobjekte** sind **Sachen** und **Rechte**.
- Sachen sind nur körperliche Gegenstände, man unterscheidet zwischen **beweglichen** und **unbeweglichen** Sachen sowie zwischen **vertretbaren** und **nicht vertretbaren** Sachen.
- Die **Übertragung** von beweglichen Sachen (Einigung und Übergabe) folgt anderen Regeln als die Übertragung von Grundstücken (Einigung und Grundbucheintragung, Formzwang).
- Teile einer Sache nennt man **Bestandteile**, man unterscheidet zwischen **einfachen** und **wesentlichen** Bestandteilen, §§ 93, 94 BGB.
- Wesentliche Bestandteile haben die **gleiche Eigentumszuordnung** wie die **Hauptsache**, zu der sie gehören.
- Keine Bestandteile sind **Scheinbestandteile** und **Zubehör**.
- Bei subjektiven Rechten differenziert man zwischen **relativen** und **absoluten Rechten**.
- **Relative Rechte** bestehen nur gegen eine konkrete Person, man nennt sie auch **Forderungen**.
- **Absolute Rechte** sind „**Jedermannrechte**", weil sie sich gegen jeden anderen richten.
- Alle **dinglichen Rechte** wie Eigentum, Besitz, Nießbrauch oder Pfandrechte sind **absolute Rechte**.
- Auch die **Rechtsgüter eines Menschen**, die in § 823 BGB geschützt sind, sind **absolute Rechte**.
- Sonstige **subjektive Rechte** sind Gestaltungs-, Rücktritts- oder Leistungsverweigerungsrechte.

Kontrollfragen

K 1   Welche Rechtssubjekte gibt es und worin unterscheiden sie sich grob?

K 2   Was versteht man unter Rechtsfähigkeit des Menschen, wo liegt ihre Grenzen? Welcher Reflex besteht ins Zivilprozessrecht hinein?

K 3   Bitte definieren Sie die Geschäftsfähigkeit und stellen Sie deren Phasen bei einem gesunden Menschen dar.

K 4   Skizzieren Sie Anwendungsbereich und Regelungen einer Betreuung von Erwachsenen.

K 5   Welches Erfordernis besteht im Minderjährigenrecht für die Wirksamkeit einer Willenserklärung und welche Ausnahmen sieht das Gesetz unter welchen Voraussetzungen vor?

K 6   Was versteht man unter Deliktsfähigkeit, welche Phasen werden hier unterschieden und welche Besonderheit besteht im motorisierten Straßenverkehr?

K 7   Welche Kriterien sind bei einem vorsätzlich herbeigeführten Unfall im Straßenverkehr mit einem Kraftfahrzeug bei einem 9-jährigen hinsichtlich seiner Haftung anzuwenden?

K 8   Nennen Sie die wichtigsten juristischen Personen des öffentlichen und des privaten Rechts.

K 9   Welches sind die Charakteristika einer juristischen Person, verglichen mit einem erwachsenen Menschen?

K 10   Welches sind die wichtigsten Personengesellschaften, welche davon sind Personenhandelsgesellschaften?

K 11   Welches ist das Abgrenzungskriterium zwischen einem Verbraucher und einer Unternehmer nach dem BGB?

K 12   Welche Voraussetzungen benötigt ein Istkaufmann im Vergleich zum Kannkaufmann, welche Rolle spielt das Handelsregister?

K 13   Woran erkennt man Formkaufleute?

K 14   Welche Rechtsobjekte gibt es und weshalb sind das Rechtsobjekte?

K 15   Wie definiert das BGB eine „Sache" und wie werden beweglich und unbewegliche Sachen „übereignet"?

K 16   Wofür ist die Unterscheidung zwischen „wesentlichen" und „einfachen" Bestandteilen von Bedeutung?

K 17   Auf welche (drei) Arten kann eine bewegliche Sache zum wesentlichen Bestandteil eines Grundstücks werden?

K 18   Wie sind Scheinbestandteile und Zubehör von „wesentlichen Bestandteilen" abzugrenzen?

K 19   Grenzen Sie relative Rechte gegen absolute Rechte nach ihren Wirkungen ab!

K 20   Bilden Sie bei den absoluten Rechten Kategorien und machen Sie für jede Kategorie Beispiele!

K 21   Was ist das Allgemeine Persönlichkeitsrecht, wo ist es geregelt, welche Bedeutung hat es?

K 22   Nennen Sie sonstige, bisher noch nicht beschriebene subjektive Rechte.

Rechtsgeschäfte 3

Gegenstand des vorliegenden Kapitels ist das Rechtsgeschäft und seine rechtlichen Bestandteile. Dabei wird bei Rechtgeschäften nach Zahl der Beteiligten (einseitig, mehrseitig) und Art der Verpflichtungen (gegenseitig, einseitig verpflichtend) unterscheiden. In allen Fällen ist die Willenserklärung (WE) zentrales Element eines jeden Rechtsgeschäfts. Ihre Bestandteile sind ein auf Vornahme eines Rechtsgeschäfts gerichteter Wille und eine dementsprechende Erklärung. Bei WE wird zwischen empfangsbedürftigen und nicht empfangsbedürftigen unterschieden, was Einfluss auf deren Wirksamwerden hat. Grundsätzlich werden Vertragerklärungen mit Zugang beim Empfänger wirksam und führen zu einer Bindung des Erklärenden. Oft sind Willenserklärungen unklar formuliert oder leiden an bewussten oder unbewussten inhaltlichen Mängeln, weil etwa Wille und Erklärung nicht synchron sind. In diesen Fällen bieten das Instrumentarium der Auslegung, aber auch die Anfechtung wegen Irrtums, Täuschung oder Drohung Lösungsmöglichkeiten.

Anschließend betrachten wir das Zustandekommen eines Vertrages von der Phase der Werbung für Waren oder Dienstleistungen über die Vertragsverhandlungen bis hin zur Abgabe von Vertragsantrag des einen und Vertragsannahme des anderen Teils als Einigung über alle Verhandlungsthemen, den eigentlichen Vertragsschluss. Abgerundet wird das Kapitel durch die Darstellung der Besonderheiten beim Vertragsschluss mit Kaufleuten sowie der zusätzlichen Erfordernisse der Vertragsschlüsse im elektronischen Geschäftsverkehr über das Internet. Abschließend werden die Rechtsfolgen eines wirksam begründeten Vertrags erläutert.

Lernziele

Nach Lektüre dieses Kapitels kennen Sie die Grundlagen des zivilrechtlichen Vertrags. Sie können

- verschiedene **Arten von Rechtsgeschäften** und Verträgen unterscheiden;
- die **Willenserklärung** definieren und ihre Bestandteile nennen;
- die Voraussetzungen einer korrekten **Willensbildung** darlegen;
- die **Formen einer Erklärung** des gebildeten Willens erläutern;
- das **Wirksamwerden** von Willenserklärungen in verschiedenen Konstellationen beschreiben;
- **Bedingung** und **Befristung** unterscheiden;
- die Mittel der **Auslegung** von Willenserklärungen nennen;
- **Willensmängel** in verschiedene Kategorien einteilen;
- **Geheime Vorbehalte, Scherzerklärungen** und **Scheingeschäfte** voneinander unterscheiden und die Rechtsfolgen benennen;
- **Anfechtungsgründe** differenzieren sowie die **Wirkung** einer Anfechtungserklärung beschreiben;
- die Phasen einer **Vertragsanbahnung** und die jeweiligen **Pflichten** der Beteiligten während der Phasen benennen;
- ein **vorvertragliches Schuldverhältnis** vom **Vorvertrag** und vom **Rahmenvertrag** unterscheiden;
- die Modifikationen eines **Vertragsantrags** hinsichtlich seiner Bindungswirkung beschreiben;
- die Rechtsfolgen **abändernder Vertragsannahmen** differenzieren;
- das **Schweigen im Handelsverkehr** einordnen sowie Voraussetzungen und Wirkungen des kaufmännischen Bestätigungsschreibens darlegen;
- die Spezifikationen beim Vertragsschluss im **elektronischen Geschäftsverkehr** benennen;
- Rechtsfolgen und **Grenzen der Vertragsbindung** aufzeigen.

3.1 Der Vertrag als Transaktionsgrundlage des Wirtschaftsrechts

In einer von Industrieproduktion und Dienstleistung geprägten Gesellschaft liegt der Fokus wirtschaftlicher Aktivitäten von Unternehmen auf der entgeltlichen Distribution von Waren und der Erbringung von Werk- und Dienstleistungen gegen Geld. Um diesen Austauschvorgängen rechtliche Verbindlichkeit zu verschaffen, damit notfalls die gegenseitig versprochenen Leistungen auch zwangsweise geltend gemacht werden können, aber auch um solche Vorgänge gestalten zu können, bedarf es rechtsgeschäftlicher Vorgänge, der wichtigste davon ist der **Vertrag**.

Der Vertrag ist ein **mehrseitiges Rechtsgeschäft** zwischen den Teilnehmern des Wirtschaftsverkehrs aus **korrespondierenden Willenserklärungen**. Es gibt ihn im Bereich der **Verpflichtungsgeschäfte** als **gegenseitig verpflichtenden Vertrag**, wenn beide Vertragspartner eine Leistungspflicht übernehmen, aber auch als **einseitig verpflichtenden Vertrag**, wenn sich nur ein Vertragspartner zur Erbringung einer Leistung verpflichtet.

Beispiele:
Gegenseitig verpflichtend: Beim Werkvertrag *verpflichtet* sich der Unternehmer zur Herstellung des versprochenen Werkes, der Besteller zur Entrichtung der versprochenen Vergütung, § 631 Abs. 1 BGB.

Einseitig verpflichtend: Beim Leihvertrag verpflichtet sich nur der *Verleiher* zur *unentgeltlichen* Gebrauchsüberlassung einer Sache, § 598 BGB; im Schenkungsvertrag sind *Schenker* und Beschenkter über eine *unentgeltliche* Zuwendung des Schenkers einig, § 516 Abs. 1 BGB; beim Bürgschaftsvertrag verpflichtet sich der *Bürge* gegenüber einer Bank, für fremde Schulden zu zahlen, *Geld* bekommt er dafür *nicht*, § 765 BGB.

Verträge finden sich aber auch im Bereich von **Verfügungsgeschäften**, z. B. bei der Erfüllung von Verträgen.

Beispiele:
Die vom Verkäufer verkaufte Ware muss dem Besteller nach § 929 BGB durch „Einigung" und „Übergabe" übereignet werden, den sog. „**dinglichen Vertrag**". Verfügt der Forderungsinhaber („Zendent") über seine Forderung, indem er sie an den „Zessionar" abtritt, so geschieht dies durch „**Vertrag**", § 398 BGB.

Nicht immer ist zur Gestaltung von Rechtsverhältnissen ein Vertrag erforderlich, in manchen Fällen genügt ein **einseitiges Rechtsgeschäft**, das nur aus *einer* Willensäußerung besteht.

Beispiele:
Solch einseitige Rechtsgeschäfte sind etwa Kündigungen, z. B. § 568 BGB für Mietverträge, Anfechtungserklärungen, z. B. §§ 119, 142 BGB bei Irrtum, oder die Errichtung eines Testaments nach § 2247 BGB.

All diese Rechtsgeschäfte lassen sich auf eine oder mehrere **Willenserklärungen** (WE) zurückführen.

3.2 Die Willenserklärung

> **Definition:**
> Willenserklärung ist eine auf die Herbeiführung einer Rechtsfolge gerichtete private Willensäußerung.

Sie bringt einen **Rechtsfolgewillen** zum **Ausdruck**, d. h. sie zielt auf die Begründung, Inhaltsänderung oder Beendigung eines privaten Rechtsverhältnisses ab (BGH NJW 2001,189 f.).

> **Beispiel:**
> Die Erklärung, ein Handy der Marke „Ericsson Myriade XX795" zum Preis von 499,– € kaufen zu wollen, ist auf den Abschluss des Rechtsgeschäfts „Kauf" dieses Handys gerichtet. Die Äußerung, zukünftig keine fetten Chips mehr essen zu wollen, bezweckt kein Rechtsfolge, sondern ein rein tatsächliches Vorhaben ohne rechtliche Relevanz.

Die WE setzt sich folglich aus einem **Willen** („innerer, subjektiver Tatbestand") und einer **Erklärung** („äußerer, objektiver Tatbestand") zusammen.

> **Exkurs:**
> Keine WE sind **Realakte**, also Handlungen, an welche das *Gesetz* Rechtsfolgen knüpft, z. B. geht das Eigentum an einem Heizkessel durch Einbau in ein Haus auf den Hauseigentümer nach §§ 946, 94 Abs. 2 BGB über, ob der Heizungsbauer will oder nicht. **Geschäftsähnliche Handlungen** sind zwar Willensäußerungen, aber auch hier treten die Rechtsfolgen kraft *Gesetzes* ein, so z. B. löst die Mahnung nach § 286 Abs. 1 BGB unabhängig vom Willen des Mahnenden den „Verzug" aus. Bei **Gefälligkeitserklärungen** fehlt es am *Rechtsbindungswillen*: Wer sich zum Schachspiel verabredet oder eine Abendesseneinladung ausspricht, will sich nicht rechtlich binden. Ob ein solches Gefälligkeitsverhältnis oder ein rechtlich bindender Vertrag vorliegt, muss durch *Indizien* geklärt werden.

3.2.1 Der Wille

Basis der WE ist ein fehlerfrei gebildeter **Wille** des Erklärenden, der drei Voraussetzungen erfüllen muss.

- Der Erklärende muss bei seiner Äußerung *bewusst gehandelt* haben („**Handlungswille**"), so sind Reflexe, Aussagen bei Bewusstlosigkeit oder Reaktionen im Schlaf keine „gewollten" Äußerungen.

> **Beispiel:**
> Wer auf ein Vertragsangebot „einnickt", weil ihm im Schlaf der Kopf nach unten sinkt, gibt keine WE ab. Gleiches gilt, wenn einem Bewusstlosen die Hand zur Unterschrift eines Schecks geführt wird ("vis absoluta").

- Weiterhin muss der Erklärende mit seiner Handlung auch *etwas Rechtserhebliches* erklären wollen („**Erklärungsbewusstsein**"). Da jedoch der Erklärende das „Erklärungsrisiko" trägt, wird bei einer ohne Erklärungsbewusstsein abgegebenen Erklärung, die sich aber für den Erklärungsempfänger als Ausdruck eines Rechtsfolgewillens darstellt, wegen des Vertrauensschutzes dennoch eine WE angenommen, wenn der Erklärende die Außenwirkung hätte erkennen können. Er kann jedoch seine „WE" wegen Irrtums durch „Anfechtung" nach § 119 BGB beseitigen, sie ist dann gem. § 142 Abs. 1 BGB nichtig.

> **Beispiele:**
> Wer bei einer öffentlichen Versteigerung den Arm hebt, um einem eintretenden Freund zu winken, möchte keine rechtserhebliche Erklärung abgeben. Da in Versteigerungen aber gerade durch das Heben des Arms ein Ersteigerungsgebot abgegeben wird, muss sich der Versteigerungsteilnehmer auch ohne Erklärungsbewusstsein so behandeln lassen, als hätte er ein „Gebot" abgegeben, weil er diese Wirkung seiner Reaktion hätte erkennen können. Gleiches gilt für die Unterzeichnung einer Bestellung in der falschen Vorstellung, es handle sich um eine unverbindliche Anfrage.

- Schließlich ist eine auf einen *bestimmten* rechtgeschäftlichen Erfolg gerichtete Absicht erforderlich („**Geschäftswille**"). Ist eine *andere als die gewollte Rechtfolge erklärt*, ist die WE fehlerhaft gebildet und kann ebenfalls nach § 119 BGB angefochten werden.

> **Beispiele:**
> Wer bei einem Vertragsangebot irrt und sich verschreibt, eine falsche Leistungsbezeichnung, einen falschen Preis nennt oder von einer anderen Eigenschaft eines Vertragsgegenstandes als der wirklichen ausgeht, gibt eine WE ab, deren Inhalt sich nicht mit seinem Geschäftswillen deckt. Er kann nach §§ 119 BGB wegen Inhaltsirrtums, Erklärungsirrtums oder Eigenschaftsirrtums anfechten.

3.2.2 Die Erklärung

Der von Handlungswille und Erklärungsbewusstsein getragene Geschäftswille muss für andere **wahrnehmbar geäußert** werden. Das

Gesetz stellt jedoch regelmäßig keine Anforderungen für die dabei einzuhaltende Form auf („Formfreiheit"). Die Willenserklärung kann **ausdrücklich**, z. B. mündlich oder schriftlich, oder auch durch **schlüssiges Verhalten**, z. B. Kopfnicken auf ein Angebot, Zeigen auf eine Ware, erfolgen, wenn die Bedeutung nach den Umständen klar zu verstehen ist.

> **Beispiele:**
> Der Fingerzeig des Kunden auf ein mit 0,80 € ausgezeichnetes Laugenbrötchen in der Auslage des Bäckers ist als eine auf die Rechtsfolge Kauf gerichtete WE durch schlüssiges („konkludentes") Verhalten zu deuten. Im Einfahren in ein Parkhaus nach Entnahme des Parktickets liegt die konkludente WE auf Abschluss eines Mietvertrages.

Lediglich „**Schweigen**" kann normalerweise *nicht* als WE verstanden werden, weil darin kein auf eine Rechtsfolge gerichteter Erklärungsgehalt liegt („Schweigen ist nichts"). Ausnahmsweise wird jedoch sogar das Schweigen als WE „fingiert", so in §§ 108 Abs. 2 Satz 2, 177 Abs. 2 Satz 2 BGB, aber auch in § 352 HGB.

 Übung

> Lesen Sie die drei genannten Normen nach und finden Sie heraus, wie sich die Rechtsfolgen dieser „Fiktionen" unterscheiden.

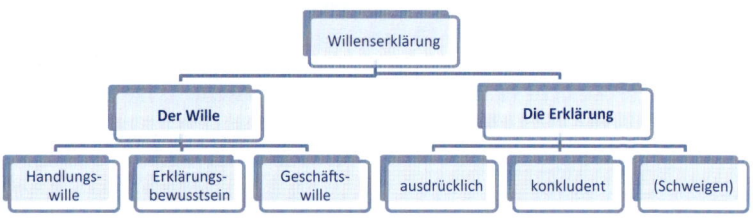

Abb. 11: Bestandteile einer Willenserklärung

3.2.3 Wirksamwerden von Willenserklärungen

Ist die WE durch Willensbildung und Äußerung des Willens entstanden, muss sie im Rechtsgeschäftsverkehr Wirkung entfalten. Der Zeitpunkt der Wirksamkeit hängt davon ab, ob die WE einem bestimmten Empfänger gegenüber abzugeben ist („**empfangsbedürftig**") oder nicht („**nicht empfangsbedürftig**").

3.2.3.1 Nicht empfangsbedürftige Willenserklärungen

Nicht empfangsbedürftige WE kommen selten vor, z.B. bei Anfertigung eines Testaments als „letzter Wille" zur Regelung der Nachlassangelegenheiten, vgl. § 2247 BGB, oder bei Auslobung einer Belohnung für die Herbeiführung eines bestimmten Erfolgs („für *Hinweise*, die zur Ergreifung des Täters führen, ist eine Belohnung von 3.000 € ausgesetzt", § 657 BGB.). Solche WE werden **sofort mit Abgabe wirksam**.

3.2.3.2 Empfangsbedürftige Willenserklärungen

Empfangsbedürftige WE sind in der Geschäftswelt der Normalfall. Der Zeitpunkt des Wirksamwerdens hängt davon ab, ob Erklärender und Empfänger gleichzeitig „anwesend" oder „abwesend" sind. Das Gesetz regelt nach seinem Wortlaut nur den Fall der Abwesenheit des Empfängers in § 130 Abs. 1 Satz 1 BGB und stellt auf den „**Zugang**" der WE ab. Dies kann jedoch auch auf Anwesende übertragen werden:

Unter Anwesenden: Bei gleichzeitig – nicht notwendig am selben Ort – anwesendem **Erklärenden** und **Adressat** wird eine **verkörperte**, z.B. schriftliche WE, mit **Aushändigung** an den Empfänger (BGH NJW 2005, 1533), eine **nicht verkörperte**, also **mündlich, telefonisch** oder im **Online-Dialog** übermittelte WE dann wirksam, wenn sie der Empfänger **akustisch** bzw. **optisch richtig wahrgenommen** hat („**Wahrnehmungstheorie**"). Das gilt auch, wenn die WE gegenüber einem anwesenden **Empfangsvertreter** des Adressaten, z.B. einem Rechtsanwalt, abgegeben wird, vgl. §§ 164 Abs. 3 BGB.

> **Beispiel:**
> Wird einem erkennbar der deutschen Sprache nicht mächtigen Empfänger *telefonisch* ein Vertragsangebot unterbreitet, so ist dieses *nicht* zugegangen. Wo der Erklärende jedoch davon ausgehen darf, dass der Empfänger die WE richtig verstanden hat, muss in Interesse des Verkehrsschutzes von deren Zugang ausgegangen werden (bei Zweifeln muss der Erklärende aber nachfragen, bei Schwerhörigkeit muss der Adressat einen Hinweis geben, vgl. *Münchener-Kommentar zum BGB*-Einsele § 130, Rn. 28).

Unter Abwesenden: Der **Zugang** von WE unter Abwesenden, z.B. per **Brief**, **Fax** oder **E-Mail**, per SMS oder mittels eines Messenger-Dienstes, umfasst nach der herrschenden „**Empfangstheorie**" zwei Prüfungsschritte:

> **Definition:**
> Zugang einer WE ist gegeben, wenn sie so in den Machtbereich des Empfängers gelangt ist, dass dieser unter normalen Umständen davon Kenntnis nehmen konnte.

- Die WE muss zunächst „**in den Machtbereich des Empfängers gelangt**" sein, d. h. er muss auf sie zugreifen können. Das umfasst den Bereich der Wohnung, der Geschäftsräume, des Briefkastens, der E-Mail-, Fax-, SMS- oder Messenger-Mailbox über das elektronische Endgerät des Empfängers, in letzteren Fällen aber nur, wenn der Adressat die Mailbox im Geschäftsverkehr – etwa durch Bekanntgabe seiner E-Mail-Adresse – auch als geeignete Empfangsvorrichtung für WE bestimmt hat. Zu diesem Zugriffsbereich des Empfängers gehören auch alle zur Entgegennahme bestellten oder befähigten „**Empfangsboten**" wie Ehegatten, erwachsene Hausangehörige, kaufmännisches Personal oder der Pförtner.
- Darüber hinaus kann der Zugang nur zu dem Zeitpunkt angenommen werden, zu dem der Empfänger „**die Möglichkeit der Kenntnisnahme unter normalen Umständen**" hatte. Briefe im Briefkasten gehen daher erst zu, wenn mit der Briefkastenleerung üblicherweise zu rechnen ist. Das wird bei Postbriefen im Privatbereich bis 18:00 Uhr, im Geschäftsbereich während der üblichen Geschäftszeiten der Fall sein. Nachts eingeworfene Briefe gehen daher erst am nächsten Tag zu, sofern keine tatsächliche frühere Kenntnisnahme stattgefunden hat. Für elektronische Nachrichten an Verbraucher dürfte nichts anderes gelten, hier ist die Kenntnisnahme zumindest innerhalb eines Tages zu erwarten. Bei **Empfangsboten** geht die Erklärung – anders als bei Empfangsvertretern – erst dann zu, wenn mit der Übergabe vom Empfangsboten an den Adressaten unter normalen Umständen zu rechnen ist. Eine urlaubsbedingte Abwesenheit geht zu Lasten des Adressaten. Unabhängig von der tatsächlichen Kenntnisnahme gilt die WE als zugegangen.

Bei böswilliger **Zugangsvereitelung** oder -verzögerung, z. B. Abstellen des Faxgerätes bei vereinbarter Faxnachicht, handelt der Empfänger rechtmissbräuchlich, wenn er sich auf den fehlenden oder verspäteten Zugang einer WE beruft. Es wird dann der rechtzeitige Zugang zu dem Zeitpunkt unterstellt, an dem Kenntnisnahme möglich gewesen wäre, § 242 BGB.

Trotz Zugangs nach diesen Grundsätzen wird eine WE **nicht wirksam**, wenn dem Empfänger vorher oder gleichzeitig ein „**Widerruf**" des WE zugeht, § 130 Abs. 1 Satz 2 BGB.

Beispiel:
Maler Fritz will Kunde Valentin Malerarbeiten zum Pauschalpreis von
3.200 € anbieten. Das Angebot versendet er per Post. Nach Einwurf in
den Briefkasten entdeckt er auf seiner Angebotskopie, dass er versehentlich 2.300 € angeboten hatte (Zahlendreher). Gelingt es ihm, spätestens
zeitgleich mit Zugang des ersten Angebots dem Valentin ein Schreiben
zuzuleiten, indem er das erste Angebot für unwirksam erklärt (mittels
persönlich eingeworfenen Briefs, Telefonats oder einer E-Mail), so wird
das Angebot zu 2.300 € nicht wirksam.

3.2.3.3 Bedingung und Befristung

Die Wirksamkeit einer WE kann durch Einfügen einer Bedingung
oder einer Befristung über den Zeitpunkt des Zugangs hinaus verändert werden: Wird ein Rechtsgeschäft an ein *zukünftiges, ungewis-
ses Ereignis* geknüpft, so spricht man von einer **Bedingung**. Ist die
Wirkung bis zum Eintritt der Bedingung hinausgezögert, liegt eine
„**aufschiebende Bedingung**" vor, § 158 Abs. 1 BGB. Die „**Befristung**"
kann die Wirksamkeit eines Rechtsgeschäfts ebenfalls auf einen
bestimmten „*Anfangstermin*" hinausschieben, § 163 BGB.

Beispiele:
Die Übereignungserklärung des Verkäufers nach § 929 BGB wird unter
der „*aufschiebenden Bedingung*" abgegeben, dass der Käfer den vollständigen Kaufpreis bezahlt hat (sog. Eigentumsvorbehalt, § 449 Abs. 1
BGB). Ist das Geld eingegangen, wird die bereits abgegebene Einigungs-
erklärung des Verkäufers automatisch wirksam. Der Mietvertragsbeginn
wird auf den Anfangstermin 1.7. „*befristet*".

Umgekehrt kann durch eine „**auflösende Bedingung**", § 158 Abs. 2
BGB, oder eine *Befristung* auf einen „Endtermin", § 163 BGB, ein
wirksam gewordenes Rechtsgeschäft auch wieder beendet werden.

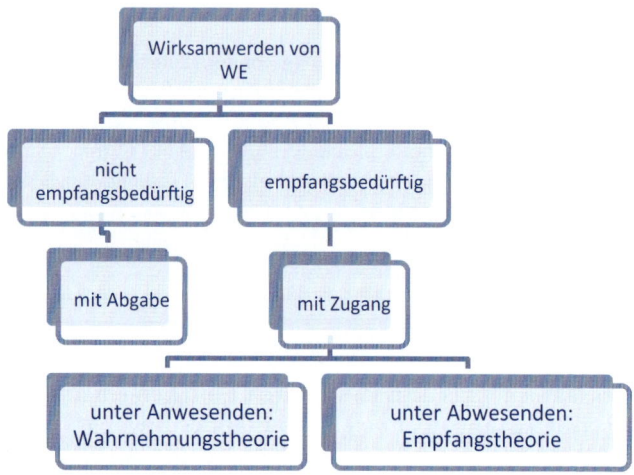

Abb. 12: Wirksamwerden von WE

3.2.4 Auslegung, bewusste und unbewusste Willensmängel

WE können unklar, mehrdeutig oder fehlerhaft sein. In all diesen Fällen ist die WE zunächst einer **Auslegung** zu unterziehen. Bei Divergenz zwischen wahrem Willen und abgegebener Erklärung kann ein **bewusster**, häufig aber auch ein **unbewusster Willensmangel** infolge Irrtums vorliegen. Schließlich kann die **Freiheit der Willensbildung** durch Täuschung oder Drohung beeinträchtigt gewesen sein. In solchen Fällen ist die **Anfechtbarkeit** der WE zu untersuchen.

3.2.4.1 Auslegung von Willenserklärungen

Bei unklaren WE ist zunächst der **wirkliche Wille des Erklärenden** zu erforschen und nicht am „buchstäblichen Sinne des Ausdrucks" zu haften, § 133 BGB. Dabei soll eine falsch gewählte Bezeichnung nicht schaden, wenn klar ist, was der Erklärende will („falsa demonstratio non nocet" – falsche Bezeichnung schadet nicht).

> **Beispiel:**
> Kann man bei einem *„Bootsverleih"* Ruderboote gegen Bezahlung von 5 € für die halbstündige Benutzung erhalten, so ist das eben keine „unentgeltliche Leihe" nach § 598 BGB. Der Unternehmer bietet die Boote offensichtlich zur „entgeltlichen Miete" gem. § 535 BGB an und müsste eigentlich *„Bootsvermietung"* heißen.

Bei nicht empfangsbedürftigen WE kommt es nur auf diesen wirklichen Willen an. Ist die WE hingegen an einen Empfänger gerichtet, ist bei der Auslegung der WE der „**objektivierte Empfängerhorizont**" zu berücksichtigen, also zu fragen, wie ein durchschnittlicher Geschäftspartner die abgegebene WE objektiv verstehen durfte. Dabei sind vor allem der Wortlaut sowie Sinn und Zweck der Erklärung heranzuziehen. **Verträge** sind so auszulegen, wie **Treu und Glauben** mit Rücksicht auf die **Verkehrssitte** es erfordern, § 157 BGB.

3.2.4.2 Geheimer Vorbehalt, Scheingeschäft, Scherzerklärung

Als **bewusste Willensmängel** werden der geheime Vorbehalt, das Scheingeschäft und die Scherzerklärung angesehen.

• **Geheimer Vorbehalt**: Wer sich bei Abgabe einer Willenserklärung insgeheim vorbehält, das Erklärte gar nicht zu wollen, muss sich an seiner Erklärung festhalten lassen, auch wenn sie mit seinem wahren Willen nicht übereinstimmt. Nur wenn der Erklärungsempfänger den geheimen Vorbehalt kennt, ist die WE nichtig, § 116 BGB.

> **Beispiel:**
> Wenn die Besucherin einer Vernissage aus Solidarität mit der befreundeten Künstlerin „publikumswirksam" mehrere Gemälde „kauft", dies aber insgeheim gar nicht wirklich will, so hat sie Pech. Ihre WE sind wirksam. Anderes gilt, wenn die Freundin von den vorgeschobenen Kaufaktivitäten weiß, weil andere Besucher dadurch zum Kauf angeregt werden sollen.

• **Scheingeschäft**: Bei Scheingeschäften werden WE dem anderen gegenüber mit dessen Einverständnis zum Schein abgegeben, um etwa einen Dritten zu täuschen. Solche WE sind nichtig, § 117 Abs. 1 BGB. Es kommt dann auf das dadurch „verdeckte", in Wahrheit gewollte Rechtsgeschäft an, § 117 Abs. 2 BGB.

> **Beispiel:**
> Leon will von Katie ein Grundstück zum Preis von 500.000 € kaufen. Katie ist einverstanden. Dazu ist notarielle Beurkundung des Vertrages erforderlich, § 311b Abs. 1 BGB. Um die aus dem Kaufpreis berechneten Grunderwerbssteuern und Notarkosten zu ermäßigen, beschließen sie, beim Notar als Kaufpreis zum Schein nur 300.000 € anzugeben. So geschieht es. Der notarielle Kaufvertrag über 300.000 € ist wegen § 117 Abs. 1 BGB als Scheingeschäft irreparabel nichtig. Allerdings gilt grundsätzlich der „verdeckte" gewollte Vertrag über 500.000 €, dieser hat aber keine notarielle Beurkundung erfahren, weshalb auch er nach §§ 125, 311b BGB nichtig ist. Leon und Katie haben sich wegen Betrugs und Steuerhinterziehung strafbar gemacht!

- **Scherzerklärung**: Manchmal werden WE abgegeben, die erkennbar nicht ernst gemeint sind, so etwa Eheschlüsse auf der Theaterbühne im Bauernschwank oder Kaufvertragsabschlüsse zwischen Professor und Studierenden. Solche offensichtlich als nicht wirklich gewollt erkennbaren WE sind nichtig, § 118 BGB.

3.2.4.3 Irrtümer

Viel häufiger unterliegt ein Rechtssubjekt bei der Willensbildung oder bei Abgabe seiner WE einem **unbewussten Irrtum**. Dieser Irrtum kann einen **Anfechtungsgrund** nach §§ 119 ff. BGB bilden. Wird ein solchermaßen anfechtbares Rechtsgeschäft durch **Anfechtungserklärung** gem. § 143 BGB innerhalb der vorgeschriebenen **Anfechtungsfrist** nach §§ 121, 124 BGB **angefochten**, so ist es als von Anfang an **nichtig** anzusehen, § 142 Abs. 1 BGB, allerdings trifft den Anfechtenden eine **Schadensersatzverpflichtung**, § 122 BGB. Wird die Anfechtung *nicht* rechtzeitig erklärt, bleiben die WE und das Rechtsgeschäft wirksam.

Abb. 13: Komponenten der Anfechtung und Rechtsfolge

- **Anfechtungsgründe**: Die Anfechtungsgründe wegen Divergenz zwischen wahrem innerem Willen und äußerer Erklärung („**Irrtum**") sind in §§ 119, 120 BGB abschließend genannt.
  Ein **Erklärungsirrtum** liegt vor, wenn der Erklärende zwar seinen Willen richtig gebildet hat, er sich aber bei der *Erklärungshandlung* vertut und er eine Erklärung dieses Inhalts überhaupt nicht abgeben wollte, § 119 Abs. 1 2. Alt. BGB. Das sind Fälle des *Verschreibens*, *Vertippens* oder *Versprechens* bei Abgabe der WE, aber auch die *Falschübermittlung* einer WE durch Boten, § 120 BGB.

> **Beispiel:**
> Infolge Unachtsamkeit schreibt die Sekretärin ein Angebot für Malerarbeiten über 2.300 € statt der vom Chef vorgegebenen Zahl 3.200 €. Der Chef unterschreibt das Dokument, ohne die Divergenz zwischen Wille und Erklärung zu bemerken.

Beim **Inhaltsirrtum** stimmen Wille und Erklärung zwar überein, der Erklärende irrt aber über die *Bedeutung oder Tragweite seiner Erklärung*, § 119 Abs. 1 1. Alt. BGB. Dieser kann sich auf den *Ge-*

schäftstyp, die *Person* des Geschäftspartners, den *Geschäftsgegenstand* oder die *Rechtsfolgen* seiner Erklärung beziehen.

Beispiele:
Wer ein „gros Gitterbox Typ VL" bestellt und mit der Lieferung einer „großen Gitterbox" rechnet, irrt über die Menge des Geschäftsgegenstands: „Gros" ist ein altes Großhandelsmaß und umfasst ein Dutzend mal ein Dutzend, also 144 Gitterboxen. Wer „Stettener Brotwasser" als Mineralwasser bestellt, unterliegt einem Irrtum, weil es sich um eine Weinsorte handelt. Wer einer Bank eine Hypothek in der Annahme bewilligt, sie werde auf 2. Rangstelle eingetragen, unterliegt einem Inhaltsirrtum über die Rechtsfolgen, wenn die Hypothek tatsächlich auf erster Rangstelle einzutragen war.

Der **Eigenschaftsirrtum** bezieht sich auf Fehlvorstellungen über verkehrswesentliche Eigenschaften einer Person oder Sache im Zusammenhang mit der WE, § 119 Abs. 2 BGB. Das sind solche, die im Rechtsverkehr Bedeutung haben Sachkunde oder Zuverlässigkeit des Vertragspartners oder Fahrleistung eines Kfz oder die Bebaubarkeit eines Grundstücks; kein zur Anfechtung berechtigender Irrtum ist jedoch der *Wert* einer Sache.

Beispiel:
Die Raff-Bank stellt den Bewerber Kai Schurk als Mitarbeiter im Bereich Kassenwesen ein, ohne zu wissen, dass Schurk gerade wegen Eigentumsdelikten aus der Haft entlassen worden ist. Die Bank kann den Arbeitsvertrag anfechten.

Ein Irrtum im „Beweggrund" für die Abgabe einer WE, also Fehlvorstellungen über Umstände, die ausschlaggebend für den Entschluss zu Abgabe der WE waren, berechtigen hingegen als sog. **Motivirrtum** nicht zur Anfechtung. Der Fehler betrifft die Willensbildung und nicht die Willenserklärung.

Beispiele:
Wer im Juli für die Zeit über den Jahreswechsel ein Hotelzimmer in den Alpen bucht, um dem Wintersport nachgehen zu können, kann die Buchung nicht anfechten, wenn es im Januar keinen Schnee hat. Trennt sich ein Hochzeitspaar noch vor der Hochzeit, kann der wieder ausgeladene Gast, der bereits ein Geschenk gekauft hatte, seinen Kauf nicht wegen Motivirrtums anfechten.

Ebenfalls ein Fall des Motivirrtums ist der sog. „**Kalkulationsirrtum**" bei dem infolge falscher Addition von Einzelposten im
Vertragsangebot ein falscher Endpreis genannt wird. Der Fehler
betrifft wieder nur die Willensbildung und berechtigt nicht zur
Anfechtung. Werden hingegen die Einzelpositionen des Angebots
aufgeführt und der Rechenvorgang nachvollziehbar dargestellt,
sodass die falsche Addition ersichtlich ist, so gilt im Wege der
Auslegung der korrekte Rechenendbetrag als angeboten („offener
Kalkulationsirrtum"). Eine Anfechtung ist hier nicht nötig.

- **Anfechtungserklärung und Rechtsfolgen**: Ist ein Anfechtungsgrund gegeben, so muss die Anfechtung durch formfreie, empfangsbedürftige Willenserklärung gegenüber dem Anfechtungsgegner, also dem Vertragspartner, **erklärt** werden, § 143 Abs. 1
  BGB. Sie bedarf nicht der Bezeichnung „Anfechtung", sondern
  muss lediglich erkennen lassen, dass der Anfechtende seine WE
  wegen eines Willensmangels nicht gelten lassen will (BGH NJW-
  RR 1995, 859). Die wirksam angefochtene WE ist von Anfang an
  nichtig, § 143 BGB.
  Ist dem Anfechtungsgegner allerdings dadurch ein **Schaden** entstanden, dass er auf die Gültigkeit der WE vertraut hat, muss
  der Anfechtende diesen regelmäßig **ersetzen**, sofern der Anfechtungsgegner den Anfechtungsgrund kannte oder fahrlässig nicht
  kannte, § 122 Abs. 1, 2 BGB. Er ist dann so zu stellen wie er stünde,
  wenn er *nicht* auf den Vertragsschluss *vertraut* hätte. Dies umfasst
  das sog. **„negative Interesse"**, also die Aufwendungen, die er im
  Vertrauen auf das Geschäft gemacht hat wie z. B. Vertragskosten
  oder Transportkosten für die Ware. Einen durch die Stornierung
  „entgangenen Gewinn" (sog. **„positives Interesse"**, vgl. § 252 BGB)
  kann er nicht verlangen.

- **Anfechtungsfrist**: Die Anfechtung muss **unverzüglich** nach Entdeckung des Irrtums durch den Erklärenden erfolgen. Für die
  Rechtzeitigkeit kommt es auf die Absendung der Anfechtungserklärung an, § 121 Abs. 1 BGB. Wer einen Anfechtungsgrund
  erkennt, hat also keine Überlegungszeit und muss sofort anfechten
  oder bleibt immer an die WE gebunden.

3.2.4.4 Täuschung und Drohung

Wurde die WE durch eine „**arglistige Täuschung**" des Vertragspartners über relevante Tatsachen beeinflusst, war die Willensbildung manipuliert, was nach § 123 BGB zur Anfechtung berechtigt.
Arglistig handelt, wer bei einem anderen **vorsätzlich** eine Täuschung bezweckt. Die **Täuschung über Tatsachen** kann aktiv durch
„**Vorspiegeln falscher Tatsachen**" oder „**Entstellen von Tatsachen**"
geschehen.

> **Beispiele:**
> Falsche Angaben auf Gesundheitsfragen im Rahmen eines Krankenversicherungsvertrags, Manipulation des Kilometerzählers am zu verkaufenden Kfz, Überstreichen von Schimmel eines zum Verkauf stehenden Hauses.

Aber auch passiv kann durch „**Verschweigen von Tatsachen**" eine Fehlvorstellung verursacht werden, wenn sich aus den Umständen eine **Pflicht zur Aufklärung** des Vertragspartners ergibt.

> **Beispiele:**
> Über nicht ganz unerhebliche Unfallschäden eines Kfz muss der Käufer ebenso ungefragt aufgeklärt werden wie über Vorstrafen des als Compliance-Officer einzustellenden Mitarbeiters. Fragen zu persönlichen Verhältnissen müssen im Rahmen eines Arbeitsvertrags- oder Mietvertragsabschlusses wahrheitsgemäß beantwortet werden, sofern wegen Unzulässigkeit der Frage, etwa nach Bestehen einer Schwangerschaft, ausnahmsweise kein „Recht auf Lüge" besteht.

Schließlich besteht ein Anfechtungsrecht, wenn die WE als Reaktion auf eine **widerrechtliche Drohung** abgegeben wurde, § 123 Abs. 1 BGB. Wer **rechtswidrig** – durch Wahl eines verwerflichen Mittels, Zwecks oder einer inadäquaten Mittel-Zweck-Beziehung – durch **Androhung eines künftigen Übels** gleich welcher Art zur Abgabe einer WE gezwungen wurde, kann seine WE anfechten.

> **Beispiele:**
> Der Bauherr anerkennt eine Bauabrechnung vorbehaltlos, weil der Bauunternehmer droht, sonst werde das Gebäude nicht übergeben. Der Haustürvertreter droht einer Kundin, die Strafhaft des Ehemannes in der Nachbarschaft bekannt zu machen, falls sie kein Abonnement abschließe.

Auch hier besteht eine **Anfechtungsfrist**, die allerdings **ein Jahr** seit Entdeckung der Täuschung bzw. Beendigung der Zwangslage durch die Drohung beträgt. Längstens kann jedoch 10 Jahre nach Abgabe der WE angefochten werden, § 124 BGB. Selbstverständlich gibt es in diesen Fällen *keine Schadensersatzpflicht*.

3.3 Der Vertrag

Dem Vertragsabschuss gehen zunächst regelmäßig Verhandlungen voraus, in deren Verlauf es zum Abschluss eines Letter of Intent oder eines Vorvertrages kommen kann, bevor die Vertragspartner den Hauptvertrag abschließen. Immer wichtiger werden Vertragsschlüsse im elektronischen Geschäftsverkehr über das Internet. Besonderheiten gibt es im Handesgeschäftsverkehr.

3.3.1 Die Vertragsanbahnung

Gerade im Geschäftsverkehr zwischen Unternehmen spielt die vorvertragliche Phase eine bedeutende Rolle, weil hier die Weichen für den späteren Vertragsschluss gestellt werden. Mit zunehmender Intensität der Vertragsverhandlungen verdichten sich auch die Rechtsbeziehungen.

3.3.1.1 Werbemaßnahmen (invitatio ad offenrendum)

Vielfach machen Unternehmen durch Werbemaßnahmen wie Produktkataloge, Preislisten, Werbeprospekte, Zeitungs- und Onlineannoncen oder Schaufensterauslagen auf sich und ihre Produkte aufmerksam. Dabei handelt es sich – mangels Erklärungsbewusstseins – noch nicht um „Vertragsangebote" an einen konkreten Vertragspartner, sondern um die **Aufforderung** an eine größere Öffentlichkeit, **ihrerseits** dem werbenden Unternehmen **ein Angebot** auf Basis der Werbemaßnahme zu machen. Solcher „invitatio ad offerendum" (Einladung zur Offerte) fehlt es noch am Willen zur rechtlichen Bindung.

3.3.1.2 Vertragsverhandlungen, Letter of Intent

Verträge zwischen Unternehmern, aber auch zwischen Unternehmern und Verbrauchern haben nicht selten einen „langen Vorlauf". Dies ist die Phase der **Vertragsanbahnung** von der ersten geschäftlichen Kontaktaufnahme über die Vertragsverhandlungen bis zum Vertragsschluss oder Scheitern der Verhandlungen. Immerhin rücken die Vertragspartner näher aneinander und gewähren Einblicke in ihre jeweilige Sphäre, wodurch auch die Gefahr von Rechtsverletzungen steigt.

Daher entsteht nach § 311 Abs. 2 BGB bereits ein „**vorvertragliches Schuldverhältnis**" durch

- die **Aufnahme von Vertragsverhandlungen**
- die **Anbahnung eines Vertrages**, bei welcher der eine Teil im Hinblick auf eine etwaige rechtsgeschäftliche Beziehung dem anderen Teil die **Möglichkeit zur Einwirkung** auf seine Rechte, Rechtsgüter und Interessen gewährt oder ihm diese anvertraut oder
- ähnliche **geschäftliche Kontakte**.

Mangels Vertragsbindung innerhalb dieses Zeitraums bestehen zwar keinerlei gegenseitige Vertragspflichten, jedoch verpflichtet dieses vorvertragliche Schuldverhältnis bereits nach §§ 311 Abs. 2, 241 Abs. 2

BGB zur **Rücksichtnahme auf die Rechte, Rechtsgüter und Interessen** des Verhandlungspartners, unabhängig davon, ob ein Vertrag später zustande kommt oder nicht. **Verletzt** ein Verhandlungspartner im Rahmen der Vertragsanbahnung die geschützte Positionen des Gegenüber („Rücksichtnahmepflichtverletzung"), so macht er sich nach § 280 Abs. 1 BGB **schadensersatzpflichtig**. Dies nennt man auch „Culpa in Contrahendo" (Verschulden beim Vertragsschließen).

> **Beispiele:**
> Der Kaufinteressent eines Neuwagens zerstört das Fahrzeug, das noch dem Autohaus gehört, während einer Probefahrt. Der Betreiber eines Kaufhauses unterlässt die Wartung des defekten Lifts, wodurch Kaufwillige auf dem Weg ins 3.OG stundenlang ihrer Freiheit beraubt werden. Ein in Verhandlungen über einen Unternehmenskauf stehender Investor veröffentlicht die ihm im Zuge der Vertragsverhandlungen bekannt gewordenen Umsatzrückgänge des Verhandlungspartners.

> **Übung**
> Subsumieren Sie die Tatbestandsmerkmale des § 280 Abs. 1 BGB (Schuldverhältnis? Daraus Pflicht? Verletzt worden? Vertretenmüssen?) auf die drei Fälle der obigen Beispiele und überlegen Sie sich, welches jeweils der Schaden ist.

Im Laufe solcher Vertragsverhandlungen kann es zum Abschluss eines „**Letter of Intent**" (LOI) kommen, das ist zwar nicht der beabsichtigte Vertrag, aber eine schriftlich fixierte Übereinkunft der Verhandlungspartner über die Ernsthaftigkeit der Verhandlungen, die jeweils verfolgten Absichten, den Stand und Zeitplan der Verhandlungen und über die **Vertraulichkeitsverpflichtung** der im Rahmen der Gespräche offenbarten Interna des Verhandlungspartners. Der LOI beinhaltet jedoch **keine Abschlusspflicht** bzgl. des intendierten Vertrages.

3.3.1.3 Vorvertrag

Der „**Vorvertrag**" hingegen ist bereits ein echter Vertrag, allerdings verpflichten sich die Vertragspartner *mit Bindungswillen* nicht zur Erbringung von Vertragsleistungen irgendwelcher Art, sondern zum Abschluss eines „Hauptvertrages", sobald Hindernisse oder Unklarheiten beseitigt sind („Kontrahierungszwang"). Aus dem Vorvertrag lässt sich folglich nicht auf Erbringung einer Leistung, sondern nur auf „Vertragsabschluss" klagen. Dies setzt aber voraus, dass der *Inhalt des Hauptvertrags* bereits *bestimmbar* im Vorvertrag fixiert ist.

> **Beispiel:**
> Bauunternehmer Igel plant den Bau eines Ärztehauses, das 2020 fertig
> gestellt sein soll. Bereits 2017 schließt er mit Arzt Heilemann einen Vor-
> vertrag dahingehend ab, dass Heilemann ab der Fertigstellung in dem
> Ärztehaus die Praxisräume im 1. OG zur ortsüblichen Pacht pachten
> kann. Heilemann kann dann 2020 notfalls auf Abschluss des Pachtver-
> trages klagen.

3.3.1.4 Rahmenvertrag

Im Geschäftsverkehr zwischen Produktionsunternehmen und deren
Abnehmern stehen oftmals die für die kommenden Jahre zu bezie-
henden Teilemengen und Spezifikationen noch nicht fest. Hier bietet
sich der Abschluss eines **auf Dauer** angelegten **Rahmenvertrages**
an, ohne dass aus diesem bereits Leistungspflichten resultieren.
Vielmehr legt der Rahmenvertrag vorab die **Bedingungen späterer
Einzelverträge** (Vertragspartner, Vertragsgegenstand, Einkaufsbedingungen, Gültigkeitsdauer, Preise und Preisanpassungen, Zahlungsmodalitäten, Gewährleistung etc.) bindend fest, sodass es bei
den Teilebestellungen insoweit keiner Vereinbarungen mehr bedarf.

3.3.2 Der Vertragsschluss

Der Vertrag kommt durch zwei gegenseitig abgegebene, inhaltlich
korrespondierende WE, das **Vertragsangebot** und die **Vertragsannahme**, zustande.

3.3.2.1 Der Vertragsantrag

Ein Vertragsangebot ist eine **Willenserklärung**, die einem anderen
einen Vertrag „anträgt", daher auch „**Antrag**" genannt. Er ist im
BGB nicht definiert, muss aber jedenfalls – neben den Voraussetzungen einer WE – inhaltlich so **bestimmt** sein, dass er durch bloße
Einverständniserklärung des anderen („Ja", „Nicken") angenommen
werden kann.

> **Beispiel:**
> Bietet Uli dem Matze seinen Pkw Golf, Baujahr 1999, zum Kauf an, ohne
> einen Preis zu nennen, liegt kein rechtlich relevanter Antrag vor, denn ein
> Kaufangebot setzt die Bezeichnung von *Kaufgegenstand* und *Preis* voraus,
> vgl. § 433 Abs. 1 und 2 BGB. Erklärt sich Matze trotzdem „einverstan-
> den", ist leider kein Kaufvertrag zustande gekommen.

An die Form des Antrags stellt das Gesetz grundsätzlich keine Anforderungen, es gilt **Formfreiheit**. Der Antrag kann daher mündlich,

schriftlich oder konkludent geäußert oder sogar notariell beurkundet
werden. Nur ausnahmsweise besteht Formzwang, z. B. § 311b BGB
für Grundstücksgeschäfte, § 766 BGB bei Übernahme von Bürgschaften, § 2247 BGB zur Errichtung von Testamenten.

An einen Vertragsantrag ist der Erklärende **gebunden**, § 145 BGB,
damit der Erklärungsempfänger angemessen darauf reagieren kann.
Wird das Angebot während der Bindung **abgelehnt**, so erlischt es
ebenfalls, § 146 BGB.

Hinsichtlich der **Dauer der Bindung** des Antragenden an sein Angebot gilt folgendes:

* Hat der Antragende die **Bindung ausgeschlossen** § 145 BGB ("**frei-
bleibend**", "**unverbindlich**", "ohne obligo"), ist er auch nicht gebunden. In diesem Fall ist erst die "Annahme" des Vertragspartners das eigentliche "Angebot", über dessen Annahme dann der
"unverbindlich" Anbietende frei entscheiden kann.
* Hat der Antragende hat eine **Annahmefrist** bestimmt, § 148 BGB,
kommt der Vertrag zustande, wenn innerhalb der Frist die Annahme erklärt wird, nach Fristablauf ist das Angebot erloschen,
§ 146 BGB.
* Bei **anwesenden** Erklärungsempfängern (z. B. persönlich, telefonisch, Online-Chat) muss ein Vertragsantrag **sofort** angenommen
werden. Andernfalls erlischt er, §§ 146, 147 Abs. 1 BGB.
* Bei **abwesenden** Erklärungsempfängern (z. B. brieflich, E-Mail,
Fax) besteht die Bindung an den Antrag so lange, wie nach den **gewöhnlichen Umständen** mit dem **Eingang der Antwort zu rechnen**
ist, § 147 Abs. 2 BGB. Das hängt vom Kommunikationsmedium
und den Umständen des Einzelfalls ab. Bei brieflichen Angeboten
ist die Zeit für die Übermittlung, die Kenntnisnahme und Überlegung sowie für die Rückübermittlung der Antwort zu kalkulieren.

3.3.2.2 Die Vertragsannahme

Die Annahmeerklärung ist das **Einverständnis des Empfängers** des
Vertragsantrags. Wie gesehen genügt hierfür eine einfache **formlose
Zustimmung**. Auch für die Annahmeerklärung bestimmt das Gesetz
nur in Ausnahmefällen eine Form.

Die Annahmeerklärung wird wirksam mit **Zugang** beim Antragenden (ausnahmsweise kann auf den Zugang, nicht auf die Annahmeerklärung selbst, verzichtet werden, wenn eine Rückmeldung
nach der Verkehrssitte nicht zu erwarten ist oder der Antragende
darauf verzichtet hat, § 151 BGB).

Problematisch sind die Fälle, in denen die Annahmeerklärung nach
Ablauf der Bindung an den Antrag gem. § 146 BGB dem Antragenden, also **verspätet**, zugeht oder **inhaltlich vom Antrag abweicht**:

- Eine **verspätete Annahme** bringt keinen Vertrag zustande, weil der Antrag bereits erloschen war, § 146 BGB. Allerdings wird die verspätete Annahmeerklärung in einen **neuen Vertragsantrag** umgedeutet, sodass die andere Partei die Möglichkeit hat, ihrerseits durch eine Annahmeerklärung des Vertrag doch noch zustande zu bringen, § 150 Abs. 1 BGB.

- Eine Annahme unter **Erweiterungen, Einschränkungen** oder sonstigen Änderungen bringt wegen der Divergenz zwischen Antrag und Annahme ebenfalls keinen Vertrag zustande, allerdings gilt die modifizierte Annahme auch hier als neuer Antrag, § 150 Abs. 2 BGB.

Beispiel:
Bietet die Hase Elektrogeräte GbR der Huhn OHG die Lieferung von 50.000 Eierkochern zum Preis von 250.000 € zzgl.19 % MwSt. – ohne weitere Vertragsbedingungen – an und nimmt die Huhn OHG dieses Angebot unter Hinzufügung ihrer Allgemeinen Einkaufsbedingungen (AEB) an, so lehnt sie aus rechtlicher Sicht das Angebot jedoch ab, weil sie durch die Einbeziehung ihrer AEB das Angebot inhaltlich abändert. Allerdings gilt das Schreiben der Huhn OHG als neues Angebot (50.000 Eierkocher, 250.000 € zzgl. 19 % MwSt. + AEB) an die Hase GbR, welches die Hase GbR entweder ablehnen kann (weil ihr die AEB nicht passen), ausdrücklich annehmen kann (Schreiben) oder sogar stillschweigend annehmen kann, indem sie kommentarlos einfach die Eierkocher liefert.

3.3.2.3   Das Zustandekommen des Vertrags

Der Vertrag kommt bindend zustande, wenn sich **Antrag** und rechtzeitig zugegangene **Annahmeerklärung entsprechen.** Ist dies nicht der Fall, liegt ein Einigungsmangel (sog. „Dissens") vor, ein Vertrag ist nicht geschlossen. Solange sich die Vertragsparteien nicht über **alle Punkte** eines Vertrags, über die nach dem Willen auch nur einer Vertragspartei **eine Vereinbarung getroffen werden soll,** geeinigt haben, ist der Vertrag im Zweifel nicht geschlossen. Tritt dies erkennbar hervor, so liegt ein **„offener Dissens"** vor, § 154 Abs. 1 BGB.

Umgekehrt können aber auch *unbemerkte* Vertragslücken entstehen, wenn die Vertragspartner einen Vertrag als geschlossen ansehen, in Wirklichkeit eine Nebenabrede jedoch vergessen haben. Hier soll der Vertrag Bestand haben, wenn die fehlende Vereinbarung verzichtbar gewesen wäre, § 155 BGB **„versteckter Dissens".** Andernfalls ist der Vertrag nicht zustande gekommen.

In jedem Fall ist aber durch **Auslegung** der Vertragserklärung zu prüfen, ob nicht doch ein Konsens angenommen werden kann.

3.3.3 Der Vertragsschluss im Handelsverkehr

Der Vertragsschluss im Handelsverkehr folgt den allgemeinen Regeln. Allerdings gibt es insoweit Besonderheiten im HGB, wonach die Vertragsannahme auch durch Schweigen erfolgen kann, oder durch Handelsbräuche wie dem kaufmännischen Bestätigungsschreibens.

3.3.3.1 Schweigen im Handelsverkehr

Schweigen auf einen Vertragsantrag bedeutet nach dem bürgerlichen Recht regelmäßig „**nichts**", es ist weder ja, noch nein. Geht allerdings einem **Kaufmann** i.s. des HGB, dessen Geschäftsfeld die **Geschäftsbesorgung** für andere ist, von einem Geschäftspartner, mit dem er in **laufender Geschäftsverbindung** steht, ein Antrag über eine solche Geschäftsbesorgung zu, ein so ist er verpflichtet, auf dieses Vertragsangebot unverzüglich zu antworten. Tut er dies nicht, gilt sein **Schweigen** als **Annahme**(!) des Antrags, § 362 HGB. Geschäftsbesorgungsverträge sind z. B. Bank- und Börsengeschäfte, Speditionsgeschäfte oder Treuhandgeschäfte, nicht jedoch Kauf- oder Werkverträge.

> **Beispiel:**
> Kunde Rüdiger Bär steht mit der DAX-Bank AG in Geschäftsverbindung wegen Aktiengeschäften, die die Bank für ihn an der Börse durchführt, § 675 BGB. Als er eines Tages 1000 Emmerson Aktien wegen des niedrigen Kurses kaufen möchte, schickt er seinem Kundeberater Max Müde eine E-Mail mit einem Kaufauftrag. Die E-Mail wird erst 3 Tage später von Müde gelesen. Eine unverzügliche Reaktion ist demnach ausgeblieben, weshalb dessen Schweigen als „Annahme" des Auftrags angesehen wird. Ist zwischenzeitlich der Aktienkurs gestiegen, hat die Bank dem Bär den aus der unterlassenen Ausführung des angenommenen Auftrags entstandenen Kursschaden zu ersetzen.

3.3.3.2 Handelsbräuche, insbesondere das kaufmännische Bestätigungsschreiben

Unter Kaufleuten beanspruchen aus durch **jahrzehntelange freiwillige tatsächliche Übung** entstandene **Handelsbräuche** Geltung, § 346 HGB.

Zu den wichtigsten Handelsbräuchen im Bereich des Vertragsschlusses gehört das sog. „**kaufmännische Bestätigungsschreiben**": Stehen auf beiden Seiten eines Rechtsgeschäfts **Kaufleute** bzw. Personen, die wie Kaufleute am Rechtsverkehr teilnehmen, und bestätigt einer von ihnen einen **vorangegangenen mündlichen Vertragsschluss** dem anderen gegenüber **unverzüglich schriftlich**, so gilt der Inhalt des Bestätigungsschreibens als **verbindlicher Inhalt** des Vertrages, sofern der Empfänger **nicht unverzüglich widerspricht**. Sein Schweigen gilt auch hier als Zustimmung zum fixierten Vertragsinhalt. Die Besonderheit dieser Fiktion liegt darin, dass das Bestätigungsschreiben in der Fixierung der Vertragsinhalte über das mündlich Besprochene hinausgehen kann, sofern der Bestätigende **redlicherweise mit dem Einverständnis** des Empfängers des Bestätigungsschreibens **rechnen** konnte. Wo dies nicht der Fall ist, entfaltet das Bestätigungsschreiben keine Wirkung.

Beispiel:
Kaufmann Bosch einigt sich mit Kaufmann Tasch, bei einem Telefongespräch auf den Kauf von 10.000 Werbetaschen zum Preis von jeweils € 0, 10 pro Tasche und den Aufdruck „Jura-na klar!" im Zweifarbdruck zu weiteren € 0, 04 pro Tasche. Die Lieferung soll am 01.10. erfolgen. Am nächsten Morgen schreibt Tasch an Bosch eine „Auftragsbestätigung" über die „Lieferung von 10.000 Stück (+/- 10% Mehr-/Minderlieferung) Werbetaschen mit dem Aufdruck „Jura-na klar!" im Zweifarbdruck zu je € 0, 16 je Tasche, zzgl. 19% MwSt. Unverbindlicher Liefertermin : 01.12. Es gelten unsere Allgemeinen Lieferbedingungen, die ich diesem Schreiben beifüge". Nicht alle Änderungen im kaufmännischen Bestätigungsschreiben sind redlich: Der Zusatz „10% Mehr-/Minderlieferung", die Hinzurechnung der Mehrwertsteuer und die Beifügung der AGB's sind in Handelsgeschäftsverkehr üblich und werden Vertragsinhalt. Unredlich sind die einseitige Erhöhung des Taschenpreises um 2 Ct. und die Unverbindlichkeit des Liefertermins 2 Monate später als vereinbart. Insoweit ist kein Widerspruch des Bosch nötig, weil das Schreiben nicht die handelsübliche Wirkung entfaltet.

3.3.4   Der Vertragsschluss im elektronischen Geschäftsverkehr

Bei Vertragsschlüssen im elektronischen Geschäftsverkehr via Internet sind einerseits Besonderheiten bei Angebot und Annahme beachtlich, andererseits bestehen gesetzliche Pflichten für Unternehmer, die über diese Medien Geschäfte abwickeln.

3.3.4.1   *Zustandekommen des Vertrags*

Ein **Vertragsschluss im elektronischen Geschäftsverkehr** liegt vor, wenn er sich auf die Lieferung von **Waren** oder die Erbringung von **Dienstleistungen** unter Nutzung von **Telemedien** bezieht, § 312i Abs. 1 Satz 1 BGB. Telemedien sind alle **elektronischen Informations- und Kommunikationsdienste** (ohne reine Signalübertragungen oder Rundfunk), § 1 TMG, im Wesentlichen also das **Internet**. Nicht erfasst ist demnach der Telefon- und Telemedienverkehr (Fernsehen), die beide keinen individuellen Vertragsschluss zulassen.

Abgabe und Annahme von Vertragsangeboten im Internet folgen den üblichen Regeln für **Willenserklärungen unter Abwesenden.** „Kaufangebote" auf Homepages von Unternehmen sind lediglich „invitationes ad offerendum" und keine Vertragsanträge im Rechtssinne. Vielmehr gibt der Kunde durch eine E-Mail oder einen Mausklick auf den **„Kaufen-Button"** i. d. R. das Angebot an den Unternehmer ab, lediglich ein „Sofortkaufen"-Angebot stellt ein rechtsverbindliches Vertragsangebot dar. **Zugang** der WE liegt vor, wenn die E-Mail in der Mailbox beim Empfänger abrufbar ist und unter normalen Umständen zur Kenntnis genommen werden kann. Hat der Absender eine **„Empfangsbestätigung"** angefordert, dient sie dem Nachweis des Zugangs. Klickt der Empfänger den Wunsch nach Empfangsbestätigung weg, muss er die Behauptung fehlenden Zugangs beweisen. Die **„Bestätigungs-E-Mail"** ist als Annahmeerklärung anzusehen, sofern diese rechtliche Bedeutung nicht ausdrücklich ausgeschlossen wird. Geht die Bestätigung dem Internetkunden zu (Gelangen in Mailbox und Kenntnisnahme-Möglichkeit unter normalen Umständen), ist der Vertrag geschlossen. Andernfalls wird der Vertrag durch Übersendung der bestellten Ware geschlossen.

3.3.4.2 Besondere Pflichten im elektronischen Geschäftsverkehr

Bedient sich ein Unternehmer zum Zwecke des Abschlusses von Verträgen über Warenlieferung oder Dienstleistungen des elektronischen Geschäftsverkehrs, obliegen ihm sowohl gegenüber **Unternehmern als auch gegenüber Verbrauchern** („Kunden") **besondere Pflichten**, sofern der Vertrag nicht ausschließlich über individuelle Kommunikation geführt wird, § 312i Abs. 1, 2 BGB:

- Der Unternehmer hat dem Kunden angemessene, wirksame und zugängliche technische Mittel zur Erkennung und **Korrektur von Eingabefehlern** vor Abgabe seiner Bestellung **zur Verfügung zu stellen**, § 312i Abs. 1 Nr. 1 BGB;
- Er hat rechtzeitig vor Abgabe der Bestellung dem Kunden klar und verständlich **mitzuteilen**, welche **technischen Schritte zum Vertragsschluss** führen, ob der **Vertragstext** nach Vertragsschluss vom Unternehmer **gespeichert** wird und ob er dem Kunden zugänglich ist, **wie** der Kunde **Eingabefehler erkennen und berichtigen** kann, welche Sprachen zur Verfügung stehen, welchen **Verhaltenskodizes** sich der Unternehmer unterworfen hat und wo sie elektronisch zugänglich sind, § 312i Abs. 1 Nr. 2 BGB i. V. m. Art. 246c EGBGB;
- Er muss dem Kunden den **Zugang der Bestellung** unverzüglich auf elektronischem Wege **bestätigen**, § 312i Abs. 1 Nr. 3 BGB;

- Der Unternehmer muss die Möglichkeit verschaffen, dass der Kunde die **Vertragsbestimmungen** nebst AGB's bei Vertragsschluss **abzurufen** und wiedergabefähig **speichern** kann, §312i Abs.1 Nr.4 BGB.

 Übung

Bitte überprüfen Sie bei Ihrer nächsten Online-Bestellung, ob und wie der Händler den gesetzlichen Verpflichtungen nach §312i BGB nachkommt.

Ist der Kunde **Verbraucher** kommen **weitere Pflichten** nach §312j BGB hinzu, ohne deren Erfüllung der **Vertrag nicht zustande** kommt, vgl. §312j Abs.4 BGB:

- Auf Webseiten hat der Unternehmer vor Beginn des Bestellvorganges etwaige **Lieferbeschränkungen** und die akzeptierten **Zahlungsmittel** anzugeben, §312j Abs.1 BGB;
- Bei entgeltlichen Verbraucherverträgen (§310 Abs.3 BGB) muss der Unternehmer den Verbraucher unmittelbar vor der Bestellung klar und verständlich in hervorgehobener Weise über die wesentlichen **Eigenschaften** der Ware, den **Gesamtpreis**, ggf. die **Vertragslaufzeit** und ggf. die **Mindestdauer** der eingegangenen Verpflichtungen **informieren**, §312j Abs.2 i.V.m. Art.246a §1 Abs.1 Satz 1 Nr.1,4,5,11,12 EGBGB;
- Die Bestellsituation muss so gestaltet sein, dass der Verbraucher auf einen **Button** mit der Aufschrift **„zahlungspflichtig bestellen"** oder ähnlich klicken muss („Button-Lösung"), §312j Abs.3 BGB.

Ausgenommen von diesen Pflichten sind individuelle Kommunikation (E-Mail-Verkehr ohne Bezug zu einer Homepage) und Finanzdienstleistungen, §312j Abs.5 BGB.

Auf die weiteren Pflichten des Unternehmers bei *Verbraucherverträgen*, die *außerhalb von Geschäftsräumen* oder im *Fernabsatz* abgeschlossen werden, sowie das *Widerrufsrecht* wird in Kapitel 12 „Rechtsfragen des Vertriebs" eingegangen.

3.3.5 Rechtsfolgen des Vertrags

Der Vertrag ist die Grundlage („**causa**") und Begründung der Verpflichtungen der Vertragspartner. Soweit sich ein Vertragspartner dem anderen gegenüber im Vertrag – als **Schuldner** – verpflichtet hat, ist für den anderen Vertragspartner – als **Gläubiger** – eine Forderung („**Anspruch**", vgl. Definition in §194 Abs.1 BGB) entstanden. Aus dem gegenseitig verpflichtenden Vertrag zweier Vertragspartner resultieren daher zwei Schuldner (Ware / Geld) und zwei Gläubiger (Geld / Ware).

Übung

Suchen Sie die Verpflichtungs- bzw. **„Anspruchsgrundlagen"** für die genannten gegenseitigen Ansprüche im Kaufvertrag ab § 433 BGB und im Werkvertrag ab § 631 BGB.

Der Vertrag ist **bindend** („pacta sunt servanda"), die Ansprüche **müssen erfüllt** werden und können notfalls **gerichtlich eingeklagt** und im Wege der **Zwangsvollstreckung durchgesetzt** werden.

Nur ausnahmsweise kann die Bindung des Vertrages wieder **beseitigt** werden, etwa in diesen Fällen:

- Zweiseitiger **Vertragsaufhebungsvertrag** zwischen den Parteien.
- Einseitiges vertragliches oder gesetzliches **Rücktrittsrecht** infolge einer „Leistungsstörung", z. B. § 323 BGB.
- Einseitiges **Kündigungsrecht** bei langfristigen Verträgen („Dauerschuldverhältnissen"), z. B. 573, 489, 621 ff., 649 BGB.
- Einseitiges **Widerrufsrecht** bei Verbraucherverträgen, § 355 BGB.

3.4 Merksätze/Kontrollfragen

Merksätze

- Bei **Rechtsgeschäften** wird zwischen einseitigen und mehrseitigen sowie bei letzteren zwischen den gegenseitig und einseitig verpflichtenden unterschieden.
- Mehrseitige Rechtsgeschäfte gibt es als **Verpflichtungsgeschäfte** im Schuldrecht wie auch als dingliche **Verfügungsgeschäfte**.
- **Willenserklärungen** sind auf die Herbeiführung von Rechtsfolgen gerichtete private Willensäußerungen.
- Einem korrekt gebildeten Willen müssen ein **Handlungswille**, ein **Erklärungsbewusstsein** und ein **Geschäftswille** zugrunde liegen.
- Die **Erklärung des Willens** kann formfrei oder formgebunden erfolgen, lediglich Schweigen bedeutet im Zivilrechtsverkehr nichts.
- Hinsichtlich des **Wirksamwerdens** von WE muss zwischen empfangsbedürftigen und nicht empfangsbedürftigen unterschieden werden, letztere werden mit Abgabe wirksam.
- Für das Wirksamwerden empfangsbedürftiger Willenserklärungen gilt unter Anwesenden die **Wahrnehmungstheorie**, unter Abwesenden die **Empfangstheorie**, die auf den „Zugang" abstellt.
- **Zugang** einer WE ist gegeben, wenn sie so in den Machtbereich des Empfängers gelangt, dass dieser unter normalen Umständen davon Kenntnis erhalten kann.
- Der Zugang einer WE kann verhindert werden, wenn dem Empfänger zuvor oder gleichzeitig ein **Widerruf** zugeht.

- Die Wirkung von WE kann durch **Bedingungen** oder **Befristungen** beeinflusst werden.

- Unklare WE müssen **ausgelegt** werden, dabei ist der wahre Wille des Erklärenden zu erforschen.

- WE mit bewussten Willensmängeln wie bei **Scheingeschäften** oder **Scherzerklärungen** sind nichtig, **geheime Vorbehalte** hingegen sind unbeachtlich.

- Die **Anfechtung** von WE bedarf eines Anfechtungsgrundes, einer Anfechtungserklärung und die Beachtung der Anfechtungsfrist, sie führt zur Nichtigkeit der WE, zieht aber i. d. R. eine Schadensersatzpflicht nach sich.

- **Anfechtungsgründe** sind Erklärungs-, Inhalts- oder Eigenschaftsirrtümer sowie Täuschung und Drohung, nicht jedoch Motiv- und nicht Kalkulationsirrtümer. Offene Kalkulationsirrtümer werden über Auslegung geheilt.

- Werbemaßnahmen sind keine Vertragsanträge, sondern „**invitationes ad offerendum**", auf die der Kunde ein Angebot machen soll.

- Durch die **Anbahnung von Verträgen** im Wege der Verhandlungen entsteht bereits ein **vorvertragliches Schuldverhältnis**, welches zur Rücksicht auf Rechte, Rechtsgüter und Interessen des Gegenübers verpflichtet. Bei Verletzung droht Schadensersatz.

- Ein **Vorvertrag** ist bereits ein echter Vertrag ohne Leistungspflichten, aber mit Kontrahierungszwang bzgl. des abzuschließenden Hauptvertrages.

- **Rahmenverträge** regeln Modalitäten einer langfristigen Vertragsbeziehung, die durch Einzelverträge konkretisiert werden.

- **Vertragsanträge** bedürfen der inhaltlichen Bestimmtheit.

- Vertragsanträge unterliegen einer **Bindung**, sofern davon keine Ausnahme bestimmt wurde.

- Der Vertrag kommt durch **Annahme** zustande, verspätete oder abändernde Vertragsannahmen gelten als neues Angebot.

- Einigen sich die Parteien nicht über alle notwendigen Punkte, liegt offener oder versteckter **Dissens** vor.

- Innerhalb laufender Geschäftsbeziehungen, die die Erbringung von Geschäftsbesorgungen beinhalten, gilt **Schweigen eines Kaufmanns** auf einen Antrag als Annahme.

- Das **kaufmännische Bestätigungsschreiben** fingiert den Inhalt eines zuvor mündlich geschlossenen und sofort schriftlich bestätigten Vertrages als zutreffend, sofern der Empfänger nicht unverzüglich widerspricht.

- Für den **Vertragsschluss im Internet** bestehen hinsichtlich der Willenserklärungen grundsätzlich keine Besonderheiten, allerdings hat der Unternehmer besondere Pflichten zu erfüllen, die gegenüber Verbrauchern noch weiter gesteigert sind.

- Ein zustande gekommener **Vertrag bindet** beide Vertragspartner, eine Beseitigung der Vertragsbindung ist nur in Ausnahmefällen möglich.

Kontrollfragen

K 1   Ordnen Sie die Begriffe „mehrseitiges Rechtsgeschäft", „Verfügungsgeschäft", „Vertrag" , „gegenseitig verpflichtendes Rechtsgeschäft" und „Verpflichtungsgeschäft" systematisch einander zu.

K 2   Wie unterscheiden sich WE von „geschäftsähnlichen Handlungen"?

K 3   Welches ist bei der WE der innere, welches der äußere Tatbestand?

K 4   Welche drei Voraussetzungen braucht eine wirksame Willensbildung, um eine wirksame WE zu sein?

K 5   Worin unterscheiden sich Erklärungsbewusstsein und Geschäftswille?

K 6   Was versteht man unter einer „konkludenten" WE?

K 7   Welche Bedeutung hat „Schweigen" als Vertragsantrag bzw. als Vertragsannahme, betrachten Sie bitte auch das Handelsrecht!

K 8   Welche Differenzierung ist bei der Entscheidung über das Wirksamwerden von WE nötig?

K 9   Welche Theorien gelten beim „Zugang" empfangsbedürftiger Willenserklärungen in welchen Situationen?

K 10   Definieren Sie den „Zugang von Willenserklärungen" unter Abwesenden.

K 11   Was versteht man im Zusammenhang mit dem Wirksamwerden von WE unter „Widerruf"?

K 12   Machen Sie ein Beispiel für eine „aufschiebende Bedingung" und eine „auflösende Bedingung".

K 13   Wie sind WE und wie sind Verträge „auszulegen"? Wie macht man das?

K 14   Machen Sie ein Beispiel für ein Scheingeschäft bei einem Grundstückskaufvertrag!

K 15   Welche drei formalen Voraussetzungen der Anfechtung muss ein Anfechtungswilliger beachten?

K 16   Differenzieren sie drei Anfechtungsgründe im Zusammenhang mit einem Irrtum.

K 17   Kann ein „Kalkulationsirrtum" zur Anfechtung berechtigen?

K 18   Unter welchen Voraussetzungen muss der erfolgreich Anfechtende einen Schaden des Anfechtungsgegners ersetzen? Welche Schäden sind insoweit nur ersatzfähig?

K 19   Wie unterscheiden sich die Anfechtungsfristen bei Irrtum und Täuschung nach Beginn und Länge?

K 20   Welche Varianten der „Täuschung" bei Abgabe von WE gibt es?

K 21   Was ist eine „invitatio ad offerendum"? Nennen Sie fünf Bespiele!

K 22   In welcher Phase kann es zur Unterzeichnung eines „Letter of Intent" kommen? Was sind seine Inhalte?

K 23   Wann und wodurch entsteht ein „vorvertragliches Schuldverhältnis", wozu verpflichtet es und welches sind die Rechtsfolgen bei Verletzung?

K 24   Welche Verpflichtung enthält ein „Vorvertrag" und welche Voraussetzungen müssen vorliegen, damit diese Verpflichtung durchsetzbar ist?

K 25   Auf welche Arten kann man die Dauer der Bindung an einen Vertragsantrag begrenzen?

K 26   Wie lange ist die Bindung an Anträge im Normalfall bei anwesenden und abwesenden Empfängern?

K 27   Was fingiert das BGB bei verspäteten oder den Antrag abändernden Vertragsannahmen?

K 28   Was ist ein Dissens und welche Arten gibt es, wie unterscheiden sich die Rechtsfolgen?

K 29   Nennen Sie die Voraussetzungen und die Rechtsfolge eines kaufmännischen Bestätigungsschreibens und machen Sie einen Fall, in dem die Wirkung des Bestätigungsschreibens nicht eintritt.

K 30   Definieren Sie den Vertragsschluss im elektronischen Geschäftsverkehr.

K 31   Wie kann eine WE des Kunden im elektronischen Geschäftsverkehr vom Unternehmer angenommen werden?

K 32   Nennen Sie die vier besonderen Pflichten eines Unternehmers, der sich zum Vertragsschluss des elektronischen Geschäftsverkehrs bedient; wo geregelt?

K 33   Gibt es darüber hinaus weitere Pflichten des Unternehmers im elektronischen Geschäftsverkehr, die nur gegenüber Verbrauchern gelten?

K 34   Was bedeutet „pacta sunt servanda"? Wie kann man sich als Vertragspartner von diesem Grundsatz einseitig befreien? Nennen Sie drei gesetzliche Möglichkeiten!

Vertragsgestaltung

Ein wichtiger Aspekt des Rechtsgeschäftsverkehrs ist die Gestaltung der Verträge. Grundlage hierfür ist der aus der Privatautonomie abgeleitete Grundsatz der Vertragsfreiheit, die den Vertragspartnern weiten Spielraum bei Abschluss, Form und inhaltlicher Ausgestaltung von Verträgen lässt. Nur in wenigen Fällen ist die Abschlussfreiheit durch Abschlussverbote oder -zwang begrenzt. An Formen für die beweiskräftige Abfassung des Vertrages stehen verschiedene, auch die modernen elektronischen Kommunikationsmittel einschließende Varianten zur Verfügung. Für wenige schwerwiegende Geschäftsabschlüsse nur ist die Einhaltung einer bestimmten Form gesetzlich vorgeschrieben. Mit seinen Typenverträgen stellt das BGB ein Sortiment an Musterverträgen bereit, die zur inhaltlichen Ausgestaltung herangezogen, jedoch auch verändert oder gemischt werden können. Darüber hinaus sind die Parteien aber auch frei, eine eigene Vertragsart zu definieren. Grundsätzlich stellt sich bei Massengeschäften die Frage der Verwendung von vorformulierten Allgemeinen Geschäftsbedingungen in Alternative zur individuellen Aushandlung des Vertragstextes. Wegen der besonderen Gefahren von AGB hat das Gesetz im AGB-Recht der §§ 305 ff. BGB Grenzen gezogen. Sowohl die Einbeziehung von AGB in Verträge als auch deren Vertragsklauseln unterliegen strenger gesetzlicher Kontrolle. Erleichterungen gibt es jedoch insoweit im Geschäftsverkehr zwischen Unternehmern.

Lernziele

Nach Lektüre dieses Kapitels sind Ihnen die Vertragsfreiheit mit ihren Ausprägungen sowie die Grundzüge des Rechts der Allgemeinen Geschäftsbedingungen bekannt. Im Einzelnen können Sie

- die **Vertragsfreiheit** mit ihren **Unterfreiheiten** definieren;
- **zwingendes** und **dispositives Recht** abgrenzen;
- Inhalt und Grenzen der **Abschlussfreiheit** bestimmen;

- die **Formfreiheit** definieren, die **Formen** und deren Zwecke erläutern sowie die wichtigsten Fälle von **Formzwang** sowie die Folgen von Formmängeln benennen;
- die Varianten der **inhaltlichen Gestaltung** von Verträgen unterscheiden und die Grenzen aufzeigen;
- die Nichtigkeitsgründe **Sittenwidrigkeit** und **Gesetzesverstoß** erklären;
- **Allgemeine Geschäftsbedingungen** definieren und der Vor- und Nachteile aufzeigen;
- die Voraussetzungen wirksamer **formaler Einbeziehung** von AGB in Verträge benennen;
- die **Inhaltskontrolle** einer AGB-Klausel systematisch anhand der **Klauselverbote** und der **Generalklausel** durchführen;
- die **Rechtsfolgen** unwirksamer AGB bestimmen;
- die Besonderheiten und Erleichterungen bei Einbeziehung und Ausgestaltung von AGB im **B2B-Geschäftsverkehr** aufzeigen und anwenden.

4.1 Vertragsfreiheit und ihre Grenzen

Das Grundgesetz garantiert in Art. 2 im Rahmen des Rechts auf freie Entfaltung der Persönlichkeit, dass jeder seine privaten Rechtsverhältnisse frei gestalten kann (sog. **„Privatautonomie"**). Dies ist die Grundlage eines marktwirtschaftlichen Wettbewerbs mit dem Instrumentarium des Wirtschaftsprivatrechts. Ausprägungen der Privatautonomie sind neben der Garantie des *Privateigentums* (vgl. Inhalt des Eigentums nach § 903 BGB), der *Vereinigungsfreiheit* (vgl. Zusammenschluss zur Verfolgung eines gemeinsamen Zwecks in § 705 BGB) und der *Testierfreiheit* (vgl. Errichtung eines Testaments nach § 2247 BGB) vor allem die **Vertragsfreiheit**, durch die jedermann den Leistungsaustausch mit anderen frei regeln kann. Die wichtigsten Aspekte der Vertragsfreiheit sind die **Abschlussfreiheit**, die **Inhaltsfreiheit** und die **Formfreiheit**.

Exkurs:

Die sieben **Unterfreiheiten** der Vertragsfreiheit sind die Abschlussfreiheit, die Inhaltsfreiheit, die Formfreiheit, die Änderungsfreiheit, die Beendigungsfreiheit, die Rechtswahlfreiheit und die Rechtsdurchsetzungsfreiheit.

Das BGB trägt der Vertragsfreiheit etwa dadurch Rechnung, dass die Regelungen des Schuldrechts weitgehend als Vertragsmuster und

Lückenfüller zu verstehen sind, die jedoch individuell von den Vertragspartnern abgeändert werden können (sog. **„dispositives „** oder **„abdingbares Recht"**). Nur in wenigen Fällen übergeordneter Interessen, etwa zum Schutze des wirtschaftlich Schwächeren, greift der Gesetzgeber durch nicht abänderbare Normen ein (sog. **„zwingendes Recht"**). Dem entsprechend hat jede der genannten Freiheiten auch ihre Grenzen, die nachfolgend dargestellt werden.

4.1.1 Die Abschlussfreiheit

4.1.1.1 Grundsatz

> **Definition:**
> Die Abschlussfreiheit gewährt die freie Entscheidung über eine Vertragsbindung an sich und über den Vertragspartner.

Das bedeutet, dass jeder frei bestimmen kann, **ob** er überhaupt einen Vertrag schließt, und wenn ja, **mit wem**.

> **Beispiel:**
> Der Urlaubswillige entscheidet frei, ob er eine Pauschalreise bucht oder lieber mit dem Campingzelt loszieht, das er am Waldesrand aufschlägt. Entscheidet er sich für die Pauschalreise, so kann er z. B. zwischen einer Städtereise, einer Kreuzfahrt, einer Fernreise, einem Wellnessurlaub oder einer Wanderreise wählen und hat dabei wiederum die Auswahl zwischen Hunderten von Reiseveranstaltern.

4.1.1.2 Grenzen: Abschlussverbote und Abschlusszwang

Grenzen der Abschlussfreiheit finden sich dort, wo der **Vertragsschluss gesetzlich verboten** oder **zwingend angeordnet** ist:

Abschlussverbote bestehen z. B. zum Schutz von Kindern und dauerhaft geistig erkrankten Menschen bei fehlender **Geschäftsfähigkeit** nach § 105 BGB. Sie können selbst keine wirksamen Geschäfte abschließen. Auch in Fällen **beschränkter Geschäftsfähigkeit** von Minderjährigen kommt es grundsätzlich zu keinem Vertragsschluss, wenn es an der Einwilligung der Eltern fehlt (vgl. Ausnahmen Kapitel 2). Auch **Scheingeschäfte** und Verträge, denen es an **Ernstlichkeit mangelt**, sind vom Gesetz für nichtig erklärt, §§ 117, 118 BGB. Darüber hinaus existieren auch außerhalb des BGB **Abschlussverbote**, wie etwa § 5 JArbSchG, der Beschäftigungsverhältnisse mit Kindern verbietet.

Abschlusszwang hingegen besteht in bestimmten wichtigen Bereichen der Daseinsvorsorge, der Personenbeförderung oder bei Monopolstellungen von Unternehmen sowie wenn die Verweigerung des Vertragsschlusses sittenwidrig wäre (sog. „Kontrahierungszwang").

Beispiele:
Wegen der Bedeutung der Versorgung mit Gas, Elektrizität oder Medikamenten, der Heilfürsorge oder dem Zugang zum bargeldlosen Finanzverkehr unterliegen Energieversorger, Apotheken, Ärzte oder Banken und Sparkassen einem Kontrahierungszwang mit jedem, der eine solche Leistung gegen Entgelt begehrt. Aber auch für Post, Bahn, öffentliche Nahverkehrsbetriebe sowie Taxiunternehmer besteht ein Abschlusszwang bei der Personenbeförderung. Benachteiligungen im Bereich des Allgemeinen Zivilrechtsverkehrs und im Arbeitsrecht aus rassischen, religiösen, geschlechtsspezifischen oder ähnlichen Gründen sind nach dem AGG verboten, was ebenfalls wie sittenwidrige Diskriminierung zu einem Abschlusszwang führen kann.

4.1.2   Die Formfreiheit

4.1.2.1   Grundsatz

Definition:
Formfreiheit bedeutet, dass die Einhaltung einer besonderen Form für Rechtsgeschäfte grundsätzlich nicht angeordnet ist.

Demnach können Verträge **formlos** geschlossen werden, es genügt eine Einigung durch Willensübereinstimmung. Ebenfalls Ausdruck der Formfreiheit ist die **freiwillige Wahl einer Form** ("gewillkürte Form"). Formzwang besteht in wenigen Fällen dort, wo das Gesetz aus übergeordneten Erwägungen eine Form anordnet.

4.1.2.2   Formtypen

Dazu ist erforderlich, dass zunächst die gebräuchlichsten **Formen**, in denen WE abgegeben werden können, dargestellt werden:

Formlos ist die Abgabe einer WE **mündlich** oder durch **schlüssiges Verhalten** („konkludent").

Folgende gesetzlichen Formen sind im Zivilrechtsverkehr gebräuchlich:

- **Textform:** Die Textform trägt der Tatsache Rechnung, dass heute viele Erklärungen im Wege der elektronischen Datenverarbeitung generiert und papierlos per Internet übermittelt werden. Nach § 126b BGB sind eine **lesbare Erklärung**, die Nennung des **Autors der Erklärung** und die Abgabe der Erklärung auf einem **dauerhaften Datenträger** erforderlich. Als dauerhafter Datenträger gilt jedes Medium, das es erlaubt, die an den Empfänger persönlich gerichtete Erklärung so aufzubewahren oder zu **speichern**, dass sie ihm dauerhaft zugänglich ist und unverändert **wiedergegeben** werden kann.

> **Beispiele:**
> Die Papierurkunde erfüllt die Voraussetzungen der Textform regelmäßig auch dann, wenn die den Urheber nennende Erklärung nicht eigenhändig unterschrieben ist, etwa bei Faxkopien des Empfängers. Aber auch E-Mails, SMS oder Erklärungen über Messenger-Dienste sind an den Empfänger gerichtete lesbare Mitteilungen, die auf einer Festplatte oder einem USB-Stick gespeichert und unverändert wiedergegeben, sogar ausgedruckt werden können. Erklärungen auf Webseiten oder Sprachnachrichten erfüllen die Textform nicht.

• **Schriftform**: Wo das Gesetz Schriftform verlangt, bedarf es einer **urkundengebundenen** Erklärung, die vom Aussteller eigenhändig durch **Namensunterschrift** am unteren Ende „unterschrieben" worden ist, §126 Abs.1 BGB. Die Schriftform hängt also nicht an der lesbaren Schrift, sondern am räumlichen Abschluss einer Erklärung durch eine eigenhändig auf dem die Erklärung verkörpernden Papier angebrachte Unterschrift. Dies sichert die **Identitätsfeststellung** und die **Autorisierung** der Erklärung durch den Unterzeichner. „Nachträge" müssen erneut unterschrieben werden.

> **Beispiele:**
> Eine Namensunterschrift „neben" oder „über" der Erklärung trägt dem Gedanken des räumlichen Abschlusses einer Erklärung und damit deren „Autorisierung" nicht Rechnung. Überweisungsaufträge an eine Bank, die die Unterschriftszeile am oberen Rand aufweisen, erfüllen nicht die Schriftform (BGH NJW 1991, 487 ff.).

• **Elektronische Form**: Diese Form ersetzt die gesetzlich angeordnete Schriftform auf elektronischem Wege dort, wo „Schriftform" mangels Urkunde und eigenhändiger Unterschrift nicht eingehalten werden kann. Nach §126a BGB muss ein **elektronisches Dokument** (z.B. eine Textdatei) eine **Erklärung** erhalten, der der **Aussteller** seinen **Namen** hinzufügt und das Textdokument mit einer „**qualifizierten elektronischen Signatur** nach dem Signaturgesetz" versieht. Dabei wird die elektronische Erklärung mit einem individuell zuordenbaren, von einem Zertifizierungsdienstanbieter vergebenen **Private Code** verschlüsselt, der nur mit dem korrespondierenden öffentlich zugänglichen **Public Code** entschlüsselt werden kann (Identitätsfeststellung), wobei über einen Vergleich von Prüfsummen („Hashwert") eine Authentizitätsfeststellung erlaubt wird. Die im Online-Banking verwendeten PIN/TAN-Verfahren erfüllen diese strengen Voraussetzungen nicht.

Übung:

Bitte erkundigen Sie sich auf der Homepage der Bundesnetzagentur über die Voraussetzungen zur Nutzung der qualifizierten elektronischen Signatur (https://www.bundesnetzagentur.de/DE/Service-Funktionen/ ElektronischeVertrauensdienste/QES/QES-node.html)

- **Öffentliche Beglaubigung**: Voraussetzung ist eine schriftliche, also eigenhändig unterschriebene, Erklärung, bei der der Notar die Unterschriftsleistung des Erklärenden bezeugt, also beglaubigt, §129 BGB. Die Form dient lediglich dem Echtheitsbeweis der Unterschrift.
- **Notarielle Beurkundung**: Das ist die strengste Form, die das BGB kennt. Hierbei wird eine Erklärung zur Niederschrift durch einen Notar abgegeben, der über die Erklärung eine notarielle Urkunde errichtet.

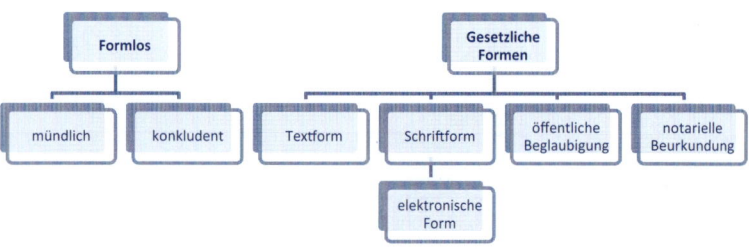

Abb. 14: Formen von Willenserklärungen

4.1.2.3   Grenzen: Formzwang

Ausnahmsweise ordnet das Gesetz aus Gründen der Beweisbarkeit (z. B. „**Beweisfunktion**" der Schriftform oder der Textform bei gerichtlichen Streitigkeiten über den Inhalt eines Rechtsgeschäfts), des Schutzes Unerfahrener vor übereilten Geschäftsabschlüssen („z. B. **Warnfunktion**" der Schriftform oder der notariellen Beurkundung wegen des formalen Aufwands, der zum Nachdenken anregt) oder der Möglichkeit einer Beratung oder Belehrung durch Experten („z. B. **Beratungs- und Belehrungsfunktion**" bei notarieller Beurkundung bei gewichtigen Grundstücks-, Familien- oder Erbschaftsgeschäften) die Einhaltung einer Form an.

Nachfolgende Übersicht zeigt die wichtigsten gesetzlichen Formvorschriften und die jeweiligen Formzwecke:

Rechtsgeschäft	Vorschrift	Form	Formzweck
Anmeldung zum Vereinsregister	§ 77 BGB	Öffentl. Beglaubigung	Beweisfunktion
Grundstücksgeschäfte	§ 311b Abs. 1 BGB	Notarielle Beurkundung	Beweisfunktion Beratungsfunktion
Verbraucherdarlehensvertrag	§ 492 Abs. 1 BGB	Schriftform	Warnfunktion Beweisfunktion
Schenkungsversprechen	§ 518 BGB	Notarielle Beurkundung	Warnfunktion
Betriebskostenanpassungserklärung im Mietrecht	§ 560 Abs. 1 BGB	Textform	Beweisfunktion
Mietvertrag über Grundstück länger als 1 Jahr	§ 550 BGB	Schriftform	Beweisfunktion (insbes. im Hinblick auf § 566 BGB)
Bürgschaftserklärung	§ 766 Satz 1 BGB	Schriftform	Warnfunktion
Ehevertrag	§ 1410 BGB	Notarielle Beurkundung	Beweisfunktion Warnfunktion
Erbvertrag	§ 2276 BGB	Notarielle Beurkundung	Beweisfunktion Warnfunktion
Testament	§§ 2231, 2247 BGB	Notarielle Beurkundung oder Schriftform	Beweisfunktion Beratungsfunktion
Anmeldung zum Handelsregister	§ 12 HGB	Öffentl. Beglaubigung	Beweisfunktion

Abb. 15: Übersicht Formvorschriften

Im **Handelsgeschäftsverkehr** ist der Formzwang häufig erleichtert, so z. B. entfällt nach § 350 HGB die Schriftform für die Übernahme einer Bürgschaft.

Aus den genannten Gründen, vor allem aber wegen der Beweisfunktion, verpflichten sich viele Vertragsparteien freiwillig zur Einhaltung einer Form (sog. „**gewillkürte Form**"). Der „Formzwang" beruht in diesem Fall auf dem Willen der Vertragsparteien. Wurde die „Beurkundung" eines beabsichtigten Vertrags verabredet, so gilt der Vertrag im Zweifel solange als nicht geschlossen, bis die verabredete Beurkundung auch erfolgt ist, § 154 Abs. 2 BGB.

Beispiel:
Erhält der Mietinteressent am Freitag durch die Vermieterin den „Zuschlag" für eine Einzimmerwohnung für eine monatliche Miete in Höhe von 450,– € inklusive Nebenkostenvorauszahlung bei einer zu stellenden 3-Monatskaution und vereinbaren die beiden, den Mietvertrag dann am Montag noch schriftlich unter Verwendung des Mietvertragsformulars des Haus- und Grundbesitzervereins (12 Seiten) zu fixieren, so wurde am Freitag tatsächlich noch gar kein Mietvertrag geschlossen. Keiner von beiden hat insoweit bereit Ansprüche.

4.1.2.4   Folgen von Formmängeln

Wird die gesetzlich angeordnete Form missachtet, so ist das Rechtsgeschäft grundsätzlich **nichtig**, § 125 Satz 1 BGB. Dies gilt auch für gewillkürten Formzwang, § 125 Satz 2 BGB. Dabei ist beachtlich, dass auch eine **Teilnichtigkeit** im Zweifel zur **Gesamtnichtigkeit** führt, § 139 BGB.

Beispiel:
Wird bei einem gem. § 311b BGB notariell zu beurkundenden Grundstückskaufvertrag vergessen, den Zahlungsplan für die Kaufpreisraten mit zu beurkunden, so ist der gesamte bereits notariell beurkundete Grundstückskaufvertrag im Übrigen ebenfalls nichtig, § 139 BGB.

In einigen Fällen gesetzlichen Formzwangs wird die Missachtung der vorgeschriebenen Form allerdings „**geheilt**", wenn es trotzdem zum Vollzug der vereinbarten Leistung kommt. In diesen Fällen wird der nichtige Vertrag dann doch **wieder wirksam**.

Beispiele:
Der formfehlerhafte **Grundstückskaufvertrag** wird geheilt, wenn die **Einigung und Eintragung** des neuen Eigentümers in das Grundbuch erfolgt sind, §§ 873, 925, 311b Abs. 1 Satz 2 BGB. Das nicht gem. § 518 Abs. 1 Satz 1 BGB beurkundete **Schenkungsversprechen** wird wirksam, wenn die Schenkung **vollzogen** worden ist, § 518 Abs. 2 BGB. Der **Verbraucherdarlehensvertrag** und der **Bürgschaftsvertrag**, die der Schriftform ermangeln, §§ 492 Abs. 1, 766 Satz 1 BGB, werden wirksam, wenn das Darlehen **ausbezahlt** bzw. die Bürgschaftssumme **beglichen** worden ist, §§ 494 Abs. 2, 766 Satz 3 BGB.

4.1.3 Die Inhaltsfreiheit

4.1.3.1 Grundsatz

Definition:
Unter Inhaltsfreiheit versteht man, dass die Vertragsparteien ihre Vertragsbeziehungen inhaltlich frei gestalten können.

Während die Rechtsinstitute des Sachenrechts („Eigentum", „Nießbrauch" etc.) abschließend geregelt sind (sog. „**Typenzwang**"), gilt im **Schuldrecht Typenfreiheit**: Die Vertragspartner dürfen in Verträgen beliebige Leistungspflichten vereinbaren. Dabei gibt es verschiedene Optionen, einen Vertrag inhaltlich auszugestalten:

- **Typenvertrag des BGB**: Die Vertragsparteien können sich auf eines der in Abschnitt 8 des BGB im besonderen Schuldrecht geregelten **Vertragsmuster** beziehen, die sog. Typenverträge (*Kaufvertrag*, §§ 433 ff.; *Tauschvertrag*, §§ 480 ff., *Darlehensvertrag* §§ 488 ff., *Schenkungsvertrag* §§ 516 ff.; *Mietvertrag* §§ 535 ff. usw.) und die dort abstrakt geregelten **Leistungen individuell definieren**, z. B. „*Sache*" in § 433 Abs. 1 BGB ist der „*Rasenmäher Toro 224*"; der „*Kaufpreis*" wird auf „*299,– €*" vereinbart.

- **Abgeänderter Typenvertrag**: Die **dispositiven Regelungen** der typenvertraglichen Vertragsmuster dürfen von den Parteien **abgeändert** werden, z. B. ist bei Wohnraummietverträgen nach § 556b Abs. 1 BGB die Miete *zu Beginn, spätestens am 3. Werktag* eines Monats zu zahlen. Die Parteien des Mietvertrags können davon abweichend den Mietzahlungszeitraum auch auf den „15. eines Monats" legen.

- **Gemischter Vertrag**: Auch die Mischung von **Elementen verschiedener Typenverträge** ist erlaubt, enthält die Buchung einer „Karte" für das Musical „Cats" Elemente des Werkvertrags („Aufführung des Werkes" § 631 BGB), des Mietvertrags („Sitzplatz von 20:00 bis 22:30 Uhr, § 535 BGB) und des Verwahrungsvertrags („Verwahrung des Mantels in der Garderobe", § 688 BGB).

- **Atypischer Vertrag**: Finden die Parteien unter den Typenverträgen nicht das richtige Muster, so können sie einen **eigenen Vertragstyp** mit **eigenen Inhalten** „erfinden", der **nicht im BGB** zu finden ist, z. B. Kauf einer offenen Forderung zum Inkasso gegen Zahlung der Forderungssumme („echter Factoringvertrag", aber auch „Leasing" oder „Franchising" etc.).

 Übung:

Was dürfte unter einem „Vertrag sui generis" zu verstehen sein? Suchen Sie Anwendungsbeispiele.

4.1.3.2 Grenzen: Zwingendes Recht, gute Sitten, gesetzliche Verbote

Die inhaltliche Gestaltungsfreiheit findet dort ihre Grenze, wo die Vertragspartner gegen **zwingende Normen** oder die **guten Sitten** verstoßen, § 138 BGB, oder **gesetzliche Verbote** missachten, § 134 BGB.

Zwingendes Recht schränkt die rechtsgeschäftliche Gestaltungsfreiheit ein und findet sich i. d. R. dort, wo der Gesetzgeber den sozial Schwächeren vor unangemessenen Vertragspflichten schützen will, die dieser regelmäßig auf dem Verhandlungswege nicht durchsetzen kann. Dementsprechend setzen vor allem der **Verbraucherschutz**, das **Arbeitsrecht** oder das **Wohnungsmietrecht** der Inhaltsfreiheit Grenzen.

Beispiele:

§ 312g BGB sieht bei außerhalb von Geschäftsräumen und bei Fernabsatzgeschäften für Verbraucher gegenüber Unternehmern ein Widerrufsrecht nach § 355 BGB vor, um Verbrauchern bei Übervorteilung die Möglichkeit zu geben, sich von einem übereilt abgeschlossenen Vertrag wieder zu befreien. Der *vertragliche Verzicht* auf das Widerrufsrecht wäre *unwirksam*, weil §§ 312g, 355 BGB zwingendes Recht sind. § 511 Abs. 1 BGB begrenzt die Kautionshöhe bei Wohnungsmietverträgen zwingend auf die dreifache Kaltmiete, die Vereinbarung einer 6-Monatsmieten-Kaution ist *unwirksam*, § 551 Abs. 4 BGB.

Gesetzliche Verbotsnormen erklären Rechtsgeschäfte bei Verstoß für **nichtig**, wenn sich aus der Verbotsnorm nicht etwas anderes ergibt, § 134 BGB. Wann dies der Fall ist, ist nach Sinn und Zweck der Verbotsnorm durch **Auslegung** zu ermitteln.

Beispiele:

Nach dem SchwarzArbG ist das Erbringen von Dienst- oder Werkleistungen unter Umgehung steuerlicher und sozialversicherungsrechtlicher Pflichten als **Schwarzarbeit** verboten. Schwarzarbeitsverträge („bar auf die Hand"; „ohne Rechnung") sind nach § 134 BGB nichtig, weshalb weder für den Unternehmer ein Anspruch auf Vergütung, noch für den Kunden ein Anspruch auf Leistungserbringung und Gewährleistungsansprüche bestehen. Gleiches gilt für **Rechtsberatung** durch nicht dafür nach RDG oder BRAO zugelassene Personen oder die **Veräußerung einer Steuerberatungs-, Rechtsanwaltskanzlei** oder **Arztpraxis** nebst Aktenbestand, wenn die Mandanten der **Weitergabe ihrer Daten** nicht zugestimmt haben („Geheimnisverrat, § 203 StGB). § 248 Abs. 1 BGB erklärt **Zinseszinsvereinbarungen** für nichtig.

Schließlich führen auch **sittenwidrige** Inhalte von Rechtsgeschäften zu deren Nichtigkeit, § 138 BGB. Dadurch wird Geschäften, die der allgemeinen Moralanschauung widersprechen, rechtlicher Schutz versagt. Sittenwidrig ist dabei ein Verstoß von Vertragsinhalten „**gegen das Anstandsgefühl aller billig und gerecht Denkenden**" (vgl. BHG NJW 2004,2668) bzw. wenn Vertragsinhalte „**mit den grundlegenden Wertungen der Rechts- und Sittenordnung unvereinbar**" sind (BGHZ 94, 272). Diese Definitionen sind ihrerseits in hohem Maße auslegungsbedürftig, unterliegen dem Wandel der Zeit und erfordern die Analyse, ob Vertragsinhalte gegen eine herrschende Sozialmoral „anständiger Durchschnittsmenschen" verstoßen.

Beispiele:
Vertrag über die Nichteingehung einer Ehe, Versprechen einer Entlohnung für geschlechtliche Hingabe, Vertrag über Religionswechsel.

Einen Spezialtatbestand der Sittenwidrigkeit bildet der **Wuchertatbestand** des § 138 Abs. 2 BGB: Wer sich durch Rechtsgeschäft eine im Verhältnis zu erbrachten Leistung **in auffälligem Missverhältnis stehende Gegenleistung** versprechen lässt („objektives Kriterium"; Regel: Das *Doppelte des Marktpreises*, vgl. BGH NJW-RR 1989,1068)) und dabei die **Zwangslage, Unerfahrenheit, den Mangel an Urteilsvermögen** oder eine **erhebliche Willensschwäche** des anderen **ausbeutet** („subjektives Kriterium"), handelt sittenwidrig, das Geschäft ist nichtig.

Beispiele:
Übertrifft in Zeiten großer Wohnungsnot der **Kaufpreis eines Grundstücks** dessen Verkehrswert um annähernd 100 %, so liegt sowohl ein krasses Missverhältnis vor, als auch muss die Ausbeutung einer Zwangslage o.ä. des Käufers angenommen werden; bei **Wohnungsmieten** dürfte die Sittenwidrigkeit bereits bei 50 % über der ortsüblichen Vergleichsmiete erreicht sein (vgl. BGHZ 135, 267, 277).

4.2 Vertragsgestaltung durch Allgemeine Geschäftsbedingungen

Bei der Vertragsplanung stellt sich die Frage, ob die gewünschten Vertragsinhalte **individuell** mit der anderen Vertragspartei **ausgehandelt** werden müssen oder sollen, oder ob die gewünschten Ziele auch durch Vorlage **einseitig vorformulierter Vertragsbedingungen**, die dem Vertragspartner bei Vertragsschluss zum Einverständnis vorgelegt werden, erreicht werden können. Letztere Variante der Vertragsgestaltung mithilfe **Allgemeiner Geschäftsbedingungen (AGB)** ist in der Geschäftswelt zum Standard geworden. Regelmäßig sind drei Fragenkreise zu prüfen: **Wann** liegen im konkreten Fall AGB vor, sind diese AGB in den Vertrag **wirksam einbezogen** worden und sind die AGB **inhaltlich wirksam?**

4.2.1 Wesen, Vor- und Nachteile Allgemeiner Geschäftsbedingungen

AGB dienen der **Rationalisierung und Vereinfachung** von **Massengeschäften**. Sie bieten rechtsunkundigen **Mitarbeitern** eine **Handlungsgrundlage** zur Umsetzung anspruchsvoller Vertragswerke gegenüber Kunden. Auch kann Rechtsänderungen durch AGB-Anpassung schnell Rechnung getragen werden.

Sie bergen aber auch erhebliche **Gefahren** für den Vertragspartner des Verwenders der AGB. Der AGB-Verwender kann „im **Kleingedruckten"** für ihn **günstigere Vertragsregelungen** durchsetzen, ohne dass der **nicht rechtserfahrene Vertragspartner** die Tragweite erkennt, werden doch AGB in der Regel vor dem Vertragsschluss gar nicht durchgelesen. Der Kunde vertraut meist auf die **Autorität des gedruckten Textes.** Damit werden **Rechtsrisiken** einseitig auf Kunden verlagert.

Daher sind AGB an gesetzlichen Maßstäben des §§ 305 ff. BGB zu messen und unterliegen im Streitfall einer richterlichen Kontrolle.

Der **Begriff** „Allgemeine Geschäftsbedingungen" wird in § 305 Abs. 1 BGB definiert. Darunter versteht man zunächst die **Gesamtheit** aller einer Vertragsbeziehung zugrunde gelegten „**Vertragsbedingungen"**, die ihrerseits wieder aus thematisch geordneten einzelnen **Klauseln** bestehen.

> **Definition:**
> AGB sind alle – für eine **Vielzahl von Vertragsabschlüssen – vorformulierte Vertragsbedingungen**, die der **Verwender** der anderen Vertragspartei **bei Vertragsschluss** stellt, § 305 Abs. 1 BGB.

Es sind also Vertragsregelungen jeglichen Regelungsinhalts (z. B. auch technische Spezifikationen), die nicht in Auseinandersetzung mit dem Kunden entwickelt, sondern einseitig von einem Verwender **vorab schriftlich formuliert** wurden, um sie **mehrfach** bei gleich gelagerten Geschäftsabschlüssen gegenüber Kunden verwenden zu können. Dabei reicht die **Absicht**, die Klauseln **mindestens dreimal** verwenden zu wollen (BGH NJW 2003,138) für die „**Vielzahl"** aus (vgl. § 310 Abs. 3 Nr. 2 BGB, wonach schon die **einmalige** Verwendungsabsicht gegenüber einem Verbraucher bereits für die Anwendung der Klauselverbote genügt). Da es sich um Vertragsinhalte handelt, müssen sie Gegenstand der beiderseitigen WE werden und daher **spätestens bei Vertragsschluss** auch dem Kunden bekannt sein.

 Übung:

Bitte suchen Sie in Ihnen vorliegenden Vertragsunterlagen oder im Internet nach den AGB und verfolgen Sie die Ausführungen dieses Abschnitts anhand dieser AGB.

Die konkrete Bezeichnung der Vertragsbedingungen spielt keine Rolle (z. B. „Unsere Lieferbedingungen", „Allgemeine Einkaufsbedingungen", „Elektrizitätsbezugsbedingungen" oder gar keine Überschrift). Es ist auch unerheblich, ob sie **Teil der Vertragsurkunde selbst** oder in einem äußerlich gesonderten **Anhang** abgedruckt sind, welchen **Umfang**, welche **Schriftart** oder welche **Form** sie haben, § 305 Abs. 1 Satz 2 BGB.

Beispiel:
Will Vermieter Eduard seinen selbst entworfenen, auf dem Computer gespeicherten und ausgedruckten 12-seitigen Mietvertrag für seine Einliegerwohnung nun zukünftig immer bei Neuvermietung verwenden, so ist der gesamte vorgedruckte Vertrag (mit Ausnahme der jeweils individuell ergänzten Namen der Mieter) als AGB i.S. des § 305 BGB zu werten.

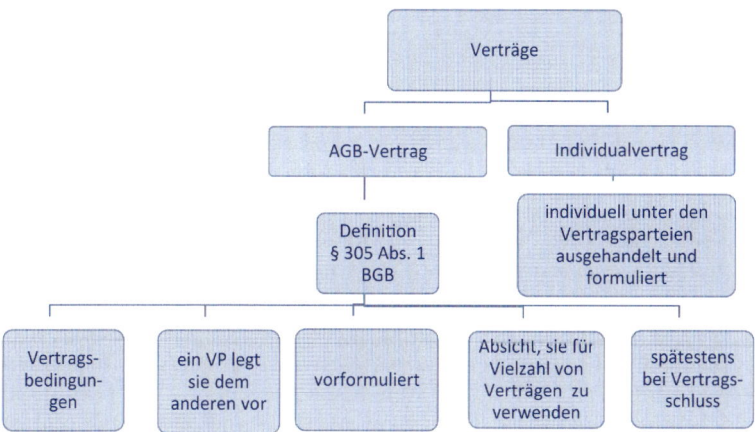

Abb. 16: AGB-Verträge und Individualverträge

Vertragsregelungen, die – trotz Vordrucks – **individuell ausgehandelt** und inhaltlich ersthalft zur Disposition gestellt worden sind, gelten nicht mehr als AGB, § 305 Abs. 1 Satz 3 BGB. Dort, wo individuelle Absprachen mit AGB-Regelungen **kollidieren**, gilt ein **Vorrang von Individualvereinbarungen**, § 305b BGB.

4.2.2 Formale Einbeziehung von AGB in Verträge

Allein die Tatsache, dass der Unternehmer AGB entworfen und bei seinen Geschäftsunterlagen liegen hat, bedeutet nicht, dass die AGB in jeden seiner Vertragsschlüsse einbezogen sind. Dazu bedarf es weiterer Voraussetzungen.

AGB werden **gegenüber Verbrauchern** nur unter den Voraussetzungen des § 305 Abs. 2 BGB Bestandteil eines Vertrages:

• **Ausdrücklicher Hinweis**: Wegen der Gefahr des Übersehens von – etwa auf der Vertragsrückseite abgedruckten – AGB muss der Verwender den Verbraucher **ausdrücklich**, also nicht konkludent, auf die konkreten AGB **hinweisen**, z. B. „Es gelten unsere umseitig abgedruckten Lieferbedingungen". Wo ein solcher individueller Hinweis ausnahmsweise wegen fehlenden persönlichen Kontakts oder bei Massenabfertigung unmöglich ist, genügt ein deutlich sichtbarer **Aushang** am Ort des Vertragsschlusses, § 305 Abs. 2 Nr. 1 BGB.

> **Beispiel:**
> Am Ticketschalter der Zugspitz-Kabinenbahn ist der individuelle Hinweis auf AGB unangebracht, weshalb hier über oder neben dem Kassenbereich ein großes, für jedermann leicht erkennbares und lesbares Schild mit den einzelnen AGB-Klauseln ausreicht.

• **Zumutbare Möglichkeit der Kenntnisnahme**: Soweit nicht bereits durch Aushang geschehen, muss der Kunde die zumutbare **Möglichkeit** haben, die seinem Vertrag zugrundeliegenden Vertragsinhalte im Volltext **inhaltlich lesen** zu können. Dabei hat der **Verwender alles Nötige zu veranlassen**, es ist nicht die Aufgabe des Kunden, sich die AGB zu besorgen! Was ihm dabei **zumutbar** ist, hängt vom Einzelfall ab. Die AGB dürfen daher einen gewissen **Umfang** nicht überschreiten, müssen **verständlich** und **transparent** sein. Bei *Internetgeschäften* müssen die AGB über einen gut sichtbaren Link aufgerufen aus ausgedruckt werden können. Sogar auf erkennbare Behinderungen des Kunden ist Rücksicht zu nehmen, vgl. § 302 Abs. 2 Nr. 2 BGB.

• **Einverständnis des Vertragspartners**: Da es sich um den von der WE umfassten Vertragsbedingungen handelt, muss der Kunde einverstanden sein, das ist konkludent möglich. Eine Unterschrift unter die AGB ist aber nicht erforderlich. Werden dem Kunden hingegen erst in der Auftragsbestätigung die AGB zur Kenntnis gebracht, ist in der Entgegennahme der Ware kein konkludentes Eiverständnis zu sehen.

Abb. 17: Einbeziehung von AGB in Verträge

 **Übung:**
Vollziehen Sie bitte nach, wie die AGB Ihres Mobilfunkanbieters Ihnen gegenüber in Ihren Vertrag einbezogen worden sind.

Nach § 305 Abs. 3 BGB ist die Einbeziehung auch über eine **Rahmenvereinbarung** im Voraus möglich.

Wo AGB insgesamt oder teilweise nicht wirksam einbezogen worden sind, gelten sie nicht. Der Vertrag im Übrigen ist jedoch grundsätzlich **wirksam**, die durch den Wegfall der AGB entstandene **Lücke** muss durch das dispositive **Gesetzesrecht** geschlossen werden, §§ 306 Abs. 1, 2, 3 BGB.

4.2.3 Inhaltskontrolle

Die Tatsache, dass AGB als Ganzes formal wirksam in einen Vertrag eingezogen worden sind, bedeutet nicht, dass die **einzelnen Klauseln** jeweils einer **inhaltlichen Kontrolle** im Hinblick auf die Risikoverteilung Stand halten. In einem zweiten Schritt sind daher die einzelnen Klauseln inhaltlich zu betrachten und am geltenden Gesetzesrecht, insbesondere an der Generalklausel in § 307 BGB und an spezifischen **Klauselverboten** der §§ 308, 309 BGB, zu messen, die aus Erfahrungen der Gerichte mit typischerweise in AGB unzulässig verwendeten Formulierungen entwickelt wurden.

4.2.3.1 Generalklausel und Klauselverbote

In §307 Abs. 1 BGB formuliert der Gesetzgeber ein allgemeines Verbot von AGB-Klauseln, die den Vertragspartner des Verwenders **entgegen den Geboten von Treu und Glauben unangemessen benachteiligen**, sog. **Generalklausel**. Eine unangemessene Benachteiligung soll danach im Zweifel vorliegen, wenn die Klausel den **wesentlichen Grundgedanken** der abgeänderten **gesetzlichen Regelung** widerspricht oder die **Erreichung des Vertragszwecks** durch Einschränkung von wesentlichen Rechten und Pflichten **gefährdet**, §307 Abs. 2 BGB.

In §§308 und 309 BGB führt das Gesetz konkret formulierte **Klauselverbote** auf, wobei diejenigen „mit Wertungsmöglichkeit" nach §308 BGB dem Anwender durch sog. unbestimmte Rechtsbegriffe (z. B. „unangemessen lange", „nicht hinreichend bestimmt", „sachlich gerechtfertigt") noch Auslegungsspielraum lassen.

Beispiele:

Nach **§308 BGB** ist eine Klausel beispielsweise unwirksam, wenn die Frist für die *Annahme eines Vertragsangebotes*, die *Warenlieferung*, die *Entgeltzahlung* oder die *Prüfungsfrist* unangemessen lange oder nicht hinreichend bestimmt ist (Nr. 1, 1a, 1b); wenn ein *Leistungsänderungsvorbehalt* dem Vertragspartner nicht zumutbar ist (Nr. 3); wenn der *Zugang* von bedeutsamen Erklärungen des Verwenders *fingiert* wird (Nr. 6) oder wenn die Vertragsabwicklung mit der Forderung unangemessen hoher *Nutzungs- oder Aufwandsvergütungen* verknüpft wird (Nr. 7).

Nach **§309 BGB** ist eine Klausel z. B. unwirksam, wenn *Preiserhöhungen* für innerhalb von 4 Monaten nach Vertragsschluss zu liefernde Waren oder Leistungen vorgesehen werden (Nr. 1); wenn ein *Aufrechnungsverbot* bzgl. einer unbestrittenen oder rechtskräftig festgestellten Forderungen enthalten ist (Nr. 3); wenn sich der Verwender von der *Obliegenheit einer Mahnung* oder Fristsetzung freistellen lässt (Nr. 4); wenn sich der Verwender überhöhten *pauschalierten Schadensersatz* oder eine *Vertragsstrafe* bei Nichtabnahme oder verspäteter Abnahme, des Zahlungsverzugs oder des Vertragsrücktritts versprechen lässt (Nr. 5, 6); wenn näher bestimmte *Haftungsfreizeichnung* bei Personen- und Sachschäden enthalten ist (Nr. 7) oder wenn *Gewährleistungsansprüche* des Vertragspartners verkürzt werden (Nr. 8).

Bei der Überprüfung einer konkreten Vertragsklausel auf inhaltliche Wirksamkeit ist in **umgekehrter Reihenfolge** vom **Speziellen zum Allgemeinen** vorzugehen: Es sind zunächst die Klauselverbote ohne Wertungsmöglichkeit nach §309 BGB durchzusehen, sodann diejenigen des §308 BGB. Sollte dort kein Verbot der Vertragsregelung gefunden werden, sind die allgemeinen Erwägungen des §307 BGB anzustellen. Ergibt sich aus daraus keine „unangemessene Benachteiligung" ist die Vertragsklausel **wirksam.**

 Übung:
Untersuchen Sie die Klausel des Online-Pflanzenhandels anhand der Klauselverbote: „Der Versand unserer Pflanzen erfolgt kulturbedingt bei optimaler Pflanzzeit und Witterung".

4.2.3.2 Überraschende Klauseln und Unklarheiten

Überraschende Klauseln in AGB sind solche, die nach den **Umständen,** insbesondere nach dem **Erscheinungsbild** des Vertrages, so **ungewöhnlich** sind, dass man **mit ihnen nicht zu rechen** braucht, § 305c Abs. 1 BGB, z. B. ein unter der Rubrik „Gewährleistung" untergeschobener „Wartungsvertrag" oder eine fortlaufende Abnahmeverpflichtung von Kaffeekapseln bei Erwerb einer Kaffeemaschine. Solche Klauseln werden nicht Vertragsinhalt.

Demgegenüber sind „Unklarheiten" bewusst **mehrdeutig formulierte Klauseln,** die verschiedene Auslegungsvarianten zulassen, solche zugunsten und zuungunsten des Kunden. Zweifel bei der Auslegung solcher Klauseln gehen immer **zulasten des Verwenders,** der eine klare Formulierung der Klausel hätte herbeiführen können, § 305c Abs. 2 BGB.

Beispiel:
„Für die Verjährungsfrist von Baumängeln gelten die Vorschriften des BGB bzw. der VOB/B". Während das BGB eine fünfjährige Verjährungsfrist vorsieht, gilt nach der Verdingungsordnung für Bauleistungen, Teil B, eine vierjährige Verjährungsfrist. Hier gilt wegen § 305c Abs. 2 BGB die fünfjährige Frist.

4.2.4 Rechtsfolgen

Ergibt die Inhaltskontrolle die **Nichtigkeit** einer AGB-Klausel, so bleibt der **Vertrag im Übrigen bestehen,** die Lücke wird wieder durch **Gesetzesrecht** gefüllt, § 306 Abs. 1, 2 BGB.

Ist eine Klausel nur **teilweise** unkorrekt, so darf sie *nicht* auf den Inhalt / Umfang reduziert werden, in dem sie gerade noch wirksam wäre. Es gilt das „Ganz -oder-Gar Nicht-Prinzip", sog. **Verbot der geltungserhaltenden Reduktion.**

> **Beispiel:**
> Schließt eine Klausel die „Haftung für Vorsatz, leichte und grobe Fahrlässigkeit" bei Sachschäden aus, so kollidiert diese Klausel mit § 309 Nr. 7b, wonach ein Ausschluss der Haftung für sonstige Schäden, die „auf einer grob fahrlässigen Pflichtverletzung des Verwenders" beruhen, unwirksam ist. Allerdings könnte nach dieser Norm „leichte Fahrlässigkeit" bei Sachschäden wirksam ausgeschlossen werden, was ja in der Klausel tatsächlich erwähnt wird. Dennoch ist die Klausel wegen des Haftungsausschlusses für Vorsatz und grobe Fahrlässigkeit insgesamt unwirksam, was auch den – eigentlich wirksamen – Teil erfasst.

4.2.5 Besonderheiten bei AGB im unternehmerischen Geschäftsverkehr

Besonderheiten bestehen im AGB-Recht hinsichtlich der formalen **Einbeziehung** und **Inhaltskotrolle** von AGB gegenüber Unternehmern. Ein besonderes Problem entsteht, wenn beide Vertragspartner als Unternehmer jeweils ihre **divergierenden Geschäftsbedingungen** in den Vertrag einbeziehen wollen. Schließlich sind im kaufmännischen Geschäftsverkehr standardisierte AGB in Form nationaler und internationaler **Handelsklauseln** gebräuchlich.

4.2.5.1 Einbeziehung von AGB gegenüber Unternehmern

Im Geschäftsverkehr **zwischen Unternehmern** gelten die strengen Voraussetzungen des § 305 Abs. 2 und 3 BGB nicht, § 310 Abs. 1 Satz 1 BGB. Dennoch sind gewisse Mindestvoraussetzungen einzuhalten:

- **Schlüssige Einbeziehung**: Verweist der Verwender erkennbar auf seine AGB und widerspricht der Unternehmer-Kunde nicht, gelten die AGB. Bei einer erstmaligen Erwähnung der AGB in der *Auftragsbestätigung* kann hier die Entgegennahme der Vertragsleistung genügen, vgl. auch „kaufmännisches Bestätigungsschreiben".
- **Erschwerte Kenntnisnahme**: Grundsätzlich hat auch hier der Kunde den Anspruch auf Überlassung der AGB, ein Übersenden auf Anforderung kann aber genügen.
- **Branchenüblichkeit**: Wo AGB branchenüblich sind und mit ihnen gerechnet werden muss, etwa bei den ADSp des Speditionsgewerbes oder den AGB der Banken, gelten diese im B2B-Verkehr ohne weiteres.

4.2.5.2 Inhaltskontrolle bei Unternehmerkunden

Im Geschäftsverkehr **zwischen Unternehmern** gelten §§ 308, 309 BGB **nicht**, § 310 Abs. 1 BGB. Maßstab für eine Wirksamkeit ist daher hier **allein** die **Generalklausel** nach § 307 BGB.

4.2.5.3 Kollision von AGB zwischen Unternehmern

Ein häufiges Problem im unternehmerischen Geschäftsverkehr ist das Aufeinandertreffen von **Lieferbedingungen** des Lieferanten mit **Einkaufsbedingungen** des Unternehmerkunden, die sich inhaltlich widersprechen.

Nach der Regel des §150 Abs. 2 BGB hätte derjenige Unternehmer beim Vertragsschluss mit seinem AGB Erfolg, der als letztes unwidersprochen seine AGB präsentiert (sog. „**Theorie des letzten Wortes**"). Diese Regel ist aber im Geschäftsverkehr unpraktikabel, weil Unternehmer vorrangig Geschäfte machen wollen und nicht in einen Wettlauf um die Geltung der eigenen AGB treten wollen. Die Regel des §150 Abs. 2 BGB wird daher nicht zur Anwendung gebracht, die Lösung erfolgt über die Annahme eines **Teildissenses**: Soweit sich die AGB der Vertragspartner **nicht widersprechen**, gelten beide. Diejenigen Klauseln, die inhaltlich **widersprüchlich** sind, heben sich auf; an deren Stelle tritt das **Gesetzesrecht**. Der Vertrag ist trotz des Teildissenses einiger AGB-Klauseln – nach Ausscheiden der strittigen Klauseln – wirksam („Theorie der **Kongruenzgeltung**" und „**Restgültigkeitstheorie**").

Das Problem tritt nicht auf, wenn die Parteien einen individuell ausgehandelten Rahmenvertrag geschlossen haben, in dem sie die gegenseitigen AGB gemeinsam ausschließen.

4.2.5.4 Handelsklauseln

Der Handelsbrauch hat in Deutschland sog. **Handelsklauseln** herausgebildet, die gem. §346 HGB Vertragsinhalt werden, ohne dass sie formal einbezogen werden müssen, z.B. „**Ab Werk**": Transport-, Versicherungs- und Zollkosten zulasten des Käufers; „**frei**": Käufer trägt Transportkosten; „**rein netto**": Ohne Zahlungsskonto.

Der internationale Handel hat zuletzt 2010 elf standardisierte Vertragsbedingungen entwickelt, die von der Internationalen Handelskammer ICC herausgegeben worden sind, die sog. International Commercial Terms („**INCOTERMS**"). Sie werden in Verträge durch Nennung eines Kürzels einbezogen, z.B. „**EXW**": Ab Werk; „**FCA**": Frei Frachtführer; „**DDP**": Geliefert Zoll bezahlt.

4.3 Merksätze/Kontrollfragen

Merksätze

- Die **Vertragsfreiheit** leitet sich aus der **Privatautonomie** ab.
- Dier wichtigsten Unterfreiheiten der Vertragsfreiheit sind die **Abschlussfreiheit**, die **Formfreiheit** und die **Inhaltsfreiheit**.

- Die Abschlussfreiheit wird durch **Abschlussverbote** und **Kontrahierungszwang** begrenzt.
- Gesetzlicher oder gewillkürter **Formzwang** schränkt die Formfreiheit ein.
- Die wichtigsten Formen sind die **Textform**, die **Schriftform**, die **elektronische Form** und die **notarielle Beurkundung**.
- Formzwecke sind v. a. die **Beweisfunktion**, die **Warnfunktion** und die **Beratungs- und Belehrungsfunktion**.
- Formmängel führen zur **Nichtigkeit**, können aber in besonderen gesetzlich geregelten Fällen **geheilt** werden.
- Die Inhaltsfreiheit gewährt den Vertragspartnern die Wahl zwischen **Typenverträgen** des BGB, die abgeändert oder gemischt werden dürfen, und einer **selbst entworfenen Vertragsart**.
- Die Inhaltsfreiheit findet ihre Grenze im **zwingenden Gesetzesrecht**, in den **Sittengesetzen** oder in **gesetzlichen Verboten**.
- **Allgemein Geschäftsbedingungen** bieten dem Verwender Vorteile bei der Bewältigung von Massengeschäften, bergen aber für den Kunden erhebliche Risiken.
- AGB sind alle – für eine **Vielzahl von Vertragsabschlüssen** – **vorformulierten Vertragsbedingungen**, die der **Verwender** der anderen Vertragspartei **bei Vertragsschluss** stellt.
- AGB sind das Gegenstück von **Individualvereinbarungen**, die bei Kollision Vorrang vor AGB haben.
- Die formale Einbeziehung von AGB in Verträge mit Verbrauchern erfordert einen **ausdrücklichen Hinweis** oder **Aushang**, die **Möglichkeit zur zumutbaren Kenntnisnahme** und das **Einverständnis** des Kunden.
- Die Inhaltskontrolle im Verbraucherverkehr wird anhand spezieller **Klauselverbote** in § 308, 309 BGB, subsidiär anhand der **Generalklausel** in § 307 BGB durchgeführt.
- Überraschende Klauseln werden nicht Vertragsbestandteil, **Unklarheiten** gehen zulasten des Verwenders.
- **Unwirksame** Klauseln fallen weg, Lücken werden mit Gesetzesrecht aufgefüllt, der Vertrag i.Ü. bleibt bestehen.
- Im **B2B-Geschäftsverkehr** sind AGB formal **erleichtert einzubeziehen**.
- Im **B2B-Geschäftsverkehr** gilt für die Inhaltskontrolle nur die **Generalklausel** § 307 BGB.
- Bei **kollidierenden AGB** wird die Theorie des letzten Wortes nicht angewandt, es gelten die „Theorie der Kongruenzgeltung" sowie die „Restgültigkeitstheorie".
- Vergleichbar den AGB gelten im inländischen Handelsverkehr **Handelsklauseln**, im internationalen Handelsverkehr die **Incoterms**.

Kontrollfragen

K 1   Woraus leitet sich die Vertragsfreiheit ab und welche Unterfreiheiten hat sie?

K 2   Was versteht man unter Abschlussfreiheit und wie wird sie begrenzt? Machen Sie bitte Beispiele!

K 3   Welches sind die gebräuchlichsten Formen bei Rechtsgeschäften, wie unterscheiden sie sich jeweils und welcher Zweck wird mit der jeweiligen Form verfolgt?

K 4   Nennen Sie 4 Formvorschriften des BGB!

K 5   Was ist „gewillkürte Form" und wie wird sie rechtlich behandelt?

K 6   Welche Folge hat ein Formmangel bei einem Grundstücksgeschäft? Kann er geheilt werden, wenn ja wie?

K 7   Welche Möglichkeiten stellt das BGB für die inhaltliche Ausgestaltung von Verträgen zur Verfügung?

K 8   Bestimmen Sie die Grenzen der Inhaltsfreiheit und erläutern Sie!

K 9   Wann ist ein Rechtsgeschäft sittenwidrig? Machen Sie Beispiele für § 138 Abs. 1 und Abs. 2 BGB!

K 10   Benennen Sie die Vorteile für Unternehmer und die Risiken für Vertragspartner bei der Verwendung von AGB.

K 11   Benennen Sie die Tatbestandsvoraussetzungen, die nach dem Gesetz gegeben sein müssen, damit AGB vorliegen.

K 12   Unter welchen Voraussetzungen werden AGB als Ganzes formal in einen Verbrauchervertrag einbezogen?

K 13   Wie ist bei der Inhaltskontrolle von AGB bei einem Verbrauchervertrag vorzugehen?

K 14   Wie unterscheiden sich die §§ 307, 308, 309 BGB inhaltlich voneinander?

K 15   Wann ist eine Klausel „überraschend"?

K 16   Was versteht man unter dem „Verbot der geltungserhaltenden Reduktion"?

K 17   Hat die Unwirksamkeit einer AGB-Klausel Auswirkungen auf den übrigen Vertrag? Wie ist hinsichtlich der Regelungslücke zu verfahren?

K 18   Wie können AGB in Verträge zwischen Unternehmern erleichtert einbezogen werden?

K 19   Woran ist die Inhaltskontrolle von AGB im unternehmerischen Geschäftsverkehr zu messen?

K 20   Wie ist das Problem kollidierender Liefer- und Einkaufsbedingungen in Angebot und Annahme zu lösen?

K 21   Wie werden deutsche Handelsklauseln und internationale
Incoterms in Verträge einbezogen?

Stellvertretung

5

In diesem Kapitel erfahren Sie einerseits, wie geschäftsunfähige Kinder durch „gesetzliche Vertreter" bzw. juristische Personen oder Personengesellschaften durch ihre Organe am Rechtsverkehr teilnehmen können, andererseits wie Geschäftstätige ihren Aktionsradius im Geschäftsleben durch die „gewillkürte" Einsetzung von Stellvertretern erweitern können. In beiden Varianten geben die Vertreter eine eigene Willenserklärung ab, deren Wirkungen aber nicht bei ihnen selbst, sondern beim Vertretenen eintreten.

Gesetzliche Vertretung findet im Bereich minderjähriger Kinder, bei juristischen Personen und bei Personengesellschaften statt. Gewillkürte Vertretung ist hingegen nicht auf besondere Personengruppen oder Lebensbereiche begrenzt. Wirksames Vertreterhandeln hat zwei Voraussetzungen: Es muss einerseits eine Vertretungsmacht des Vertreters bestehen, die üblicherweise durch eine Vollmacht erteilt wird. Andererseits muss die Vertreterstellung offengelegt werden. Fehlt es daran, so kann das Vertreterhandeln für den „Vertretenen" keine Rechtswirkungen erzeugen.

Besondere Bedeutung hat Stellvertretung im Bereich des kaufmännischen Geschäftsverkehrs, weshalb in diesem Bereich die standardisierte Prokura und die Handlungsvollmacht geschaffen wurden.

Lernziele

Nach Durcharbeiten dieses Kapitel kennen Sie die Formen, Voraussetzungen und Wirkungen der Stellvertretung. Sie können

- die wichtigsten Fälle **gesetzlicher Vertretung** benennen;
- den Anwendungsbereich **gewillkürter Vertretung** darlegen;
- Wesen, Erteilung und Erlöschen von **Vollmachten** beschreiben;
- zwei Arten von **Rechtscheinvollmachten** nach ihren Voraussetzungen unterscheiden;
- die Rechtsfolgen bei **fehlender Vertretungsmacht** differenzieren;

- den **Offenlegungsgrundsatz**, seine Ausnahmen und die Rechtsfolgen bei Verstoß erklären;
- die Besonderheiten der Erteilung und des gesetzlichen Umfangs einer **Prokura** sowie die Folgen der rechtsgeschäftlichen Beschränkung der Prokura aufzeigen;
- die Besonderheiten einer **Handlungsvollmacht** im Vergleich zur Prokura darlegen.

5.1 Wesen und Arten der Stellvertretung

Wie wir gesehen haben können Kinder und Jugendliche im Rechtsgeschäftsverkehr nicht alleine wirksam handeln, sie benötigen dazu die Eltern als **gesetzliche Vertreter**. Gleiches gilt bei juristischen Personen und Personengesellschaften, die durch **Organe** gesetzlich vertreten werden. Aber auch dort, wo keine Vertretung vorgeschrieben ist, können Personen zur Erweiterung ihres Aktionskreises willentlich einen Vertreter bestellen, sog. **gewillkürte Vertretung**. Im kaufmännischen Geschäftsverkehr ist dies üblich, so wird der Kaufmann etwa durch den **Prokuristen** und **Handlungsbevollmächtigte** vertreten.

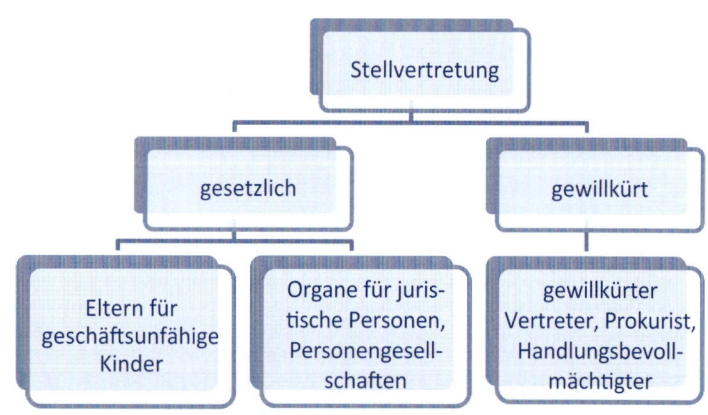

Abb. 18: Stellvertretungsarten

In all diesen Fällen treten die **Wirkungen** des Vertreterhandelns nicht beim Vertreter selbst, sondern **bei dem Vertretenen** ein. Die vom Vertreter **in fremdem Namen abgegebene eigene Willenserklärung** löst ihre Rechtsfolgen also beim Vertretenen aus („**auf fremde Rechnung**"), vgl. § 164 Abs. 1 BGB („aktive Stellvertretung"). Möglich ist auch eine **Empfangsvertretung**, bei welcher der Vertreter eine

Willenserklärung für den Vertretenen entgegennimmt, §164 Abs.3 BGB („passive Stellvertretung").

> **Beispiele:**
> Möchte der 6-jährige Lars dem Sportverein beitreten, so kann dies der Geschäftsunfähige nicht selbst bewirken. Vielmehr haben die Eltern die Beitrittserklärung abzugeben. Dadurch wird Lars Vereinsmitglied.
> Bestellt der Geschäftsführer Heinz für Fa. Ritter GmbH eine Produktionsmaschine, so muss die GmbH die Rechnung aus ihrem Vermögen bezahlen.

5.2 Gesetzliche Vertretung

Folgende gesetzlichen Vertreter sind im Rechtsverkehr aktiv:
- **Eltern** für ihre minderjährigen Kinder, §1629 BGB.
- Vereinsvorstand, Vorstand der Aktiengesellschaft und Geschäftsführer der GmbH als **Organe** für den Verein, die Aktiengesellschaft und die GmbH, §§26 Abs.2 BGB, 78 AktG, 35 GmbHG.
- **Gesellschafter** für die GbR und die OHG und Komplementär für die KG („**Selbstorganschaft**"), §§714 BGB, 125, 170 HGB.
- **Ehegatte** für Geschäfte im Rahmen der angemessenen Deckung des Lebensbedarfs der Familie für den anderen Ehegatten („Schlüsselgewaltgeschäfte"), §1357 BGB.

Die **Vertretungsmacht** beruht unmittelbar auf der gesetzlichen Norm.

5.3 Gewillkürte Vertretung

In allen Bereichen des Privat- und Geschäftslebens ist die rechtsgeschäftliche Bevollmächtigung anderer Personen möglich und üblich. Lediglich „**höchstpersönliche Geschäfte**" wie Eheschließung oder Testamentserrichtung können nicht auf Vertreter verlagert werden.

5.3.1 Die Vertretungsmacht

Bei der gewillkürten Stellvertretung beruht die Vertretungsmacht grundsätzlich auf einer vom Vertretenen erteilten **Vollmacht,** manchmal aber auch auf der Fiktion einer Vollmacht, einer sog. **Rechtsscheinvollmacht.**

5.3.1.1 Wesen der Vollmacht

Die **Vollmacht** verleiht dem Bevollmächtigten das Recht, eine **Willenserklärung** mit **Wirkung für den Vertretenen** abzugeben („Repräsentationsprinzip", anders als beim **Boten**, der eine fremde Willenserklärung überbringt und anders als beim „**Erfüllungsgehilfen**", der eine Erfüllungshandlung vornimmt, § 278 BGB). Da der Bevollmächtigte eine *eigene* **Willenserklärung** abgibt, die jedoch für ihn selbst ohne Rechtswirkungen bleibt, reicht es, wenn er beschränkt **geschäftsfähig** ist, § 165 BGB.

Die Vollmacht wirkt also nach **außen**. Im Innenverhältnis liegt ihr jedoch mindestens ein **Auftragsvertrag** zugrunde, § 662 BGB, häufig jedoch ist ein **Dienst- oder Arbeitsvertrag** die Basis für eine Vollmachterteilung („Kausal- oder Grundgeschäft").

5.3.1.2 Erteilung der Vollmacht

Die **Erteilung** der Vollmacht geschieht durch einseitige, empfangsbedürftige **Willenserklärung**, entweder gegenüber dem **Bevollmächtigten** (sog. **Innenvollmacht**) oder gegenüber dem **Geschäftspartner**, dem gegenüber die Vertretung stattfinden soll (sog. **Außenvollmacht**), § 167 Abs. 1 BGB. Die Erteilung der Vollmacht bedarf **keiner Form**, sie kann **mündlich** oder durch Überreichung einer **Vollmachtsurkunde** erfolgen, vgl. § 172 Abs. 1 BGB. Die Formfreiheit gilt sogar dann, wenn der Bevollmächtigte ein formbedürftiges Rechtsgeschäft im Namen des Vertretenen, z. B. einen notariell zu beurkundenden Grundstückskaufvertrag, abschließt, § 167 Abs. 2 BGB.

Entscheidend ist, dass der Bevollmächtigte Vertretungsmacht *hat*, nicht dass er sie dem Geschäftspartner der Vertretenen nachweisen kann. Bei Vornahme **einseitiger Rechtsgeschäfte** wie der Kündigung eines Mietvertrages oder einem Vertragsrücktritt allerdings sollte der Bevollmächtigte zugleich eine **Vollmachtsurkunde vorlegen**, weil andernfalls der Empfänger der Kündigung oder der Rücktrittserklärung die Erklärung **unverzüglich zurückweisen** kann, sofern er nicht vom Vollmachtgeber bereits vorab über die Bevollmächtigung informiert worden war, § 175 BGB.

Beispiel:
Der beauftragte und ordnungsgemäß bevollmächtigte Rechtsanwalt spricht im Namen des Vermieters einer Wohnung gegenüber dem Mieter am letzten Tag der Kündigungsfrist die ordentliche Kündigung des Mietvertrages aus. Vergisst er, dieser Kündigung eine Vollmachtsurkunde beizulegen, und weist der Mieter deshalb die Kündigung zurück, ist die Kündigung zum beabsichtigten Zeitpunkt wirkungslos und muss wiederholt werden, wodurch sich das Mietverhältnis mindestens um einen Monat verlängert. Dies geht auf das Konto des Anwalts!

5.3.1.3 Erlöschen der Vollmacht

Eine ausdrücklich erteilte Vollmacht ist grundsätzlich jederzeit durch den Vollmachtgeber **widerruflich**, § 168 Satz 2 BGB. Dabei ist der Widerruf auf demselben Weg zu erklären, der bei Bevollmächtigung gewählt wurde, §§ 168 Satz 3, 167 BGB. Wird das der Vollmachterteilung **zugrunde liegende Vertragsverhältnis** beendet, endet auch automatisch die darauf beruhende Bevollmächtigung, vgl. § 168 Satz 1 BGB. Dies gilt aber nicht umgekehrt: Wird die Handlungsvollmacht des Mitarbeiters widerrufen, ist nicht automatisch auch der Arbeitsvertrag gekündigt.

Wurde allerdings eine **Vollmachtsurkunde** übergeben, besteht die Besonderheit, dass der Empfänger der Urkunde (Bevollmächtigter oder Dritter) auf die Bevollmächtigung solange **vertrauen** darf, bis die Urkunde an den Vollmachtgeber wieder zurückgegeben wurde (oder für „kraftlos" erklärt wurde), § 172 Abs. 2 BGB. Die Vollmacht bleibt bei einer Außenvollmacht im Übrigen – auch ohne Vollmachtsurkunde – solange in Kraft, bis dem Dritten das **Erlöschen** der Vollmacht vom Vollmachtgeber **angezeigt** wurde, § 170 BGB.

5.3.1.4 Rechtsscheinvollmachten

Daneben gibt es Fälle, in denen gar keine ausdrückliche Vollmacht erteilt wurde, aufgrund des nach außen hervorgerufenen **Anscheins** aber dennoch das Bestehen einer **Vollmacht fingiert** wird. Zwei solcher „Rechtscheinvollmachten" sind von den Gerichten anerkannt:

Bei der **Duldungsvollmacht** weiß der Vertretene zwar, dass ein anderer für ihn Willenserklärungen abgibt, er schreitet aber nicht dagegen ein, sondern nimmt das „Vertreterhandeln" hin. Er muss aufgrund seiner nach außen erkennbaren „Duldung", die sich als **stillschweigende Bevollmächtigung** interpretieren lässt, das Vertreterhandeln gegen sich gelten lassen.

Bei der **Anscheinsvollmacht** hingegen hat der „Vertretene" **keine Kenntnis** vom Vertreterhandeln, er hätte dies aber **bei gehöriger Sorgfalt erkennen** können und dagegen **einschreiten** müssen. Dieses Versäumnis und der entstandene Anschein einer Bevollmächtigung wirken sich wiederum zu seinen Lasten aus. Das Bestehen einer Vollmacht wird fingiert.

Beispiele:
Der Geschäftsführer einer GmbH beobachtet, wie der Mitarbeiter einer mit IT-Wartung beauftragten Fremdfirma wiederholt Computer-Ersatzteile im Namen der GmbH bestellt, schreitet aber nicht dagegen ein. Die GmbH muss die Ersatzteile bezahlen, weil sich die Vertretungsmacht des Mitarbeiters der Fremdfirma aus einer *Duldungsvollmacht* ergibt.

Übersieht der Abteilungsleiter einer Versicherungs-AG, dass der entlassene Handelsvertreter mit Abschlussbefugnis weiterhin im Besitz von Vertragsformularen ist, und tätigt der Handelsvertreter weiterhin – provisionspflichtige – Geschäftsabschlüsse im Namen der AG, so sind diese wirksam. Zwar war mit der Kündigung des Handelsvertretervertrages die Abschlussvollmacht erloschen, § 168 Satz 1 BGB. Der nach außen fortbestehende Anschein einer Bevollmächtigung, die die Versicherung bei gehöriger Sorgfalt hätte bemerken müssen, führt zu einer *Anscheinsvollmacht.*

Übung:

Recherchieren Sie im Internet das Urteil des **Bundesgerichtshofs** (BGH) vom **5. Juli 2012** mit dem Aktenzeichen **III ZR 116/11** und lesen Sie dort in den Gründen unter **II. 2.** die Voraussetzungen der Duldungsvollmacht und der Anscheinsvollmacht aus höchstrichterlicher Feder nach.

5.3.1.5   Der Vertreter ohne Vertretungsmacht

Wo es an einer tatsächlichen Bevollmächtigung oder an einer Rechtsscheinvollmacht fehlt, wirkt die vom sog. **„Vertreter ohne Vertretungsmacht"** (auch: falsus procurator) abgegebene Willenserklärung **nicht** für und gegen den „Vertretenen". Die heimliche Vornahme von Rechtsgeschäfte für andere bindet diese daher nicht. Vollmachtloses Handeln liegt auch dort vor, wo der Vertretene eine vorhandene, begrenzte Vollmacht überschreitet. Allerdings kann ein solchermaßen Vertretener das vollmachtlose Vertreterhandeln **nachträglich genehmigen** und damit ein etwa vorteilhaftes Geschäft an sich ziehen, § 177 Abs. 1 BGB. Fordert der Dritte den „Vertretenen" zur Genehmigung auf, so kann sie nur ihm gegenüber binnen zwei Wochen erklärt werden, § 177 Abs. 2 BGB.

In den meisten Fällen wird der unfreiwillig Vertretene das vollmachtlose Geschäft jedoch **nicht genehmigen**. Dann tritt eine **Haftung des vollmachtlosen agierenden Vertreters selbst** ein: Der über die Bevollmächtigung getäuschte Geschäftspartner kann nun wählen, ob er den Vertreter selbst auf **„Erfüllung"** oder auf **„Schadensersatz"** in Anspruch nehmen möchte, denn auch mit dem Vertreter ist es ja – mangels entsprechenden Willens – zu keinem Vertrag gekommen.

Beispiel:

Menowin ist Azubi im Natursteinhandel des Unternehmers Quarz Pyrit, der nicht im Handelsregister eingetragen ist. Er ist zuständig für das Beladen von Lkw's mit von den Kunden gekauften Natursteinplatten. Als der Chef eines Tages ortsabwesend ist, greift Menowin im Büro zum Telefon und bestellt im Namen von Pyrit 100 qm Carrara-Marmor-

Polygonalplatten bei der Marmorit GmbH im Gesamtwert von 5.500 €.
Als der Marmor geliefert wird, ist Pyrit empört und verweigert die Abnahme: Menowin sei als Azubi im Vertrieb zur Bestellung nicht befugt gewesen; im Übrigen wünschten Kunden derzeit keinen Carrara-Marmor, weshalb er die Bestellung nicht genehmige. Die Marmorit GmbH kann nun Menowin persönlich auf Bezahlung der 5.500 € in Anspruch nehmen, muss ihm dann aber den Marmor überlassen („Erfüllung"). Oder sie wählt „Schadensersatz", indem sie den Marmor behält und ihm ihren entgangenen Gewinn in Höhe von 2.200 € in Rechnung stellt, §§ 177, 179, 252 BGB. Die Wahl hat aber stets die Marmorit GmbH.

In der Übersicht ergeben sich bzgl. der Vertretungsmacht folgende Prüfungsschritte:

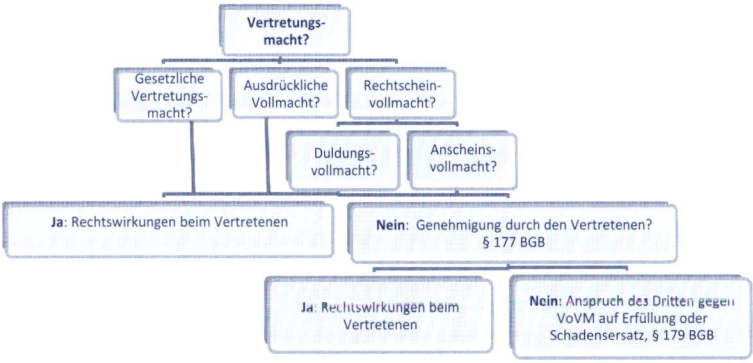

Abb. 19: Arten von Vertretungsmacht und Wirkungen

5.3.2 Der Offenlegungsgrundsatz

Da der Geschäftspartner einer als „Vertreter" auftretenden Person in der Regel nicht ansieht, dass sie ein Geschäft nicht selbst, sondern **in fremdem Namen auf fremde Rechnung** abschließen will, muss der „Vertreter" vor Abgabe seiner Willenserklärung dem Geschäftspartner gegenüber **offenlegen**, dass es sich um kein „Eigengeschäft" handeln soll, sondern eine **Vertreterstellung** vorliegt.

Ausnahmen vom Grundsatz der **ausdrücklichen Offenlegung** bestehen dort, wo

• die Vertreterstellung **aus den Umständen erkennbar** wird, z. B. beim Verkaufsmitarbeiter auf dem Gemüsemarktstand;
• ein **Bargeschäft des täglichen Lebens** vorliegt, bei dem die Vertragsleistung **sofort bezahlt** wird und es den Geschäftspartner

gar nicht interessiert, wer genau Vertragspartner ist, z. B. bei der Lebensmittelbesorgung für die Mitbewohnerin der WG;
- **mittelbare Stellvertretung** vorliegt, bei dem ein unerkannt bleiben wollender Prominenter seinen Schmuck über einen Juwelier verkauft; der Juwelier handelt dann als „mittelbarer Vertreter" im eigenen Namen, aber auf fremde Rechnung, vgl. den *Kommissionär* als gesetzliches Modell der mittebaren Stellvertretung nach § 383 HGB.

Wo diese Offenlegung der Vertretungssituation notwendig ist, aber **nicht erfolgt**, liegt ein **Eigengeschäft des Vertreters** vor. Dabei spielt es keine Rolle, dass der „Vertreter" gar nicht im eigenen Namen handeln wollte, vgl. den komplizierten Wortlaut des § 164 Abs. 2 BGB. Es steht ihm daher auch kein „Anfechtungsrecht", etwa wegen Irrtums über die eigene Rolle als Vertragspartei, zu. Er hat den Vertrag als Vertragspartei zu erfüllen.

5.3.3 Handelsrechtliche Vollmachten

Die Besonderheiten des **kaufmännischen Handelsverkehrs** erfordern transparente, verlässliche und klar umrissene Vertretungsverhältnisse. Dem trägt das HGB durch die formalisierten Vollmachten des Prokuristen („**Prokura**") und des Handlungsbevollmächtigten („**Handlungsvollmacht**") Rechnung.

5.3.3.1 Die Prokura

Sie ist die umfassendste **Bevollmächtigung** eines Mitarbeiters durch den Kaufmann. Sie ist wie folgt zu **erteilen**:
- **Prinzipalgeschäft**: Die Prokura kann nur durch den **Inhaber des Handelsgeschäfts** (sog. „Prinzipal"), also den **Kaufmann**, oder durch den **gesetzlichen Vertreter**, etwa den Vorstand einer AG, erteilt werden, § 48 Abs. 1 HGB. Der Prokurist kann keine „Unterprokura" erteilen. Eine Erteilung an mehrere Prokuristen gemeinschaftlich ist möglich („**Gesamtprokura**"), § 48 Abs. 2 HGB.
- **Formzwang**: Die Prokura darf nicht stillschweigend, sondern muss mittels **„ausdrücklicher Erklärung"** erteilt werden, § 48 Abs. 1 HGB. Eine mündliche Prokura-Erteilung reicht allerdings aus, Schriftform oder Textform ist nicht nötig, aber sinnvoll. Der Prokurist zeichnet dann mit „**ppa**", § 51 HGB.
- **Deklaratorische Handelsregisteranmeldung**: Nach § 53 Abs. 1 HGB muss der Kaufmann bzw. das Organ die Erteilung (und das Erlöschen) einer Prokura an einem bestimmten Mitarbeiter im Handelsregister eintragen lassen. Diese Eintragung ist jedoch nicht Wirksamkeitsvoraussetzung für die Prokura, sie ist lediglich „**deklaratorisch**", also nur klarstellend (und nicht „konstitutiv" die Prokura begründend).

Übung:

Suchen Sie im Internet nach der Musteranmeldung einer Einzelprokura zum Handelsregister. Recherchieren Sie in diesem Zusammenhang anhand der §§ 8 ff. HGB, wo und wie das Handelsregister geführt wird und was es mit dem „Unternehmensregister" auf sich hat,

---

Exkurs:

Das Handelsregister sorgt durch die Offenlegung der Verhältnisse kaufmännischer Unternehmen für Vertrauen bei den Geschäftspartnern („**Publizität des Handelsregisters**"). Nach § 15 Abs. 1 HGB kann man dem „Schweigen des Registers" trauen, d. h. dass eine Tatsache einem Dritten nicht entgegengehalten werden kann, solange sie nicht im Handelsregister eingetragen und bekannt gemacht ist, z. B. kann der Widerruf einer Prokura einem Geschäftspartner, mit dem der ehemalige Prokurist trotzdem noch ein Geschäft gemacht hat, nicht entgegengehalten werden, solange der Widerruf zwar erfolgt, aber noch nicht eingetragen ist (sog. „**negative Publizität**"). Umgekehrt kann man einer unrichtig bekanntgemachten Tatsache glauben, solange man die Unrichtigkeit nicht kennt, § 15 Abs. 3 HGB, z. B. versehentlich wird statt U. Groß dessen Kollege U. Klein als Prokurist bekannt gemacht, weshalb sich ein Dritter auf die Wirksamkeit von Geschäftsabschlüssen mit U. Klein berufen, kann, der in Wirklichkeit nicht einmal Handlungsvollmacht hatte (sog. „**positive Publizität**").

Die Prokura hat einen gesetzlich fixierten, nicht abänderbaren **Geltungsumfang**:

- **Allumfassend**: Die Prokura ermächtigt den Prokuristen **zu allen Arten** von **Geschäften** und **Rechtshandlungen**, die der Betrieb eines Handelsgeschäfts im Allgemeinen mit sich bringt. Das umfasst einerseits jegliches rechtsgeschäftliche, aber auch tatsächliche **Handeln im Geschäftsverkehr**, andererseits aber auch das **Agieren vor Gericht** („außergerichtlichen und gerichtlichen ..."). Dabei ist der Aktionsradius *nicht* nur auf die typischen Geschäfte der eigenen Branche und Unternehmung ausgerichtet, auch untypische Geschäfte werden erfasst.
  Lediglich zur **Veräußerung und Belastung von Grundstücken** ist der Prokurist kraft Prokura **nicht befugt**. Soll er auch hierzu bevollmächtigt werden, benötigt er neben seiner Prokura diesbezüglich eine weitere Vollmacht. Nur in diesem engen Bereich kann der Prokurist also „Vertreter ohne Vertretungsmacht" sein.

Beispiel:
Patzig ist Prokurist der Immoinvesti-GmbH, die auf einem Gleisvorplatz eines ehemaligen Bahnhofs Wohnungen errichten und verkaufen will. Die Vermarktung läuft schleppend. Während eines Kuraufenthaltes des Geschäftsführers sieht Patzig eine Chance, sich von dem schwierigen Projekt zu trennen, veräußert ein Teilgrundstück an die Konkurrenz Projektos AG und kauft als Ersatz ein anderes Grundstück in einer Villengegend. Als der Geschäftsführer zurückkehrt, tobt er – allerdings teilweise zu Unrecht: Denn die Prokura umfasst nicht die Veräußerung von Grundstücken, eine besondere Vollmacht zum *Immobilienverkauf* lag nicht vor; der Verkauf des Bahnhofsgrundstücks ist unwirksam, wenn der Geschäftsführer nicht genehmigt, § 177 BGB. In diesem Fall muss Patzig u. U. mit Ansprüchen der Projektos AG rechnen, § 179 BGB. Der *Kauf* des Villengrundstücks hingegen war von der Prokura umfasst und bindet die GmbH.

Außerdem umfasst die Prokura **keine Privatgeschäfte** des Kaufmanns und keine Geschäfte, die **nicht zum** *Betrieb* des Unternehmens gehören, also etwa die Betriebseinstellung oder die Branchenänderung.

• **Unbeschränkbar**: Dieser gesetzlich bestimmte **Umfang** der Prokura kann mit Wirkung **nach außen nicht beschränkt** werden, § 50 Abs. 1 HGB. Die Beschränkung der Prokura auf bestimmte Geschäfte oder spezifische Arten von Geschäften, auf eine gewisse Zeit oder bestimmte Orte ist gegenüber Dritten nicht wirksam, § 50 Abs. 2 HGB. Lediglich für eine Niederlassung ist eine „Filialprokura" zulässig, vgl. § 50 Abs. 3 HGB. Unabhängig davon hat ein Prokurist seine arbeitsvertraglichen **Einschränkungen** und **Weisungen im Innenverhältnis** zu beachten, um keinem Schadensersatzanspruch nach § 280 BGB ausgesetzt zu sein.

Beispiel:
Der Geschäftsführer der Immoinvesti-GmbH weist Prokurist Patzig an, bei Mietverträgen der gesellschaftseigenen Wohnungen von Mietern grundsätzlich *drei* Monatsmieten als Kaution zu verlangen, vgl. § 551 Abs. 1 BGB. Dennoch vereinbart Patzig mit Mieterin Susi nur *eine* Monatsmiete als Kaution. Die Vereinbarung ist wegen §§ 49, 50 HGB für die Immoinvesti GmbH bindend. Als Susi ihren Mietverpflichtungen nicht mehr nachkommt und der Immoinvesti ein hoher Schaden entsteht, verlangt der Geschäftsführer von Patzig Schadensersatz in Höhe der zwei als Kaution weisungswidrig „verschenkten" Monatsmieten, § 280 Abs. 1 BGB.

5.3.3.2 Die Handlungsvollmacht

Die Handlungsvollmacht ist im Vergleich zur Prokura deutlich eingeschränkt. Sie kann wie folgt **erteilt** werden:

• **Kein Prinzipalgeschäft**: Die Erteilung einer Handlungsvollmacht ist durch den **Inhaber**, einen **Prokuristen** oder einen **anderen Handlungsbevollmächtigen** möglich.
• **Kein Formzwang**: Die Handlungsvollmacht kann **ausdrücklich**, aber auch **stillschweigend** erteilt werden.
• **Keine Handelsregistereintragung**: Sie kann nicht ins Handelsregister eingetragen werden.

Ihren **Umfang** bestimmt der Vollmachtgeber:

• **Nicht allumfassend**: Sie kann a) zu **Betrieb eines Handelsgewerbes**, b) zur Vornahme einer **bestimmten** zu einem Handelsgewerbe gehörigen **Art von Geschäften** oder c) zur Vornahme **einzelner** zu einem Handelsgewerbe gehöriger **Geschäfte** ermächtigen, § 54 Abs. 1 HGB.

In diesen Fällen erstreckt sich die Vollmacht kraft Gesetzes a) auf **alle Geschäfte** oder **Rechtshandlungen**, die der Betrieb eines **derartigen Handelsgewerbes** oder b) und c) die Vornahme **derartiger Geschäfte** mit sich bringt, § 54 Abs. 1 HGB.

Für die **Veräußerung und die Belastung von Grundstücken**, aber auch zur Eingehung von **Wechselverbindlichkeiten** und Aufnahme von **Darlehen** sowie zur **Prozessführung** vor Gericht benötigt der Handlungsbevollmächtigte eine zusätzliche Vollmacht, § 54 Abs. 2 HGB.

• **Beschränkbar**: Die weitere Beschränkung der Handlungsvollmacht ist möglich, ein Geschäftspartner muss solche Beschränkungen aber nur gegen sich gelten lassen, wenn er sie **kannte** oder **kennen musste**, § 54 Abs. 3 HGB.

Zum Schutz von Kunden eines **Verkaufsladens** oder offenen **Warenlagers** vor vollmachtlosem Personal ohne Handlungsvollmacht gelten alle **Angestellten** in diesen Räumlichkeiten als ermächtigter zu Verkäufen und Empfangnahmen, die in einem solchen Laden oder Warenlager gewöhnlich geschehen, § 56 HGB.

Abb. 20: Gegenüberstellung Prokura und Handlungsvollmacht

5.4 Merksätze/Kontrollfragen

Merksätze

- **Gesetzliche Vertretung** gibt es im Rechtgeschäftsverkehr bei Kindern und Jugendlichen sowie bei juristischen Personen und Personengesellschaften.
- **Gewillkürte Vertretung** ist in allen Rechtsbereichen denkbar.
- Im Falle der **aktiven Vertretung** gibt der Vertreter eine **eigene Willenserklärung** in **fremdem Namen** auf **fremde Rechnung** ab, § 164 Abs. 1 BGB.
- Bei **passiver Vertretung** nimmt der Vertreter eine Willenserklärung für den Vertretenen entgegen, § 164 Abs. 3 BGB.
- Gesetzliche Vertreter sind die **Eltern, Organe** einer Gesellschaft und in bestimmten Fällen auch **Ehegatten** untereinander.
- Die Vertretungsmacht basiert auf dem Gesetz (gesetzliche V.), auf einer Vollmacht oder auf einer Rechtsscheinvollmacht (gewillkürte V.).
- Bevollmächtigte müssen **mindestens beschränkt geschäftsfähig** sein, § 165 BGB.
- Die Vollmacht wirkt **nach außen**, ihr liegt **nach innen** ein Grund- oder Kausalverhältnis zugrunde.
- Die **Erteilung** der Vollmacht erfolgt durch **einseitige empfangsbedürftige formfreie Willenserklärung** als **Außenvollmacht** oder als **Innenvollmacht**, § 167 BGB.
- Bei Vornahme **einseitiger Rechtsgeschäfte** (z. B. Kündigung) sollte eine Vollmachtsurkunde beigelegt werden, § 173 BGB.
- Die Vollmacht ist **widerruflich**, sie endet auch mit Beendigung des Grundverhältnisses, § 168 BGB.
- Im Falle des Erlöschens der Vollmacht besteht beim Empfänger der Vollmacht **Vertrauensschutz** bis zum Entzug der Vollmachtsurkunde, sonst bis zur Kundgebung des Erlöschens, §§ 170, 172 BGB.
- Wo nach außen der Anschein einer Bevollmächtigung gegeben ist, kann eine **Rechtsscheinvollmacht** anzunehmen sein.
- Bei der **Duldungsvollmacht** kennt der Bevollmächtigte das Vertreterhandeln, schreitet aber nicht ein.
- Bei der **Anscheinsvollmacht** kennt der Bevollmächtigte das Vertreterhandeln nicht, hätte es aber erkennen und einschreiten müssen.
- Bei **Vertretung ohne Vertretungsmacht** kann der Vertretene nachträglich das Vertreterhandeln genehmigen, § 177 BGB.
- Bei ungenehmigter **Vertretung ohne Vertretungsmacht** kann der Vertreter selbst auf **Erfüllung** oder **Schadensersatz** in Anspruch genommen werden, § 179 BGB.

- Damit die Rechtswirkungen beim Vertretenen eintreten, hat der Vertreter seine Vertreterposition **offenzulegen**, andernfalls wird er selbst verpflichtet.
- Vom Offenlegungsgrundsatz gibt es **Ausnahmen** bei **Erkennbarkeit** der Vertretung nach den **Umständen**, bei sofort abgewickelten **Bargeschäften des täglichen Lebens** und bei **mittelbarer Stellvertretung** (z. B. Kommission).
- Die **Prokura** ist die umfassende handelsrechtliche Vollmacht des Kaufmanns, §§ 48 ff. HGB.
- Die Erteilung der Prokura ist ein **Prinzipalgeschäft**, muss **ausdrücklich** erfolgen und ist ins **Handelsregister** einzutragen.
- Das Handelsregister hat **negative Publizität** bzgl. aller nicht eingetragenen Tatsachen und **positive Publizität** bzgl. der Richtigkeit bekanntgemachter Tatsachen, § 15 HGB.
- Die Prokura ist **allumfassend** und schließt lediglich die **Belastung und Veräußerung von Grundstücken** nicht mit ein.
- Der Umfang der Prokura ist mit Wirkung für das Außenverhältnis **nicht beschränkbar**, bei Verstoß gegen **interne Beschränkungen** kann sich der Prokurist allerdings schadensersatzpflichtig machen.
- Die **Handlungsvollmacht** ist kein Prinzipalgeschäft, formfrei und nicht eintragungsfähig, sie ist nicht allumfassend und kann mit Wirkung nach außen beschränkt werden, sofern der Geschäftspartner Kenntnis davon erlangen kann, §§ 54 ff. HGB.
- Zugunsten von **Ladenangestellten** gibt es die handelsrechtliche Fiktion einer Bevollmächtigung, § 56 HGB.

Kontrollfragen

K 1 Welches sind die wichtigsten Fälle gesetzlicher Vertretung?

K 2 Was versteht man unter gewillkürter, aktiver und passiver Vertretung?

K 3 Welche Arten von „Vollmacht" gibt es?

K 4 Wie ist der (unmittelbare) Stellvertreter vom Boten, vom Erfüllungsgehilfen und vom mittelbaren Stellvertreter abzugrenzen?

K 5 Was versteht man bei einer Vollmacht unter einem „Grundverhältnis", welche Grundverhältnisse kommen in Frage?

K 6 Was ist bei Vornahme einseitiger Rechtsgeschäfte durch Bevollmächtigte zu beachten?

K 7 Welche Möglichkeiten des Erlöschens der Vollmacht gibt es und was ist im Hinblick auf „Vertrauensschutz" beachtlich?

K 8 Welche beiden Rechtscheinvollmachten gibt es, wo sind sie geregelt und wie unterscheiden sie sich?

K 9   Welches sind die Rechtsfolgen einer Vertretung ohne Vertretungsmacht?

K 10   Was versteht man unter dem Offenlegungsgrundsatz und welche Ausnahmen gibt es?

K 11   Welches sind die handelsrechtlichen Vollmachten?

K 12   Welche Besonderheiten sind bei Erteilung einer Prokura zu beachten?

K 13   Welchen Umfang hat die Prokura und ist dieser Umfang nach außen oder innen begrenzbar?

K 14   In welchen Ausgestaltungsdetails unterscheidet sich die Handlungsvollmacht von der Prokura?

K 15   Kann ein Ladenangestellter vollmachtloser Vertreter sein?

Vertragsabwicklung

6

Nachdem in den vorigen Kapiteln die Grundlagen für den Vertragsschluss und die Vertragsgestaltung gelegt wurden, befasst sich dieses Kapitel mit der Erfüllung und Abwicklung von Verträgen im störungsfreien Normalfall. Zunächst werden die rechtstheoretisch wichtige Trennung zwischen Verpflichtungsgeschäft und Verfügungsgeschäften problematisiert und deren rechtliche Unabhängigkeit voneinander („Abstraktionsprinzip") herausgearbeitet. Auf dieser Basis sind die aus einem Vertrag folgenden Haupt- und Nebenleistungspflichten zu differenzieren und ihre Inhalte darzustellen. Schließlich gilt es, die Art und Weise der Leistungserbringung nach Personen, Umfang, Orten und Zeit zu untersuchen, liegen gerade hier die Ausgangsfestlegungen, an denen sich spätere „Leistungsstörungen" (falscher Empfänger, falscher Umfang, falscher Ort, falsche Zeit) messen lassen müssen. Bei ordnungsgemäßer und pünktlicher Erledigung erlöschen die vertraglichen Verpflichtungen und der Anspruch ist erfüllt. Zur Abrundung werden noch weitere Formen der „Anspruchserledigung" dargestellt.

Lernziele

Nach Durcharbeitung dieses Kapitels kennen Sie die grundlegende Trennung zwischen schuldrechtlicher Verpflichtung und deren – häufig sachenrechtlicher – Erfüllung, die aus Verträgen resultierenden Pflichten, die Art und Weise von deren Erfüllung und die Folgen der Erfüllung. Im Einzelnen vermögen Sie

- zwischen **Verpflichtungs-** und **Verfügungsgeschäften** zu differenzieren;
- den **Trennungsgrundsatz** und das **Abstraktionsprinzip** zu unterscheiden und jeweils zu erklären;
- die Grundlagen der **ungerechtfertigten Bereicherung** wiederzugeben;
- zwischen **Hauptleistungs-** und **Nebenleistungspflichten** zu unterscheiden und deren Inhalte darzustellen;

- die Begriffe **Stückschuld** und **Gattungsschuld** zu erklären und deren Verhältnis zu beschreiben;
- Besonderheiten bei **Geldschulden** zu benennen;
- die auf **Treu und Glauben** beruhenden **Rücksichtnahmepflichten** zu beschreiben;
- die fünf Faktoren der **Art und Weise der Leistungserbringung** darzustellen;
- den **Erfüllungsort** bei **Hol-, Bring- und Schickschuld** zu differenzieren;
- Bedeutung und Grundlagen der **Fälligkeit** zu erfassen;
- drei verschiedene **Leistungsverweigerungsrechte** zu beschreiben;
- die **Erfüllung** und ihre Surrogate nebst **Aufrechnung** darzustellen.

6.1 Verpflichtungs- und Verfügungsgeschäfte

Der Abschluss eines **Vertrages** führt zum Entstehen eines **rechtsgeschäftlichen Schuldverhältnisses**, §311 Abs.1 BGB. Kraft dieses Schuldverhältnisses ist der jeweilige **Gläubiger berechtigt**, vom Schuldner eine **Leistung zu fordern** und hat einen **Anspruch**, §241 Abs.1 BGB, umgekehrt ist der **Schuldner verpflichtet**, gerade diese Leistung zu erbringen, also den Anspruch zu erfüllen.

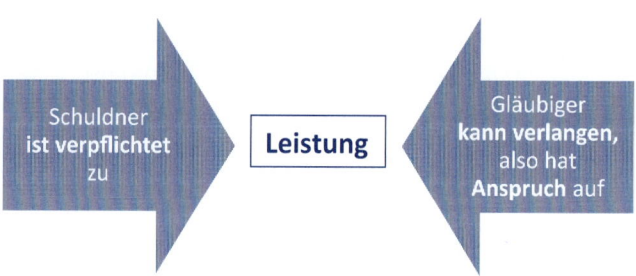

Abb. 21: Verhältnis Verpflichtung-Leistung-Anspruch

Beispiel:
Im gegenseitig verpflichtenden Vertrag wie etwa dem **Kauf** stehen sich der Verkäufer als *Warenschuldner* und der Käufer als *Warengläubiger* einerseits, und der Käufer als *Geldschuldner* und der Verkäufer als *Geldgläubiger* andererseits in zwei Schuldverhältnissen im engeren Sinne gegenüber.

Wegen dieser durch Rechtsgeschäft entstandenen vertraglichen **Verpflichtungen** nennt man den schuldrechtlichen Vertrag auch das „**Verpflichtungsgeschäft**".

Das Gesetz nennt diese vertragstypischen Verpflichtungen regelmäßig im ersten Paragrafen der Regelung des jeweiligen Vertragstyps.

Beispiele:

§ 433 Abs. 1 BGB: Der Verkäufer ist *verpflichtet*, dem Käufer die **Sache zu übereignen**;

§ 433 Abs. 2 BGB: Der Käufer ist *verpflichtet*, dem Verkäufer den **Kaufpreis zu zahlen**;

§ 535 Abs. 1 Der Vermieter ist *verpflichtet*, dem Mieter den **Gebrauch der Mietsache zu überlassen**;

§ 535 Abs. 2 BGB: Der Meter ist *verpflichtet*, dem Vermieter die **Miete zu bezahlen**;

§ 631 Abs. 1 Satz 1: Der Unternehmer ist zur **Herstellung des Werkes** *verpflichtet*;

§ 631 Abs. 1 Satz 2: Der Besteller ist zur **Entrichtung der Vergütung** *verpflichtet*...

Da die Verpflichtung des Schuldners („ist verpflichtet") zugleich der Anspruch des Gläubigers ist („kann verlangen"), sind die genannten Vorschriften des BGB mit den Verpflichtungen zugleich die **Anspruchsgrundlagen** für den Gläubiger!

Übung:

Suchen Sie die Norm, nach der ein Bürge für die übernommene Verbindlichkeit eines Dritten einzustehen hat. Könnte dieser Paragraf zugleich eine Anspruchsgrundlage sein? Für wen?

Nach dem **Trennungsgrundsatz** ist davon die **Erfüllung** der vertraglich übernommenen Verpflichtungen zu unterscheiden: Die Warenübereignung im Kauf und die Kaufpreiszahlung sind selbständige Geschäfte, bei denen die jeweiligen Schuldner über ihre Rechtspositionen verfügen, sog. „**Verfügungsgeschäfte**".

Beispiele:

§ 929 Abs. 1 BGB: Der **Verkäufer** übereignet die **Ware**, wenn er und der Käufer sich über den Eigentumsübergang **einig** sind (2 WE) und die **Besitzübergabe** der Ware nach § 854 BGB erfolgt.

§ 929 Abs. 1 BGB: Der **Käufer** übereignet das Bargeld, wenn er und der Käufer sich über den Eigentumsübergang **einig** sind (2 WE) und die **Besitzübergabe** der Münzen und Scheine nach § 854 BGB erfolgt.

Insgesamt stellen sich der Vertragsschluss bei Kaufvertrag und seine vollständige Abwicklung wie folgt dar:

Abb. 22: Trennungsgrundsatz

Über die konstruktive Trennung von Verpflichtungsgeschäft und Verfügungsgeschäft hinaus sind die dargestellten drei **Geschäfte** (Kaufvertrag; Warenübereignung; Geldzahlung) auch inhaltlich nicht miteinander verknüpft, sondern jeweils **rechtlich selbständig**. Sollte der *Kaufvertrag* an einem Mangel leiden oder gar unerkannt *nichtig* sein, so bleibt eine wirksam durchgeführte *Warenübereignung* bzw. *Geldzahlung* dennoch voll *wirksam*. Damit ist der „**Abstraktionsgrundsatz**" beschrieben.

Exkurs:

Allerdings waren die **Verpflichtungen** zur Warenübereignung und Kaufpreiszahlung aus dem schuldrechtlichen **Kaufvertrag** heraus entstanden; die Erfüllungsgeschäfte **Warenübereignung** und **Kaufpreiszahlung** beruhen daher auf dem Vertrag, er ist ihr „**innerer Grund**". Wo diese vertragliche **Basis** der Erfüllungshandlungen infolge eines zur Nichtigkeit führenden Mangels (z. B. Anfechtung wegen Irrtums) endgültig **wegfällt**, müssen die wirksam erbrachten Vertragsleistungen wieder „korrigiert", d. h. nach den Grundsätzen über die **Herausgabe einer ungerechtfertigten**, also **rechtsgrundlosen Bereicherung** nach § 812 BGB aktiv **rückabgewickelt** werden.

> **Beispiel:**
> Stellt sich heraus, dass beim Kauf eines Wohnhauses ein Holzwurmbefall der Dachbalken vom Verkäufer arglistig verschwiegen worden war, führt die Anfechtung wegen Täuschung nach § 123 BGB gem. § 142 BGB zur Nichtigkeit des notariell abgeschlossenen Grundstückskaufvertrages. Sollte das Grundstück zwischenzeitlich bereits nach § 873 BGB an den Käufer übereignet und der Kaufpreis von 500.000 € an den Verkäufer bezahlt worden sein, so bleiben diese Erfüllungsgeschäfte zunächst wirksam, sie müssen aber nach § 812 Abs. 1 BGB rückabgewickelt werden: Der Käufer muss dem Verkäufer das Grundstück nach § 873 BGB zurückübereignen, dem Käufer wird sein Kaufpreis zurückbezahlt.

6.2 Leistungspflichten

Die von den Parteien im Vertrag übernommenen und zu erfüllenden Leistungspflichten lassen sich je nach ihrer Bedeutung in **Haupt-** und **Nebenleistungspflichten** einordnen.

6.2.1 Hauptleistungspflichten

Als **Hauptleistungspflichten** werden die im **vorrangigen Interesse** der Parteien und regelmäßig im **Austauschverhältnis** stehenden Vertragspflichten bezeichnet, derentwegen sie den Vertrag überhaupt abgeschlossen haben. Sie unterliegen dem **Bestimmtheitsgrundsatz**.

> **Beispiele:**
> Im Kauf ist das die Warenübereignungspflicht und die Kaufpreiszahlungspflicht, § 433 BGB; im Werkvertrag ist dies die Pflicht zur Herstellung des Werks und die Vergütungspflicht, § 631 BGB.

Sie können sich auf einen **einmaligen Leistungsaustausch** oder auf eine andauernde Leistungserbringung beziehen, sog. **Dauerschuldverhältnisse**, z. B. Miete, Darlehen, Gesellschaft, Arbeitsvertrag, Werkvertrag.

Bedeutsam ist auch die Unterscheidung danach, ob der Schuldner nach der Vereinbarung der Parteien ein individualisiertes, konkretes Stück („Unikat") schuldet, sog. **„Stückschuld"**, oder eine bestimmte Menge aus einer näher bezeichneten Art von Gegenständen, sog. **„Gattungsschuld"**.

> **Exkurs:**
>
> Bei der Gattungsschuld obliegt dem Schuldner die Auswahl der Einzelstücke aus der Gattung; dabei hat er *mittlere Art und* Güte zu leisten, § 243 Abs. 1 BGB. Solange es die „Gattung" noch gibt, hat er eine Beschaffungspflicht. Erst wenn die ganze Gattung „untergegangen" ist, wird seine Erfüllung unmöglich und er von seiner Erfüllungspflicht befreit, § 275 BGB, z. B. alle Weinflaschen der Lage „Korber Kopf Riesling 2017" sind ausgetrunken. Der Schuldner hat durch „*Konkretisierung"* der Einzelstücke die Gattungsschuld in eine Stückschuld zu überführen, § 243 Abs. 2 BGB. Dies gelingt ihm bei der *Holschuld* durch Aussonderung und Bereitstellung, bei der *Bringschuld* durch Aussonderung und tatsächliches Angebot am Sitz des Gläubigers und bei der *Schickschuld* durch Übergabe an den Transporteur.

Besonderheiten gibt es bei der **Geldschuld** über einen bestimmten **Nennbetrag** in Euro. Da Geldschulden Gattungsschulden sind, hat der Schuldner unabhängig von seiner persönlichen Leistungsfähigkeit immer zu zahlen („Geld hat man zu haben"). Geldschulden sind als **Schickschulden** grundsätzlich – auf Kosten des Gläubigers – an den Sitz des Gläubigers zu übermitteln, § 270 Abs. 1 BGB. Umfangreiche Vorschriften regeln die bargeldlose Überweisung und Zahlung mit elektronischem Geld („Bitcoins") in §§ 675c ff. BGB.

Zinsen sind das **Entgelt für die Überlassung von Kapital**; Zinszahlungspflichten beruhen auf Vertrag oder auf Gesetz, z. B. § 288 BGB Verzugszinsen, § 291 BGB Prozesszinsen. Die **Höhe** wird vertraglich oder gesetzlich bestimmt, vgl. §§ 246, 288 Abs. 2 BGB, § 252 HGB.

> **Übung:**
>
> Schlagen Sie bitte die Vorschriften zur Zinshöhe nach und vergleichen Sie!

6.2.2 Nebenleistungspflichten

Die **Nebenleistungspflichten** sind einerseits sich **aus dem Vertrag ausdrücklich** ergebende, von niederrangigerem Interesse der Parteien getragene Pflichten, die der **Vorbereitung** und **Durchführung** der Hauptleistungspflichten dienen, z. B. Vereinbarung über die Zufuhr der Ware, Entsorgung von Altgeräten oder die Montage der angelieferten Bauteile.

Andererseits sind es **gesetzliche Pflichten** unterschiedlichen Inhalts: Etliche gesetzliche Nebenleistungspflichten betreffen die **Kostentragungspflicht** von Vertragskosten, z. B. § 448 BGB Regelungen bzgl.

der Kosten der Übergabe, der Versendung, der Beurkundung, der Auflassung oder der Grundbucheintragung. Andere Vorschriften treffen Regelungen zum **Vertragsgegenstand**, z.B. ist nach §311c BGB Zubehör im Zweifel mitverkauft.

Am wichtigsten sind jedoch die auf dem allgemeinen Grundsatz von **Treu und Glauben** nach §242 BGB beruhenden und sich konkret aus §241 Abs.2 BGB ergebenden **Schutz- und Rücksichtnahmepflichten**. Demnach ist bei Vertragserfüllung (und –anbahnung, vgl. §311 Abs.2 BGB) auf die **Rechte, Rechtsgüter und Interessen** des anderen Teils zu achten.

> **Beispiele:**
> Bei Handwerkerleistungen sind Beschädigungen der vorhandenen Einrichtung des Kunden ebenso zu unterlassen wie der Lebensmittelhandel hygienisch bedenkliche oder unsauber verpackte Ware nicht verkaufen darf; beim Verkauf technischer Geräte muss durch Betriebsanleitungen und Warnhinweise ein Schaden des Kunden vermieden werden.

Gerade die Verletzung von Nebenleistungspflichten aus Rücksichtnahmepflichtverletzungen führt häufig zu **Schadensersatzansprüchen** nach §§280 Abs.1, 241 Abs.2, 311 Abs.1 BGB.

6.3 Art und Weise der Leistungserbringung

Das Ziel der Leistungshandlung ist die Erlangung der **schuldbefreienden Wirkung**, d.h. durch die Leistung soll die eingegangene Verpflichtung erledigt und das Schuldverhältnis zum **Erlöschen** gebracht werden. Dazu ist erforderlich, dass die **Leistung an den Gläubiger** in der **geschuldeten Art und Weise bewirkt** wird, §362 BGB.

Das bedeutet, dass der **Schuldner** oder ein Dritter die geschuldete Leistung im **richtigen Umfang** am **richtigen Ort** zur **richtigen Zeit** an den **Gläubiger** (oder einen Dritten) erbringt.

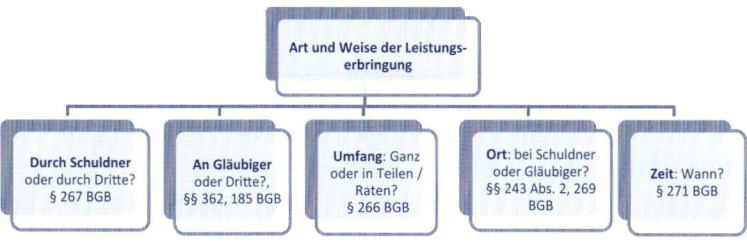

Abb. 23: Art und Weise der Leistungserbringung

6.3.1 Leistung durch Schuldner oder Dritten

Der **Schuldner** ist aus dem Vertrag zur Erfüllung seiner Verbindlichkeiten verpflichtet. Dies bedeutet jedoch nicht, dass er dies in jedem Fall **höchstpersönlich** tun müsste. Ob der Schuldner „in Person" zu leisten hat, ergibt sich aus den Umständen des Einzelfalls, z. B. muss der für ein Konzert engagierte Sänger selbst singen, der gebuchte Star-Coiffeur die Frisur selbst anfertigen und der Arbeitnehmer selbst zur Arbeit gehen. Wo dies jedoch nicht der Fall ist, kann der Schuldner die Erfüllung auf einen **Dritten** delegieren, ohne dass der Gläubiger zustimmen müsste, § 267 BGB. Daher werden sowohl in Handwerk als auch im Handel regelmäßig *nicht* die Inhaber als Vertragspartner auf der Baustelle oder im Laden erscheinen. Die Erfüllung von Verträgen durch Personal, sog. „**Erfüllungsgehilfen**" ist überwiegend der Regelfall. Allerdings haben die Vertragspartner selbst **für deren schuldhaftes Verhalten** bei der Erfüllungshandlung **einzustehen**, vgl. § 278 BGB.

6.3.2 Leistung an Gläubiger oder Dritten

Schuldbefreiende Wirkung erzielt der Schuldner nur, wenn er die Leistung an den **Gläubiger** selbst bewirkt, § 362 Abs. 1 BGB. Ausnahmsweise kann der Gläubiger in eine Leistungserbringung an einen Dritten einwilligen, §§ 362 Abs. 2, 185 Abs. 1, 2 BGB.

6.3.3 Leistung im richtigen Umfang

Die Leistung muss im **geschuldeten Umfang** erbracht werden. So ist der Schuldner zu **Teilleistungen nicht befugt**, sollten diese nicht ausdrücklich – wie etwa bei Ratenzahlung – vereinbart sein, § 266 BGB. Gleiches gilt für **Skontoabzug**.

6.3.4 Leistung am richtigen Ort

Grundsätzlich sind zwei **Leistungsorte** denkbar: Einerseits der Ort, an dem der Leistungserfolg eintritt (sog. „**Ort des Leistungserfolges**"), an dem der Kunde das Eigentum übertragen erhält, andererseits der Ort, an dem der Schuldner die Leistungshandlung vornimmt (sog. „**Ort der Leistungshandlung**" oder Erfüllungsort). Der Gesetzgeber hat sich für die Fragen, wann die **Transportgefahr** auf den Gläubiger übergeht und wo die Beschaffenheit von Waren im Hinblick auf **Mängel** festzustellen ist, für den **Erfüllungsort** entschieden, §§ 446, 447 BGB.

Auch für die Frage, wo der Schuldner bei Gattungsschulden das „**seinerseits Erforderliche *getan***" hat, vgl. § 243 Abs. 2 BGB, stellt das Gesetz auf den Ort der Leistungs*handlung* ab. Was im konkreten

Fall das seinerseits Erforderliche für den Schuldner ist, hängt von der Vereinbarung der Parteien ab:

- **Holschuld**: Haben die Parteien vereinbart, dass der Kunde die Ware beim Schuldner abholt, so hat der Schuldner die Ware auszusondern und **bei sich** zur Übergabe **bereit zu stellen**, vgl. § 446 BGB. Erfüllungsort ist beim **Schuldner**. Haben die Parteien hinsichtlich des Erfüllungsortes nichts vereinbart, so ist nach **gesetzlicher Wertung** ebenfalls von einer Holschuld auszugehen, § 269 BGB.

> **Beispiel:**
> Einkauf im Diskounter, im Möbelabholmarkt oder in der Buchhandlung.

- **Bringschuld**: Muss der Schuldner nach vertraglicher Abrede die Warte an den Sitz des Kunden anliefern, so ist der Erfüllungsort beim **Gläubiger**. Erforderlich ist also das konkrete **Anbieten der Leistung** bzw. deren Erbringung **beim Kunden vor Ort**, vgl. § 446 BGB.

> **Beispiel:**
> Handwerkerauftrag Instandsetzung Heizung des Kunden; Gartenbau und -pflege, haushaltsnahe Dienstleistungen.

- **Schickschuld**: Übernimmt der Unternehmer auch Wunsch des Kunden die Versendung der Ware mittels eines Kuriers, Spediteurs, Paketdienstes oder der Post, so liegt eine Schickschuld vor, bei der der Erfüllungsort am Wohnsitz des **Schuldners** liegt. Hier hat der Schuldner das seinerseits Erforderliche getan, sobald er die Ware richtig frankiert und adressiert der **Transportperson ausgehändigt** hat, § vgl. § 447 BGB.

> **Beispiele:**
> Versandhandel, Onlinehandel.

6.3.5 Rechtzeitige Leistung

Zwischen der Erfüllung am **richtigen Ort** und zur **richtigen Zeit** besteht eine Korrelation: Nur wenn die Leistung am richtigen Ort angeboten wird, kann dies auch **rechtzeitig** sein. Der Zeitpunkt des „Leistenmüssens" nennt man **Fälligkeit**. Ansprüche **entstehen** durch Vertragsschluss, **durchsetzbar** werden sie jedoch erst, wenn sie fällig sind.

- Die Fälligkeit kann **vertraglich vereinbart** werden (Lieferung 07.07.17, 7:30 Uhr). Für **Zahlungsfristen** gibt es eine Begrenzung auf 60 längstens Tage nach Rechnungserhalt, vgl. §271a Abs. 1,2,5 BGB.
- In einigen Fällen regelt die Fälligkeit eine **gesetzliche Sondervorschrift**.

Beispiele:
§556b Abs.1 BGB: Miete zu *Beginn*, spätestens am *dritten Werktag* eines Monats; §614 BGB: Dienstlohn am *Monatsletzten*; §§641, 640 BGB: Werklohn bei *Abnahme* des fertigen Werks; §1612 Abs.3 BGB: Unterhalt monatlich im Voraus am *Ersten*.

Gibt es eine Zeitbestimmung, so kann der Gläubiger die Leistung **nicht früher fordern**, der Schuldner darf aber **vorzeitig leisten** (Leistung ist „erfüllbar"), sofern dies nicht den Interessen des Gläubigers widerspricht, §271 Abs.2 BGB, so etwa bei der vereinbarten Rückzahlung eines Kredits im Monatsraten, bei der grundsätzlich keine frühere Tilgung erlaubt ist.

- Fehlt es an einem konkreten Leistungszeitpunkt, so ist eine Leistung im Zweifel **sofort** fällig, §271 Abs.1 BGB, z.B. muss der Verkäufer sofort liefern, der Käufer sofort zahlen.

6.4 Leistungsverweigerungsrechte

In manchen Situationen kann der Schuldner seine Leistung zurückhalten, bis er von seinem Gegenüber dessen Leistung erhalten hat.

Allgemeines Zurückbehaltungsrecht: Hat der Schuldner aus **demselben rechtlichen Verhältnis**, auf dem seine Verpflichtung beruht, einen **fälligen Anspruch** gegen den Gläubiger, so kann er seine Leistung solange verweigern, bis die ihm gebührende Leistung bewirkt wird, §273 BGB. Es bedarf also zweier gegenseitiger Ansprüche (**„Gegenseitigkeit"**), wobei der Gegenanspruch bereits **fällig** sein muss, aus einem „innerlich zusammengehörigen Lebensverhältnis" (**„Konnexität"**), wofür eine ständige Geschäftsbeziehung oder ein einheitlicher Lebenssachverhalt ausreichend sind. Dem darf jedoch **kein** gesetzlicher oder vertraglicher **Ausschluss** des Zurückbehaltungsrechts entgegenstehen.

Besonderes Zurückbehaltungsrecht: Wer aus einem gegenseitigen Vertrag verpflichtet ist, kann die ihm obliegende Leistung bis zur Bewirkung der Gegenleistung verweigern, sofern er nicht vorleisten muss, §320 BGB. Beispielsweise muss der Bauhandwerker erst sein Werk vollenden und abnehmen lassen, bevor er Werklohn verlangen kann, §§ 640, 641 BGB (Ausnahme: Abschlagszahlungen). Er hat insoweit kein Zurückbehaltungsrecht.

Kaufmännisches Zurückbehaltungsrecht: Nach § 369 HGB hat ein Kaufmann wegen der fälligen Forderungen, die ihm gegen einen anderen Kaufmann aus beiderseitigen Handelsgeschäften zustehen, ein Zurückbehaltungsrecht an den beweglichen Sachen und Wertpapieren des Schuldners, welche in seinen Besitz gelangt sind. Nach § 371 HGB kann er sich aus den zurückbehaltenen Sachen des Schuldners für seine Forderung sogar **befriedigen**.

6.5 Varianten und Folgen der Vertragserfüllung

Hat der Schuldner seine Leistung in der gehörigen Art und Weise erbracht, so **erlischt** seine Schuld, § 362 Abs. 1 BGB.

Davon zu unterscheiden sind die sog. „**Erfüllungssurrogate**" der Leistung „an Erfüllungs Statt oder der Leistung „erfüllungshalber":

Von einer Leistung „**an Erfüllungs Statt**" spricht man, wenn der Gläubiger an Stelle der geschuldeten Leistung eine **andere Leistung annimmt** wie das etwa bei Inzahlungnahme eines Fahrzeugs statt der Zahlung des geschuldeten Kaufpreises vorliegt.

Wird anstelle der Erfüllung der vertraglichen Schuld dem Gläubiger eine **andere Forderung „erfüllungshalber" angeboten**, so tritt diese neben die weiterbestehende ursprüngliche Forderung. Erst wenn die Befriedigung aus den anderen Forderung gelingt, erlischt die ursprüngliche Forderung.

> **Beispiele:**
> Hingabe eines Schecks, eines Wechsels oder Abtretung einer Kundenforderung an den Gläubiger.

Auch die **Aufrechnung** von Forderungen führt zu deren Erlöschen: Schulden sich **zwei Personen gegenseitig** Leistungen, die ihrem Gegenstand nach **gleichartig** sind, also i. d. R. Geld, so kann jeder von ihnen seine Forderung gegen die Forderung des anderen aufrechnen, sobald sein Anspruch gegen den anderen **fällig** und seine eigene Verpflichtung **erfüllbar** ist, § 387 BGB. Erforderlich ist eine empfangsbedürftige **Aufrechnungserklärung**, § 388 BGB. Soweit sich die Forderungen decken, gelten beide als erloschen.

Beispiel:
Rüdiger muss Günther 5.000 € aus einem Darlehensvertrag zwischen beiden zurückzahlen. Günther hingegen schuldet Rüdiger Kaufpreis aus einem Gebrauchtwagenkauf über 3.750 €. Sobald der Darlehensrückzahlungsanspruch des Günther fällig ist, kann er gegenüber Rüdiger die Aufrechnung erklären. In Höhe von 3.750 € tilgen sich die Forderungen gegenseitig, ohne dass Geld fließt. Übrig bleibt eine Darlehensschuld des Rüdiger über 1.250 €, die tatsächlich zu bezahlen ist.

6.6 Merksätze/Kontrollfragen

Merksätze

- Als **Verpflichtungsgeschäft** bezeichnet man einen schuldrechtlichen Vertrag.

- Die **vertragstypischen Verpflichtungen** eines BGB-Typenvertrages finden sich jeweils im ersten Paragrafen der gesetzlichen Regelung.

- Nach dem **Trennungsgrundsatz** sind Verpflichtungsgeschäft und Verfügungsgeschäfte eigenständige Rechtsgeschäfte und voneinander getrennt.

- Ein **Kaufvertrag** und seine **beiden Verfügungsgeschäfte** bestehen aus 6 Willenserklärungen und 2 Realakten.

- Der **Abstraktionsgrundsatz** beschreibt die rechtliche Unabhängigkeit von Verfügungs- und Verpflichtungsgeschäften.

- Bei Fehlen oder **Wegfall** des schuldrechtlichen **Grundes** sind wirksam durchgeführte Verfügungsgeschäfte nach den Grundsätzen über die Herausgabe einer **ungerechtfertigten Bereicherung** rückabzuwickeln.

- Die dem **Bestimmtheitsgrundsatz** unterliegenden **Hauptleistungspflichten** dienen dem vorrangigen Interesse der Vertragspartner und stehen regelmäßig im **Austauschverhältnis**.

- **Dauerschuldverhältnisse** sind Verträge, die sich über einen bestimmten oder unbestimmten Zeitraum erstrecken.

- Leistungspflichten können sich als **Stückschuld** auf ein Unikat oder als **Gattungsschuld** auf eine bestimmte Menge aus einer bestimmten Art beziehen.

- Durch **Konkretisierung** wird eine Gattungsschuld in eine Stückschuld überführt, indem der Schuldner das zur Bewirkung der Leistung **seinerseits Erforderliche tut**.

- **Geldschulden** sind **Nennbetragsschulden** und **Schickschulden**.

- **Zinsen** sind das Entgelt für die Überlassung von Kapital.

- **Nebenleistungspflichten** dienen der Vorbereitung und Durchführung von Hauptleistungspflichten.

- Die wichtigsten Nebenleistungspflichten resultieren aus dem Grundsatz von **Treu und Glauben** nach § 242 BGB und sind als **Rücksichtnahmepflichten** konkretisiert.
- Die Erbringung der Leistung kann durch den **Schuldner** selbst, bei nicht in Person zu erfüllenden Pflichten auch durch **Dritte** erfolgen, die sog. Erfüllungsgehilfen.
- Die Leistung muss an den **Gläubiger** erbracht werden, mit dessen Zustimmung kann auch ein **Dritter** Leistungsempfänger sein.
- Der Schuldner ist zu **Teilleistungen** im Zweifel nicht berechtigt.
- **Erfüllungsort** ist der Ort, an dem der Schuldner die **Leistungshandlung** vornehmen muss.
- Der **Erfüllungsort** hat vor allem Bedeutung für den „**Gefahrübergang**" nach §§ 446, 447 BGB.
- Der **Erfüllungsort** ist bei der **Hol-** und **Schickschuld** beim Schuldner, bei der **Bringschuld** beim Gläubiger, im Zweifel ist von einer Holschuld auszugehen, § 269 BGB.
- Der richtige **Leistungszeitpunkt** heißt **Fälligkeit** und folgt aus der Vereinbarung, aus besonderer gesetzlicher Vorschrift oder aus § 271 BGB, wonach im Zweifel **sofortige** Fälligkeit vorliegt.
- **Leistungsverweigerungsrechte** regeln, unter welchen Voraussetzungen der Schuldner seine Leistung bis zur Bewirkung einer Gegenleistung zurückhalten darf.
- Durch Leistungsbewirkung tritt **Erfüllung** ein.
- **Erfüllungssurrogate** sind die Leistung **an Erfüllungs Statt**, bei der eine andere als die geschuldete Sache angenommen wird, und die Leistung **erfüllungshalber**, bei der dem Gläubiger eine anderweitige Forderung zur vorrangigen Befriedigung überlassen wird.
- Die **Aufrechnung** bringt gegenseitige gleichartige Forderungen durch Erklärung zum Erlöschen.

Kontrollfragen

K 1 Wodurch entstehen Ansprüche, was sind Anspruchsgrundlagen und wo sind sie zu finden?

K 2 Wie sind Trennungsgrundsatz und Abstraktionsgrundsatz auseinanderzuhalten?

K 3 Welchem Rechtsgebiet des BGB ist das Verpflichtungsgeschäft und welchem das Verfügungsgeschäft zuzuordnen?

K 4 Welche Auswirkungen hat die Unwirksamkeit eines Vertrages auf die bereits durchgeführten Erfüllungsgeschäfte? Was ist zu tun?

K 5 Wie kann man Hauptleistungspflichten von Nebenleistungspflichten abgrenzen?

K 6   Ist der Verkauf eines bestimmten Neuwagens der Marke XY mit Sonderausstattung bei einem Vertragshändler des Autobauers für diesen eine Stückschuld oder eine Gattungsschuld?

K 7   Wie kann eine Gattungsschuld zu einer Stückschuld werden?

K 8   Wo muss man Geldschulden dem gesetzlichen Grundsatz nach bezahlen?

K 9   Woraus ergeben sich Rücksichtnahmepflichten, welchen Inhalt haben sie und welches sind die Rechtsfolgen bei Verletzung (Anspruchsgrundlage!)?

K 10   Wann muss ein Schuldner persönlich die Leistung erbringen, wann nicht? Paragraf?

K 11   Welche Konsequenzen ergeben sich daraus, dass der Schuldner einen „Erfüllungsgehilfen" in seine Vertragserfüllung einschaltet?

K 12   Auf welchen Ort stellt man bei der Erfüllung von Verpflichtungen ab und woraus leitet sich dies ab?

K 13   Wofür ist der Erfüllungsort von Bedeutung?

K 14   Welche drei für den Erfüllungsort maßgeblichen Arten der Erfüllung einer Schuld nach dem Ort der Leistungshandlung werden differenziert?

K 15   Wie nennt man den richtige Leistungszeitpunkt und wie kann er bestimmt werden? Wann muss man leisten, wenn nichts bestimmt ist?

K 16   Was versteht man unter einem Leistungsverweigerungsrecht, welche Besonderheit gibt es im kaufmännischen Rechtsverkehr?

K 17   Wann liegt eine Erfüllung an Erfüllungs Statt und wann eine Erfüllung erfüllungshalber vor? Machen Sie je ein Beispiel!

K 18   Nennen Sie die Voraussetzungen einer Aufrechnung. Was ist die Rechtsfolge der Aufrechnung?

Sachenrecht

7

Häufig ist Gegenstand vertraglicher Vereinbarungen die Verfügung des Schuldners über sachenrechtliche Positionen, die auf den Erwerber übergehen sollen. Dabei geht es in der Erfüllungsphase um die Übertragung von „Eigentum" und „Besitz" an beweglichen und unbeweglichen Sachen oder um die rechtsgeschäftliche Begründung dinglicher Nutzungs-, Verwertungs- oder Erwerbsrechte. Daneben gibt es in bestimmten Fällen einen gesetzlichen Eigentumsübergang. Bei all diesen Transaktionen sind einige sachenrechtliche Grundsätze zu beachten. Aber auch Forderungen werden in Verfügungsgeschäften übertragen, deren Grundzüge den sachenrechtlichen ähneln.

Lernziele

Haben Sie dieses Kapitel durchgearbeitet, sind Ihnen alle Fragen im Zusammenhang mit Eigentum und Besitz sowie der Übertragung von beweglichen Gütern und Grundstücken vertraut und Sie kennen dingliche Nutzungs-, Verwertungs- und Erwerbsrechte sowie die Grundzüge der Forderungsabtretung. Im Einzelnen können Sie

- die Grundlagen und Grenzen des **Privateigentums** benennen;
- verschiedene **Eigentumsarten** unterscheiden;
- den **Besitz** definieren;
- die Vorgänge bei **rechtsgeschäftlicher Eigentumsübertragung** an beweglichen Sachen erklären;
- die Vorgänge bei **Grundstücksübereignung** und die Bedeutung des **Grundbuchs** erklären;
- **gesetzliche Eigentumserwerbsvorgänge** differenzieren;
- die Mittel des **Eigentumsschutzes** erläutern;
- dingliche **Nutzungs-, Verwertungs- und Erwerbsrechte** unterscheiden;
- die wichtigsten **sachenrechtlichen Grundsätze** benennen;
- die Vorgänge der **Forderungsabtretung**, deren Wirkungen und Vorkommen im Geschäftsverkehr beschreiben.

7.1 Eigentum und Besitz

Etliche Typenverträge verpflichten den Schuldner zur Übertragung von Eigentum und/oder Besitz auf den Gläubiger.

> **Beispiele:**
> Beim *Kauf* hat der Verkäufer Besitz und Eigentum an der gekauften Sache zu übertragen, § 433 Abs. 1 BGB; wo im *Werkvertrag* die Herstellung einer Sache geschuldet ist, wird diese in das Eigentum des Bestellers gelangen, § 631 Abs. 2 BGB; auch im *Sachdarlehensvertrag* erhält der Sachdarlehensnehmer Eigentum an der übertragenen Sache, § 607 Abs. 1 BGB, ebenso wie beim *Gelddarlehen*, bei dem der Darlehensnehmer einen Geldbetrag zur Verfügung erhält; bei *Miete*, *Leihe* und *Pacht* werden Gegenstände in den Besitz des Vertragspartners zu dessen Gebrauch übertragen.

7.1.1 Das Eigentum

Das **Privateigentum** hat wegen der **Eigentumsgarantie in Art. 14 Abs. 1 GG** Verfassungsrang. Es ist das umfassende **Vollrecht** an einer Sache. Nur der Eigentümer kann mit der Sache **nach Belieben verfahren** und **andere** von jeder Einwirkung **ausschließen**, soweit nicht das Gesetz oder Rechte Dritter diese Freiheit einschränken, § 903 BGB: Der Eigentümer kann die Sache selbst nutzen, anderen die Nutzung erlauben oder verbieten, er kann sie verbrauchen, umgestalten, veräußern oder zerstören. Dabei gibt es Eigentum nur an **Sachen** i. S. des § 90 BGB, also körperlichen Gegenständen. *„Das Unternehmen"* als Sachgesamtheit ist keine Sache. Bei *Rechten*, z. B. einer Forderung, spricht man von Rechtsinhaberschaft („Forderungsinhaber"), die Eigentumsrechte sind nicht anwendbar.

Privateigentum unterliegt nach Art. 14 Abs. 2 GG der **Sozialbindung**, denn *„Eigentum verpflichtet"* und *„sein Gebrauch soll zugleich dem Wohle der Allgemeinheit dienen"*: So zeigt sich die soziale Bindung v. a. im Wohnungsmietrecht nach §§ 535 BGB, welches dem Vermieter im Vergleich zu Mieter eingeschränkte Rechte zubilligt (z. B. Kündigungsmöglichkeiten 573 ff. BGB), aber auch im Nachbarrecht, im öffentlichen Baurecht oder im Natur- und Denkmalschutzrecht. Wo es das Allgemeinwohl erfordert, kann sogar eine **Enteignung** des Privateigentums erfolgen, Art. 14 Abs. 3 GG.

Übung:

Suchen Sie in Internet die „*Reinigungs-, Räum- und Streusatzung*" o.ä. ihrer Gemeinde, prüfen Sie, um *welche* zu reinigenden *Flächen* es geht und *wer* durch die Satzung verpflichtet wird. Überlegen Sie, inwieweit dies mit der Sozialbindung des Eigentums etwas zu tun hat.

Beim Eigentum unterscheidet man zwischen dem **Alleineigentum**, bei dem eine Sache nur einem Berechtigten gehört, und dem **Miteigentum**, das mehrere Berechtigte an der gleichen Sache hat. Beim Miteigentum kann die Berechtigung eines Miteigentümers jeweils nur in einem Bruchteil an der gemeinsamen beweglichen oder unbeweglichen Sache bestehen (sog. **Bruchteilseigentum**, z. B. A 1/3, B 1/3, C 1/3) oder es kann zwar jedem Miteigentümer die Sache ganz gehören, aber eben nur mit den anderen zusammen (sog. **Gesamthandseigentum**).

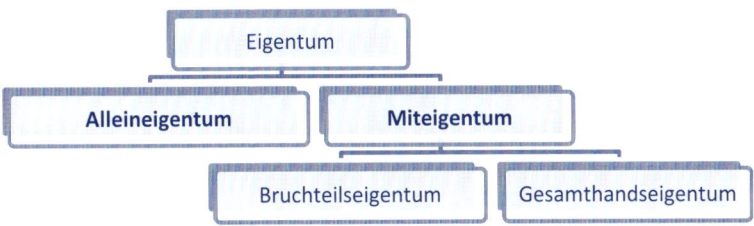

Abb. 24: Eigentumsarten

Beim **Bruchteilseigentum** bilden die Eigentümer eine **Gemeinschaft**, § 741 ff. BGB: Jeder der Miteigentümer ist nach Absprache zum **Mitgebrauch** der Sache berechtigt und muss sich an den **Kosten** der Erhaltung nach seinem Anteil beteiligen, §§ 743 Abs. 2, 748 BGB. Der Miteigentumsanteil ist frei veräußerlich und vererblich, § 747 Satz 1 BGB. Über die Aufhebung der Miteigentümergemeinschaft und die Verteilung oder Veräußerung der ganzen Sache können nur alle gemeinschaftlich entscheiden, §§ 747 Satz 2, 749, 752 ff. BGB.

Beispiel:
Rolf und Wolf sind Eigentümer eines Oldtimers je zur Hälfte. Jeder darf damit fahren, muss sich aber hälftig an den Instandhaltungskosten beteiligen. Wenn Rolf die Lust verliert, kann er seinen halben Anteil am Fahrzeug an Dolf verkaufen, dieser kann seinen Anteil an Ulf vererben.

Einen Spezialfall der Verbindung von Alleineigentum an einer Wohnung und Bruchteilseigentum am Grundstück bildet das sog. „**Wohnungseigentum**", dessen Rechtsverhältnisse im WEG geregelt sind.

Übung:

Lesen Sie bitte § 1 WEG mit allen Absätzen, machen Sie eine Aufstellung aller dort genannten Eigentumsarten mit ihren spezifischen Bezeichnungen und ordnen Sie die Bereich einem bebauten Hausgrundstück mit mehreren Wohnungen räumlich zu.

Die Fälle des **Gesamthandseigentums** sind gesetzlich begrenzt: Nur die Vermögen der **Gesellschaft bürgerlichen Rechts** (GbR, § 719 Abs. 1 BGB), der **Personengesellschaften** OHG und KG (vgl. §§ 105 Abs. 3 und 161 Abs. 2 HGB!), der vereinbarten **Gütergemeinschaft** in der Ehe (§ 1416 Abs. 1 BGB) und der **Erbengemeinschaft** (§ 2033 BGB) sind **gesamthänderisch** gebunden. Es gibt keine Aufteilung eines Gegenstandes in Eigentumsbruchteile, vielmehr erstreckt sich die Berechtigung jedes Mitgesellschafters auf die ganze Sache. Daher kann auch kein Gesellschafter (Ehegatte, Miterbe) über einen Anteil an einem Gegenstand alleine verfügen.

Beispiel:
Wenn Wolf und Rolf gemeinsam als Gesellschafter einer GbR einen Gartenbaubetrieb führen, so gehört der sich im Betriebsvermögen befindliche Bagger jeden von beiden mit dem anderen zusammen ganz. Wolf kann daher keinen Anteil am Bagger alleine verkaufen. Er kann allenfalls den Bagger mit Rolf gemeinsam verkaufen oder die GbR kündigen und Auseinandersetzung verlangen, dann kommt es zur Veräußerung oder Versteigerung des Baggers, §§ 723, 730 ff. BGB.

7.1.2   Der Besitz

Besitz ist im Gegensatz zum Eigentum nur die **tatsächliche, faktische Herrschaft** über eine Sache, § 854 BGB. **Unmittelbaren Besitz** hat demnach nicht nur der Eigentümer, sondern auch der Pächter, Mieter, Entleiher oder sogar der Dieb.

In den Fällen des unmittelbaren Besitzes als Pächter, Mieter, Entleiher oder aufgrund eines ähnlichen Nutzungsverhältnisses auf Zeit ist auch derjenige, der die Nutzung gewährt, also der Verpächter, Vermieter oder Verleiher ein „**mittelbarer Besitzer**". Ihm wird der Besitz über das zwischen beiden bestehende Vertragsverhältnis Pacht, Miete oder Leihe vermittelt (sog. „**Besitzmittlungsverhältnis**"), vgl.

§ 868 BGB. Auch für die Übertragung des Eigentums spielen die Besitzverhältnisse eine Rolle.

7.1.3 Der Eigentumserwerb

Bei der **rechtsgeschäftlichen** Übertragung des Eigentums auf andere im Wege der Verfügung ist grundlegend zwischen **beweglichen Sachen** und **Grundstücken** nebst Gebäuden als deren wesentliche Bestandteile zu unterscheiden.

7.1.3.1 Rechtsgeschäftlicher Erwerb bewegliche Sachen

Die Übertragung des Eigentums an einer **beweglichen Sache** ist ein zweigliedriger Tatbestand: Nach § 929 Satz 1 BGB müssen sich Eigentümer und Erwerber darüber **einig** sein, dass das Eigentum übergehen soll („**Einigung**" über Eigentumswechsel), darüber hinaus muss der **Besitz** auf den Erwerber übertragen werden („Übergabe" der Sache).

Die **Einigung** besteht – wie diejenige des zugrundliegenden schuldrechtlichen Geschäfts – aus **zwei korrespondierenden WE**, die jedoch einen anderen Inhalt als im Verpflichtungsgeschäft haben: Hier geht es nicht um Kauf oder Verkauf, nicht um eine Ware und ihren Preis, sondern hier muss der Eigentümer des konkreten Kaufgegenstandes **wollen, dass er sein Eigentum verliert**. Der Erwerber hingegen muss **wollen, dass er das Eigentum am Gegenstand erhält** („dingliche Einigung").

Die **Besitzübergabe** hingegen ist ein rein tatsächlicher Vorgang der räumlichen Verlagerung des Gegenstandes vom Eigentümer weg hin zum Erwerber, § 854 Abs. 1 BGB.

Exkurs:

Sollte beim Kaufgeschäft eine Ware mit Bargeld bezahlt werden müssen, so findet der Vorgang der Übereignung *zweimal* statt: Einmal „Einigung und Übergabe" der Ware und ein weiteres Mal „Einigung und Übergabe" des Bargelds.

Das Gesetz sieht in drei Fällen von einer Übergabe des unmittelbaren Besitzes ab und zwar:

- **Übergabewegfall**: Ist der **Eigentumserwerber bereits im Besitz** der Sache, etwa weil er sie zuvor bereits ausgeliehen hatte, macht eine Übergabe keinen Sinn, weil er den unmittelbaren Besitz ja schon hat. In diesem Fall genügt zur Übereignung die „**Einigung**" über den Eigentumsübergang, § 929 Satz 2 BGB.

- **Abschluss eines Besitzmittlungsverhältnisses:** Will der **bisherige Eigentümer** die Sache **weiterhin** als unmittelbarer **Besitzer** nutzen, z. B. als Mieter oder Entleiher, so wird die Besitzübergabe an den Erwerber durch den Abschluss eines entsprechenden Miet- oder Leihvertrages („Besitzmittlungsverhältnis") ersetzt, kraft dessen der Alteigentümer nun mehr die Sache weiterhin nutzen darf und dem Neueigentümer durch das Besitzmittlungsverhältnis den mittelbaren Besitz „vermittelt", § 930 BGB. Die Übereignung bedarf hier also der **„Einigung"** über den Eigentumswechsel und der **Begründung eines Rechtsverhältnisses**, das dem Erwerber den mittelbaren Besitz verschafft.

> **Beispiel:**
> Will Unternehmer Schafferle der Gier-Bank AG zur Absicherung eines Kredits seine Produktionsmaschine „Tiger" sicherungsübereignen, so muss er sich über den Eigentumswechsel einigen und eigentlich der Bank den Besitz an der Maschine übergeben, § 929 BGB. Da er aber die Maschine zur Weiterproduktion benötigt und sie sich von der Bank wieder ausleihen muss, schließt er einen Leihvertrag und bekommt in dessen Erfüllung die Maschine von der Bank wieder zurück. Allerdings kann man sich den Hin- und Rücktransport der Maschine sparen, also bleibt sie bei Schafferle. Die Übereignung erfordert daher nur die „dingliche Einigung" plus „Leihvertragsabschuss" durch weitere „schuldrechtliche Einigung", § 930 BGB, sog. **„Sicherungsübereignung"**.

- **Abtretung Herausgabeanspruch:** Hat die zu übereignende Sache ein Dritter – z. B. aufgrund eines Leih- oder Mietvertrages – im Besitz, so erfolgt die Übereignung durch „Einigung" und „Abtretung" des schuldrechtlichen Herausgabeanspruchs gegen den Dritten an den Erwerber, § 931 BGB. Aus dem Besitzmittlungsverhältnis mit dem Dritten besteht nämlich ein Rückgabeanspruch, z. B. § 546 BGB Rückgabepflicht des Mieters, § 604 Rückgabepflicht des Entleihers, den sich der Eigentumserwerber – statt der Übergabe – abtreten lässt, § 398 BGB.

7.1.3.2 Rechtsgeschäftlicher Grundstückserwerb

Wegen der Bedeutung von Grundstücken für die menschliche Existenz unterliegen nicht nur Grundstückskaufverträge besonderen Formvorschriften (notarielle Beurkundung, § 311b BGB), sondern auch bei der **Eigentumsübertragung** sind besondere Voraussetzungen zu erfüllen.

Die Eigentumsübertragung von Immobilien folgt der Regel des § 873 Abs. 1 BGB: Danach ist neben einer dinglichen **„Einigung"** über den Eigentumswechsel noch die **„Eintragung"** des neuen Eigentümers im Grundbuch erforderlich. Diese Regel gilt auch für alle anderen Rechtsänderungen an Grundstücken.

Exkurs:

Nicht nur die Übereignung eines Grundstücks, sondern auch die Belastung eines Grundstücks mit einer Hypothek oder Grundschuld, die Übertragung einer Hypothek auf einen anderen Sicherungsnehmer, die Belastung eines solchen Grundstücksrechts, etwa ein Pfandrecht an einer Hypothek, wie auch die Inhaltsänderung eines Grundstücksrechts, etwa einer Grunddienstbarkeit, bedürfen der Einigung und Eintragung nach § 873 BGB, vgl. § 877 BGB. Lediglich für die Aufhebung eines Grundstücksrechts genügt neben der Grundbucheintragung eine einseitige Aufhebungserklärung, §§ 875, 876 BGB.

Auf die **Einigung** über den Eigentumswechsel an einem Grundstück nach § 873 Abs. 1 BGB sind die allgemeinen Vorschriften über WE anwendbar. Man nennt diese Einigung auch „**Auflassung**", sie bedarf einer besonderen **Form**: Nach § 925 Abs. 1 BGB muss die Auflassung bei **gleichzeitiger Anwesenheit** von Veräußerer und Erwerber (Vertretung möglich) vor einer **zuständigen Stelle**, einem **Notar**, erklärt werden, der die Auflassungserklärung beider **notariell zu beurkunden** hat.

Die Auflassung ist nur wirksam, wenn sie **keine Bedingungen** oder Befristungen enthält, § 925 Abs. 2 BGB („bedingungsfeindlich"). Der Verkauf und die Übereignung eines Grundstücks „unter Eigentumsvorbehalt" bis zur vollständigen Kaufpreiszahlung sind also nicht möglich. Das Verfügungsgeschäft „Auflassung" soll vom Notar nur entgegengenommen werden, wenn die Parteien die nach § 311b BGB notariell beurkundete schuldrechtliche Vertragsurkunde des Grundgeschäfts („Kaufvertrag") vorlegen oder diese zeitgleich errichten, § 925a BGB.

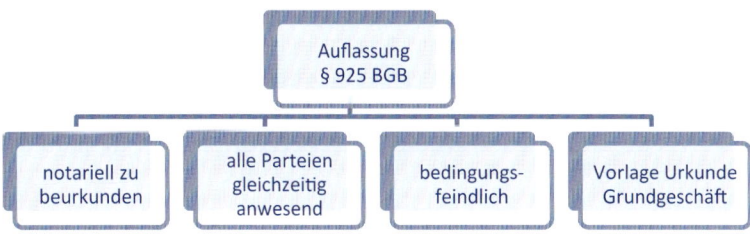

Abb. 25: Voraussetzungen Auflassung

Das in Deutschland heute gängige (elektronische) **Grundbuch** nennt man **Realfolium**, weil an der Spitze des Grundbuchblatts ein *bestimmtes Grundstück* steht (und nicht eine bestimmte Person: Personalfolium). Das Grundbuch besteht für jedes Grundstück aus einem **Bestandsverzeichnis**, in welchem v. a. die **Lage** und die **Bezeichnung** des Grundstücks („Flur 002, NO 2345, Flurstück 1878, Gebäude und Freifläche") eingetragen sind. Sodann folgen in **Abteilung I** chronologisch die Namen aller **Eigentümer** und die **Grundlage der Eintragungen** („Karl Napp, aufgelassen am 12.12.2016 UR Nr. 803/2016 des Notars Tom Lang in…, eingetragen am 13.03.2017"), in **Abteilung II** die **Lasten** und **Beschränkungen** wie z. B. Nießbrauch, Dienstbarkeiten oder Vormerkungen, allerdings ohne die **Grundpfandrechte** (Hypotheken, Grundschulden und Rentenschulden), die in **Abteilung III** eingetragen werden. Die Grundbücher werden von den **Grundbuchämtern** geführt, die Teil der Amtsgerichte sind, § 1 GBO.

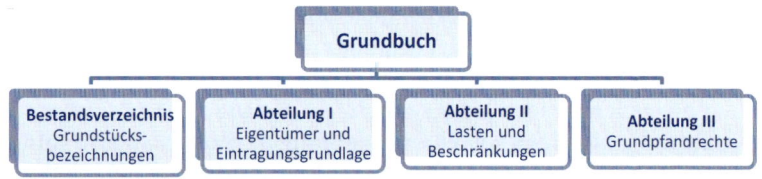

Abb. 26: Aufteilung des Grundbuchs

Für Grundbucheintragungen gelten folgende drei **Eintragungsgrundsätze**:

- **Antragsgrundsatz**: Das Grundbuchamt wird nur **auf Antrag** tätig und bearbeitet die Anträge nach der **Reihenfolge** ihres Eingangs, § 13 GBO.
- **Bewilligungsgrundsatz**: Als Ersatz für den Nachweis einer materiellen Einigung reicht i. d. R. die **Bewilligung des von einer Eintragung nachteilig Betroffenen** (sog. „formelles Konsensprinzip"); *Ausnahme*: Vor der Eintragung eines neuen Eigentümers infolge Übereignung ist zwingend die **Auflassungsurkunde** vorzulegen, § 20 GBO.
- **Voreintragungsgrundsatz**: Das Grundbuchamt prüft nicht die materielle Berechtigung des Verfügenden, sondern stellt darauf ab, ob der Verfügende als **„letzter" Berechtigter im Grundbuch voreingetragen** ist.

Vom Grundbuch geht „öffentlicher **Glaube**" aus: Zugunsten dessen, der ein Grundstücksrecht durch Rechtsgeschäft erwirbt, gilt der **Inhalt** des Grundbuchs im Hinblick auf eingetragene oder eben nicht eingetragene Rechte oder Personen **als richtig**, sofern dort *kein*

Widerspruch eingetragen ist oder der Erwerber die Unrichtigkeit des Grundbuchs kennt, §§ 891 ff. BGB (sog. „**materielle Publizität**"). Dem korrespondiert eine „**formelle Publizität**", nach welcher derjenige, der ein *berechtigtes Interesse* nachweisen kann, ins Grundbuch und seine Akten **Einsicht nehmen** kann, § 12 GBO.

7.1.3.3 Gutgläubiger rechtgeschäftlicher Eigentumserwerb

Schon die Römer wussten „*Nemo plus juris transferre potest quam ipse habet*" („niemand kann mehr Recht übertragen als er selber hat"): Wer also kein Eigentum an einer Sache hat, kann auch kein Eigentum auf einen anderen übertragen. Ausnahmsweise übergeht das BGB jedoch diesen Grundsatz zum Schutz **gutgläubiger Erwerber**, die eher geschützt werden als die wahren Eigentümer!

Durch eine **nach § 929 BGB erfolgte Veräußerung** wird der Erwerber einer **beweglichen Sache** auch dann Eigentümer einer Sache, wenn die Sache **nicht dem Veräußerer gehört**, es sei denn dass er **nicht in gutem Glauben** ist, vgl. § 932 Abs. 1 BGB. Geht also ein Erwerber davon aus, dass der Veräußerer auch tatsächlich der Eigentümer ist, **ohne zu wissen oder wissen zu müssen**, dass dieser in Wahrheit „**Nichtberechtigter**" ist, kann er vom Nichteigentümer echtes Eigentum erlangen, § 932 Abs. 2 BGB. Wichtig ist dabei die Übereignung nach § 929 BGB, die ja auch eine **Besitzübergabe** erfordert, weil der Erwerber aus der Tatsache, dass der Veräußerer den **Besitz** übergeben kann, nach § 1006 BGB auch **auf das Eigentum schließen** darf und somit nicht „bösgläubig" ist.

> **Beispiel:**
> Mountainbiker Rudi hat auf der Gipfelhütte zu tief ins Glas geschaut und muss mit der Gondelbahn ins Tal zurück. Er gibt sein Rad in die Obhut von Hüttenwirt Andy, mit dem Versprechen es am nächsten Tag abzuholen. Andy verkauft aber Rudis Bike noch am selben Abend an den Gast Martin für 100,– € und übereignet es ihm sogleich. Mangels Eigentum des Andy am Rad des Rudi konnte er eigentlich kein Eigentum auf Martin übertragen. Da die Übereignung aber nach § 929 BGB durch Einigung und Besitzübergabe stattgefunden hat und Martin keinen Anlass zum Zweifel daran hatte, dass es sich um Andys Bike handelte, hat Martin wegen Gutgläubigkeit echtes Eigentum vom Nichtberechtigten Andy erhalten, § 932 BGB. Rudi hat sein Eigentum verloren.

Vom Grundsatz des gutgläubigen Erwerbs gibt es **Ausnahmen**, wenn dem wahren Eigentümer die Sache **gestohlen** worden, **verloren** gegangen oder sonst **abhandengekommen** war, § 935 BGB. Diese Ausnahmen stellen darauf ab, dass der Eigentümer den Besitz an der Sache **ohne** oder **gegen den Willen** verloren hat.

Beispiel:
Hätte Rudi das Rad – ohne Übergabe zur Verwahrung an Andy – an die Almhütte gelehnt, wäre es durch Wegnahme des Andy zumindest abhandengekommen, wenn nicht gestohlen worden, ein gutgläubiger Erwerb des Martin wäre ausgeschlossen gewesen: Eine einmal verlorene oder gar gestohlene Sache kann also von niemandem später gutgläubig erworben werden, weder vom Finder noch vom Dieb selbst („bösgläubig") noch von einem Abnehmer der beiden.

Davon gibt es jedoch zwei **Ausnahmen**: Wurde **Geld** gestohlen, kann dieses Geld vom Dieb gutgläubig zu Eigentum erworben werden. Gleiches gilt für **Inhaberpapiere**. Und gleiches gilt für einen Erwerb von gestohlenen oder verlorenen Gegenständen durch eine öffentliche Versteigerung – auch im Internet, §§ 935 Abs. 2, 979 Abs. 1a BGB.

Sogar **Grundstückseigentum** kann über die **Vermutung der Richtigkeit des Grundbuchs** nach § 891 BGB und die **gesetzliche Fiktion** zugunsten eines **rechtsgeschäftlichen Erwerbers**, dass die **Eintragung** auch tatsächlich **mit der wahren Rechtslage** übereinstimmt, § 892 Abs. 1 BGB, gutgläubig erworben werden, wenn der Veräußerer als Eigentümer im Grundbuch *voreingetragen* und *kein Widerspruch* dagegen nach § 899 BGB eingetragen ist.

7.1.3.4 Gesetzlicher Eigentumsübergang

Neben dem rechtsgeschäftlichen Erwerb nach §§ 929, 873 BGB kann Eigentum aber auch durch gesetzliche Anordnung erworben werden. Die in der Unternehmenspraxis wichtigsten Fälle sind die der **Verbindung**, **Vermischung** und **Verarbeitung** von Sachen, eher selten kommen **Aneignung**, **Fund** oder **Ersitzung** vor. Einen Spezialfall bildet der Erwerb durch **Erbgang** bei Erbfolge.

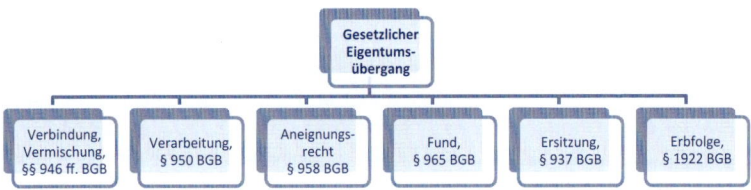

Abb. 27: Arten gesetzlicher Eigentumsübergang

- **Verbindung**: Werden **bewegliche Sachen** so mit einem **Grundstück** verbunden, dass sie nach den Regeln der §§ 93, 94 Abs. 1 und Abs. 2 BGB deren wesentliche Bestandteile werden, so gehen sie ins Eigentum des **Grundstückseigentümers** über.

> **Beispiele:**
> Die auf der Gebäudeinnenseite angeklebte Tapete des *Malers M* wird nach § 93 BGB wesentlicher Bestandteil des Gebäudes, der von *Heizungsbauer H* eingebaute Heizkessen wird zur Herstellung des Gebäudes nach § 94 Abs. 2 BGB in dieses eingefügt, das vom *Bauunternehmer B* errichtete Gebäude wiederum ist nach § 94 Abs. 1 BGB wesentlicher Bestandteil des Grundstücks, also gehören Tapete, Heizkessel und Gebäude nach Einbau – kraft Gesetzes – dem *Grundstückseigner G*.

Werden **bewegliche Sache miteinander** verbunden, sodass sie wesentliche Bestandteile einer „einheitlichen Sache" werden, so werden die bisherigen Eigentümer der Bestandteile nun anteilige **Miteigentümer** dieser Sache, § 947 Abs. 1 BGB. Ist allerdings eine der Sachen als „Hauptsache" anzusehen, erwirbt deren Eigentümer das **Alleineigentum**, § 947 Abs. 2 BGB.

> **Beispiel:**
> Liefert *Knopffabrikant K* Knöpfe für Sakkos der *Textilwerke T GmbH* und werden diese dann angenäht, so werden sie wesentliche Bestandteile der Sakkos, die wohl als Hauptsache anzusehen sind, sodass die *T GmbH* auch das Alleineigentum an den Knöpfen erhält.

- **Vermischung:** Das gleiche Prinzip gilt bei der untrennbaren Vermischung beweglicher Sachen miteinander. Deren bisherige Eigentümer werden nun Miteigentümer im Verhältnis ihrer Beiträge, sofern nicht wieder einer als Eigentümer einer Hauptsache anzusehen ist, § 948 BGB.

> **Beispiel:**
> Winzer schütten ihre Traubenernte in der Winzergenossenschaft zusammen, sodass sie anteilige Eigentümer der Traubenmenge bzw. des gekelterten Weins werden.

- **Verarbeitung oder Umbildung von Sachen:**
  Wird durch **Verarbeitung** oder Umbildung **eines oder mehrerer Stoffe einer Sache eine neue bewegliche Sache** hergestellt, erwirbt der Verarbeiter an der neuen Sache das Eigentum, sofern der **Wert der Verarbeitung nicht geringwertiger** ist als der Stoff selbst, § 950 Abs. 1 BGB. Dies ist vor allem dann relevant, wenn der Stoff vor der Verarbeitung jemand anderem gehörte, also fremd war oder noch unter Eigentumsvorbehalt stand. Als Verarbeitung in diesem Sinne gilt auch die Bearbeitung der Oberfläche wie z. B. Bedrucken,

Bemalen oder Gravieren. Bloße Reparaturen einer Sache oder natürliches Wachstum von Pflanzen durch Gießen lässt keine *neue* Sache entstehen.

> **Beispiele:**
> Verarbeitung von fremdem Textilstoff zu einem Kleidungsstück, Herstellung eines Stuhls aus unter Eigentumsvorbehalt stehendem Rohholz, Stanzen und Biegen von noch nicht übereignetem Stahlblech zu einem Abgastopf, Anfertigen eines Ölgemäldes auf fremder Leinwand.

Immerhin stellen Mitarbeiter in Handwerksbetrieben und Industrieunternehmen täglich solche „neuen Sachen" i.S. des § 950 BGB her; damit sie nicht selbst Eigentümer dieser produzierten Waren werden, geht man davon aus, dass **Mitarbeiter im Dienst ihres Arbeitgebers** die Verarbeitung „**für diesen**" vornehmen, sodass jeweils die **Betriebsinhaber Eigentümer** der mit fremdem Material produzierten Waren werden.

Wer durch Verbindung, Vermischung oder Verarbeitung einen Rechtsverlust erleidet, kann von demjenigen, zu dessen Gunsten die Rechtsänderung eintritt, **Wertersatz** verlangen, § 951 BGB.

• **Aneignungsrecht**: Herrenlose bewegliche Sachen können durch Inbesitznahme angeeignet werden, § 958 ff. BGB. Gibt es einen Aneignungsberechtigten, kann nur dieser Eigentümer werden, alle anderen begingen Diebstahl oder Wilderei.

> **Beispiel:**
> Wird Sperrmüll zur Abholung bereit gestellt, ist das Eigentum daran aufgegeben. Jeder kann sich den Sperrmüll aneignen, §§ 958, 959 BGB. Jagdbare Tiere hingegen unterliegen dem Aneignungsrecht des Jagdberechtigten, nur er kann sie sich aneignen, § 958 Abs. 2 BGB.

• **Fund**: Wer eine verlorene Sache **entdeckt** und **an sich bringt**, muss die Sache **verwahren** und den Verlierer, den Eigentümer oder – sofern das Fundstück mehr als 10 € wert ist – die zuständige Behörde unverzüglich **informieren**, §§ 965 Abs. 1, 2, 966 BGB. Wird der Finder innerhalb von **sechs Monaten** nicht ermittelt, erwirbt der Finder das Eigentum, andernfalls hat er Anspruch auf **Finderlohn**, §§ 971, 973 BGB.

• **Ersitzung**: Wer eine bewegliche Sache **zehn Jahre** lang ununterbrochen **in Besitz** hatte und sich **gutgläubig** für den **Eigentümer halten** durfte, wird nach Ablauf der zehn Jahre tatsächlich Eigentümer, § 937 ff. BGB, so etwa der Erbe des Entleihers eines Buches, der glaubt, der Erblasser sei Eigentümer gewesen.

- **Erbrecht**: Soweit der Erblasser seinen „letzten Willen" nicht durch Testament oder Erbvertrag verfügt hat („gewillkürte Erbfolge", §§2231, 2274 BGB), tritt **gesetzliche Erbfolge** ein, wodurch mit dem Tode des Erblassers dessen **Vermögen**, also auch das Eigentum an allen Sachen des Erblasser, **als Ganzes auf den Erben übergeht**, §1922 BGB. Gesetzliche Erben sind – je nach Erbordnung – zunächst der überlebende **Ehegatte** und **Kinder**, §§1924, 1931 BGB, sonst die Eltern bzw. Geschwister, dann die Großeltern und so weiter.

7.1.3.5 Schutz des Eigentums

Die Eigentumsgarantie beinhaltet nach §903 BGB auch, andere von jeder Einwirkung **auszuschließen**. Kommt es zur **Wegnahme der Sache** durch Dritte, so steht dem Eigentümer ein **Herausgabeanspruch** gegen denjenigen, der seine Sache im **Besitz** hat, zu, sofern der Dritte kein Besitzrecht etwa aufgrund eines Besitzmittlungsverhältnisses hat, §§985, 986 BGB.

Aber auch bloße **Eigentumsstörungen**, die keinen Entzug darstellen, können abgewehrt werden: Wird das Eigentum in anderer Weise als durch Entziehung oder Vorenthaltung des Besitzes rechtswidrig beeinträchtigt, kann der Eigentümer zunächst **Beseitigung der noch andauernden Störung** verlangen, §1004 Abs. 1 Satz 1 BGB.

> **Beispiel:**
> Der Nachbar benutzt das angrenzende Grundstück als Lagerplatz für Holz; Fremde campieren unbefugt auf einer Wiese.

Ist zu befürchten, dass sich die Beeinträchtigungen in Zukunft wiederholen („**Wiederholungsgefahr**"), kann der Eigentümer auf **Unterlassung** klagen, §1004 Abs. 1 Satz 2 BGB.

> **Beispiele:**
> Dazu gehören auch Störungen der räumlich-gegenständlichen Sphäre eines Hausgrundstücks, etwa durch **Betreten fremder Grundstücke** oder **Einwurf von unerwünschter Werbung** trotz eines Aufklebers „Bitte keine Werbung" am Briefkasten. Ein Unterlassungsanspruch besteht auch gegen unerlaubte, nicht angeforderte **gewerbliche Telefonanrufe bei privaten Telefonanschlüssen**.

Spezifische Regelungen zum Eigentumsschutz enthält das **Nachbarrecht** in §§906 ff. BGB.

7.2 Dingliche Rechte

Der Eigentümer kann nach § 903 BGB mit seiner Sache nach Belieben verfahren, dies umfasst vor allem das Recht der **Eigennutzung** und der **Verwertung durch Veräußerung**. Immerhin kann er auch **andere** an der Nutzung, Verwertung oder an einer Erwerbschance teilhaben lassen, indem er diesen ein **Nutzungs-**, **Verwertungs-** oder **Erwerbsrecht** einräumt. Dies kann er durch **schuldrechtliche Verträge** wie etwa durch den Mietvertrag tun. Er kann die Rechte aber auch unmittelbar aus seiner Eigentumsstellung „**abspalten**" und den Berechtigten eine **dingliche Rechtsstellung** einräumen. Die „beschränkt dinglichen Rechte" sind gesetzlich abschließend geregelt und in Nutzungsrechte (**Nießbrauch, Grunddienstbarkeit, persönliche Dienstbarkeit, Erbbaurecht**), Verwertungsrechte (**Pfandrechte an beweglichen Sachen, Grundpfandrechte Hypothek, Grundschuld, Rentenschuld**) und Erwerbsrechte (**dingliches Vorkaufsrecht, Vormerkung**) gegliedert.

7.2.1 Beschränkt dingliche Nutzungsrechte

Beschränkt dingliche Nutzungsrechte geben dem jeweiligen Berechtigten das Recht, fremde bewegliche Sachen oder Grundstücke zum Eigengebrauch auf sachenrechtlich gesicherter Grundlage zu **nutzen**. Sie unterscheiden sich vor allem in der **Person** des Berechtigten und in ihrem **Umfang**.

- **Nießbrauch**: Das umfassendste dingliche Recht ist der Nießbrauch, § 1030 Abs. 1 BGB. Der Berechtigte eines Nießbrauchs ist berechtigt, **alle „Nutzungen"** einer Sache zu ziehen, also z. B. ein Grundstück zu besitzen, zu gebrauchen, § 1036 BGB, zu vermieten, vgl. § 156 BGB, und „Früchte" daraus ziehen, vgl. §§ 954, 99, 100 BGB. Das Recht bezieht sich auf eine **konkrete Person**, ist nicht übertragbar und erlischt mit deren Tod, §§ 1059, 1061 BGB. Ein Nießbrauch kann an **Grundstücken**, an beweglichen **Sachen** und sogar an **Rechten** bestellt werden, §§ 1030, 1032, 1068 BGB. Die **Bestellung** erfolgt bei Grundstücken nach § 873 Abs. 1 BGB durch **Einigung** und **Eintragung** ins Grundbuch, bei Sachen nach § 1032 BGB durch **Einigung** und Übergabe des Nießbrauchgegenstandes.
- **Grunddienstbarkeit**: Sie berechtigt den Berechtigten zur Nutzung des fremden Grundstücks nur „**in einzelnen Beziehungen**" und nicht vollumfassend, § 1018 BGB.

Beispiele:
Wegerecht, Reit-, Geh- oder Fahrrecht, Führung einer Abwasserleitung, Nutzung eines Erdtanks auf fremdem Grundstück.

Die Grunddienstbarkeit kann nur an einem „**dienenden**" Grundstück und nur zugunsten des „**jeweiligen Eigentümers eines anderen Grundstücks**" errichtet werden, sie bezieht sich daher nicht auf einen konkrete Person, sondern auf einen derzeitigen Grundeigentümer; somit ist sie auch übertragbar auf den nächsten **Eigentümer des „herrschenden" Grundstücks**. Neben der **Nutzungsdienstbarkeit** zu einem bestimmten Zweck, § 1018 1. Alt. BGB, gibt es auch **Unterlassungsdienstbarkeiten**, wonach der Eigentümer des dienenden Grundstücks bestimmte Handlungen *nicht* vornehmen darf, z. B. Verzicht auf Einbau von Fenstern, § 1018 2. Alt. BGB, und schließlich **Duldungsdienstbarkeiten**, bei denen der Eigentümer des belasteten Grundstücks gewisse Eigentumsrechte gegenüber dem herrschenden Grundstück nicht geltend machen darf, z. B. Immissionen von dort dulden muss, § 1018 3. Alt. BGB. Die Grunddienstbarkeit **passt sich** – bei gleichbleibendem Nutzungszweck – den **veränderten Verhältnissen** über die Jahre **an**, wo z. B. 1910 ein Reit- und Fahrrecht für das Befahren mit Pferden und Wagen eingetragen wurde, erlaubt das gleiche Recht 2017 das Befahren mit Pkw's. Die **Bestellung** folgt den Regeln des § 873 BGB.

• **Persönliche Dienstbarkeit**: Im Gegensatz zur Grunddienstbarkeit benötigt die beschränkte persönliche Dienstbarkeit kein zweites Grundstück, sondern eine **konkrete Person**, der das Recht zusteht; auch sie berechtigt zur Nutzung eines fremden Grundstücks „**in einzelnen Beziehungen**", allerdings ohne Duldungs- und Unterlassungsrechte, § 1090 Abs. 1 BGB. Sie ist an die **Person** gebunden, **nicht übertragbar** und endet mit dem Tod der berechtigten Person. Die Bestellung folgt § 873 BGB. Unterfall einer persönlichen Dienstbarkeit ist das lebenslange **dingliche Wohnungsrecht**, § 1093 BGB.

> **Beispiel:**
> Nutzung eines fremden Grundstücks zur Errichtung und Unterhaltung eines Strommastens für die Elektrizitätswerke X AG.

• **Erbbaurecht**: Das Erbbaurecht ist das veräußerliche und vererbliche Recht, **auf fremdem Boden ein eigenes Gebäude** zu haben, § 1 Abs. 1 ErbbauRG. Zwar ist das Gebäude nach § 94 Abs. 1 BGB grundsätzlich **wesentlicher Bestandteil** des Grundstücks, auf dem es steht, und fällt daher ins Eigentum des Grundeigentümers. Nach § 95 Abs. 1 Satz 2 BGB kann diese Verbindung „in Ausübung eines Rechts an einem fremden Grundstück" aber aufgehoben werden, sodass das Gebäude als **Scheinbestandteil** gilt und – während der Dauer des Erbbaurechts – im Eigentum des Bauherrn bleibt. Das Erbbaurecht wird daher für einen langen Zeitraum, in der

Regel **99 Jahre**, nach § 873 BGB bestellt und ins Erbbaugrundbuch eigetragen. Als Gegenleistung für die Nutzung des fremden Bodens zahlt der Erbbauberechtigte Gebäudeeigentümer einen **Erbbauzins**. Nach Ablauf der Frist fällt das Gebäude in das Eigentum des Grundstückseigentümers, der das entschädigen muss, § 27 ErbbauRG.

> **Beispiele:**
> Städte, Kirchen und Adelige mit großem Grundbesitz vergeben ihre Grundstücksflächen gerne zur Nutzung an Erbbauberchtigte, mit den Erbbauzinseinnahmen finanzieren sie die Instandsetzung ihrer sonstigen Gebäude und Erhaltung ihrer Ländereien.

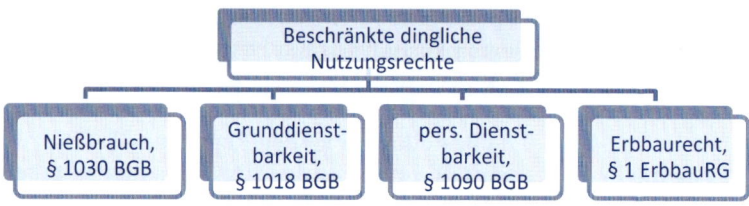

Abb. 28: Übersicht beschränkte dingliche Nutzungsrechte

7.2.2 Beschränkt dingliche Verwertungsrechte

Unter beschränkt dingliche Verwertungsrechte zählt man die **Pfandrechte** an **beweglichen Sachen** und diejenigen an **Grundstücken**, sog. Grundpfandrechte. Sie lassen eine **Verwertung** der Pfandsache durch deren Versteigerung zu. Damit verliert der Eigentümer seine Sache.

- **Pfandrecht an beweglichen Sachen**: Bewegliche Sachen können durch Bestellung eines Pfandrechts als **Sicherungsmittel** für Forderungen eines Gläubigers verwendet werden. Wird die gesicherte Forderung, z. B. Rückzahlung eines Darlehens nach § 488 Abs. 1 Satz 2 BGB, notleidend, kann die Pfandsache **verwertet** und der Erlös auf die Forderung verrechnet werden, § 1024 BGB. Das Pfandrecht wird durch **Einigung** über deren Entstehen und Übergabe des Pfandgegenstandes an den Gläubiger bestellt, § 1205 Abs. 1 BGB. Da Pfandrecht und gesicherte Forderung untrennbar miteinander verknüpft sind („**akzessorisch**"), entsteht das Pfandrecht erst, wenn zusätzlich die gesicherte **Forderung entstanden** ist. Das Pfandrecht erlischt automatisch, wenn der Besitz an der Pfandsache dem Eigentümer **zurückgegeben** wird, § 1253 BGB, oder wenn die gesicherte **Forderung erlischt**, § 1252 BGB. Die Pfandverwertung bei „**Pfandreife**" erfolgt durch „**Pfandver-**

kauf", der durch öffentliche Versteigerung bewirkt wird, §§ 1233 Abs. 1, 1235 BGB. Der Erlös gebührt dem Pfandgläubiger, ein „Übererlös" wird dem Pfandeigentümer ausgekehrt, § 1247 BGB.

> **Beispiel:**
> Pfandleihhäuser sichern ihre Kleinkredite dadurch ab, dass sie den Schmuck oder Porzellan ihrer Kunden beleihen und die Wertgegenstände bis zur Rückzahlung des Kredits als Pfand zurückhalten.

Mit dem **Vermieterpfandrecht** des Vermieters an den in die Mietsache eingebrachten Sachen des Mieters für Forderungen aus dem Mietverhältnis, § 562 BGB, und dem **Unternehmerpfandrecht** des Werkunternehmers für Forderungen aus der Herstellung oder Ausbesserung von Sachen des Bestellers, die in den Besitz des Unternehmers gelangt sind, z. B. Kfz bei der Reparatur, § 647 BGB, kennt das BGB zwei **gesetzliche Pfandrechte**, die auch ohne besondere Vereinbarung entstehen.

> **Übung:**
> Lesen Sie die §§ 1233 bis 1241 BGB und § 1247 BGB und erstellen sie einen Ablaufplan für eine Pfandverwertung.

- **Hypothek**: Sie ist ein „**Grundpfandrecht**" und sichert eine **bestimmte Forderung** des Hypothekengläubigers gegen einen Schuldner durch das **Verwertungsrecht** an einem – nicht notwendig dem Forderungsschuldner gehörenden – **Grundstück**, § 1113 BGB. Die Bestellung erfolgt durch **Einigung** und **Eintragung** der Hypothek in das Grundbuch des belasteten Grundstücks (Abteilung III). Jedoch erst wenn die– wiederum streng **akzessorische** – **gesicherte Forderung** entsteht, entsteht auch die Hypothek als dem Gläubiger zustehende „**Fremdhypothek**", §§ 873, 1113 BGB. Vor Entstehen der Forderung und nach deren Erlöschen steht die Hypothek als „**Eigentümerhypothek**" dem Grundstückseigentümer an seinem eigenen Grundstück zu, § 1163 Abs. 1 BGB. Ist die Hypothek nur im Grundbuch eingetragen, heißt sie „**Buchhypothek**", existiert dazu auch noch ein „**Hypothekenbrief**" nennt man sie „**Briefhypothek**", § 1116 BGB. Der Vorteil der Briefhypothek liegt in der leichteren Übertragbarkeit der Hypothek durch Briefübergabe, § 1117 BGB. Die Verwertung des gesicherten Grundstücks erfolgt im Wege der **Zwangsvollstreckung**, also durch **Zwangsversteigerung**, §§ 1147 BGB.
- **Grundschuld**: Auch die Grundschuld ist ein **Verwertungsrecht** an einem Grundstück, anders als die Hypothek fehlt ihr die gesetzli-

che Bindung an eine bestimmte Forderung, sie entsteht daher nach **Einigung** und **Eintragung im Grundbuch** sofort, §§ 1991, 873 BGB; auch hier kann ein Grundschuldbrief erteilt werden. An die Stelle der gesetzlichen Akzessorietät tritt eine vertragliche **Sicherungsabrede**, die Forderung und Grundschuld miteinander verknüpft, sodass praktisch die **Zwangsversteigerung** des Grundstücks erst betrieben werden soll, wenn die Forderung notleidend geworden ist. Die Vorschriften über die Hypothek gelten entsprechend, soweit sie keine Akzessorietät voraussetzen, § 1192 Abs. 1 BGB.

- **Rentenschuld**: Eine Rentenschuld ist eine Grundschuld, die dafür haftet, dass an **wiederkehrenden Terminen** eine bestimmte Summe zu bezahlen ist, §§ 1199, 1200 BGB.

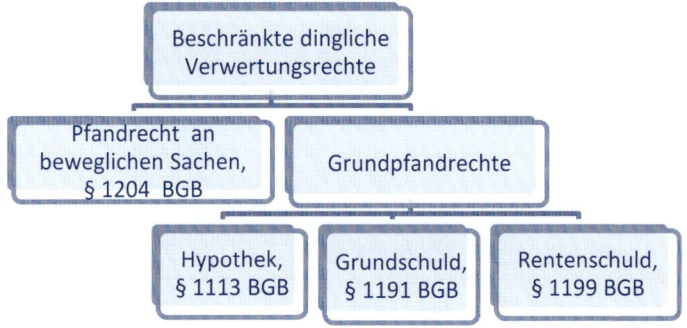

Abb. 29: Übersicht beschränkte dingliche Verwertungsrechte

7.2.3 Beschränkt dingliche Erwerbsrechte

De letzte Kategorie von Erwerbsrechten gibt eine Berechtigung, Eigentum an einer Sache erwerben zu können oder einen solchen Erwerbsanspruch zu sichern.

- **Dingliches Vorkaufsrecht**: Dieses Recht räumt dem **Vorkaufsberechtigten** die Befugnis ein, im Falle eines Grundstücksverkaufs **in den** vom Eigentümer mit einem anderen **geschlossenen Grundstückskaufvertrag** zu den zwischen diesen vereinbarten Bedingungen **einzutreten**, § 1094 BGB. Mit der Ausübung des Vorkaufsrechts kommt der Kauf zwischen **dem Eigentümer und dem Vorkaufsberechtigten** zustande, insoweit verweist das dingliche Vorkaufsrecht auf die Regelung des „schuldrechtlichen Vorkaufsrechts", §§ 1098 Abs. 1, 463, 464 Abs. 2 BGB. Vorkaufsberechtigter kann eine bestimmte Person oder der jeweilige Eigentümer eines anderen Grundstücks sein, § 1094 BGB.
- **Vormerkung**: Die Vormerkung ist ein dingliches Sicherungsmittel zur **Sicherung schuldrechtlicher Ansprüche auf Vornahme**

dinglicher Rechtsänderungen an einem Grundstück, z. B. Absicherung des aus einem Kaufvertrag resultierenden Anspruchs auf Übereignung eines Grundstücks, § 883 Abs. 1 BGB. Sie entsteht durch **Bewilligung** des von der Änderung Betroffenen, also z. b. des veräußernden Grundstückseigentümers, und **Eintragung** der Vormerkung im Grundbuch, § 885 BGB. Da sie „akzessorisch" ist, kann sie nur bestehen, solange der schuldrechtliche **Anspruch**, etwa auf Übereignung nach § 433 Abs. 1 BGB, **besteht**. Die Wirkung der Vormerkung besteht darin, dass **vormerkungswidrige Verfügungen**, etwa die Übereignung des betroffenen Grundstücks an einen anderen, dem Vormerkungsberechtigten gegenüber **unwirksam** werden, § 883 Abs. 2 BGB. Dieser kann vom Dritten **Zustimmung** zu seiner eigenen **Eintragung** im Grundbuch bzw. zur **Löschung** des Dritten verlangen, die zur Durchsetzung seines Anspruchs erforderlich sind, § 888 BGB.

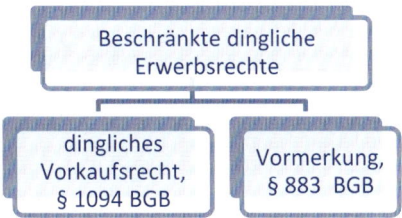

Abb. 30: Übersicht beschränkte dingliche Erwerbsrechte

7.3 Sachenrechtliche Grundsätze

Wie bereits dargestellt (vgl. Kapitel 6), sind **schuldrechtliches Verfügungsgeschäft** und **sachenrechtliches Verfügungsgeschäft** nicht nur gesonderte Vorgänge („**Trennungsgrundsatz**"), sondern auch inhaltlich voneinander in ihrer Rechtswirksamkeit unabhängig („**Abstraktionsgrundsatz**").

Im Sachenrecht gilt der Spezialitäts- bzw. „**Bestimmtheitsgrundsatz**": Das bedeutet, dass dingliche Rechte (Eigentum, Besitz, Pfandrecht, Nießbrauch etc.) nur an **einzelnen Sachen** möglich sind. Bei der Bestellung von Sachenrechten und deren Übertragung ist daher konkret zu bestimmen, welche Sache welcher Person zugeordnet wird.

> **Beispiel:**
> Zwar können Sachgesamtheiten, wie z. B. ein „*Unternehmen*", schuldrechtlich verkauft, aber eben nicht „im Paket" übereignet werden, hierzu ist die spezifische *Benennung* und Übertragung aller zum Unternehmen

gehörenden *Einzelgegenstände* notwendig. Wer *„einen Computer von denen sich im Lager Y befindlichen Geräten"* übereignet bekommt, hat *nichts* übereignet bekommen. Denn auch hier ist die *spezifische Bezeichnung* des konkret übertragenen Gerätes, z. B. mittels Gerätenummer, erforderlich.

Anders als im Schuldrecht, für das die Vertragsfreiheit in Form der Inhaltsfreiheit jegliche Vertragsgestaltung in Form atypischer Verträge zulässt (vgl. Kapitel 4), gilt im Sachenrecht **Typenzwang**: Die sachenrechtlich zulässigen Typen sind gesetzlich festgelegt und damit begrenzt. Das gilt auch für deren Begründung und Übertragung. Die Vorschriften des Sachenrechts sind daher **zwingend**.

Beispiele:
Die Parteien können nicht wirksam festlegen, dass für die Grundstücksübertragung auf die kostenpflichtige *Eintragung im Grundbuch verzichtet* wird. Beim Pfandrecht ist die Übergabe der Pfandsache notwendig, damit ein Pfandrecht entsteht. Ein besitzloses Pfandrecht existiert nicht. Schließlich kann der Inhalt eines Nießbrauchs auch nicht abweichend von § 1030 BGB definiert werden.

Alle Sachenrechte sind schließlich **absolute Rechte**, sie gelten gegenüber jedermann („**Absolutheitsprinzip**") und können mittels §§ 985 BGB durch Herausgabeansprüche und § 1004 durch Beseitigungs- und Unterlassungsansprüche verteidigt werden.

7.4   Die Forderungsabtretung

Forderungen sind zwar keine Sachen, aber Gegenstände des Rechts. Aber auch sie werden in Verfügungsgeschäften vom einen Gläubiger auf einen anderen übertragen.

Die Forderungsabtretung ist daher ein **Gläubigerwechsel**, man nennt sie auch **Zession**. Dabei wird die Forderung durch „**Vertrag**" vom Altgläubiger, dem „**Zedenten**", auf den Neugläubiger, den „**Zessionar**", übertragen, § 398 BGB.

Die Forderungsabtretung ist ein **Verfügungsgeschäft** und bedarf daher, um nicht nach § 812 BGB rückabgewickelt zu werden, eines **schuldrechtlichen Grundes**. Die Forderung kann vom Neugläubiger z. B. *gekauft* worden sein, oder sie wurde aufgrund einer *Sicherungsabrede* in einem Darlehensvertrag übertragen.

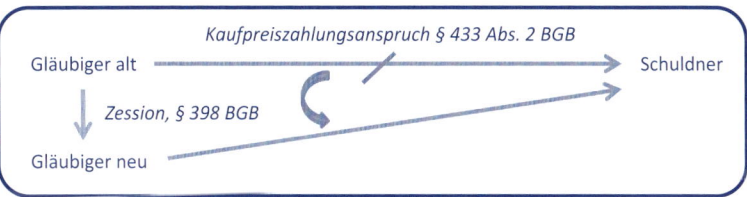

Abb. 31: Übersicht Vorgänge bei der Forderungsabtretung

Der zur Abtretung notwendige Vertrag besteht aus einer formlosen **Einigung** zwischen Altgläubiger und Neugläubiger über den Forderungsübergang. Eine **Mitwirkung des Schuldners** ist **nicht erforderlich**, er muss noch nicht einmal informiert werden (sog. „stille Zession"). Die Forderung muss ebenfalls **bestimmt**, wenigstens hinsichtlich Person des Schuldners, Inhalt und Höhe **bestimmbar** sein. Die Abtretung ist nur wirksam, wenn die abgetretene Forderung **tatsächlich besteht**, ein *gutgläubiger Erwerb* von Forderungen ist – mangels Besitzes – *nicht möglich*. Schließlich darf die Abtretung nicht durch ein mit dem Schuldner vereinbartes **Abtretungsverbot** oder kraft gesetzlichen Verbots ausgeschlossen sein, vgl. §§ 400 BGB, 354a Abs. 1 Satz 1 HGB.

Mit Übergang der Forderung auf den Neugläubiger kann der Schuldner eigentlich nur noch schuldbefreiend an diesen leisten. Allerdings wird er bis zu seiner Kenntnis von der Abtretung **geschützt**: Der Neugläubiger muss eine Leistung an den Altgläubiger gegen sich gelten lassen, solange der Schuldner die Abtretung nicht kennt, § 407 Abs. 1 BGB. Will der Neugläubiger dies verhindern, so ist ihm zu einer **Abtretungsanzeige** zu raten, § 409 BGB.

Praktische Bedeutung hat die Abtretung bei der „**Sicherungsabtretung**" zur Sicherung einer Forderung durch die abgetreten Forderung, der „**Inkassozession**" zum Zwecke der Eintreibung einer offenen Forderung durch einen Inkassodienstleister, dem Forderungskauf („**Factoring**") und dem „**verlängerten Eigentumsvorbehalt**" mit „**Vorausabtretungsklausel**" (vgl. Kapitel 10).

7.5 Merksätze/Kontrollfragen

Merksätze

- Die Garantie des **Privateigentums** und seiner **Sozialbindung** ist in **Art. 14 GG** verankert.
- Beim Eigentum ist nach der Zahl der Berechtigten zwischen **Alleineigentum** und **Miteigentum**, nach dem Anteil der Berechtigten an einem Gegenstand zwischen **Bruchteilseigentum** und **Gesamthandseigentum** zu unterscheiden.

- **Wohnungseigentum** setzt sich aus Alleineigentum und Bruchteilseigentum zusammen und ist im WEG geregelt.
- **Unmittelbarer Besitz** ist die faktische Herrschaft über eine Sache, der unmittelbare Besitzer kann über ein **Besitzmittlungsverhältnis mittelbaren Besitz** vermitteln.
- Rechtsgeschäftlicher **Eigentumserwerb** an beweglichen Sachen erfolgt durch **Einigung** und Übergabe, § 929 BGB.
- Die **Besitzübergabe** bei Übereignung beweglicher Sachen kann **wegfallen** oder durch andere Vorgänge **ersetzt** werden.
- Die Übereignung von **Grundstücken** erfordert eine Einigung, **Auflassung** genannt, und die **Eintragung in das Grundbuch**, § 873 BGB.
- Die **Auflassung** ist formbedürftig und bedingungsfeindlich.
- Das elektronische **Grundbuch** orientiert sich am jeweiligen Grundstück und enthält neben dem Bestandsverzeichnis drei Abteilungen, in welches die Eigentümer und die Belastungen eingetragen werden.
- Die wichtigsten **Eintragungsgrundsätze** der Grundbuchordnung sind das **Antragsprinzip**, der **Voreintragungsgrundsatz** und der **Bewilligungsgrundsatz**.
- **Gutgläubiger Erwerb** ermöglicht einen Eigentumserwerb vom Nichtberechtigten, Rechtsscheinsbasis ist bei beweglichen Sachen der Besitz, bei Grundstücken die widerspruchsfreie Voreintragung im Grundbuch.
- Die wichtigsten **gesetzlichen Eigentumserwerbstatbestände** sind die **Verbindung** und **Vermischung** von Gegenständen zu einer einheitlichen Sache sowie die Herstellung einer neuen Sache durch **Verarbeitung** eines oder mehrerer Stoffe.
- Das **Eigentum** ist gegen Wegnahme sowie gegen anderweitige Beeinträchtigung durch **Herausgabeansprüche, Beseitigungs- und Unterlassungsansprüche geschützt**, §§ 985, 1004 BGB.
- Die wichtigsten **dinglichen Nutzungsrechte** sind der persönliche **Nießbrauch** zur umfassenden Nutzung fremden Eigentums, die **Grunddienstbarkeit** für den jeweiligen Grundstückseigentümer eines anderen Grundstücks und die **persönliche Dienstbarkeit** für eine konkrete Person, welche beide die Nutzung fremden Grundes in einzelnen Beziehungen erlauben.
- **Pfandrechte** an beweglichen Sachen sowie die Grundpfandrechte **Hypothek** als akzessorische Sicherung einer Forderung und die **Grundschuld** sind Verwertungsrechte an fremdem Eigentum.
- Als Erwerbsrechte gelten das **dingliche Vorkaufsrecht**, das den Einstieg in einen fremden Kaufvertrag ermöglicht, und die **Vormerkung**, die einen schuldrechtlichen Erwerbsanspruch eines Grundstücksrechts sichert.
- Die wichtigsten sachenrechtlichen Grundsätze sind der **Trennungs-** und **Abstraktionsgrundsatz**, der **Bestimmtheitsgrundsatz** und der **Typenzwang**.

- Die **Forderungsabtretung**, auch Zession, ist ein **Gläubigerwechsel** zwischen Zedent und Zessionar und hat wirtschaftliche Bedeutung bei der Sicherungszession, der Inkassozession, beim Factoring und beim verlängerten Eigentumsvorbehalt mit Vorausabtretungsklausel.

Kontrollfragen

K 1   Was umfasst die verfassungsrechtliche Eigentumsgarantie und wo sind ihre Grenzen?

K 2   Unterscheiden Sie vier Arten von Eigentum und arbeiten Sie die Unterschiede heraus!

K 3   Welche beiden Arten des Besitzes gibt es und wie entstehen sie?

K 4   Worin besteht der inhaltliche Unterschied zwischen den WE des Kaufvertrages und denen der dinglichen Einigung nach § 929 BGB?

K 5   Bilden Sie drei Beispiele für die Varianten, in denen die Besitzübergabe bei einer Übereignung nach § 929 BGB entfällt oder surrogiert wird.

K 6   Was ist eine Auflassung und welche Besonderheiten weist sie auf?

K 7   Wie ist das Grundbuch eingeteilt und was wird wo eingetragen?

K 8   Welche drei Eintragungsgrundsätze für das Grundbuch kennen Sie und was beinhalten sie?

K 9   Erstellen Sie eine Checkliste aller Voraussetzungen des gutgläubigen Erwerbs einer beweglichen Sache, in der auch die Ausnahmen erfasst sind.

K 10   Wodurch gehen aufgrund eines Werkvertrages an einem Gebäude einzubauende Fensterelemente in das Eigentum des Bauherrn über?

K 11   Wie wird das Problem gelöst, dass Mitarbeiter, die Rohmaterialien ihres Arbeitgebers zu Bauteilen verarbeiten, nicht selbst Eigentümer der produzierten Teile werden?

K 12   Welche Schutzmechanismen gibt es gegen die Beeinträchtigung des Eigentums und welches sind ihre Voraussetzungen?

K 13   Wodurch unterscheidet sich eine Grunddienstbarkeit vom Nießbrauch und von einer persönlichen Dienstbarkeit?

K 14   Wie entsteht ein Pfandrecht an einem beweglichen Gegenstand und wie muss man vorgehen, wenn man das Pfand verwerten will?

K 15   Was bedeutet „Akzessorietät" bei der Hypothek und wie wirkt sich das Fehlen der gesetzlichen Akzessorietät bei der Grundschuld aus?

K 16   Was kann der Käufer eines Grundstücks tun, um sicherzustellen, dass der Verkäufer nach Kaufpreiszahlung das Grundstück noch vor Eintragung des Käufers ins Grundbuch nicht ein zweites Mal verkauft, an den Zweitkäufer auflässt und der Zweitkäufer schneller im Grundbuch eingetragen ist? Was raten Sie ihm?

K 17   Was versteht man genau unter dem Spezialitätsgrundsatz?

K 18   Wie ist zu verfahren, wenn der Schuldner – in Unkenntnis einer bereits erfolgten Abtretung der gegen ihn gerichteten Forderung – an den einzig ihm bekannten Gläubiger bezahlt und sich sodann ein neuer Gläubiger meldet und unter Vorlage einer Abtretungsanzeige erneut Zahlung verlangt?

Komplikationen bei der Leistungserbringung 8

Verträge werden geschlossen, um auf Seiten der Gläubiger rechts-verbindliche Leistungsansprüche, auf Seiten der Schuldner durch-setzbare Verpflichtungen zu begründen. Diese Verpflichtungen be-dürfen jedoch wegen des Trennungsgrundsatzes in jedem Einzelfall einer gesonderten Erfüllungshandlung des Schuldners. In vielen Fällen erfolgt jedoch die Erfüllung nicht ordnungsgemäß: Ansprüche werden zu spät oder gar nicht erfüllt, gelieferte Warten weisen Män-gel auf und bei Vornahme der Leistungshandlungen kommt es zur Verletzung von Rechten des Gläubigers. Diese Komplikationen sind sog. Leistungsstörungen, die auf Pflichtverletzungen des Schuldners beruhen und verschiedene Rechtsfolgen bzw. Gestaltungsrechte des Gläubigers nach sich ziehen: Neben Ersatz von angerichteten Schä-den, sind Mängel zu beheben und bleibt dem Gläubiger häufig der Rücktritt vom Vertrag und die Last, die sicher geglaubte Leistung zu neuen Konditionen anderweitig beschaffen zu müssen. Selten entfällt nach Vertragsschluss die beidseitig angenommene Geschäftsgrund-lage. Und wer mit der Durchsetzung seiner Ansprüche zu lange zuwartet, läuft Gefahr, gar keine Leistung mehr zu erhalten, weil der Schuldner Verjährung einwendet.

Lernziele

Nach Lektüre dieses Kapitels kennen sie die wichtigsten Leistungs-störungen, ihre Voraussetzungen und Rechtsfolgen. Im Einzelnen können Sie

- zwischen **außervertraglichem** und **vertraglichem Schuldrecht**, **deliktischem** und **vertraglichem Schadensersatz** unterscheiden;
- die vier **Leistungsstörungen** Verzögerung, Unmöglichkeit, Mangel und Rücksichtnahmepflichtverletzung gegeneinander abgrenzen und den Vertragsphasen zuordnen;
- die standardisierten allgemeinen und besonderen **Rechtsfolgen** bei Leistungsstörungen benennen;

- das **System des vertraglichen Schadensersatzrechts** auf Grundlage des § 280 BGB darstellen, die beiden **Arten vertraglichen Schadensersatzes** unterscheiden und Modifikationen bei einzelnen Pflichtverletzungen vornehmen;
- die Voraussetzungen der Verantwortlichkeit in Form des „**Vertretenmüssens**" materiell und prozessual aufzeigen;
- die **Verzögerung** sowie den **Schuldnerverzug** definieren und ihre Voraussetzungen und Rechtsfolgen darstellen;
- die **Vertragsstrafe** ins System der Leistungsstörungen einordnen;
- den **Gläubigerverzug** und seine Rechtsfolgen erläutern;
- die **Unmöglichkeit** definieren, nach Erscheinungsformen unterscheiden und die jeweiligen Rechtsfolgen zuordnen;
- die Regeln der **Gefahrtragung** nach Sach- und Preisgefahr in Fällen der Unmöglichkeit einer Sachleistung anwenden;
- die Inhalte von **Rücksichtnahmepflichten** und verschiedene **Phasen eines Schuldverhältnisses** aufzeigen sowie die Rechtsfolgen benennen;
- die **Gewährleistungsrechte** im BGB finden und gegen **Garantien** abgrenzen;
- Voraussetzungen und Folgen einer **Störung der Geschäftsgrundlage** aufzeigen;
- die Wirkungsweise der **Einrede der Verjährung** beschreiben sowie den Zeitpunkt des **Verjährungseintritts** unter Berücksichtigung von Fristen, Fristbeginn, Hemmung und Neubeginn berechnen.

8.1 Allgemeines zu Rechtsverletzungen und Leistungsstörungen

Die Verletzung persönlicher Rechtsgüter wie Leben, Körper, Gesundheit, Freiheit oder Eigentum ist verboten und angesichts der Bedeutung dieser Rechtsgüter sogar *strafrechtlich* sanktioniert, z. B. §§ 211 f. StGB Mord und Totschlag, § 223 StGB Körperverletzung, § 242 BGB Diebstahl. *Zivilrechtlich* schuldet der Täter dem Opfer „**deliktischen Schadensersatz**" aus „**unerlaubter Handlung**", §§ 823 ff. BGB. Diese Rechtsverletzungen setzen *nicht* das Bestehen oder die Anbahnung eines Vertrages zwischen Täter und Opfer voraus. Das Recht der unerlaubten Handlungen wird daher auch „**außervertragliches Schuldrecht**" genannt. Davon handelt Kapitel 9.

Die außervertraglichen Pflichten auf Achtung fremder Rechtsgüter werden ergänzt um **Pflichten aus rechtsgeschäftlichen Schuldverhältnissen**, § 311 BGB. Die Verletzung solcher vertraglicher oder vorvertraglicher Verpflichtungen („**Pflichtverletzungen**") führt zu

„**Leistungsstörungen**", weil die Erfüllung der **Hauptleistungs- oder Nebenleistungspflichten** des Schuldners „gestört" ist.

Soweit der Schuldner die Pflichtverletzung zu **verantworten** hat, hat er dadurch verursachte Schäden an fremden Rechtsgütern zu ersetzen, §280 BGB („**vertraglicher** bzw. **quasivertraglicher Schadensersatz**" als Sekundäranspruch).

Aber auch unabhängig von der Verantwortlichkeit des Schuldners verändern sich durch Leistungsstörungen die primären **Leistungspflichten** (z. B. „Ausschluss des Leistungsanspruchs") und kann der Gläubiger Gestaltungsrechte ausüben („z. B. „Rücktritt").

Exkurs:

Dies impliziert folgende **Vorgehensweise bei der Falllösung**: Sofern eine Schädigung vorliegt und zwischen Schädiger und Geschädigtem *keine* rechtsgeschäftliche Verbindung aus Vertrag oder Vertragsanbahnung besteht, ist die Lösung ausschließlich im *deliktischen Bereich*, also bei den unerlaubten Handlungen zu suchen. Bestand im Zeitpunkt der Schädigung eine vertragliche oder vorvertragliche Beziehung, so liegt eine *Leistungsstörung* vor. Diese Leistungsstörung hat – auch ohne Schadenseintritt – Auswirkungen auf die weitere *Abwicklung der Leistungspflichten*. Insoweit stehen dem Gläubiger *Gestaltungsrechte* zu, die ja nach Begehren des Gläubigers zu untersuchen sind.

8.1.1 Pflichtverletzungen und Leistungshindernisse

In Kapitel 6 wurden die Haupt- und Nebenleistungspflichten und die Art und Weise, wie sie erfüllt werden müssen, besprochen. Diesbezüglich lassen sich **vier Arten von Pflichtverletzungen** abgrenzen:

Die Verzögerung: Der gesetzlich oder vertragliche fixierte Zeitpunkt für die Leistung („**Fälligkeit**") ist überschritten, die Leistung ist „überfällig", aber ihre Erbringung ist **noch möglich**. Unter bestimmten Voraussetzungen kann die Verzögerung sogar zum **Verzug** werden, vgl. §286 BGB.

Beispiel:
Der gekaufte Oldtimer Triumph TR250, Baujahr 1967, ein Unikat, soll am 1.5.17 an den Käufer überführt werden. Am 15.5.17 wartet der Käufer geduldig noch immer. Der Verkäufer war infolge einer Erkrankung nicht in der Lage, das Fahrzeug zu liefern. Seit 2.5.17 liegt Verzögerung vor. Da mit dem 1.5.17 ein konkretes Kalenderdatum vereinbart war, ist sogar Verzug eingetreten, §286 Abs. 2 Nr. 1 BGB.

Die Unmöglichkeit: Auch hier ist der **Fälligkeitszeitpunkt überschritten**, ohne dass die Leistung erbracht worden wäre, allerdings ist die „Verzögerung" eine **dauerhafte**, weil die Leistungserbringung **nicht mehr durchführbar** ist, sie ist aufgrund irgendeines eingetretenen Umstandes **„unmöglich"** geworden.

> **Beispiel:**
> Der oben gekaufte Oldtimer Triumph TR 250 wird weder am 1.5.17 noch am 15.5.17 geliefert. Vielmehr teilt der Verkäufer mit, das Fahrzeug sei bei der Überführung am 15.5.17 in einen Verkehrsunfall verwickelt worden und habe nun einen irreparablen Totalschaden. Er können dieses Fahrzeug nicht mehr liefern, einen anderen Oldtimer habe er nicht, außerdem sei auch kein anderer geschuldet.

Der Mangel: Bei dieser Pflichtverletzung kommt es nicht auf den Zeitpunkt der Leistungserbringung an. Die Haupt- und Nebenleistung ist erbracht. Allerdings weist sie **qualitative** oder **quantitative Abweichungen** vom vertraglich **geschuldeten Soll** auf. Man nennt diesen Fall in der Literatur auch manchmal „Schlechterfüllung".

> **Beispiel:**
> Unser Oldtimer wird überführt und dem Käufer übereignet. Da stellt der Käufer fest, dass statt der vertraglich vereinbarten Ledersitzbezüge nur Stoffsitzbezüge vorhanden sind. Das empfindet der Käufer als minderwertig und als Abweichung vom vertraglich ausdrücklich vereinbarten Sollzustand, vgl. § 434 Abs. 1 Satz 1 BGB.

Die Rücksichtnahmepflichtverletzung: Sie betrifft ausschließlich die auf den *Schutz* des Vertrags- oder Verhandlungspartners gerichteten Nebenleistungspflichten zur **Rücksichtnahme auf die Rechte, Rechtsgüter und Interessen** des anderen nach § 241 Abs. 2 BGB und sind von der Erbringung einer Hauptleistung unabhängig.

> **Beispiel:**
> Bei der Überführung des Oldtimers parkt der Verkäufer das Fahrzeug so, dass es teilweise im Blumenbeet des Käufers zu stehen kommt, wodurch ein alter englischer Rosenstock zerstört wird, der in England teuer nachgekauft und wieder gepflanzt werden muss. Hier wurde das sonstige Eigentum des Kunden beschädigt, weshalb Schadensersatz zu leisten ist.

Diese Pflichtverletzungen können den Phasen der **Vertragsanbahnung** („vorvertragliches Schuldverhältnis"), der **Vertragsabwicklung** („Schuldverhältnis") und der **Beendigung des geschäftlichen Kontaktes** („nachvertragliches Schuldverhältnis") wie folgt zugeordnet werden:

Abb. 32: Phasen eins Schuldverhältnisses

Ebenfalls ein Leistungshindernis stellt die **Störung der Geschäftsgrundlage** dar, die eine vertragsgemäße Erfüllung nach dem Grundsatz von Treu und Glauben, § 242 BGB, als unzumutbar erscheinen lässt, § 313 BGB. Wo **Verjährung** eingetreten ist, können Leistungsansprüche nicht mehr durchgesetzt werden und sind dauerhaft blockiert, § 214 Abs. 1 BGB.

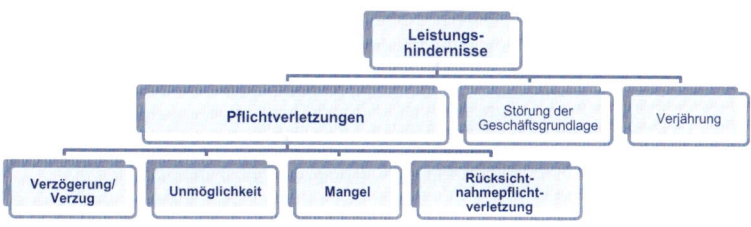

Abb. 33: Übersicht Leistungshindernisse

8.1.2 Die Rechtsfolgen der Pflichtverletzungen

Die **Pflichtverletzungen** *Verzögerung/Verzug, Unmöglichkeit, Mangel* und *Rücksichtnahmepflichtverletzung* sind 2002 **systematisch neu geordnet** worden und führen unter gleichen oder ähnlichen Voraussetzungen zu standardisierten **Rechtsfolgen**.

Im gegenseitigen Vertrag kann im Falle der genannten Leistungsstörungen der **Rücktritt** vom Vertrag erklärt werden, vgl. §§ 323, 324, 349 BGB. Dies führt zu einem Rückgewährschuldverhältnis, in welchen bereits **ausgetauschte Leistungen wieder zurückzugeben** sind,

§ 346 Abs. 1 BGB, für gezogene **Nutzungen** muss i. d. R. Wertersatz geleistet werden, § 346 Abs. 1, 2 BGB.

Wo zudem für den Leistungsgläubiger ein Schaden entstanden ist, schließt der Rücktritt den **Schadensersatz** nicht aus, § 325 BGB. Zentrale Schadensersatznorm ist § 280 Abs. 1 BGB. Danach muss ein **Schuldverhältnis** bestehen, das **Pflichten** hervorbringt, welche **verletzt** wurden; hat der Schuldner diese Pflichtverletzung **zu vertreten**, wovon durch eine Beweislastumkehr in § 280 Abs. 1 Satz 2 BGB ausgegangen wird, ist der entstandene Schaden zu ersetzen. Dabei unterscheidet das Gesetz zwischen einem **Schaden neben der Leistung** und einem **Schaden statt der Leistung**, vgl. § 280 Abs. 3 BGB.

Anstelle eines Schadensersatzes statt der Leistung kann sich der Gläubiger auch für einen **Aufwendungsersatz** für im Vertrauen auf die vertragsgemäße Erfüllung des Schuldners getätigten Aufwand entscheiden, § 284 BGB.

Nur für die Leistungsstörung *Unmöglichkeit* gibt es eine weitere Rechtsfolge: Hat der Schuldner infolge des zur Unmöglichkeit führenden Umstandes einen Ersatz erlangt, z. B. eine Versicherungssumme, so kann der Gläubiger **Herausgabe des Ersatzes** verlangen, § 285 BGB.

Schließlich bietet der *Mangel* vor all den genannten Rechtsfolgen dem Gläubiger bei einigen Vertragstypen einen Anspruch auf **Nacherfüllung**, d. h. Beseitigung des Mangels oder Ersatzlieferung einer mangelfreien Sache, z. B. § 439 BGB für den Kauf. Anstelle eines Rücktritts vom Vertrag kann der Käufer auch die mangelhafte Sache behalten, und den Preis herabsetzen lassen, sog. **Minderung**, vgl. § 441 BGB.

Unter welchen konkreten Voraussetzungen die jeweiligen Rechtsfolgen eintreten, wird bei den einzelnen Leistungsstörungen zu behandeln sein.

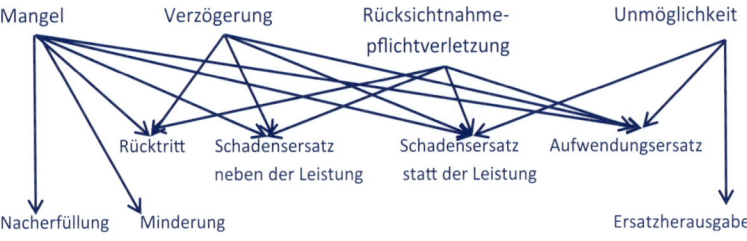

Abb. 34: Leistungsstörungen und Rechtsfolgen

8.2 Das System des vertraglichen Schadensersatzes

Bei allen vier Arten von Pflichtverletzungen kann beim Gläubiger ein **Schaden** entstehen. Zentrale Anspruchsgrundlage für Schadensersatz wegen Pflichtverletzungen ist **§ 280 Abs. 1 BGB.** Auf dieser Basis sind zwei Arten von Schadensersatz zu unterscheiden, deren Voraussetzungen von der jeweiligen Pflichtverletzung abhängen.

8.2.1 Die Anspruchsgrundlage § 280 Abs. 1 BGB

Ein Schadensersatzanspruch nach § 280 Abs. 1 BGB hat vier Voraussetzungen:

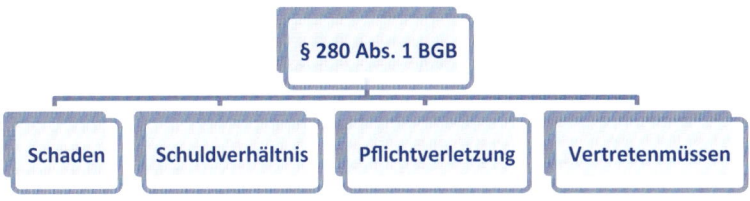

Abb. 35: Voraussetzungen § 280 BGB

- **Schaden**: § 280 Abs. 1 BGB setzt zunächst einen **Schaden**, also eine **unfreiwillige Einbuße** an Rechtsgütern einer Person, voraus. Liegt ein freiwilliges Opfer vor, spricht man von *Aufwendungen*. Die Schadenshöhe wird nach der „**Differenzhypothese**" durch Vergleich der Vermögenslagen vor und nach dem schädigenden Ereignis bzw. mit und ohne Pflichtverletzung, errechnet.
- **Schuldverhältnis**: Weitere Anspruchsvoraussetzung ist ein vorvertragliches, vertragliches oder nachvertragliches **Schuldverhältnis** i.S. von § 311 BGB.
- **Pflichtverletzung**: Dieses Schuldverhältnis muss für den Schuldner **Pflichten** mit sich bringen. Im vor- und nachvertraglichen Bereich können dies – mangels Leistungsverpflichtung in diesen Stadien – nur die *Rücksichtnahmepflichten* nach § 241 Abs. 2 BGB sein. In der Vertragsphase sind alle übrigen *Haupt- und Nebenleistungspflichten* auf *sorgfältige, mangelfreie, rechtzeitige* Leistung am *richtigen Ort* denkbar, die auch im Übrigen in der *richtigen Art und Weise* erbracht werden muss. Wird irgendeine dieser vielfältigen Leistungs- und Schutzpflichten *nicht erfüllt*, also „verletzt", ist eine Pflichtverletzung gegeben.
- **Vertretenmüssen**: Nach § 280 Abs. 1 Satz 2 BGB tritt eine Haftung nur ein, wenn der Schuldner die zum Schaden führende Pflichtverletzung „**zu vertreten**" hat. Nach § 276 Abs. 1 Satz 1 BGB hat der Schuldner **Vorsatz** („Wissen und Wollen" der Pflichtverlet-

zung) und **Fahrlässigkeit** („Außer Acht lassen der verkehrsüblichen Sorgfalt" bei Pflichterfüllung, § 276 Abs. 2 BGB) zu vertreten. Soweit der Gläubiger im Rahmen des Vertragsschlusses jedoch *Garantiezusagen* abgegeben hat oder ein *Beschaffungsrisiko* übernommen hat, ist er – auch ohne Verschulden – verantwortlich, wenn der Garantiefall eintritt oder die Beschaffung scheitert.

> **Beispiele:**
> Wer als Verkäufer eines Oldtimers diesen einem anderen als dem Käufer übereignet, verletzt seine Übereignungspflicht *vorsätzlich* und führt die Unmöglichkeit der Erfüllung des Erstverkaufs absichtlich herbei. Wer bei Erdarbeiten nicht auf die englischen Rosen des Auftraggebers achtet und diese zerstört, begeht eine *fahrlässige* Rücksichtnahmepflichtverletzung. Wer als Verkäufer auf die Sprossen-Holm-Verbindung seiner Aluleitern eine 15-jährige Garantie gibt, hat beim Brechen einer Sprosse nach 14 Jahren für die Mangelhaftigkeit infolge seiner *Garantiezusage* einzustehen. Und wer als Händler ein erst noch zu produzierendes Fahrzeug verkauft, später aber wegen Produktionseinstellung des Herstellers nicht liefern kann, ist für die Unmöglichkeit der Lieferung infolge Übernahme eines *Beschaffungsrisikos* verantwortlich.

Dabei kommt dem aus einer Pflichtverletzung Geschädigten in prozessualer Hinsicht die **Beweislastumkehr** des § 280 Abs. 1 Satz 2 BGB bezüglich des Vertretenmüssens zugute (doppelte Negation: „dies gilt *nicht*, …wenn *nicht*"). Es wird daher zugunsten des *Gläubigers* vermutet, dass der Schuldner eine Pflichtverletzung aus dem Schuldverhältnis zu vertreten hat, andernfalls hat der *Schuldner* das Gegenteil zu beweisen. Gelingt ihm das nicht, haftet er.

Wo ein Schuldner Dritte zur Erfüllung seiner Vertragspflichten einsetzt, vgl. § 267 BGB, hat er ein **Verschulden** dieser „**Erfüllungsgehilfen**" bei Pflichtverletzungen in gleichem Umfang wie eigenes Verschulden zu vertreten, § 278 BGB. Die *vorsätzliche* oder *fahrlässige* Verletzung seiner Vertragspflichten durch Erfüllungshilfen ist dem Geschäftsherrn so **zuzurechnen**, als hätte er selbst die schuldhafte Pflichtverletzung begangen.

8.2.2 Schadensersatzarten

Das Gesetz unterscheidet auf Grundlage des § 280 Abs. 1 BGB zwei Arten von Schadensersatz, bei denen teilweise weitere Anspruchsnormen zu berücksichtigen sind.

8.2.2.1 Schadensersatz neben der Leistung

Wo trotz Schadenseintritts die Vertragsleistung noch erbracht werden kann, liegt der **Schaden „neben" der Leistung**. Gleiches gilt dort, wo es keine Hauptleistungspflichten gibt, z. B. bei Vertragsanbahnung.

> **Beispiele:**
> Bei **Verzögerung** und **Verzug** sind das solche Schäden, die während des Wartens auf die überfällige Leistung entstehen, z. B. Verzugszinsen auf offene Geldforderungen, Mietkosten für ein Ersatzgerät zur Überbrückung des Lieferverzugs (**„Warteschäden"**). Beim **Mangel** geht es um Schäden, die von einer mangelhaften Sache auf andere Sachen ausstrahlen, z. B. krankes Pferd infiziert andere gesunde Pferde des Kunden (**„Mangelfolgeschaden"**). Bei der **Rücksichtnahmepflichtverletzung** tritt der Schaden im Rahmen der Vertragsanbahnung oder Vertragserfüllung an **unbeteiligten Rechte und Rechtsgütern** des anderen Teils ein, z. B. bei Heizkörperreparatur wird der Teppich des Kunden verschmutzt, bei Vertragsverhandlungen werden Geschäftsgeheimnisse des Verhandlungspartners veröffentlicht. Nur bei **Unmöglichkeit** ist ein Schaden „neben" der – unmöglichen – Leistung nicht denkbar.

Aus der **Systematik** des Gesetzes ergibt sich, dass immer die Voraussetzungen der **Anspruchsgrundlage § 280 Abs. 1 BGB** vorliegen müssen. Nur bei **Verzögerung** bedarf es wegen § 280 Abs. 2 BGB noch der **zusätzlichen Voraussetzungen** des § 286 BGB, also des **Verzuges**.

	Verzögerung	Sachmangel	Rücksichtnahmepflichtverletzung	Unmöglichkeit
Schadensersatz **neben** der Leistung	§ 280 Abs. 1, **2**, **286** BGB	§ 280 Abs. 1 BGB	§ 280 Abs. 1 BGB	nicht denkbar

Abb. 36: Anspruchsgrundlage für Schadensersatz neben der Leistung bei Leistungsstörungen

8.2.2.2 Schadensersatz statt der Leistung

Wird die Vertragsleistung infolge Unmöglichkeit oder Rücktritts vom Vertrag nicht mehr erbracht, muss sich der Gläubiger diese anderweitig besorgen, wodurch ihm höhere Aufwendungen als nach dem gescheiterten Vertrag entstehen können. Diese „**Differenzschäden**" sind **Schäden „statt der Leistung"**.

Beispiele:

Ist der Gläubiger infolge **Verzögerung** oder Verzugs, wegen eines **Mangels**, aufgrund einer **Rücksichtnahmepflichtverletzung** oder bei **Teilleistung** vom Vertrag zurückgetreten, vgl. §§ 323, 324 BGB, muss er die Leistung anderweitig, ggf. zu höherem Preis besorgen: Z. B. kostet der gekaufte, aber noch immer nicht gelieferte Bagger (Verzug) bei der Konkurrenz 1.500 € mehr, der defekte und vom Verkäufer nicht instandgesetzte Fotoapparat (Mangel) ist anderswo um 100 € teurer, der bei der Arbeit ständig rauchende Tapezierer muss durch einen anderen Maler ersetzt werden, der für die Fortsetzung der abgebrochenen Malerarbeiten mehr verrechnet als mit dem ersten Tapezierer vereinbart. Wo die Leistung ganz oder teilweise **unmöglich** wird, muss ebenso anderweitig für Ersatzbeschaffung gesorgt werden, deren übersteigende Kosten ein Schaden statt der Leistung sind.

Auch ist zur Anspruchsgrundlage § 280 Abs. 1 BGB wegen des Verweises in § 280 Abs. 3 BGB in allen vier Leistungsstörungsvarianten eine zusätzliche Norm heranzuziehen, die bei **Verspätung** und **Mangel** eine erfolglose *Fristsetzung* zur Leistung, § 281 Abs. 1 BGB, und bei **Rücksichtnahmepflichtverletzung** die *Unzumutbarkeit* der Vertragsfortführung, § 282 BGB, erfordern. Bei **Unmöglichkeit** werden keine zusätzlichen Voraussetzungen gefordert, § 283 BGB.

	Verzögerung	Sachmangel	Rücksichtnahmepflichtverletzung	Unmöglichkeit
Schadensersatz **statt** der Leistung	§ 280 Abs. 1, **3**, **281** BGB	§ 280 Abs. 1, **3**, **281** BGB	§ 280 Abs. 1, **3**, **282** BGB	§ 280 Abs. 1, **3**, **283** BGB

Abb. 37: Anspruchsgrundlage für Schadensersatz statt der Leistung bei Leistungsstörungen

8.3 Die Verzögerung

Grundtatbestand der verspäteten Leistungserbringung ist die **Verzögerung**, die unter bestimmten Voraussetzungen in den **Verzug des Schuldners** münden kann. Beide verwandten Leistungsstörungen haben unterschiedliche **Rechtsfolgen**. Eine besondere Rechtsfolge ist die Geltendmachung einer vertraglich vereinbarten **Vertragsstrafe**. Darüber hinaus kann auch der **Gläubiger in Verzug** geraten.

8.3.1 Begriff der Verzögerung und ihre Rechtsfolgen

Definition:
Verzögerung tritt ein bei Nichtleistung trotz Fälligkeit und fortbestehender Leistungsfähigkeit.

Für den Zeitpunkt der **Fälligkeit** gelten die vertraglichen Vereinbarungen, besondere gesetzliche Fälligkeitsregelungen, z. B. §§ 614, 641 BGB, oder die sofortige Fälligkeit nach § 271 BGB. Ist der Fälligkeitszeitpunkt überschritten, liegt „Verzögerung" vor. In diesem Stadium hat der Gläubiger die Wahl zwischen **Rücktritt** vom Vertrag und **Schadensersatz statt der Leistung**, alternativ **Aufwendungsersatz:**

- **Rücktritt:** hat sich der Gläubiger dazu entschlossen, auf die überfällige Leistungserbringung nicht länger zu warten, kann er nach § 323 Abs. 1 BGB vom Vertrag zurücktreten. Allerdings muss er zuvor erfolglos eine **angemessene Frist zur Leistung** gesetzt haben. Die Angemessenheit der Frist bemisst sich nach dem Einzelfall. So kann die Frist zur Lieferung eines Wohnzimmerschrankes zwei Wochen betragen, die Frist zur Lieferung einer Topfpflanze einen Tag.

  In drei Fällen ist die Fristsetzung jedoch **entbehrlich**, § 323 Abs. 2 BGB: **Verweigert** der Schuldner die Leistung **ernsthaft und endgültig**, liegt ein „**relatives Fixgeschäft**" vor, bei dem eine vertragliche Leistungsfrist von für den Gläubiger **wesentlicher Bedeutung** verstrichen ist (z. B. Just-in-Time-Beziehungen), oder liegen sonst **besondere Umstände** vor, sodass der Gläubiger alsbald nach Fälligkeit den Rucktritt erklären kann. Auf ein „Vertretenmüssen" der Verzögerung kommt es nicht an.

Beispiel:
Krause kauft am 5.5.17 bei „Möbel Hin und Mit" eine Designerliege *ohne bestimmte Fälligkeitsvereinbarung* zum Preis von 3.200 €. Die Bereitstellung zur Abholung ist daher *sofort* zu bewirken, § 271 BGB. Als er die Liege im Lager abholen will, stellt man fest, dass keine Liege mehr auf Lager ist und die Beschaffung einige Wochen dauern wird. Krause kann nur eine Frist von einer Woche setzen und nach deren Ablauf vom Vertrag zurücktreten. Verweigert „Hin und Mit" die Beschaffung der Designerliege allerdings als „zu aufwändig", kann Krause auch sofort zurücktreten. War das Möbelstück von Krause für ein Fotoshooting am 10.5. vorgesehen, für das der Fotograf bereits gebucht ist, und hatte er die Wichtigkeit der pünktlichen Lieferung beim Kauf betont, so kann er wegen relativen Fixgeschäfts ebenfalls ohne Fristsetzung zurücktreten.

- **Schadensersatz statt der Leistung**: Ist der Gläubiger zurückgetreten, so muss er sich die Leistung anderweitig beschaffen. Muss er beim Deckungsgeschäft mehr bezahlen als beim Erstgeschäft, kann er die Differenz als Schadensersatz geltend machen, sofern er erfolglos eine **angemessene Frist zur Leistung** gesetzt hat, § 280 Abs. 1, 3, 281 Abs. 1 BGB. Ist diese Fristsetzung *einmal* erfolgt, können Rücktritt und Schadensersatz nebeneinander verlangt werden, § 325 BGB.

Auch in diesem Fall ist die Fristsetzung **entbehrlich**, wenn der Schuldner die Leistung **ernsthaft und endgültig verweigert** oder **besondere Umstände** vorliegen, die nach Interessenabwägung eine sofortige Geltendmachung eines Schadensersatzanspruches rechtfertigen, § 281 Abs. 2 BGB.

Jedenfalls kommt es hier auf den Grund der Lieferverzögerung an: Der Schuldner haftet nur auf Schadensersatz, wenn er die Pflichtverletzung zu **vertreten** hat, was allerdings vermutet wird.

> **Beispiel:**
> Im obigen Fall muss Krause wegen seines Fototermins mit der Designerliege dieses Objekt anderweitig besorgen. Bei Möbel Cassina kostet das Stück jedoch 4.000 €. Hat Krause die Frist von einer Woche gesetzt, so kann er im Anschluss den Kauf bei Cassina tätigen und 800 € Schadensersatz statt der Leistung verlangen, sofern der Lieferengpass von „Hin und Mit" zu vertreten ist. Davon ist jedoch auszugehen, weil offensichtlich die Lagerbestände nicht richtig erfasst waren.

• **Aufwendungsersatz**: Anstelle des Schadensersatzes statt Leistung kann der Gläubiger Ersatz seiner Aufwendungen verlangen, die er **im Vertrauen auf den Erhalt der Leistung** gemacht hat und auch machen durfte, § 284 BGB.

> **Beispiel:**
> Krause bläst das Fotoshooting wegen Fehlens der Designerliege ab, muss nun aber dem Fotograf eine Aufwandsentschädigung von 350 € bezahlen. Da er den Fotografen im Vertrauen auf den pünktlichen Erhalt der Liege gebucht hatte, kann er diesen Betrag als Aufwendungsersatz verlangen, wenn keine anderweitige Liege kaufen möchte.

• **Schadensersatz neben der Leistung**: Solange der Schuldner nicht in Verzug nach § 286 BGB geraten ist, kann der Gläubiger *keinen* Schadensersatz neben der Leistung verlangen, vgl. § 280 Abs. 2 BGB. Allerdings wird in den meisten Fällen die Verzögerung alsbald in einen Verzug übergehen!

8.3.2 Der Schuldnerverzug und seine Rechtsfolgen

Unter weiteren Voraussetzungen wird aus der Verzögerung ein Verzug, der dem Gläubiger zusätzliche Gestaltungsrechte eröffnet.

8.3.2.1 Voraussetzungen des Schuldnerverzugs

Definition:
Verzug tritt durch vom Schuldner zu vertretende Nichtleistung trotz Fälligkeit und Zugang einer Mahnung ein, sofern kein Ausnahmetatbestand vorliegt.

Nach § 286 Abs. 1 BGB kommt der Schuldner mit seiner überfälligen Leistung (Geld, Sach- oder Dienstleistung) in Verzug, wenn ihm eine **Mahnung** zugeht. Die Mahnung ist eine rechtsgeschäftsähnliche Handlung und besteht aus einer – auch formlos möglichen – ernsthaften und bestimmten **Aufforderung zur Leistung**.

Beispiel:
Mahnungen: „Wir fordern Sie auf, den Betrag Y aus unserer Rechnung vom 10.8.17 nunmehr umgehend zu begleichen." „Bitte liefern Sie die seit 5.5.17 ausstehende Ware nunmehr umgehend an uns aus."

Keine Mahnungen: „Sicherlich haben Sie unsre Rechnung vergessen, die wir anbei nochmals übersenden". „Für baldige Lieferung wären wir dankbar".

Für die Absendung einer Mahnung durch den Gläubiger gibt es keine Mindestwartefristen, sie kann sofort nach Fälligkeit übermittelt werden. Wirksam wird die Mahnung nach den Regeln über WE durch **Zugang** beim Schuldner, d.h. persönliche oder telefonische Mahnung „unter Anwesenden", Einlegen einer schriftlichen Mahnung in den Postbriefkasten zu normalen Leerungszeiten oder Übermittlung per E-Mail in die Mailbox des Empfängers. Da vom Zugang der Mahnung zugunsten des Gläubigers Rechtswirkungen ausgehen, obliegt dem Gläubiger im Streitfall der **Beweis** des Zugangs der Mahnung, weshalb im Einzelfall zu prüfen ist, ob die Mahnung per Post, per „Einschreiben Rückschein" oder persönlich „unter Zeugen" übermittelt werden soll.

Nach § 286 Abs. 2 BGB kann Verzug in vier Ausnahmefällen auch ohne Mahnung eintreten:

- Haben die Vertragsparteien bereits **im Vertrag** miteinander ein **kalendermäßiges Fälligkeitsdatum vereinbart**, so tritt Verzug mit Überschreiten dieses Termins automatisch ein, Nr. 1. Ein einseitig festgelegtes Zahlungsdatum auf der Rechnung genügt nicht! Solche „Zeitbestimmungen nach dem Kalender" sind konkrete

Termine (15.5.), aber auch „Lieferung in KW 16" oder die Miet-
zahlungsverpflichtung bis „spätestens zum dritten Werktag eines
Monats".

- Die Mahnung kann auch ersetzt werden durch eine **von einem
  Ereignis ausgehende, erst noch zu berechnende Kalenderfälligkeit**, die wiederum vertraglich vereinbart worden sein muss, Nr. 2.
  Das sind z. B. Regelungen, bei denen die Zahlung auf „14 Tage
  (*Frist*) nach Zugang der Rechnung (*Ereignis*)" oder Rückzahlung
  eines Darlehens „10 Tage nach Zugang der Kündigung" vereinbart
  wurde. Hier muss erst der Eintritt des Ereignisses noch abgewartet
  werden, um die Kalenderfälligkeit berechnen zu können.

- Sollte der Schuldner seine Leistung **endgültig und ernsthaft verweigern**, bringt er sich damit selbst sofort in Verzug, es bedarf
  keiner Mahnung mehr, Nr. 3.

- Darüber hinaus mag es weitere **besondere Gründe** geben, die einen
  sofortigen Verzugseintritt rechtfertigen, dies dürfte jedoch eine
  Ausnahme bleiben, Nr. 4, etwa die verbindliche Taxibestellung für
  einen Krankentransport, der dann nicht kommt.

§ 286 Abs. 3 BGB schafft eine weitere Ausnahme vom Erfordernis
der Mahnung für **Entgeltforderungen**, also Zahlungsansprüche:
Danach kommt der Empfänger einer Rechnung auch ohne Mahnung in Verzug, wenn er nicht **innerhalb einer Frist von 30 Tagen
seit dem Zugang der Rechnung** bezahlt. Am 31. Tag tritt Verzug
automatisch ein. Dies gilt uneingeschränkt im unternehmerischen
Geschäftsverkehr. Ist der Rechnungsempfänger jedoch ein **Verbraucher**, muss er auf die Möglichkeit des automatischen Verzugseintritts
in der Rechnung (nicht im Vertrag!) belehrt werden, z. B. „wir weisen
Sie darauf hin, dass sie nach § 286 Abs. 3 BGB automatisch nach 30
Tagen seit Rechnungserhalt in Verzug geraten, wenn Sie die Rechnung nicht bezahlen". Gegenüber Unternehmern ist dieser Hinweis
nicht erforderlich.

Beispiel:
Dem Kunden geht am 14.02. eine Rechnung zu. Gem. § 187 BGB ist bei
Berechnung der 30-Tage-Frist der Tag des Ereignisses „Rechnungszu-
gang" nicht mitzuzählen. Demnach ist der 15.02. der erste Tag der Frist,
welche damit – bei 28 Tagen des Februar – am 16.03. endet. Verzug tritt
daher am 17.03. ein. Sollte ein Verbraucher in der Rechnung auf diesen
Automatismus nicht hingewiesen worden sein, so kommt er nach § 286
Abs. 1 BGB durch Mahnung in Verzug, sofern keine Ausnahme des § 286
Abs. 2 BGB vorliegt.

Schließlich tritt Verzug nicht ohne ein „**Vertretenmüssen**" des
Schuldners ein, § 286 Abs. 4 BGB.

8.3.2.2 Rechtsfolgen des Schuldnerverzugs

Auch bei Vorliegen des Verzugs gibt es die für die Verzögerung genannten Rechtsfolgen und Gestaltungsmöglichkeiten:

- Der Gläubiger kann **zurücktreten**, wenn er nach § 323 BGB eine **Frist** zur Leistung gesetzt hat, sofern keine Ausnahme des § 323 Abs. 2 BGB gegeben ist. Die Mahnung – ohne Fristsetzung – genügt nicht, aber eine Mahnung unter Setzung einer Leistungsfrist. Dem kann sich ein **Schadensersatzanspruch statt der Leistung** nach § 280 Abs. 1, 3, 281 BGB anschließen oder **Aufwendungsersatz** nach § 284 BGB begehrt werden.
- **Verzugsschaden**: Darüber hinaus hat der Schuldner unter den Voraussetzungen des § 280 Abs. 1 BGB und des Verzugs nach § 286 BGB den **„neben der Leistung"** anfallenden **Warteschaden**, den sog. **„Verzugsschaden"** zu ersetzen, §§ 280 Abs. 1 und **Abs. 2**, 286 BGB. Das ist **Aufwand**, der dem Gläubiger bei rechtzeitiger Leistung nicht entstanden wäre wie z. B. *Mietaufwendungen* für ein dringend nötiges Ersatzgerät bis zur Lieferung des sich in Verzug befindlichen Gerätes. Verzugsschäden sind solche **Mahnkosten**, die **nach Eintritt des Verzugs entstanden** sind, denn die den Verzug nach § 286 Abs. 1 BGB auslösenden Kosten der *ersten Mahnung* sind *vor Verzug* entstanden und damit nicht ersatzfähig. Darüber hinaus sind typische Verzugsschäden die sog. **Rechtsverfolgungskosten**, also notwendiger Inkassoaufwand für jegliche sinnvolle Eintreibungsmaßnahmen wie z. B. Anwaltskosten. Gegenüber Unternehmen besteht nach § 288 Abs. 5 BGB ein **pauschaler Anspruch** für Eintreibungsmaßnahmen bei Geldforderungen von 40 €, der jedoch auf tatsächlich höhere Kosten anzurechnen ist. Streitigkeiten über die Höhe von Verzugsschäden kann durch vertragliche Vereinbarung eines **pauschalierten Schadensersatzanspruches** vorgebeugt werden.
- **Verzugszinsen**: Für offene Geldforderungen sieht das Gesetz in § 288 BGB eine Verzinsungspflicht vor, sog. **„Verzugszinsen"**. Der Zinssatz beträgt bei Schuldnern, die Verbraucher sind, **fünf** Prozentpunkte über dem halbjährlich zum 1.1. und 1.7. von der EZB neu festgelegten Basiszinssatz, vgl. § 288 Abs. 1 Satz 2 BGB. Im Übrigen beträgt der Verzugszinssatz sogar **neun** Prozent über dem Basiszinssatz, § 288 Abs. 2 BGB.

Beispiel:
Der Basiszinssatz betrug am 01.07.2017 – 0,88 %, das ergibt einen Verzugszins gegenüber einem Verbraucher von 4,12 % p.a., wohingegen ein Unternehmer 8,12 % auf offene Forderungen im Verzug zahlen muss.

Übung:

Sehen Sie auf http://basiszinssatz.info/ die Entwicklung des Basiszinssatzes von 3,62 % im Jahre 2001 bis heute in den negativen Bereich. Wie hoch ist der derzeit geltende Basiszinssatz?

Vergleichen Sie sodann den „gesetzlichen Zinssatz" nach §§ 246 BGB, 352 HGB mit dem Verzugszinssatz.

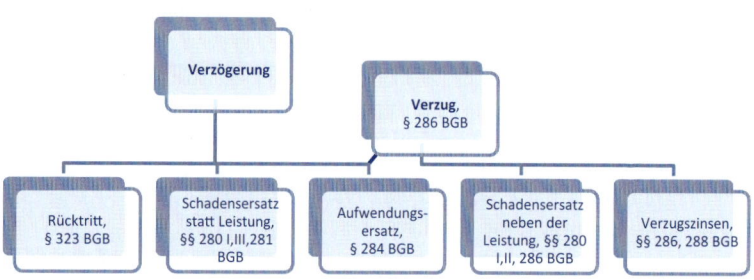

Abb. 38: Übersicht Rechtsfolgen Verzögerung und Verzug

Exkurs:

Wo dem Gläubiger die pünktliche Erfüllung der Verpflichtungen durch den Schuldner besonders wichtig ist, kann im Voraus vertragliche eine **Vertragsstrafe** („**Konventionalstrafe**") in Höhe einer bestimmten Geldzahlung für den Fall des **Verzugs** vereinbart werden. Die Strafzahlung ist fällig, wenn der Schuldner mit seiner Leistung aus einem von ihm zu vertretenden Grund in Verzug gerät, § 339 Satz 1 BGB. Die Möglichkeit der Vereinbarung von Vertragsstrafen gegenüber Verbrauchern in **AGB** ist begrenzt, § 309 Nr. 6 BGB. Stellt sich die Strafe hinterher angesichts der konkreten Umstände als **unverhältnismäßig** hoch heraus, kann durch richterliches Urteil die Höhe der Strafzahlung **herabgesetzt** werden, § 343 BGB. Dies gilt nicht bei Kaufleuten, deren Vertragsstrafenversprechen nicht korrigiert werden können, § 348 HGB.

8.3.3 Der Gläubigerverzug

Eine weitaus geringere praktische Bedeutung hat der Gläubigerverzug (auch „**Annahmeverzug**"), der dadurch entsteht, dass der Gläubiger die ihm *tatsächlich* oder – bei Ankündigung der Annahmeverweigerung – *wörtlich* angebotene Leistung **nicht annimmt**, §§ 293 ff. BGB.

> **Beispiele:**
> Der Mietwagenkunde steht zur verabredeten Rückgabezeit vor verschlossener Tür; der Lieferant kann die zugeführte Waschmaschine nicht abgeben, weil niemand öffnet. Der Kfz-Käufer holt das bereit gestellte Fahrzeug nicht ab.

Die **Rechtsfolgen** betreffen eine **Haftungserleichterung** des Schuldners für Schäden an der nicht angenommenen Leistung; er haftet nur für Vorsatz und grobe Fahrlässigkeit, §300 Abs.1 BGB. Bei Gattungssachen erfolgt ein **Gefahrübergang** hinsichtlich des angebotenen Stücks auf den Gläubiger, §300 Abs.2 BGB. Der Schuldner kann **Mehraufwendungen** für das erfolglose Anbieten und die Lagerung verlangen, §304 BGB. Tritt während des Annahmeverzugs **Unmöglichkeit** ein, behält der Schuldner den Anspruch auf die **Gegenleistung**, §326 Abs.2 Satz 1 BGB.

8.4 Die Unmöglichkeit

8.4.1 Begriff und Erscheinungsformen

> **Definition:**
> Während bei der vorübergehenden Verzögerung die Leistung noch erbracht werden kann, scheitert die vertragsgemäße Leistungserbringung bei der Unmöglichkeit dauerhaft

Besteht die Unmöglichkeit der Leistungserfüllung schon im Zeitpunkt des Vertragsschlusses, so spricht man von der „**anfänglichen** Unmöglichkeit". Entsteht hingegen der Grund für die Leistungsunfähigkeit erst nach Vertragsschluss, so liegt eine „**nachträgliche** Unmöglichkeit" vor. Beide Formen haben die gleichen Rechtsfolgen, allerdings gilt für die anfängliche Unmöglichkeit hinsichtlich des Schadensersatzes die Sondernorm §311a BGB.

Je nachdem ob nur der „Schuldner" oder aber „jedermann" zur Leistungserbringung nicht in der Lage ist, liegt „**subjektive**" oder „**objektive**" Unmöglichkeit vor, vgl. den Wortlaut von §275 Abs.1 BGB. In manchen Fällen wäre die Leistungserbringung zwar physisch noch möglich, ist aber wegen des **Missverhältnisses** zwischen dem vom Schuldner zu erbringenden Aufwand und dem Leistungsinteresse des Gläubigers unwirtschaftlich. In diesem Fall hat der Schuldner die Option, durch *Verweigerung der Leistung* die „**praktisch-faktische**" Unmöglichkeit herbeizuführen, vgl. §275 Abs.2 BGB. Schließlich gibt es Situationen, in denen dem Schuldner aus persönlichen Gründen die Leistungserbringung nicht zugemutet werden kann, auch hier hat der Schuldner ein *Leistungsverweigerungsrecht* bei „**persön-lich-psychischer**" Unmöglichkeit.

> **Beispiele:**
> Verbrennt das verkaufte Fahrzeug vor Übereignung an den Käufer, ist die Erfüllung *objektiv* jedermann unmöglich; verkauft der Verkäufer des Fahrzeugs dieses vor Auslieferung an den Käufer A ein zweites Mal und übereignet es dem zweiten Käufer B, so ist er *subjektiv* zur Übereignung an den Erstkäufer A außerstande; B allerdings könnte noch an A übereignen, muss es aber nicht. Gerät ein Perlenohrring nach Verkauf, aber vor Übereignung an die Käuferin aus Versehen in den Abfluss der Dusche, so ist das Schmuckstück ja eigentlich noch vorhanden, wegen des enormen Aufwands der Suche im Abwassersystem kann sich die Verkäuferin auf *faktische* Unmöglichkeit berufen. Erfährt die Opernsängerin kurz vor Ihrem Auftritt vom Tode eines nahen Menschen, so kann sie den Auftritt absagen wegen *psychischer* Unmöglichkeit.

8.4.2 Die Rechtsfolgen der nachträglichen Unmöglichkeit

• **Leistungsanspruch**: Entsprechend der logischen Regel, „*was nicht geleistet werden kann, muss auch nicht geleistet werden*" entfällt bei subjektiver und objektiver Unmöglichkeit die Leistungspflicht des Schuldners, der **Anspruch** des Gläubigers **erlischt** („ist ausgeschlossen"), § 275 Abs. 1 BGB. In den Fällen der faktischen und psychologischen Unmöglichkeit kann der Schuldner, wenn er will, die Leistung noch erbringen; beruft er sich aber auf sein Leistungsverweigerungsrecht, ist der Anspruch ebenfalls **ausgeschlossen**, § 275 Abs. 2, 3 BGB.

• **Gegenleistungsanspruch**: Wo es keinen Leistungsanspruch des Gläubigers mehr gibt, kann es auch keinen Zahlungsanspruch des Leistungsschuldners mehr geben. Deshalb **entfällt** bei Unmöglichkeit regelmäßig der **Anspruch auf die Gegenleistung**, § 326 Abs. 1 BGB. Lediglich bei einer **Verantwortlichkeit** des Zahlungsschuldners für die Ursache der Unmöglichkeit oder wenn er in **Annahmeverzug** ist, muss er den vereinbarten Preis zahlen, ohne eine Leistung zu erhalten, §§ 326 Abs. 2, 293 BGB.

> **Beispiel:**
> Ist der gekaufte Hund Hector vor Übereignung verstorben, kann und muss er nicht mehr übereignet werden, § 275 Abs. 1 BGB. Der Käufer muss aber auch nicht den vereinbarten Kaufpreis zahlen, § 326 Abs. 1 BGB. Dies wäre anders, wenn der Käufer den Hund heimlich vergiftet hätte, sodass er nun nicht mehr (lebendig) übereignet werden kann. Hier bleibt der Käufer den Kaufpreis schuldig, § 326 Abs. 2 BGB.

Exkurs:

Dem Ausschluss von Leistungs- und Gegenleistungspflicht nach §§ 275, 325 BGB ist die Frage vorgelagert, ob nicht *vor Eintritt der Unmöglichkeit* das **Risiko des zufälligen Untergangs** und der Verschlechterung des Leistungsgegenstandes bereits auf den **Vertragspartner** übergegangen war. Die „**Gefahrtragung**" befasst sich einerseits mit der „**Sachgefahr**", also der Frage, ob der Schuldner bei Untergang der Leistung erneute Leistungsanstrengungen erbringen muss oder nicht, andererseits mit der „**Preisgefahr**", die das Risiko beschreibt, trotz Ausbleiben der Leistung den Preis zahlen zu müssen: Bei der **Bringschuld** trägt der Verkäufer einer Ware die „Gefahr" bis zur „Übergabe" der Ware am Erfüllungsort, also am **Sitz des Gläubigers**, bei der **Holschuld** geht die Gefahr mit „Übergabe" am Erfüllungsort am **Sitz des Schuldners** auf den Erwerber über, § 446 BGB.

Beispiel:
Verbrennt das unter Eigentumsvorbehalt auf Ratenzahlung gelieferte Soundsystem infolge eines Brandes beim Käufers („nach Übergabe", aber vor Übereignung), so ist der Verkäufer von der *Sachgefahr* befreit, er muss keine weitere Anlage liefern, § 275 Abs. 1 BGB. Allerdings trägt der Käufer die *Preisgefahr* ab Übergabe; trotz der Regelung des § 326 BGB bleibt der Käufer also zur Ratenzahlung weiter verpflichtet, § 446 BGB.
Eine Besonderheit besteht wegen des Auseinanderfallens von Erfüllungsort und Erfolgsort bei der **Schickschuld**. Bei einem **Versendungskauf** gehen *Sach- und Preisgefahr* bereits mit Übergabe der Ware an die Transportperson am Erfüllungsort beim Verkäufer auf den Käufer über, er trägt das „*Transportrisiko*", § 447 Abs. 1 BGB. Ist der Kauf jedoch ein Geschäft zwischen Unternehmer und Verbraucher über eine bewegliche Sache (**„Verbrauchsgüterkauf**, § 474 Abs. 1 BGB), gilt diese frühzeitige Risikoverlagerung auf den Verbraucher als Käufer nur, wenn der Käufer den Transporteur aus freien Stücken heraus – ohne Vorgabe seitens des Unternehmers – beauftragt hat, § 474 Abs. 5 BGB. In der Regel verbleibt es daher auch beim Versendungskauf im B2C-Verkehr bei der Regel des § 446 BGB, wonach erst mit Übergabe der Ware an den Kunden die Gefahr auf diesen übergeht.

- **Ersatzherausgabe:** Soweit der leistungsbefreite Schuldner aufgrund der Unmöglichkeit einen Ersatz oder **Ersatzanspruch** von dritter Seite erhält, kann der Gläubiger hierauf zugreifen, schuldet dann aber auch die Bezahlung der Gegenleistung, §§ 285, 326 Abs. 3 BGB. Das sind Fälle, in denen der Schuldner etwa eine *Versicherungssumme* erhält oder bei Weiterverkauf der Ware an Dritte einen *Kaufpreisbetrag*, siehe oben Beispiel für subjektive

Unmöglichkeit. Der Gläubiger wird hierauf nur zugreifen, wenn der Ersatzanspruch höher ist als seine Gegenleistung.

• **Schadensersatz**: Da es keine Leistung gibt, gibt es auch keinen Schadensersatz *neben* der Leistung. Allerdings besteht ein Bedürfnis für ein Deckungsgeschäft („**Differenzschaden**") oder einen „**entgangenen Gewinn**" aus Weiterverkauf, weil die Leistung ausblieb. Diese Positionen können unter den Voraussetzungen der §§ 280 Abs. 1, 3, 283 BGB als Schadensersatz *statt* der Leistung vom Schuldner verlangt werden. § 283 BGB enthält keine eigenständigen Tatbestandsvoraussetzungen, die über diejenigen des § 280 Abs. 1 BGB hinausgingen. Entscheidend wird es daher im Einzelfall darauf ankommen, ob der Schuldner die Unmöglichkeit **zu vertreten** hat (z. B. Übereignung an Zweitkäufer vor Übereignung an Erstkäufer) oder nicht (z. B. Zerstörung durch unverschuldeten Brand).

• **Aufwendungsersatz**: Anstelle des Schadensersatzes statt Leistung, z. B. wenn er auf einen Deckungskauf verzichtet, kann der Gläubiger auch seinen **Vertrauensschaden** ersetzt verlangen, § 284 BGB, etwa die Miete für die in Erwartung des nun verbrannten Oldtimers bereits angemietete Garage.

• **Rücktritt**: Da bei Unmöglichkeit i. d. R. alle Leistungen entfallen, besteht eigentlich kein Bedarf für einen Rücktritt vom Vertrag. Allerdings könnte auch nur eine **Teilleistung** eines Vertrages unmöglich werden, die restliche Leistung aber möglich bleiben. Hier gibt § 326 Abs. 5 BGB mit Verweis auf § 323 BGB – unter Wegfall der Fristsetzung – ein Rücktrittsrecht bzgl. des **ganzen Vertrages**, sofern der Gläubiger am restlichen Vertrag **kein Interesse** mehr hat, § 323 Abs. 5 Satz 1 BGB. Das könnte z. B. der Fall beim Kauf eines Bauerngehöfts mit Stallungen, Scheuen und Haupthaus sein, wenn das Haupthaus abbrennt (*„unmöglich geworden"*); der Käufer dürfte an den Stallungen und an der Scheue ohne Haupthaus kein Interesse mehr haben und kann von *ganzen Vertrag* zurücktreten.

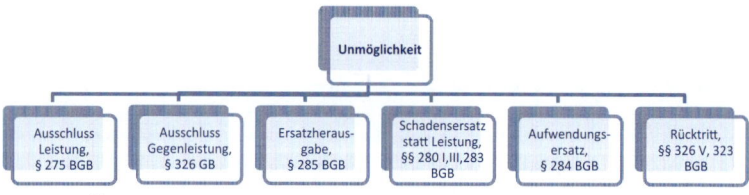

Abb. 39: Übersicht Rechtsfolgen Unmöglichkeit

8.4.3 Besonderheiten der anfänglichen Unmöglichkeit

Ist eine bestimmte Leistung **von vornherein nicht erbringbar** und kann auch nicht beschafft werden, macht eine vertragliche Verpflichtung zur Erbringung einer solchen Leistung eigentlich keinen Sinn. Dennoch erachtet der Gesetzgeber solche Verträge für **wirksam**, wickelt sie dann aber über die allgemeinen Regel der Unmöglichkeit ab, §311a Abs. 1, 275, 326 BGB: Die **Leistungspflicht** ist **ausgeschlossen**, der **Anspruch auf Gegenleistung entfällt**.

Kannte der Schuldner einer solchen unmöglichen Leistung allerdings *das Leistungshindernis* bei Vertragsschluss schon, so hat er dem Gläubiger dessen **Schaden „statt Leistung"** zu ersetzen. Lediglich bei **nicht zu vertretender Unkenntnis** kommt eine Haftung nicht in Betracht, §311a Abs. 2 BGB. §280 Abs. 1 BGB ist wegen der Sonderregelung in §311a Abs. 2 BGB auf diesen Fall nicht anwendbar. Alternativ besteht unter den gleichen Voraussetzungen ein **Aufwendungsersatzanspruch** des Gläubigers, §284 BGB.

> **Beispiel:**
> Mark verkauft Tom einen Mercedes zum Preis von 80.000 €, obwohl er weiß, dass das Fahrzeug jüngst einen irreparablen Totalschaden hatte und ein Wrack ist. Hatte Tom das Fahrzeug bereits für 85.000 € weiterverkauft, so hat er nun – wegen der Kenntnis des Mark – Anspruch auf Schadensersatz statt Leistung in Höhe von 5.000 €, §311a Abs. 2 BGB.

8.5 Die Rücksichtnahmepflichtverletzung

8.5.1 Gebot der Rücksichtnahme auf Rechtspositionen und Interessen

Anders als bei der Verzögerung, der Unmöglichkeit und beim Mangel betrifft die Rücksichtnahmepflichtverletzung *nicht* die Hauptleistungspflichten eines Vertrags. Vielmehr werden im Rahmen des vertraglichen Kontakts Rechtspositionen des Verhandlungs- oder Vertragspartners beeinträchtigt und damit Schutzpflichten, aber auch Aufklärungspflichten, verletzt. Grundlage dieser Leistungsstörung ist §241 Abs. 2 BGB, wonach in allen Phasen eines **Schuldverhältnisses** die Pflicht zur Rücksichtnahme auf die **Rechte, Rechtsgüter** und **Interessen des anderen Teils** besteht. Letztlich folgt diese Verpflichtung aus §242 BGB, wonach Leistungen so zu bewirken sind, wie **Treu und Glauben** mit Rücksicht auf die Verkehrssitte es erfordern.

8.5.1.1 Schuldverhältnis

Das Schuldverhältnis wird in §311 BGB definiert. Das klassische **rechtsgeschäftliche Schuldverhältnis** wird danach durch **Abschluss eines Vertrages** zwischen den Beteiligten begründet, §311 Abs. 1

BGB. Ab Vertragsschluss bestehen **Haupt- und Nebenleistungspflichten** und eben auch die **Rücksichtnahmepflicht** nach § 241 Abs. 2 BGB.

Da jedoch bereits in der Phase der **Vertragsanbahnung** die Individualsphären der Verhandlungspartner aufeinander treffen, ist es gerechtfertigt, dass schon vor Vertragsschluss auf die gegenseitigen Rechte und Interessen geachtet wird. Daher soll auch schon mit Vertragsanbahnung ein „**vorvertragliches**" Schuldverhältnis entstehen, das noch keine Haupt- und Nebenleistungspflichten, aber die Schutzpflichten nach § 241 Abs. 2 BGB kennt, § 311 Abs. 2 BGB:

Mit Aufnahme von **Vertragsverhandlungen** entsteht ein vertragsähnliches Vertrauensverhältnis, § 311 Abs. 2 Nr. 1 BGB, aber auch bei einseitigen Maßnahmen zur **Anbahnung eines etwaigen Vertragsschlusses**, etwa durch Betreten von fremden Geschäftsräumen, wird dem Gegenüber die Möglichkeit zur **Einwirkung auf Rechtspositionen** des Kunden gewährt, § 311 Abs. 2 Nr. 2 BGB. Und schließlich gibt es auch dort Berührungspunkte, wo gar kein Vertragsschluss beabsichtigt wird, aber dennoch **Sonderverbindungen** aufgrund von **Geschäftskontakten** bestehen, etwa bei gemeinsamen Berechtigungen wie zwischen Wohnungseigentümern, oder **nach Abwicklung** eines Vertragsverhältnisses, § 311 Abs. 2 Nr. 3 BGB, vgl. Abb. 32.

Schließlich kann ein vertragsähnliches Schuldverhältnis auch zu „**vertragsnahen**" **Dritten** entstehen, die nicht selbst Vertragspartei werden wollen, z. B. der 5-jährige Sohn der Kundin, der im Kaufhaus auf glattem Boden ausrutsch und sich das Bein bricht, § 311 Abs. 3 Satz 1 BGB. Gleiches gilt für Personen, die in besonderem Maße **Vertrauen** für sich in Anspruch nehmen, dadurch den **Vertragsschluss erheblich beeinflussen** und ein **eigenes wirtschaftliches Interesse** verfolgen wie z. B. das provisionsberechtigte Verkaufspersonal, § 311 Abs. 3 Satz 2 BGB.

8.5.1.2 Rücksichtnahmepflichten

§ 241 Abs. 2 BGB schützt die Rechte, Rechtsgüter und Interessen des anderen.

Unter **Rechtsgütern** sind vor allem die in § 823 Abs. 1 BGB genannten *Individualrechtsgüter* zu verstehen, also Leben, Körper, Gesundheit, Freiheit oder Eigentum. Sie sind *unmittelbar* gegen Verletzung **geschützt**, aber innerhalb eines Vertragsverhältnisses auch *mittelbar,* etwa insoweit, als ein Maschinenlieferant über den sicheren Umgang mit seinem Produkt **aufklären** muss (Betriebsanleitungen, Gefahrenhinweise etc.). **Rechte** umfassen Positionen wie das *Allgemeine Persönlichkeitsrecht* oder *Urheberrechte.* Und selbst wo keine Rechtsposition besteht, sind schon die **Interessen** des Partners, etwa Verschwiegenheit bzgl. der im Rahmen des Geschäftskontakts ausgetauschten Informationen zu *Geschäftsgeheimnissen*, zu achten.

Beispiele:
Der Heizungsbauer beschädigt fremdes *Eigentum*, wenn er mit nassen Dreckschuhen den Veloursteppich des Kunden betritt; wird der Kunde über Stunden wegen mangelnder Wartung im Lift des Kaufhauses eingeschlossen, so ist dessen *Freiheit* verletzt; rutscht der Kunde auf feuchtem Boden im Ladengeschäft aus und bricht sich ein Bein, weil keine Warnschilder aufgestellt waren, ist sein *Körper* verletzt. Raucht der Maler beim Streichen der Wände, so ist zumindest das *Interesse* des Auftraggebers an frischem Geruch innerhalb seiner Wohnung verletzt; gibt der Zulieferer die im Rahmen der gemeinsamen Entwicklung einer Komponente vom Auftraggeber preisgegebene technische, durch Patent geschützte Details an die Konkurrenz weiter, so liegt eine *Rechtsverletzung* vor.

Soweit sich eine solche Pflichtverletzung auf das **vorvertragliche Stadium** bezieht, § 311 Abs. 2 BGB, nennt man dies auch „**Culpa in Contrahendo**" („Verschulden bei Vertragsschluss), wo die Pflichtverletzung die **Abwicklungsphase eines Vertrages** betrifft, § 311 Abs. 1 BGB, wird das manchmal auch als „Schlechterfüllung" oder als „**positive Vertragsverletzung**" bezeichnet. Da diese Begriffe eher vernebelnd als erhellend sind, zumal auch der „Mangel" als „Schlechterfüllung" angesehen wird, wird die Verletzung von Pflichten zur Rücksichtnahme hier mit dem Gesetzeswortlaut einheitlich als **vorvertragliche** oder **vertragliche Rücksichtnahmepflichtverletzung** bezeichnet.

 Übung:
Suchen Sie in Internet über eine Suchmaschine „Motorsäge Sicherheitsbroschüren", sehen Sie sich solche Sicherheitsbroschüren an und überlegen Sie sich, weshalb ein Motorsägenhersteller solche Sicherheitshinweise bereitstellt. Benennen Sie weitere „gefährliche" Maschinen und suchen Sie im Internet nach Schutzmaßnahmen der Hersteller!

8.5.2 Rechtsfolgen der Rücksichtnahmepflichtverletzung

- **Schadensersatz neben Leistung**: Da sich die Rücksichtnahmepflichtverletzung nicht auf den Gegenstand der Hauptleistung bezieht, sondern eine Beeinträchtigung von *anderen* Rechten, Rechtsgütern und Interessen des Verhandlungs- oder Vertragspartners betrifft, liegt der Schwerpunkt der Rechtsfolgen auf **Wiedergutmachung des –neben der Leistung – entstandenen Schadens** am verletzten Rechtsgut, § 280 Abs. 1 BGB. Ist der *Schaden* in einem

Schuldverhältnis durch *Rücksichtnahmepflichtverletzung* bzgl. der genannten *Rechtspositionen* eingetreten und hat der Schuldner dies *zu vertreten*, so bedarf es keiner weiteren Voraussetzungen, um den Schaden nach allgemeinen Grundsätzen zu liquidieren, z. B. Ersatz der beim Möbeltransport durch das Lieferpersonal zerschlagenen Deckenlampe.

- **Rücktritt**: In manchen Fällen kann die Rechtsgutverletzung so bedeutend sein, dass das Vertrauen an der vertragsmäßigen weiteren Erfüllung verloren gegangen ist. Ist dem Gläubigerin solchem Fall die **Vertragsfortführung nicht mehr zumutbar**, kann er den Rücktritt mit der Folge der Rückabwicklung des Vertrages erklären, §§ 324, 346 BGB, z. B. kommt ein Maler der mehrfachen Bitte, das Rauchen im frisch gestrichenen Zimmer zu unterlassen, nicht nach, kann die Fortführung der Malerarbeiten beendet werden.

- **Schadensersatz statt Leistung / Aufwendungsersatz**: Gerade in Fällen des Rücktritts vom Vertrag infolge Rücksichtnahmepflichtverletzung bedarf die unterbrochene Vertragserfüllung einer Fortführung durch Dritte. Sollten hierdurch Mehrkosten entstehen, so kann der Gläubiger vom Schuldner, der den Vertragsrücktritt zu *verantworten* hat, § 276 BGB, unter den Voraussetzungen des § 280 Abs. 1 BGB Schadensersatz statt der Leistung verlangen, wenn die Leistung dem Gläubiger *nicht mehr zuzumuten* ist, §§ 280 Abs. 1, 3, 282 BGB. Alternativ besteht wieder der Aufwendungsersatzanspruch nach § 284 BGB. Im vorigen Fall heißt das, dass der entlassene Maler die evtl. zur Beendigung der Malerarbeiten notwendigen Mehrkosten des neuen Malers zahlen muss.

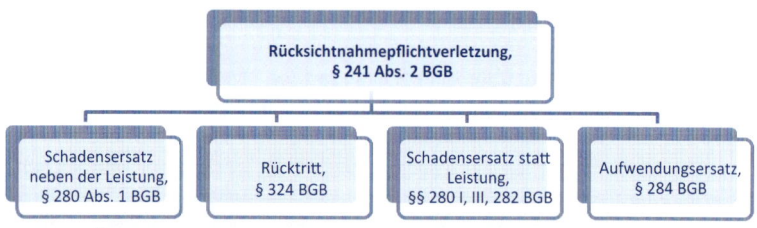

Abb. 40: Übersicht Rechtsfolgen Rücksichtnahmepflichtverletzung

8.6 Der Mangel

Während die Leistungsstörungen Verzögerung, Unmöglichkeit und Rücksichtnahmepflichtverletzung vom Gesetzgeber allgemein für alle Verträge im Allgemeinen Teil des BGB geregelt wurden, finden sich die Vorschriften über **Mängel** an Gegenständen im **Besonderen Teil des BGB** bei den einzelnen Vertragstypen, so in § 434 ff. BGB für den Kauf, in §§ 633 ff. BGB für den Werkvertrag oder in §§ 536 ff. für den Mietvertrag.

Dort sind auch **spezifische Rechtsfolgen** wie „Nacherfüllung" oder „**Minderung**" geregelt. Für Rücktritt oder Schadensersatz allerdings wird wieder weitgehend auf die allgemeinen Regeln der §§ 280 ff., 323 ff. BGB zurückgegriffen.

Die Vorschriften über die gesetzlichen Rechtsfolgen bei Mängeln nennt man auch das „**Gewährleistungsrecht**". Von der „Gewährleistung" ist die vertragliche Begründung von *weitergehenden Ansprüchen* durch „**Garantien**" zu unterscheiden. Auch hierzu finden sich Regelungen im Recht des Kaufs, § 443 BGB.

Die Darstellung der Leistungsstörung „Mangel" erfolgt daher exemplarisch in Kapitel 10 bei den „Rechtsfragen der Beschaffung" durch „Kauf".

8.7 Störung und Wegfall der Geschäftsgrundlage

Jedem Vertrag liegen unausgesprochen **Umstände** zugrunde, die von beiden Parteien als sicher und selbstverständlich angenommen werden und auf deren Grundlage ein Vertrag geschlossen wird. Ändern sich solche Umstände nach Vertragsschluss so **schwerwiegend**, dass die Parteien den Vertrag bei neuer Sachlage **so nicht geschlossen** hätten und ein unverändertes **Festhalten am Vertrag unzumutbar** erscheint, kann **Anpassung des Vertrages** verlangt werden, § 313 BGB. Wo eine Anpassung **nicht möglich** oder zumutbar ist, kann der benachteiligte Teil **zurücktreten**, § 313 Abs. 3 BGB.

> **Beispiele:**
> Bauunternehmer Buddel vereinbart mit Bauherr Klein, für 700.000 € schlüsselfertig ein Haus zu errichten. Im Verlauf der Bauarbeiten tritt vorher nicht erkennbarer starker Grundwasserbefall in der Baugrube auf, die Pumpleistungen über 70.000 € erforderlich machen. Hier kann Buddel wegen *Störung der Geschäftsgrundlage* Anpassung des Preises verlangen, weil er sich bei Kenntnis dieser Situation nicht auf 700.000 € eingelassen hätte, sondern 770.000 € verlangt hätte, und auch Klein hätte sich darauf einlassen müssen.
>
> Vermietet Huber seinen Balkon am Marktplatz von Stuttgart am 20.07. an einen Zeitungsreporter für 1.000 € zur Berichterstattung über den Besuch der britischen Königin im Rathaus – und entfällt der Besuch, so bringt eine Anpassung der Mietvertrages nichts, der Reporter kann wegen *Wegfalls der Geschäftsgrundlage* zurücktreten.

8.8 Verjährung

8.8.1 Wesen und Rechtsfolgen

Definition:
Die Verjährung berechtigt den Schuldner eines Anspruchs, die Erfüllung dauerhaft zu verweigern.

Die Verjährung ist keine klassische Leistungsstörung, vielmehr ist sie eine vom Schuldner zu erhebende **Einrede**, die ihm das Recht gibt, die Erbringung einer offenen Vertragsleistung **dauerhaft zu verweigern**, § 214 Abs. 1 BGB. Wird sie nicht erhoben, ist der Verjährungseintritt nicht erheblich. Lediglich **Ansprüche** unterliegen der Verjährung, keine absoluten Rechte, vgl. § 194 Abs. 1 BGB. Dabei ist beachtlich, dass der „verjährte Anspruch" **nicht erlischt**, sondern nach **ausdrücklicher Erhebung der Einrede** der Verjährung durch den Schuldner – auch vor Gericht – vom Gläubiger **nicht mehr zwangsweise durchgesetzt** werden kann. Die Verjährung bietet also lediglich ein Leistungsverweigerungs*recht*. Wer trotz Eintritts der Verjährung auf eine offene Forderung noch leisten möchte, kann dies tun; folgerichtig ist das Geleistete dann aber nicht zurückforderbar, § 214 Abs. 2 BGB.

Die Verjährung tritt nach Ablauf einer bestimmten Frist ein („Verjährungsfrist"), wann sie endet hängt davon ab, wann die Frist beginnt („Verjährungsfristbeginn") und ob der Lauf der Verjährungsfrist zwischendurch „gehemmt" wurde oder sogar „neu begonnen" hat.

8.8.2 Die Verjährungsfrist

Die **regelmäßige** Verjährungsfrist beträgt **drei Jahre**, § 195 BGB. Sie gilt immer dann, wenn in den §§ 196, 197 BGB keine abweichenden Fristen geregelt sind: Für Ansprüche auf **Eigentumsübertragung an einem Grundstück** und ähnliche Grundstücksrechte gilt eine Verjährungsfrist von **10 Jahren**, § 196 BGB. Weitere Ansprüche auf **Schadensersatz wegen vorsätzlich begangener Personenschäden**, **Eigentumsherausgabeansprüche, rechtskräftig in einem Urteil „titulierte" Ansprüche** und andere verjähren erst in **30 Jahren**, § 197 BGB.

8.8.3 Der Verjährungsfristbeginn

Die *regelmäßige* Verjährungsfrist beginnt mit dem **Schluss des Jahres**, in dem der fragliche **Anspruch entstanden** ist, also mit Ablauf des 31.12., und in dem der Gläubiger von der **Person des Schuldners** und den **die Forderung begründenden Umständen Kenntnis** erlangt bzw. grob fahrlässig keine Kenntnis erlangt hat, § 199 Abs. 1 BGB.

> **Beispiel:**
> Der in Australien lebende Emil hat erst am 15.04.2017 davon erfahren, dass er durch Testament des am 10.10.2013 verstorbenen Onkels Edi 100.000 € als Vermächtnis erhalten soll. Die regelmäßige Verjährungsfrist von 3 Jahren beginnt eigentlich mit Ablauf des Jahres 2013, dem Jahr der Entstehung des Anspruchs durch Tod des Edi. Da Emil jedoch erst im April 2017 vom *Tod* des Eid, vom *Vermächtnis* und vom *Erben Erwin*, der das Vermächtnis erfüllen muss, erfahren hat, beginnt die dreijährige Verjährungsfrist erst mit Ablauf des 31.12.2017 und endet am 31.12.2020.

Dabei sind **Höchstfristen** für die Geltendmachung von bestimmten Schadensersatzansprüchen, erbrechtlichen Ansprüchen und sonstigen Ansprüchen zu beachten (10 Jahre, 30 Jahre), bei denen es auf die Kenntnis des Gläubigers nicht ankommt, § 199 Abs. 2, 3, 3a, 4 BGB.

> **Beispiel:**
> Hätte Emil im obigen Beispiel erst *nach* dem 10.10.2043, also 30 Jahre nach dessen Tod, von dem Vermächtnis erfahren und seinen Anspruch geltend gemacht, wäre die Forderung verjährt gewesen.

Der Verjährungsbeginn anderer Ansprüche, die nicht der regelmäßigen Verjährungsfrist unterliegen, ist in §§ 200, 201 BGB geregelt.

8.8.4 Hemmung und Neubeginn

Der Lauf der Verjährung kann unterbrochen („Hemmung") oder sogar ganz gestoppt und neu in Gang gesetzt werden („Neubeginn").

Beim **Neubeginn** beginnt die gesamte Verjährungsfrist **nochmals erneut** zu laufen, § 212 Abs. 1 BGB. Ereignisse, die einen Neubeginn verursachen, sind ein – ausdrückliches oder konkludentes – **Anerkenntnis der Forderung durch den Schuldner**, § 212 Abs. 1 Nr. 1 BGB, oder die Beantragung oder Vornahme einer gerichtlichen bzw. **behördlichen Vollstreckungsmaßnahme** gegen den Schuldner, § 212 Abs. 1 Nr. 2, Abs. 3, 4 BGB.

> **Beispiel:**
> Werden am 2.1.2017 Malerarbeiten des Heinz bei Otto abgenommen, so beginnt die 3-jährige Verjährungsfrist des Werklohnanspruchs von Heinz erst am 31.12.2017 und läuft bis 31.12.2020. Trifft Heinz den Otto am 10.11.2019 im Supermarkt und erwidert Otto auf die offene Rechnung angesprochen, das „Geld wird bezahlt", so beginnen die drei Jahre am 10.11.2019 erneut, sodass erst mit Ablauf des 10.11.2022 Verjährung eintreten würde.

Bei der **Hemmung** wird der Lauf der Verjährungsfrist **gestoppt** und nach Ende des Hemmungstatbestands wieder **fortgesetzt**, §§ 203 ff. BGB. Der während der Hemmung verstrichene Zeitraum wird in die Verjährungsfrist also nicht eingerechnet, § 209 BGB.

Zur Hemmung des Verjährungslaufs führen vor allem **Verhandlungen über den Anspruch**, bis deren Fortsetzung verweigert wird, vgl. § 203 BGB, und **Rechtsverfolgungsmaßnahmen** wie **Klageerhebung, Zustellung eines Mahnbescheids** im gerichtlichen Mahnverfahren oder ähnliche Maßnahmen, vgl. § 204 BGB. Dabei ist für den Stopp der Verjährungsfrist die Einreichung des Antrags bei Gericht maßgebend, § 167 ZPO. Die Hemmung endet 6 Monate nach rechtskräftiger Entscheidung oder anderweitiger Beendigung des Verfahrens, § 204 Abs. 2 BGB. Weitere Hemmungstatbestände finden sich in §§ 205 bis 208 BGB.

Beispiel:
Erhebt Malermeister Otto wegen der Werklohnforderung im obigen Beispiel bei Gericht Klage am 30.12.2020, indem er an diesem Tag eine Klageschrift einwirft, so stoppt die eigentlich bis 31.12.2020 laufende Verjährungsfrist sofort. Die Verjährung wird ab diesem Tag gehemmt. Endet das Gerichtsverfahren mit einem am 10.06.2023 rechtkräftig gewordenen Urteil, so würde die Hemmung 6 Monate nach diesem Tag, also am 10.12.2023, enden. Sie liefe nun noch einen Tag weiter bis 11.12.2023. Allerdings hat am 10.06.2023 bereits die 30-jährige Verjährungsfrist für rechtskräftig titulierte Ansprüche nach §§ 197 Abs. 1 Nr. 3, 202 BGB begonnen.

8.9 Merksätze/Kontrollfragen

Merksätze
- **Schadensersatz** gibt es im **außervertraglichen Schuldrecht** aufgrund unerlaubter Handlung als auch im Vertragsrecht aufgrund **vertraglicher** oder **quaisvertraglicher Pflichtverletzung**.
- Im vertraglichen Schuldrecht lassen sich **vier Arten von Pflichtverletzungen** unterscheiden: Verzögerung, Unmöglichkeit, Mangel und Rücksichtnahmepflichtverletzung.
- **Rücksichtnahmepflichten** erstrecken sich von der Vertragsanbahnung bis zur vollständigen Vertragsabwicklung.
- **Verspätete**, **unmögliche** oder **mangelhafte Leistungen** gibt es nur in der **Erfüllungsphase** eines Vertrages.

- Standardisierte **Rechtsfolgen** bei allen Leistungsstörungen sind **Rücktritt**, **Schadensersatz** und **Aufwendungsersatz**, bei Unmöglichkeit können noch **Ersatzherausgabe**, beim Mangel noch **Nacherfüllung** und **Minderung** hinzutreten.
- Zentralnorm des vertraglichen Schadensersatzes ist § 280 Abs. 1 BGB mit vier Voraussetzungen.
- Das **Vertretenmüssen** umfasst neben Vorsatz und Fahrlässigkeit auch die Garantiezusage und die Übernahme eines Beschaffungsrisikos, es gilt eine **Beweislastumkehr**.
- Beim **Schadensersatz** wird zwischen solchem **neben der Leistung** und solchem **statt der Leistung** unterschieden.
- Die **Schadensersatzanspruchsgrundlagen** variieren je nach Art der Pflichtverletzung auf Basis des § 280 Abs. 1 BGB, welcher um weitere Normen ergänzt wird.
- **Verzögerung** ist Nichtleistung trotz Fälligkeit und fortbestehender Leistungsmöglichkeit.
- Die Rechtsfolgen der Verzögerung setzen eine **Fristsetzung** voraus, Schadensersatz neben der Leistung ist nur als Verzugsschaden möglich.
- **Verzug** tritt ein durch Mahnung, vertragliche Kalenderfälligkeit oder bei Geldforderungen 30 Tage nach Fälligkeit und Rechnungszugang.
- Die wesentliche Rechtsfolge des Verzuges ist der Ersatz von **Verzugsschaden** und **Verzugszinsen**.
- **Vertragsstrafen** sind mit Eintritt des Verzuges verwirkt.
- **Gläubigerverzug** führt im Wesentlichen zu **Haftungserleichterungen** des Schuldners.
- **Unmöglichkeit** der Leistung ist eine dauerhafte Leistungsstörung.
- Je nach Zeitpunkt des die Unmöglichkeit auslösenden Umstandes gibt es **nachträgliche** und **anfängliche** Unmöglichkeit, die im Bereich des Schadensersatzes unterschiedlichen Regeln folgen.
- Bei allen Arten der Unmöglichkeit (subjektiv, objektiv, faktisch, psychisch) entfallen der **Leistungsanspruch** sowie der Anspruch auf die **Gegenleistung**, die übrigen Rechtsfolgen entsprechen – außer eines Ersatzherausgabeanspruchs – dem Standard.
- Bei der Gefahrtragung ist zwischen **Sach- und Preisgefahr** zu unterscheiden.
- Abweichend von der Regelung des § 326 BGB kann bei Unmöglichkeit eine abweichende **Regelung der Preisgefahr** greifen.
- Die Gefahr geht bei **Hol- und Bringschulden** sowie bei **Schickschulden** im Versendungskauf, der zugleich ein Verbrauchsgüterkauf ist, grundsätzlich mit Übergabe der Waren an den Gläubiger über, lediglich bei der Schickschuld im **Versendungskauf zwischen Unternehmern** trägt der Gläubiger die Transportgefahr schon ab Warenübergabe an den Transporteur.

- Rücksichtnahmepflichten beziehen sich auf die **Rechte, Rechtsgüter** und **Interessen** des Partners und gelten im **vertraglichen** wie in **vor- und nachvertraglichen Schuldverhältnissen.**
- Eine **vorvertragliche Rücksichtnahmepflichtverletzung** wird auch als „**Culpa in Contrahendo**" bezeichnet.
- Das **Gewährleistungsrecht** wegen **Mängeln** ist weitgehend bei den **Vertragstypen** im Besonderen Teil des Schuldrechts geregelt.
- **Gewährleistung** umfasst gesetzliche Ansprüche wegen Mängeln, **Garantien** beruhen dagegen auf vertraglicher Vereinbarung und gehen über die gesetzlichen Ansprüche hinaus.
- Störung oder Wegfall der **Geschäftsgrundlage** liegt bei einer wesentlichen Veränderung der dem Vertrag zugrundeliegenden **Umstände** vor und hat **Anpassung** oder **Rücktritt** zur Folge.
- **Verjährung** ist ein **Leistungsverweigerungsrecht** und wird durch **Einrede** geltend gemacht, sie führt nicht zum Erlöschen des Anspruchs, sondern beseitigt nur dessen zwangsweise **Durchsetzbarkeit.**
- Die regelmäßige **Verjährungsfrist** beträgt 3 Jahre und beginnt am **Ende des Jahres** in dem der Anspruch **entstanden** ist und der Gläubiger **Kenntnis** von allen anspruchsbegründenden Umständen erhalten hat.
- Der Lauf der Verjährung kann durch **Hemmung** für eine Zeit unterbrochen werden, etwa bei Klageerhebung, bei **Neubeginn** beginnt die ganze Frist erneut zu laufen, z. B. bei Anerkenntnis.

Kontrollfragen

K 1   Wie ist das Verhältnis zwischen deliktischem Schadensersatz und vertraglichem Schadensersatz? Welches sind die Anspruchsgrundlagen?

K 2   Welches sind die vier Arten von Pflichtverletzungen innerhalb rechtsgeschäftlicher Schuldverhältnisse? Wie unterscheiden sie sich?

K 3   In welchen Phasen einer Vertragsbeziehung sind welche Pflichtverletzungen möglich?

K 4   Welches sind die standardisierten Rechtsfolgen von Pflichtverletzungen, bei welchen Leistungsstörungen kommen spezifische weitere hinzu?

K 5   Bitte benennen Sie die vier Anspruchsvoraussetzungen des vertraglichen Schadensersatzes nach § 280 Abs. 1 BGB.

K 6   Was versteht man unter „Vertretenmüssen" und wer hat hierfür im Streitfall die Beweislast?

K 7   Wie sind Schadensersatz „neben der Leistung" und „statt der Leistung" definitorisch auseinanderzuhalten?

K 8   Wie ist eine Schadensersatzanspruchsgrundlage für Schadensersatz statt der Leistung zu konstruieren?

K 9   Bitte entwerfen Sie eine Grafik, in der alle Anspruchsgrundlagen für beide Schadensersatzarten in den vier Leistungsstörungen systematisch aufgeführt sind.

K 10   Worin liegt der Unterschied zwischen Verzögerung und Verzug? Welches Tatbestandsmerkmal muss hinzukommen?

K 11   Welche Rechtsfolge kann nur bei Verzug, nicht bei Verzögerung eintreten?

K 12   Will der Gläubiger bei Verzögerung oder Verzug zurücktreten, so muss er eine Frist gesetzt haben, warum? Wann ist die Fristsetzung entbehrlich?

K 13   Welche Möglichkeiten gibt es, um einen Schuldner in Verzug zu setzen? Bitte nennen Sie auch die jeweiligen Paragrafenabsätze.

K 14   Ersetzt eine Zahlungsfrist auf der Rechnung die Mahnung?

K 15   Wie muss ein Unternehmer bei Verbrauchern seine Rechnungen gestalten, wenn er auf die Mahnung oder eine Fälligkeitsvereinbarung im Vertrag verzichten will und dennoch alsbaldigen Verzugseintritt herbeiführen möchte?

K 16   Nennen Sie typische Beispiele für Verzugsschäden!

K 17   Wie hoch sind Verzugszinsen, differenzieren Sie!

K 18   Wann ist eine Vertragsstrafe verwirkt, wie und wann kann sie herabgesetzt werden?

K 19   Was ist Annahmeverzug, welches sind seine Rechtsfolgen?

K 20   Wie unterscheiden sich subjektive und objektive Unmöglichkeit von der faktischen und psychischen bzgl. des Ausschlusses der Leistungspflicht?

K 21   Wann bleibt bei Unmöglichkeit der Anspruch auf die Gegenleistung bestehen?

K 22   Muss ein Verbraucherkunde den Preis für ein Buch bezahlen, wenn ihm dieses Buch durch den Berliner Buchhändler auf seinen Wunsch nach Stuttgart durch die Post übersandt wird und das Buch aus unerklärlichen Umständen unterwegs verloren geht?

K 23   Der Kunde hat einen Gebrauchtwagen für 4.000 € gekauft, kurz vor Übergabe wird das Fahrzeug gestohlen. Die Versicherung zahlt dem Verkäufer aus einer Diebstahlversicherung 3.500 €. Kann der Kunde darauf zurückgreifen und sollte er das?

K 24   Wie unterscheiden sich die Anspruchsvoraussetzungen für Schadensersatz statt der Leistung bei anfänglicher und nachträglicher Unmöglichkeit?

K 25   Woraus leitet sich das Gebot der Rücksichtnahme ab, was umfasst es und in welchen Abschnitten einer Vertragsbeziehung gilt es?

K 26   Was versteht man unter Culpa in Contrahendo?

K 27   Wie unterscheiden sich Gewährleistung und Garantie?

K 28   Wo findet sich das Gewährleistungsrecht im BGB?

K 29   Wann liegt ein Wegfall der Geschäftsgrundlage vor und welches sind die Rechtsfolgen?

K 30   Führt die Verjährung zum Erlöschen eines Anspruchs?

K 31   Was bedeutet „Einrede der Verjährung" genau?

K 32   Wie lange ist die „regelmäßige Verjährungsfrist" und wann beginnt sie im Normalfall zu laufen?

K 33   Wie kann man eine Hemmung der Verjährung erreichen, wie einen Neubeginn? Was ist jeweils die Folge?

Unerlaubte Handlungen und Schadensrecht

9

Schäden entstehen nicht nur innerhalb, sondern auch außerhalb rechtsgeschäftlicher Beziehungen. Im außervertraglichen Schuldrecht geht es nicht um die Erfüllung vertraglicher Pflichten, sondern um die Achtung fremder Rechtsgüter. Dementsprechend sind bei Rechtsgutverletzungen aus „unerlaubter Handlung" nicht §§ 280 ff. BGB anwendbar, sondern die Vorschriften des „Deliktsrechts" in §§ 823 ff. BGB. Daneben ist eine Reihe von Spezialgesetzen wie z. B. das Produkt- und Umwelthaftungsgesetz einschlägig.

Unabhängig vom Grund der Schadensentstehung muss der Schädiger nur ursächlich durch ihn verursachte Schäden ersetzen. Dabei wird zwischen Vermögens- und Nichtvermögensschäden unterschieden. Der Umfang der Ersatzleistung bemisst sich nach dem Ausmaß des Schadens, der mit all seinen unmittelbaren und mittelbaren Folgen „in Natur" oder durch Geldleistung zu beseitigen ist.

Lernziele

Dieses Kapitel gibt Ihnen einen Überblick über die wichtigsten deliktischen Haftungstatbestände sowie über die Frage, welche Schäden in welcher Höhe ersatzfähig sind. In einzelnen können Sie

- den Zusammenhang zwischen **vertraglicher** und **deliktischer Schadensersatzhaftung** verstehen;
- zwischen **verschuldensabhängiger** Schadensersatzhaftung und **verschuldensunabhängiger Gefährdungshaftung** unterscheiden;
- die Anspruchsvoraussetzungen des **Grundtatbestandes des § 823 Abs. 1 BGB** benennen und beschreiben;
- die **Rechtswidrigkeit** ausschließenden wichtigsten **Rechtfertigungsründe** und ihre Voraussetzungen darlegen;
- die **Schuldformen** gegeneinander abgrenzen;
- die wichtigsten **Schutzgesetze** benennen, deren Verletzung zu Schadensersatz führt;
- Beispiele für eine **vorsätzliche sittenwidrige Schädigung** benennen;

- die Voraussetzungen für die Haftung eines Geschäftsherrn für **Verrichtungsgehilfen** darstellen und gegen die Haftung für **Erfüllungsgehilfen** abgrenzen;
- die Grundzüge der **Halterhaftung nach §7 StVG** und der **Produkthaftung** auf vertraglicher, deliktischer und gefährdungshaftungsrechtlicher Grundlage darlegen;
- Schäden nach **Schadensarten** differenzieren;
- die Theorien zur **Schadensursächlichkeit** gegeneinander abgrenzen und anwenden;
- die wichtigsten materiellen **Schadenspositionen** und die **Fallgruppen immateriellen Schadensersatzes** benennen;
- den Grundsatz der **Naturalrestitution** beschreiben;
- die wichtigsten **Schadensminderungspositionen** aufzeigen.

9.1 Einführung in das deliktische Schadensersatzrecht

Das **Deliktsrecht** ist das Recht der „**unerlaubten Handlungen**" in §§ 823 ff. BGB. Das außervertragliche Schuldrecht setzt kein bestehendes Schuldverhältnis zwischen Schädiger und Geschädigtem voraus, stört sich daran aber auch nicht: Daher kann eine auf einer vertraglichen Pflichtverletzung beruhende Rechtsgutverletzung zugleich auch eine unerlaubte Handlung darstellen.

Exkurs:

Während Schadensersatzhaftung aus unerlaubten Handlungen *außerhalb* von Rechtsgeschäften ausschließlich nach §§ 823 ff. BGB abzuwickeln ist, besteht für Schäden *innerhalb* rechtsgeschäftlicher Beziehungen eine **Anspruchskonkurrenz**: Neben der Schadensersatzhaftung wegen Pflichtverletzung nach § 280 BGB, z. B. Schädigung fremden Eigentums durch *Rücksichtnahmepflichtverletzung*, ist auch innerhalb vertraglicher Rechtsbeziehungen das Deliktsrecht nach §§ 823 ff. BGB anwendbar. Begründung: Was außerhalb vertraglicher Sonderverbindungen gegenüber Dritten verboten ist, ist innerhalb vertraglicher Beziehungen gegenüber Vertragspartnern erst recht nicht erlaubt. Hier kann der Gläubiger seinen Schadensersatzanspruch sowohl auf § 280 BGB als auch auf § 823 BGB stützen. Das ist häufig sinnvoll, weil die unterschiedlichen Anspruchsvoraussetzungen unterschiedlichen Beweisregeln unterliegen. Natürlich wird der Schaden am Ende aber nur *einmal* nach für vertragliche wie deliktische Verursachung gleichen Grundsätzen ersetzt.

Die Haftung für deliktische Schäden setzt im Zivilrecht grundsätzlich ein **Verschulden** des Schädigers voraus. Dementsprechend muss der Schädiger **deliktsfähig** sein, soll er zum Schadensersatz herangezogen werden, §§ 828, 829 BGB, vgl. Kapitel 2. Insoweit kennt das Gesetz zwei Formen von **Beweisregeln**: Im Normalfall muss der **geschädigte Anspruchsteller** das **Verschulden** des Täters **darlegen und beweisen**, will er Schadensersatz erhalten (**nachzuweisendes Verschulden**); in manchen Fällen ist die Beweislast jedoch umgedreht, zugunsten des Geschädigten wird das Verschulden des Schädigers vermutet (**vermutetes Verschulden**), dieser muss sich entlasten. Ausnahmsweise sieht das Gesetz jedoch von einer Verschuldenshaftung ab, wenn Personen gefahrgeneigte Anlagen betreiben oder Produkte in den Verkehr bringen. Hier gibt es eine verschuldensunabhängige **Gefährdungshaftung**.

9.2 Deliktshaftung aus unerlaubter Handlung bei nachzuweisendem Verschulden

Bei den nachfolgend besprochenen Schadensersatzanspruchsgrundlagen §§ 823 Abs. 1, Abs. 2 und § 826 BGB hat i. d. R. der **geschädigte Anspruchsteller** das **Verschulden** des Schädigers zu **beweisen**, was die Durchsetzung von Ansprüchen mitunter schwierig gestaltet, weil es sich um subjektive Tatsachen aus der Sphäre eines anderen handelt.

9.2.1 Rechtsgutverletzungen nach § 823 Abs. 1 BGB

Zentralnorm des deliktischen Schadensersatzes ist § 823 Abs. 1 BGB: Wer **Leben, Körper, Freiheit, Eigentum oder ein sonstiges Recht** einer anderen Person **verletzt** muss den daraus ursächlich entstandenen Schaden ersetzen, wenn die Tat **rechtswidrig** war und er **schuldhaft** gehandelt hat. Daraus ergeben sich die zu prüfenden Fragenkreise nach der **Verletzungshandlung** und dem **verletzten Rechtsgut**, der **Rechtswidrigkeit** und dem **Verschulden**.

9.2.1.1 Verletzungshandlung

Die Schädigungshandlung des **Täters** besteht in aller Regel aus einem **aktiven Tun**, z. B. Messerstich, Abdrücken des Abzugs einer Schusswaffe, Auffahren auf anderes Kfz. Der Schaden kann aber auch durch Nichtstun, einem sog. **Unterlassen**, herbeigeführt werden, z. B. Sturz infolge unterlassener Schneeräumung, Unfall infolge unterlassener Baustellenabschrankung, Verkehrsunfall wegen Bremsversagens infolge unterlassener Kfz-Wartung. Unterlassen ist immer dann eine **zurechenbare Schadenshandlung**, wenn eine „**Rechtspflicht zum Handeln**" bestanden hätte, eine sog. „**Garantenstellung**" gegeben ist:

- **Gesetzliche Handlungspflicht**: Halter und Fahrer sind nach §23 StVO gesetzlich verpflichtet, die Betriebssicherheit ihres Fahrzeugs zu überprüfen; Eltern müssen ihre Kinder beaufsichtigen und ernähren, §1626 Abs.1 BGB; Grundstücksanlieger müssen öffentliche Wege aufgrund der gemeindlichen Räumsatzungen gefahrlos halten.
- **Allgemeine Verkehrssicherungspflicht**: Wer „einen Verkehr" eröffnet, wie dies z.b. Unternehmer in ihrem Laden, der Gastwirte im Restaurant oder Grundstückseigentümer über die Wege tun, muss die zum Schutze der Kunden, Gäste oder Passanten nötigen Vorkehrungen treffen.
- **Vorangegangenes Tun** (Ingerenz): Wer eine Gefahrenquelle schafft, z.b. auf dem Gehweg eine Baustelle einrichtet, ist verpflichtet, alle notwendigen Maßnahmen zu treffen, damit sich die Gefahr nicht realisiert, also etwa den Gefahrenbereich gut sichtbar abschranken.

9.2.1.2 Rechtsgutverletzung

Für eine Haftung nach §823 Abs.1 BGB sind nur die in dieser Norm genannten **Rechtsgüter** einer **anderen Person** als der des Schädigers relevant:

Das **Leben** ist geschützt gegen Töten, der **Körper** darf nicht „von außen" verletzt werden, die **Gesundheit** ist gegen Krankmachen durch gezielte Ansteckung oder Vergiftung geschützt, die **Freiheit** wird vor Einschränkungen der körperlichen Bewegungsfreiheit bewahrt und das **Eigentum** ist gegen Sachbeschädigungen oder Diebstahl geschützt. Schließlich falle unter die geschützten Rechtsgüter auch „**sonstige Rechte**", die von den Gerichten jedoch nur als solche definiert sind, die *absolut* wirken, wie z.b. das **Allgemeine Persönlichkeitsrecht** (vgl. Kapitel 2), das **Recht an eigenen Namen** (vgl. Beseitigungs- und Unterlassungsanspruch nach §12 BGB) oder **am eigenen Bild** (vgl. §22 KunstUrhG), **Patent- und Urheberrechte** (vgl. PatentG, UrhG), das unternehmerische „**Recht am eingerichteten und ausgeübten Gewerbebetrieb**" (vgl. BGH NJW 2003, 1041) oder **dingliche Rechte**.

Nicht nach §823 Abs.1 BGB gegen unmittelbare Eingriffe geschützt ist das **Vermögen**.

Beispiel:
Wer von einem Händler an der Haustür einen „echten handgeknüpften Teppich" für 1.000 € kauft, der sich später als Industrieprodukt im Wert von 200 € herausstellt, hat keine Eigentumsverletzung erlitten, weil der Teppich ja nicht beschädigt wurde, er ist „unversehrt" in das Eigentum des Kunden übergegangen. Tatsächlich hat der Kunde einen Vermögens-

schaden erlitten, weil er infolge Täuschung 800 € zu viel bezahlt hat. Das begründet jedoch keinen Anspruch nach § 823 Abs. 1 BGB, weil Vermögen *nach dieser Norm* kein geschütztes Rechtsgut ist.

In Ausnahmefällen ist gar nicht der Inhaber des geschützten Rechtsguts der **Geschädigte**, sondern ein **Dritter**: Beim **Versendungskauf** geht die „Preisgefahr" nach § 447 Abs. 1 BGB schon mit Übergabe auf die Transportperson auf den Kunden über; geht die versandte Ware unter Wegs verloren, hat der Verkäufer als Noch-Eigentümer keinen Schaden, weil er den Kaufpreis trotzdem erhält. Beim Kauf unter **Eigentumsvorbehalt** geht die Gefahr mit Besitzübergabe an der Ware auf den Kunden über, § 446 BGB, das Eigentum bleibt bis zur Zahlung beim Verkäufer. Verbrennt die Ware beim Kunden, hat der Verkäufer keinen Schaden, weil er den Kaufpreis trotzdem bekommt. Für diese Fälle lässt die Rechtsprechung der Gerichte eine sog. „**Drittschadensliquidation**" zu, bei der der „Schaden zum Anspruch" gezogen wird. Die Verkäufer in den obigen Beispielen müssen also den Schaden ihrer Kunden geltend machen und den Schadensersatz an diese weiterreichen; allerdings ist auch eine **Abtretung des Anspruch** an den wahren Geschädigten möglich, vgl. § 285 Abs. 1 BGB.

9.2.1.3 Rechtswidrigkeit

Nach § 823 Abs. 1 BGB muss die Rechtsgutverletzung „**widerrechtlich**" sein, also nicht mit der Rechtsordnung in Einklang stehen. Diese **Rechtswidrigkeit** liegt bei Schädigung der genannten Rechtsgüter grundsätzlich vor, weil unsere Rechtsordnung im Strafgesetzbuch Tötung, Körperverletzung, Freiheitsberaubung, Diebstahl, Sachbeschädigung und ähnliche Taten sogar unter Strafe stellt. Bei der Fallbearbeitung kann die Rechtswidrigkeit einer tatbestandsmäßigen Rechtsgutverletzung regelmäßig **unterstellt** werden.

Nur ausnahmsweise ist eine Rechtsgutverletzung **rechtmäßig** und **erlaubt**, wenn im Einzelfall ein sog. „**Rechtfertigungsgrund**" für die Tat besteht:

- **Notwehr**: Wer sich gegen einen rechtswidrigen, gerade andauernden gegen Personen oder Sachen gerichteten Angriff eines anderen wehrt, darf die zur **Verteidigung notwendigen Maßnahmen** ergreifen und dem Angreifer selbst Schaden zufügen, § 227 BGB. Dabei darf aber das notwendige Maß der Verteidigung nicht überschritten werden, weil sonst umgekehrt ein rechtswidriger Angriff daraus wird („Notwehrexzess"). Dieses Recht wird oft von Polizeibeamten in Anspruch genommen, die ihrerseits auf Angreifer mit Gewalt reagieren müssen.

- **Einwilligung**: Ist der Verletzte mit der Verletzung seiner Rechtsgüter einverstanden, ist die Verletzung ebenfalls nicht rechtswidrig. Eine **wirksame** Einwilligung setzt jedoch voraus, dass sie **freiwillig**, bei **geistiger und sittlicher Reife** (Achtung Minderjährige!) und in **Kenntnis des Umfangs und der Folgen** der Verletzungshandlung erteilt wird. Große praktische Bedeutung hat dieser Rechtfertigungsgrund beim *ärztlichen Heileingriff* von der Zahnbehandlung bis zum chirurgischen Eingriff sowie bei Anbringung von *Tatoos und Piercings*. Hier hat der Behandler eine umfassende und verständliche **Aufklärung** über die geplanten Maßnahmen und ihre Folgen zu erteilen, bevor der Patient wirksam einwilligen kann. Fehlt es an der notwendigen Aufklärung und einer wirksamen Einwilligung, sind die Eingriffe rechtswidrig und führen zu Schadensersatz. Wo der Patient in Notfällen nicht in der Lage ist, einzuwilligen, darf vom seinem mutmaßlichen Willen ausgegangen werden (sog. „mutmaßliche Einwilligung").

- **Wahrnehmung berechtigter Interessen**: Eingriffe in Persönlichkeitsrechte durch journalistische Pressekritiken, Leistungsbeurteilungen oder Warentests sind rechtmäßig, wenn die Äußerungen durch **berechtigte Interessen**, etwa der Öffentlichkeit an objektiver Berichterstattung, oder die **Meinungsfreiheit** gedeckt sind, solange der **Wahrheitsgehalt** der Aussage überprüft und die **Form der Äußerung** nicht zu beanstanden ist.

9.2.1.4 Verschulden

Zu den Tatbestandsvoraussetzungen des § 823 Abs. 1 BGB gehört die schuldhafte Begehung der Tat mit **Vorsatz** oder **Fahrlässigkeit** als den beiden **Schuldformen**.

Unter Vorsatz versteht man „**Wissen und Wollen**" der Tat im Bewusstsein der Rechtwidrigkeit. Das umfasst sowohl den „**direkten Vorsatz**", also die **Absicht**, als auch das bewusste **Inkaufnehmen** (sog. **bedingter Vorsatz** oder **Eventualvorsatz**).

> **Beispiel:**
> Der innenstädtische Raser beabsichtigt zwar keinen Verkehrsunfall oder Schadensfolgen bei Passanten, er nimmt sie aber billigend in Kauf, sollten sie passieren.

Demgegenüber ist die **Fahrlässigkeit** die unachtsame **Außerachtlassung der im Umgang mit anderen in einer konkreten Situation erforderlichen Sorgfalt**, § 276 Abs. 2 BGB. Dabei wird je nach dem Grad des Sorgfaltsverstoßes zwischen **grober** und **leichter Fahrlässigkeit** differenziert. Die Zuordnung ist im Einzelfall schwierig.

Prüfungsschema für § 823 Abs.1 BGB		
Tatbestandsmäßige Rechtsgutverletzung	Rechtswidrigkeit, kein Rechtfertigungsgrund	Verschulden i.F. von Vorsatz oder Fahrlässigkeit

Abb. 41: Prüfungsschema § 823 Abs. 1 BGB

9.2.2 Verletzung von Schutzgesetzen nach § 823 Abs. 2 BGB

Außer im **Strafgesetzbuch** werden in diversen anderen Gesetzen die Rechtsgüter der Bürger geschützt, etwa im Arzneimittelgesetz, im Arbeitsschutzgesetz, im Bundesdatenschutzgesetz, in der Trinkwasserverordnung, im Waffengesetz etc.

> **Übung:**
> Sehen Sie sich im Palandt, BGB-Kommentar, bei § 823 BGB zu Absatz 2 unter 6. f) die dort aufgelisteten Schutzgesetze an.

§ 823 Abs. 2 BGB verpflichtet denjenigen, der gegen den **Schutz eines anderen bezweckendes Gesetz verstößt** zum Schadensersatz, ohne dass hier bestimmte Rechtsgüter benannt wären. Das Schutzgesetz muss aber das Opfer gerade vor einer solchen Schädigung schützen wollen („**Schutzzweck der Norm**"). Wäre durch Gesetzesbefolgung der Schadenseintritt wohl vermieden worden, so liegt adäquate Kausalität vor. Wegen des **Verschuldens** kommt es auf den Willen der Tatbestandsverwirklichung des Schutzgesetzes durch den Täter an.

> **Beispiel:**
> Bei obigen Beispiel des Teppichkaufs unter der Haustür war zwar kein Tatbestandsmerkmal des § 823 Abs. 1 BGB verletzt, jedoch hat der Täter den Tatbestand des **Betrugs** nach § 263 StGB erfüllt: „Wer in der Absicht, sich oder einem Dritten einen *rechtswidrigen Vermögensvorteil* zu verschaffen, das Vermögen eines anderen dadurch beschädigt, dass er durch *Vorspiegelung falscher* oder durch Entstellung oder Unterdrückung wahrer *Tatsachen* einen Irrtum erregt oder unterhält, wird mit Freiheitsstrafe bis zu fünf Jahren oder mit Geldstrafe bestraft." Daneben hat er dem Kunden wegen Verstoß gegen das Schutzgesetz § 263 StGB nach § 823 Abs. 2 BGB seinen *Vermögensschaden* zu ersetzen, weil § 263 StGB ja gerade das *Vermögen* anderer schützen will.

9.2.3 Vorsätzliche, sittenwidrige Schädigung nach § 826 BGB

Unabhängig vom verletzten Rechtsgut (also auch Vermögen) sanktioniert § 826 BGB Schädigungen, wenn sie in einer **gegen das allgemeine Anstandsgefühl verstoßenden Weise vorsätzlich** begangen werden. **Mittel und Zweck der Schadenszufügung** sind hier **verwerflich.**

Beispiele:

Der Gutachter schätzt den Wert eines Grundstücks wissentlich zu hoch ein, um dem finanzschwachen Auftraggeber eine weitere Kreditaufnahme durch die auf die Richtigkeit des Gutachtens vertrauende Bank zu ermöglichen, die das Grundstück daraufhin über eine Hypothek gesichert höher beleiht, als dies bei zutreffender Wertermittlung geschehen wäre, und so geschädigt wird.

Ein Arbeitgeber stellt seinem wegen grober Unfähigkeit entlassenen Mitarbeiter ein überschwänglich gutes Zeugnis aus, damit dieser bei der Konkurrenz eine Anstellung finden und diese damit schädigen kann.

Ohne Inhaber einer Forderung zu sein erwirkt jemand gegen einen anderen eine Vollstreckungsbescheid im gerichtlichen Mahnverfahren während dessen 6-wöchigen Urlaubs, um nach Rechtskraft des Titels die Forderungssumme vollstrecken zu können, ohne dass sich der „Schuldner" prozessual noch wehren könnte.

9.3 Deliktshaftung aus unerlaubter Handlung bei vermutetem Verschulden

Anders als bei § 823 BGB gibt es Haftungstatbestände, bei denen der Gesetzgeber *schuldhaftes Handeln* des Schädigers – zugunsten des Geschädigten – *unterstellt*. So ist es z. B. bei der Haftung von Geschäftsherrn für ihre **Verrichtungsgehilfen** nach § 831 BGB oder der Haftung von **Aufsichtspflichtigen** für Schäden, die die Beaufsichtigten anrichten, § 832 BGB.

Beispielhaft soll die **Haftung für Verrichtungsgehilfen nach § 831 BGB** dargestellt werden:

Wer als „**Geschäftsherr**" eine andere, ihm gegenüber **weisungsabhängige Person** zur **Vornahme einer bestimmten Tätigkeit** („**Verrichtung**") bestellt, muss für den Schaden, den diese Person („**Verrichtungsgehilfe**") **bei Ausführung** der übertragenen Tätigkeit (und nicht nur bei Gelegenheit der Ausführung) bei **Dritten widerrechtlich** anrichtet, aufkommen, § 831 Abs. 1 Satz 1 BGB. Dabei wird dem Geschäftsherrn unterstellt, dass er offenbar bei der **Auswahl der bestellten Person** und, sofern er **Gerätschaften zu beschaffen** oder die **Ausführung der Tätigkeit des Verrichtungsgehilfen zu** überwachen hatte, nicht die **erforderliche Sorgfalt** hat walten lassen, weil sonst der Schaden ja nicht passiert wäre! Damit wird ein **Verschulden des Geschäftsherrn**, nicht der Verrichtungsgehilfen, zugunsten des Geschädigten **angenommen.**

Dementsprechend muss sich der **Geschäftsherr** von dem vermuteten Verschulden „**exkulpieren**" und beweisen, dass er die Auswahl der Person für die spezifische Tätigkeit, deren Instruktion und deren Überwachung sorgfältig durchgeführt hat oder der Schaden auch bei entsprechender Sorgfalt eingetreten wäre, § 831 Abs. 1 Satz 2 BGB. Gelingt ihm das nicht, so haftet er („**Beweislastumkehr**").

Beispiel:

Der angestellte und damit *weisungsabhängige* Malergeselle zerstört beim Kunden seines Chefs aus Unachtsamkeit die Deckenlampe, gegen die er mit der Leiter stößt. Das ist ein *widerrechtlich* angerichteter *Schaden* bei *Dritten*, und zwar *bei Ausführung* der beauftragten Tätigkeit „Decke streichen". Hätte der Geselle *bei Gelegenheit* der Malerarbeiten aus dem Nebenzimmer des Kunden dessen Geldbörse gestohlen, wäre das kein Fall der Haftung des Geschäftsherrn. Im Grundfall wird angenommen, dass der Geschäftsherr den Gesellen nicht sorgfältig ausgewählt und ihn nicht ausreichend auf den Umgang mit Leitern in Zimmern hingewiesen bzw. überwacht hat. Der Geschäftsherr kann das wohl schwer nur widerlegen.

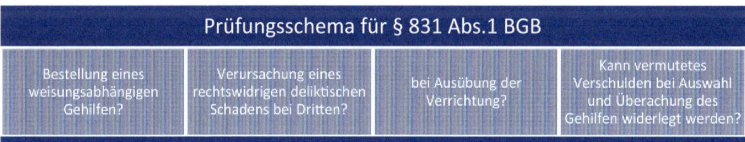

Abb. 42: Prüfungsschema § 831 Abs. 1 BGB

Exkurs:

Neben dem **Geschäftsherrn** nach § 831 BGB (eigenständige Anspruchsgrundlage) haftet der **Verrichtungsgehilfe** selbst natürlich als **Täter** im Rahmen des § 823 BGB. Sollten bei Schädigung zwischen dem Geschäftsherrn und dem geschädigten Dritten sogar noch ein **Schuldverhältnis** bestanden haben, so haftet der Geschäftsherr als Vertragspartner wegen **Pflichtverletzung** und Verschulden seines **Erfüllungsgehilfen** auch noch auf Grundlage der §§ 280, 278 BGB. Dem Geschädigten stehen also **zwei Haftungsschuldner** gegenüber, die er auf Basis dreier *Anspruchsgrundlagen* in Anspruchskonkurrenz in Anspruch nehmen kann. Der Geschädigte kann beide Schuldner (Geschäftsherrn und Mitarbeiter) gleichzeitig und jeweils in voller Höhe in Anspruch nehmen, den Schaden bekommt er allerdings in Summe nur einmal ersetzt; die beiden haften als „**Gesamtschuldner**" nach § 432 Abs. 1 BGB. Zahlt einer der beiden, etwa der Geschäftsherr, so kann er im Innenverhältnis zum Mitarbeiter ggf. nach § 426 BGB Ausgleich verlangen.

Ggf. Regress,
§ 426 I BGB

Haftung:
Geschäftsherr als
Vertragspartner für
Erfüllungsgehilfen,
§§ 280, 278 BGB
(keine Exkulpierung)

Geschäftsherr für
Verrichtungsgehilfen,
§ 831 BGB
(ggf. Exkulpierung)

Haftung:
Gehilfe selbst,
§§ 823 ff. BGB

konkurrieren-
de Ansprüche
des
Geschädigten,
§ 432 BGB

Abb. 43: Anspruchskonkurrenz zwischen Ansprüchen gegen Geschäftsherrn und Gehilfen

9.4 Gefährdungshaftung ohne Verschulden

Wer bestimmte **Tiere, Maschinen** und **Anlagen** unterhält oder **Produkte** in Verkehr bringt, schafft damit ein erhöhtes Risiko für andere: Der Betrieb von Kraftfahrzeugen und Eisenbahnen (große Masse bei hoher Geschwindigkeit) kann für Dritte gefährlich sein, ebenso das Halten von Kampfhunden. Wer Produkte in den Verkehr bringt, kann z. B. durch verunreinigte Lebensmittel, gefährliche Elektrogeräte oder gifthaltige Textilien, Gefahren für die Kunden schaffen. Und wer Kraftwerke, Chemiefabriken oder Müllverbrennungsanlagen unterhält, riskiert massive Umweltschäden, die jedermann betreffen. Dementsprechend hat der Gesetzgeber eine **verschuldensunabhängige Haftung** dieser Halter, Betreiber oder Produzenten für von ihren Anlagen oder Produkten ausgehenden Schäden normiert, die sog. „**Gefährdungshaftung**".

 Übung:

Verschaffen Sie sich einen Überblick über die Haftung nach dem Haft-pflG, dem StVG, dem LuftVG, dem AtomG, dem ProdHG und dem UmweltHG und finden Sie heraus, für welche Anlagen jeweils verschuldensunabhängig gehaftet wird.

Beispielhaft soll auf die Kraftfahrzeughalter-Haftung und die Produkthaftung eingegangen werden.

9.4.1 Die Haftung des Kfz-Halters nach § 7 StVG

Wird **beim Betrieb** eines **Kraftfahrzeugs** oder eines Kfz-Anhängers ein **Mensch getötet**, der **Körper** oder die **Gesundheit** eines Menschen **verletzt** oder eine **Sache beschädigt**, so ist der Halter verpflichtet, dem Verletzten den daraus entstehenden Schaden zu ersetzen, § 7 StVG. Die Tatbestandsmerkmale „Verschulden", „Vorsatz", „Fahrlässigkeit" fehlen! Der **Halter**, der ein Fahrzeug für eigene Rechnung gebraucht und auch die Verfügungsgewalt hat (Eigentümer, aber auch Leasingnehmer), hat für Personen- und Sachschäden, die aufgrund **der Betriebsgefahr** des Fahrzeugs (also im Zusammenhang mit dem Fahren vom Beladen bis zum Abstellen des Fahrzeugs) verursacht werden, auch ohne Verschulden an der Schadensentstehung zu haften.

Lediglich bei **höherer Gewalt** ist die Haftung des Halters ausgeschlossen, z. B. Naturkatastrophe, § 7 Abs. 2 StVG. Das Versagen technischer Vorrichtungen des Fahrzeugs selbst wird nicht als höhere Gewalt angesehen. In § 12 StVG sind **Höchstbeträge** für Personenschäden in Höhe von 5 Mio. €, für Sachschäden in Höhe von 1 Mio. € vorgesehen.

Kommt zur verschuldensunabhängigen Betriebsgefahr noch eine **individuelle Schuld des Fahrers**, wird sie zum Haftungsanteil aus der Betriebsgefahr hinzugerechnet, vgl. § 18 StVG.

> **Beispiel:**
> Bei Kreuzungsunfällen zweier Fahrzeuge haften beide Halter mit ca. 25 % wegen ihrer verschuldensunabhängigen Betriebsgefahr. Hat Fahrer A ein Vorfahrtachten-Schild überfahren und Fahrer B war zu schnell unterwegs, so werden die Verursachungsbeiträge der beiden zur Betriebsgefahr addiert. Dabei könnte A mit einer Quote von (25+30) 55 % haften, B mit einer Quote von (25 +20) 45 %.

9.4.2 Die Produkthaftung

Die Haftung für fehlerhafte Produkte kann auf verschiedene Weise begründet werden:
- **Vertragsrecht**: Wo zwischen Hersteller und Groß- bzw. Einzelhändler oder zwischen Händler und Endverbraucher eine **vertragliche Beziehung** besteht, haftet der Verkäufer seinem Kunden wegen Pflichtverletzung für **Mängel eines Produkts** auf Nacher-

füllung, §§ 437 ff. BGB, bei Verschulden der Mangelhaftigkeit auch für Mangelfolgeschäden, § 280 BGB.

- **Allgemeines Deliktrecht**: Fehlt es an einer rechtsgeschäftlichen Beziehung, etwa zwischen Endverbraucher und Kunde, gibt es keine vertraglichen Mängelrechte. Verursachen mangelhafte Produkte jedoch beim Nutzer eines Produkts einen Schaden, so können **deliktsrechtliche Ansprüche** nach **beiden Absätzen des** § 823 BGB bestehen, wenn den Verursacher ein **Verschulden** trifft.

> **Beispiele:**
> Verursacht eine *fahrlässig* fehlerhaft montierte Bremsanlage an einem Kfz einen Unfall mit Personenschaden, so bestehen nach § 823 Abs. 1 BGB Ansprüche gegen den Automobilhersteller. Wird ein Milchprodukt bei der Herstellung *mangels Sorgfalt* mit Bakterien verseucht, so liegt ein Verstoß gegen die Lebensmittelhygiene-Verordnung vor, der einen Anspruch nach § 823 Abs. 2 BGB begründen könnte. Explodiert eine Sektflasche wegen aus Kostengründen *vorsätzlich* zu dünn gefertigter Glasflasche und verletzt dabei den Sektfreund, so besteht ebenfalls ein Anspruch nach § 823 Abs. 1 BGB gegen den Hersteller.

Praktische Probleme bestehen insoweit, als der **Produktfehler** dem **Verantwortungsbereich** des Herstellers **zurechenbar** sein muss. Dieser hat **Konstruktionsfehler** (Verstoß gegen technische Normen), **Produktionsfehler** (Nachlässigkeit bei Herstellung) und **Instruktionsfehler** (unzureichende Hinweise auf korrekte Benutzung, Gefahren etc.) zu vermeiden. Dem entsprechend hat der Hersteller **Organisationspflichten** zu erfüllen, um die genannten Fehlerquellen durch entsprechende Prozesse und Kontrollen auszuschließen. Hinsichtlich des produzierten Produkts hat er eine auch über den Zeitpunkt des Inverkehrbringens hinaus gehende **Produktbeobachtungspflicht**, z. B. Rückrufe durchzuführen. Da der geschädigte Endverbraucher keinen Einblick in die Vorgänge der Herstellung und ihrer Organisation hat, wendet die Rechtsprechung für das Tatbestandsmerkmal des **Verschuldens** nach § 823 BGB eine **Beweislastumkehr** an: Der Hersteller hat sich vom vermuteten Schuldvorwurf zu entlasten.

Da die Unternehmen alles dafür tun, diesen Beweisanforderungen nachzukommen, geht der Verbraucher häufig leer aus. Dies führte zum Produkthaftungsgesetz.

- **Produkthaftungsgesetz**: Wird durch den **Fehler eines Produkts** eine **Person getötet** oder **verletzt** oder eine **Sache beschädigt**, so ist der **Produkthersteller** – neben den allgemeinen Regeln – zum Schadensersatz verpflichtet, ohne dass es auf sein Verschulden ankäme („**Gefährdungshaftung**"), § 1 Abs. 1 ProdHG.

Produkte sind alle beweglichen Sachen, § 2 ProdHG. **Hersteller** ist jeder, der das **Endprodukt**, einen Grundstoff oder ein Teilprodukt **hergestellt** hat oder durch Anbringung seines Namens oder seine Marke sich als Hersteller ausgibt, ferner jeder, der das Produkt in den Europäischen Wirtschaftsraum **einführt** („Quasi-Hersteller"), § 4 ProdHG. Ein **Produktfehler** liegt vor, wenn das Produkt **nicht die zu erwartende Sicherheit bietet**, § 3 ProdHG. Als Geschädigter geschützt ist jedoch nur der private **Endverbraucher** für Schäden, die **außerhalb des Produkts** eintreten, § 1 Abs. 1 Satz 2 BGB. Allerdings besteht für Sachschäden eine **Selbstbeteiligung** des Geschädigten von 500 €; bei Personenschäden gibt es einen **Haftungshöchstbetrag** von 85 Mio. € für alle Geschädigten zusammen, §§ 10,11 ProdHG. Die Produkthaftung kann vertraglich **nicht ausgeschlossen** werden, § 14 ProdHG.

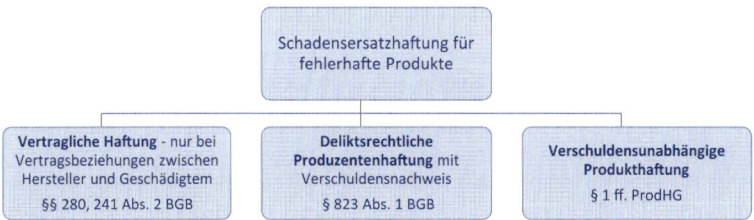

Abb. 44: Übersicht Schadensersatzhaftung für fehlerhafte Produkte

9.5 Schadensersatzrecht

Sofern eine Schadensersatzhaftung dem **Grunde** nach (z. B. §§ 280 Abs. 1, 823 Abs. 1 BGB) feststeht, ist über die Fragen, **welcher Schaden** ersatzfähig ist sowie über die **Art** und **Höhe der Schadensersatzleistung** zu entscheiden.

9.5.1 Der ersatzfähige Schaden

9.5.1.1 Schadensarten

Schäden sind **unfreiwillige Einbußen** an Gütern einer Person. Sie können nach der Nähe zum schadensstiftenden Ereignis in **unmittelbare** (z. B. Einschusswunde) und **mittelbare** (z. B. entgangener Gewinn, § 252 BGB), nach ihren materiellen Auswirkung in „**Vermögensschäden**" (z. B. Arztkosten über 498 €, Reparaturkosten über 5.470 €) und „**Nichtvermögensschäden**", sog. „immaterielle Schäden" (z. B. durch Verletzungen erlittene Schmerzen, Freiheitsbeschränkungen oder Ehrverletzungen, die nicht unmittelbar in Geld messbar sind, und nur in ausdrücklich vom Gesetz zugelassenen Fällen ersatzfähig sind, vgl. § 253 BGB), eingeteilt werden.

Bei Ermittlung des „**Vermögensschadens**" ist von der **Differenzhypothese** auszugehen (BGH NJW-RR 2005, 611). Danach besteht der Schaden aus der Differenz zwischen der Vermögenslage, die nach dem schädigenden Ereignis eingetreten ist, und derjenigen, die ohne Schadensereignis hypothetisch bestehen würde. Dabei muss der entstandene Nachteil in Geld bewertet werden können.

9.5.1.2 Schadensursächlichkeit

Damit eine Haftung des Schadensverursachers zustande kommt, muss ihm der Schaden auch **zurechenbar** sein. So muss einerseits eine **Ursächlichkeit** zwischen **schädigender Handlung** und **Rechtsgutverletzung** (sog. „**haftungsbegründende Kausalität**") sowie andererseits eine Kausalität zwischen beschädigtem Rechtsgut und Schaden (sog. „**haftungsausfüllende Kausalität**") vorliegen. Dabei gibt es aber erhebliche und unerhebliche Ursachen. Für deren Unterscheidung sind zwei Theorien heranzuziehen.

> **Definition:**
> Nach der **Äquivalenztheorie** gilt jede Ursache als kausal, die nicht hinweggedacht werden kann, ohne dass der Erfolg entfiele („conditio sine qua non").

Dafür ist eine rein **naturwissenschaftliche Betrachtung** ausreichend, *jede* in einer Abfolge stehende Vorbedingung ist *gleichermaßen ursächlich*.

> **Beispiel:**
> Die Herstellung einer *Pistole* durch den *Waffenhersteller* ist wie deren Verkauf durch den *Waffenhändler* an den *Schützen* äquivalente Vorbedingung dafür, dass der Schütze das Oper mit einem Schuss verletzen konnte; gleiches gilt für *Herstellung* und *Verkauf* der *Munition*.

Diese Theorie kann jedoch nur den äußersten Rahmen für eine Schadenszurechnung bilden. Es leuchtet ohne weiteres ein, dass diese ausufernde Kausalität einer **vernünftigen Begrenzung** bedarf. Dies leistet die im **Zivilrecht** vorherrschende **Adäquanztheorie**:

> **Definition:**
> Als ursächlich gilt eine Handlung nach der **Adäquanztheorie** nur dann, wenn sie **allgemein** und nicht **nur bei besonders ungewöhnlichem Verlauf der Dinge geeignet** ist, den **eingetretenen Erfolg herbeizuführen**, also **adäquat kausal** ist.

> **Beispiel:**
> Im obigen Beispiel ist demnach nur der Schütze für die durch seinen Schuss entstehenden Verletzung verantwortlich, zumal Waffenhersteller und Verkäufer keinerlei Vorsatz hinsichtlich der Verletzung des Opfers

hatten. Wird das Opfer infolge der Schussverletzung des Schützen ins Krankenhaus eingeliefert wird, so ist eine Viruserkrankung durch Ansteckung nach dem gewöhnlichen Verlauf der Dinge nicht ausgeschlossen, auch für sie haftet der Pistolenschütze (*adäquat kausal*). Wird dem Opfer im Krankenhaus die Uhr gestohlen, so ist dies nicht mehr adäquat kausal, weil das kein wahrscheinlicher Kausalverlauf nach einem Pistolenschuss ist.

Die Gerichte rechnen auch Folgeschäden, die aus der **geschwächten Konstitution** des Opfers resultieren, **ärztliche Kunstfehler** bei einem beim Opfer notwendigen Eingriff und Schäden aus **weiteren Unfällen** des Opfers dem Täter als adäquat kausal zu. Zufällig entdeckte Befunde aus Anlass einer Schädigung sind wiederum nicht zurechenbar.

9.5.2 Schadenspositionen

Bei der **Sachbeschädigung eines Kraftfahrzeugs** sind exemplarisch folgende materiellen Schadenspositionen ersatzfähig: Die **Reparaturkosten** oder, wenn der Reparaturkostenaufwand den Wiederbeschaffungswert um mehr als 30 % übersteigt, die **Wiederbeschaffungskosten** abzüglich des Restwerts des kaputten Fahrzeugs; darüber hinaus sind die **Mietwagenkosten** für die Zeit der Reparatur, bei Verzicht auf einen Mietwagen eine **Nutzungsausfallentschädigung** für entgangene Gebrauchsvorteile während der Reparatur, sofern ein *Nutzungswille* und eine *hypothetische Nutzungsmöglichkeit* bestanden haben, sodann die **Abschleppkosten** bis zur nächsten Werkstatt, die Kosten eine **Schadensgutachtens** durch Sachverständige, **Porto- und Telefonauslagen** und **Rechtsanwaltskosten** zu ersetzen. Bei Kraftfahrzeugschäden kann schließlich ein sog. „**merkantiler Minderwert**" abgerechnet werden, der dadurch entsteht, dass ein reparierter „Unfallwagen" auf dem Markt geringer bewertet wird, als ein nicht verunfalltes Fahrzeug gleicher Art.

Bei **Personenschäden** sind als Schadensersatz für materielle Schäden v. a. die **Heilungskosten** und ein wegen Berufsunfähigkeit entstandener **Erwerbsschaden**, § 842 BGB, aber auch **Sachverständigen-** und **Anwaltskosten** nebst **Auslagen** ersatzfähig.

Immaterieller Schaden wird – neben einem eventuellen Vermögensschaden für die Heilungskosten – als sog. „**Schmerzensgeld**" aufgrund einer *Vertragspflichtverletzung*, einer *deliktischen Handlung* oder wegen *Gefährdungshaftung* ersetzt bei einer **Verletzung des Körpers, der Gesundheit, der Freiheit** oder der **sexuellen Selbstbestimmung**. Hier ist eine „billige Entschädigung in Geld" zu leisten, § 253 Abs. 2

BGB. Wegen der Schwierigkeit der Bemessung psychischer Belastungen und ggf. bleibenden physischen Einschränkungen (Narben, Einschränkungen der Merkfähigkeit etc.) werden nach Körpergliedern geordnete Zusammenstellungen von Gerichtsurteilen zur Schmerzensgeldbemessung herangezogen („**Schmerzensgeldtabellen**"). Aber auch für **vertane Urlaubszeit**, §651 f Abs.2 BGB, oder für **geschlechtsbezogene Benachteiligung**, §15 Abs.2 AGG, gibt es zwischenzeitlich immateriellen Ersatz.

9.5.3　Art und Umfang der Ersatzleistung

9.5.3.1　Naturalrestitution

Wer zum Schadensersatz verpflichtet ist, hat nach dem Grundsatz der **Naturalherstellung** den **Zustand herzustellen**, der bestehen würde, wenn das schädigende **Ereignis nicht eingetreten** wäre, §249 Abs.1 BGB. Damit ist die Herstellung eines **wirtschaftlich gleichwertigen Zustands** gemeint, z.B. die Lackierung eines zerkratzten Stoßfängers.

Da die **Wiederherstellung** einer beschädigten Sache „**in Natur**" durch den Schädiger in der Regel nicht dem Wunsch des Geschädigten entspricht und weder bei Personenschäden, aber auch bei Sachschaden häufig **nicht möglich** ist, kann der Geschädigte entweder unter **Fristsetzung** mit Ablehnungsandrohung auf Naturalrestitution bestehen und danach **Geldersatz** verlangen, §250 BGB, oder **gleich** den zur Wiederherstellung **erforderlichen Geldbetrag** begehren, der bei tatsächlicher Widerherstellung auch die **Umsatzsteuer** umfasst, §§249 Abs.2, 251 BGB.

Beispiel:
Bei Personenschäden umfassen die Wiederherstellungskosten die Kosten, die zur Heilung erforderlich sind, also Arzt- und Medikamentenkosten, die Pflegeaufwand in einem Krankenhaus etc. Bei Sachbeschädigungen sind die üblichen Reparaturkosten zu veranschlagen, auch wenn der Gläubiger die Reparatur selbst vornimmt oder die Reparatur ganz unterlässt. In den beiden letzten Fällen ist der Umsatzsteuerbetrag auf die Reparaturkosten nicht geschuldet.

9.5.3.2　Schadensminderung

Hat der Geschädigte an der Schadensverursachung mitgewirkt („**Mitveranwortlichkeit**") oder die Schadensentwicklung nicht beschränkt („**Schadensminderungspflicht**"), wird sein Ersatzanspruch um den Anteil seines Beitrags quotal gekürzt, §254 Abs.1, 2 BGB. Eine weitere Schadensreduzierung erfolgt durch Anrechnung von

– durch die Schadensbehebung beim Geschädigten eintretenden –
Vorteilen („**Vorteilsausgleichung**").

Beispiele:
Haben beim Verkehrsunfall die Betriebsgefahr des Fahrzeugs, eine Geschwindigkeitsüberschreitung des Geschädigten und bei der Schadensentstehung das Nichtanlegen des Sicherheitsgurtes mitgewirkt, so ist sein Verursachungsanteil entsprechend in einer *Schadensquote* (z. B. 40:60) zu berücksichtigen (**Mitverantwortlichkeit**). Bei der Auswahl des Ersatzfahrzeugs während der Reparaturdauer hat er ein Fahrzeug derselben Klasse und kein teureres Luxusfahrzeug zu mieten (**Schadensminderung**). Solange er einen Mietwagen hat, erspart er sich Abnutzung seines eigenen Fahrzeugs, dafür werden ihm von den Mietwagenkosten 15 % abgezogen (**ersparter Eigenaufwand**). Werden ins 10 Jahre alte Unfallfahrzeug bei der Reparatur neue Bremsen eingebaut, so hat sich der Geschädigte die dadurch erlangte Wertsteigerung „**neu für alt**" ebenfalls gegenrechnen zu lassen, weil das Fahrzeug vor dem Unfall ja auch nur alte Bremsen hatte.

9.6 Merksätze/Kontrollfragen

Merksätze
- Das Recht der unerlaubten Handlungen nennt man auch **Deliktsrecht.**
- Unerlaubte Handlungen können **außerhalb**, aber auch **innerhalb von Schuldverhältnissen** geschehen.
- Grundsätzlich beruht deliktische Haftung auf dem **Verschuldensgrundsatz.**
- **Gefährdungshaftung** ist verschuldensunabhängige Haftung.
- **Zentralnorm** des deliktischen Schadensersatzes ist § 823 Abs. 1 BGB mit den Tatbestandsmerkmalen **Rechtsgutverletzung, Rechtswidrigkeit** und **Verschulden**.
- Rechtsgutverletzungen können nicht nur durch **aktives Tun**, sondern auch durch **Unterlassen** einer **gebotenen** Handlung begangen werden.
- Bei der **Drittschadensliquidation** kann der Anspruchsinhaber einen zufällig auf einen Dritten verlagerten Schaden geltend machen.
- **Rechtswidrig** ist eine Rechtsgutverletzung, wenn sie allgemein **verboten** ist.
- **Rechtfertigungsgründe** wie **Notwehr, Einwilligung**, mutmaßliche Einwilligung und **Wahrnehmung berechtigter Interessen** schließen die Rechtswidrigkeit aus.
- Unter **Verschulden** versteht man **Vorsatz** und **Fahrlässigkeit**.
- Auch die Verletzung eines **Schutzgesetzes** kann zu zivilrechtlichem Schadensersatz führen.

- Geschäftsherrn haften für den von ihren weisungsabhängigen **Verrichtungsgehilfen** in Ausführung einer Verrichtung gegenüber Dritten widerrechtlich angerichteten Schaden, soweit sie sich nicht exkulpieren können.

- Die Haftung für **Verrichtungsgehilfen** kann **neben** der Haftung für **Erfüllungsgehilfen** zum Tragen kommen.

- Die wichtigsten **Gefährdungshaftungstatbestände** sind die **Halterhaftung** für die Betriebsgefahr eines Kraftfahrzeugs und die **Produkthaftung** für fehlerhafte Produkte nach dem ProdHG.

- Der Hersteller eines Produkts hat durch entsprechende **Organisation** Vorsorge gegen **Konstruktionsfehler, Produktionsfehler** und **Instruktionsfehler** zu treffen.

- Bei den Schadensarten ist zwischen **Vermögensschäden** und **Nichtvermögensschäden**, den sog. „immateriellen Schäden", aber auch zwischen unmittelbaren und mittelbaren Schäden zu unterscheiden.

- Vermögensschäden werden nach der **Differenzhypothese** bewertet.

- Sowohl Verletzungshandlung und Rechtsgutverletzung als auch Rechtsgutverletzung und Schaden müssen **ursächlich aufeinander beruhen**.

- Nach der **Äquivalenztheorie** gilt jede Vorbedingung als kausal, die nicht hinweggedacht werden kann, ohne dass der Erfolg entfiele.

- Nach der **Adäquanztheorie** sind Vorbedingungen nur dann kausal, wenn sie allgemein und nicht nur bei besonders ungewöhnlichem Verlauf der Dinge geeignet sind, den eingetretenen Erfolg herbeizuführen.

- **Immaterieller Schaden** kann nur in den gesetzlich bestimmten Fällen in billiger Entschädigung in Geld ersetzt werden.

- Für die Höhe des Schadensersatzes gilt der Grundsatz der **Naturalrestitution**, also der Widerherstellung des verletzten Rechtsguts in Natur. Der Gläubiger kann stattdessen auch **Geld** verlangen.

- **Mitverantwortlichkeit** des Gläubigers, **Schadensminderungspflicht** und **Vorteilsausgleichung** führen zur Verminderung von Schadensersatzansprüchen.

Kontrollfragen:

K 1　Kann eine im Rahmen einer Vertragsbeziehung begangene Rücksichtnahmepflichtverletzung bezüglich fremden Eigentums zugleich eine deliktsrechtliche Haftung auslösen? Begründung!

K 2　Welche Varianten kennt das Gesetz bezüglich der Beweisregeln im Hinblick auf Verschuldenshaftung?

K 3　Welches sind – neben dem Schaden und der Kausalität – die drei Tatbestandsvoraussetzungen des § 823 Abs. 1 BGB?

K 4　Wann kann ein „Unterlassen" zu einer deliktsrechtlichen Verantwortung führen? Nennen Sie drei Fallgruppen!

K 5   Welches sind die in § 823 Abs. 1 BGB geschützten Rechtsgüter? Welches Rechtsgut ist nicht geschützt?

K 6   Definieren Sie Rechtswidrigkeit! Wie ist insoweit die Beweisregel in Fallprüfungen? Wann ist die Rechtswidrigkeit ausgeschlossen?

K 7   Benennen und beschreiben Sie die drei wichtigsten Rechtfertigungsgründe.

K 8   Kann eine 16-Jährige wirksam in ein „Zungenpiercing" einwilligen?

K 9   Benennen Sie die Schuldformen, aufsteigend von der schwächsten zur stärksten Form.

K 10   Gibt es nach Verwirklichung des Untreuetatbestandes des § 266 StGB („Griff in die Kasse") auch zivilrechtlich Schadensersatz? Auf welchen Anspruchsgrundlagen beruhend?

K 11   Machen Sie ein Beispiel für eine vorsätzliche sittenwidrige Schädigung. Welches ist die Rechtsfolge?

K 12   Nennen Sie die Voraussetzungen, unter denen ein Geschäftsherr für einen „Verrichtungsgehilfen" haftet, wie kann er sich „enthaften"?

K 13   Welche Ansprüche gegen wen hat der Käufer einer Sache, wenn der Mitarbeiter des Verkäufers bei Anlieferung eine Glaslampe des Käufers „aus Versehen" umwirft und zerbricht? Nennen Sie drei Anspruchsgrundlagen! Klären Sie in diesem Zusammenhang den Begriff der „Gesamtschuld".

K 14   Was versteht man unter „Gefährdungshaftung" und in welchen Gesetzen findet man darüber etwas und warum?

K 15   Was versteht man unter „Betriebsgefahr"? Wie wirkt sie sich bei einem Verkehrsunfall zwischen zwei Kraftfahrzeugen aus?

K 16   Benennen Sie drei Haftungsgrundlagen, aufgrund derer sich ein Warenproduzent einer Haftung ausgesetzt sehen kann.

K 17   Welche Beschränkungen der Haftung sieht das ProdHG bei Schadensersatzhaftung für fehlerhafte Produkte vor?

K 18   Wie definiert sich ein Schaden? In welche Kategorien können Schäden eingeteilt werden?

K 19   Nach welcher Hypothese ist ein Vermögensschaden zu errechnen?

K 20   Worin besteht der Unterschied zwischen haftungsbegründender und haftungsausfüllender Kausalität?

K 21   Beschreiben Sie die Äquivalenztheorie und die Adäquanztheorie, welches ist jeweils ihre Zielsetzung?

K 22   Welche materiellen Schadenspositionen kann man maximal nach einem Verkehrsunfall abrechnen?

K 23   In welchen Fällen gibt es immateriellen Schaden? Wie wird er bestimmt?

K 24   Was versteht man unter „Naturalrestitution" und wie soll man bei der Schadensbehebung vorgehen?

K 25   Wann kann ein Gläubiger als Schadensersatz Geld verlangen, wann Umsatzsteuer auf Reparaturrechnungen?

K 25   In welchen Fällen muss sich der Geschädigte einen Abzug von seiner Schadensersatzforderung gefallen lassen?

Rechtsfragen der Beschaffung von Material und Betriebsmitteln

10

Für Unternehmen ist die Beschaffung von Betriebsmitteln jeder Art eine zentrale Aufgabe. Daher kommt den Vertragsbeziehungen zu Lieferanten, aber auch zu Werkunternehmern und Vermietern oder Leasinggebern große Bedeutung zu. Neben der Auswahl von Geschäftspartnern, der allgemeinen Gestaltungen von Lieferbeziehungen in Rahmen- oder Einzelverträgen zu einem oder mehreren Produktlieferanten und der in der Industrieproduktion wichtigen Just-in-Time-Belieferung steht im Zentrum der Rechtsbeziehungen der Kaufvertrag mit seiner Sicherungsmöglichkeit des Eigentumsvorbehalts und den spezifischen Rechtsfragen der Mangelgewährleistung. Der Vollständigkeit und der Regressmöglichkeiten bei Mängeln im Lieferantenverhältnis wegen wird der Verbrauchsgütervertrag mitbehandelt. Darüber hinaus finden die Besonderheiten des Handelskaufs wie auch des internationalen Kaufs nach dem UN-Kaufrecht besondere Berücksichtigung, die alle auch vertriebsseitig von Bedeutung sind. Das Internationale Privatrecht bestimmt das jeweils geltende Recht und die zuständigen Gerichte beim grenzüberschreitenden Vertrag, was in globalen Lieferbeziehungen von großer praktischer Wichtigkeit ist. Wegen seiner Überschneidungen mit dem Kaufrecht beim Lieferungskauf und im Zusammenhang mit der Beschaffung und Errichtung von Produktionsstätten ist auch der Werkvertrag Gegenstand der Darstellung, die durch Besprechung der wichtigsten Gebrauchsüberlassungsverträge wie Miete, Pacht oder Leasing ihre Abrundung findet.

Lernziele

In diesem Kapitel werden nationale und internationale Lieferbeziehungen mit ihren jeweiligen Besonderheiten dargestellt, vor allem werden Kauf-, Werk- und Gebrauchsüberlassungsverträge besprochen. Im Einzelnen können Sie

- die Vorgehensweise bei der **Auswahl von Lieferanten** beschreiben;
- zwischen verschiedenen Arten von **Lieferbeziehungen** differenzieren;
- zwischen **Sach- und Rechtskauf** unterscheiden;
- die Varianten des Kaufs unter einfachem, verlängertem und erweitertem **Eigentumsvorbehalt** darstellen;
- die **Gewährleistung für Rechts- und Sachmängel** im Kauf nach ihren Voraussetzungen und Rechtsfolgen beschreiben;
- vertragliche **Haftungsbeschränkungen** und **Garantien** bewerten;
- die Besonderheiten des **Verbrauchsgüterkaufs** und des **Handelskaufs** benennen;
- die Grundzüge des **UN-Kaufrechts** und des **Internationalen Privatrechts** skizzieren;
- den **Werkvertrag** gegen Kauf und Dienstvertrag abgrenzen sowie seine **Gegenstände** und sein **Vergütungssystem** nebst **Sicherungsinstrumenten** beschreiben;
- die Besonderheiten der **Gewährleistung** und der **Vertragsbeendigung** des Werkvertrags aufzeigen;
- **Gebrauchsüberlassungsverträge** voneinander abgrenzen und die **Grundzüge des Mietrechts** darstellen.

10.1 Lieferantenbeziehungen

Der Beschaffung von Material und Betriebsmitteln liegen vertragliche Beziehungen mit Lieferanten zugrunde, die unterschiedlich ausgestaltet sein können. Nach einer eingehenden Prüfung des Lieferanten (*„due diligence"*) kommt es zum Abschluss von *Rahmenverträgen*, die auf eine dauerhafte Geschäftsbeziehung angelegt sind und denen Einzelabrufe durch Kaufverträge oder Werkverträge folgen. Bei Betriebsmitteln wie Grundstücken und Gebäuden, Maschinen oder Fuhrpark finden sich häufig Miet- und Leasingverträge. Besondere Gestaltungen sind Lieferbeziehungen für ein Bauteil mit nur einem Lieferanten (*„Single Sourcing"*) oder *Just-in-Time-Beziehungen*, die als Fixgeschäfte auf pünktliche Belieferung setzen.

10.1.1 Due Diligence

Die Langfristigkeit von Vertragsbeziehungen („lifetime contract")
erfordert zumeist eine vorherige umfangreiche Überprüfung des
Lieferanten „auf Herz und Nieren", sog. **„Lieferanten Due Diligence"**. Dabei muss die Leistungsfähigkeit des Lieferanten bzgl. der zu
liefernden Produkte, Komponenten oder Systeme überprüft werden.
Im Hinblick auf die zu vereinbarenden Mengen und die erforderliche
Qualität schaut der Auftraggeber nach **Kapazitäten** (z. b. Personal-
schlüssel) und lässt sich **Qualität** durch Zertifikate oder Muster
nachweisen. Neben der finanziellen Ausstattung des Lieferanten
interessiert zunehmend auch dessen **„Compliance"**, also die Frage,
ob sich der Lieferant in seinem Geschäftsgebaren an **geltendes Recht**
(keine Korruption, keine Preiskartelle, Datenschutz etc.) und an
ethische Regeln (z. b. menschenwürdige Produktionsbedingungen)
hält. Instrumente der Lieferanten Due Diligence sind Selbstauskünf-
te, Einsicht in Unterlagen oder Vor-Ort-Audits.

10.1.2 Rahmenvertrag

Kommt es zum Vertragsschluss kann bei langfristigen Lieferbeziehungen ein **Rahmenvertrag** im Voraus die Bedingungen der späteren
Einzelbestellungen regeln. Inhalte des Rahmenvertrag können folgende sein:

- Bezeichnung der Vertragspartner
- Bestimmung des Vertragsgegenstandes
- Allgemeine technische und kaufmännische Einkaufsbedingungen
- Gültigkeitsdauer des Rahmenvertrages und Kündigungsmöglich-
  keiten
- Preise, Preisveränderungen oder Preisanpassungen
- Lieferfristen, Verzugsfolgenregelungen wie Vertragsstrafen oder
  pauschalierter Schadensersatz
- Zahlungsmodalitäten, Rechnungsstellung
- Bestimmung des Erfüllungsorts und des Gefahrübergangs
- Gewährleistungsregelungen
- Produkthaftungsregelungen
- Qualitätssicherungsvereinbarungen
- Gerichtstandvereinbarung.

Die Einzelbestellungen unterliegen dann den Bedingungen des Rahmenvertrages und konkretisieren nur noch **Produkt**, **Menge** und
Lieferzeitpunkt.

Abb. 45: Rahmenvertrag und Einzelabruf

10.1.3 Single Sourcing

In der Industrie hat man erkannt, dass die Absenkung der eigenen Fertigungstiefe und der Bezug ganzer **Systeme** von Zulieferern durch Konzentration und Verminderung administrativen Aufwands Kosten senkt. Auch kann sich die Spezialisierung des einzelnen Zulieferers auf ganze Bauteilgruppen qualitätsfördernd auswirken. Wegen Einbeziehung des Lieferanten in den Entwicklungsprozess des Auftraggebers und in die gemeinsame Produktionsplanung kann das nur **mit wenigen** Zulieferern geschehen. Häufig werden daher bestimmte Güter nur noch bei **einem Lieferanten** bezogen (**Single Sourcing**, Gegenteil: Multiple Sourcing). Der Zulieferer ist daher auch langfristiger Partner, ein Wechsel ist kaum möglich und hätte hohen Aufwand zur Folge. Aufwändige Schnittstellenjustierungen sind erforderlich, es besteht eine große Abhängigkeit.

Fällt der einzige Lieferant aus, ist häufig Produktionsstillstand die Folge. **Vor Vertragsschluss** kommt daher der **Due Diligence** des Lieferanten große Bedeutung zu, um die Zuverlässigkeit des Lieferanten zu prüfen. Im **Liefervertrag** ist der Lieferant zur Vorhaltung von **Mindestbeständen** zu verpflichten. Zur Vermeidung von Lieferausfall und der Verzögerung sind **Vertragsstrafen** gem. § 339 BGB zu vereinbaren.

10.1.4 Just-in-Time-Belieferung

Eine weitere Gestaltungsvariante von Lieferbeziehungen ist die „**Just-in-Time-Belieferung**", bei der die Zulieferteile zu einem **genau bezeichneten Zeitpunkt** am Verbauort zur Verfügung stehen müssen; bei der **Just-in-Sequenz-Lieferung** wird darüber hinaus sogar noch in der exakt richtigen Reihenfolge geliefert, in der die gelieferten Teile, Systeme oder Komponenten beim Kunden eingebaut werden müssen. Diese produktionssynchrone und bedarfsgerechte Gestaltung der Lieferbeziehung minimiert Personal- und Lagerkosten, die sonst für Ausladen, Lagerverbringung und erneutes Einladen zur Verbringung an den Produktionsort angefallen wären.

Verzögerung bzw. **Verzug** der Belieferung führen jedoch unmittelbar zur Produktionsstillstand und ziehen enorme Schäden nach sich. Da bei sofortigem Verbau der angelieferten Teile infolge des Zeitdrucks regelmäßig **keine Wareneingangsprüfung** nach § 377 HGB auf **Mangelfreiheit** der Teile erfolgen kann, besteht hier ein weiteres Risiko hoher Schäden. Vertraglich sichert sich der Auftraggeber wiederum durch vereinbarte **Vertragsstrafenversprechen** gem. § 339 BGB, **pauschalierten Schadensersatz** und eine **Verlagerung von Qualitätssicherungsmaßnahmen auf den Lieferanten** ab.

10.2 Der Kaufvertrag

Wichtigster Vertragstyp des BGB in der Beschaffung ist der Kaufvertrag über Grundstücke oder bewegliche Sachen. Der Kauf von Waren und Vorprodukten erfolgt regelmäßig unter einfachem oder verlängertem Eigentumsvorbehalt. Besondere Bedeutung hat die Leistungsstörung „Mangel", bei der im Verkehr mit Verbrauchern und im kaufmännischen Verkehr Besonderheiten zu beachten sind.

10.2.1 Wesen

Der Kauf ist der klassische Austauschvertrag: Ware gegen Geld. Beim Kauf verpflichtet sich der Verkäufer zur Übereignung einer Sache, § 433 Abs. 1 BGB, der Käufer verpflichtet sich zur **Zahlung** des vereinbarten Kaufpreises und zur Abnahme der Kaufsache, § 433 Abs. 2 BGB. Dabei ist es unerheblich, ob die zu übereignenden Produkte erst noch produziert werden müssen: Für einen Vertrag, der die Lieferung **herzustellender** oder zu erzeugender „vertretbarer" beweglicher Sachen zum Gegenstand hat, gilt ebenfalls das Kaufrecht, sog. „**Lieferungskauf**", §§ 650, 91 BGB.

Dabei ist der „**Sachkauf**" der praktische Normalfall. Daneben gibt es jedoch auch den „**Rechtskauf**", in dem die Übertragung von Rechten oder sonstigen Gegenständen, z. B. Forderungen, gegen Geld versprochen wird. Auf ihn finden die Vorschriften über den Sachkauf entsprechende Anwendung, § 453 Abs. 1 BGB.

Soweit Kaufgegenstand bewegliche Sachen sind erfolgt die Übertragung nach § 929 BGB, bei Grundstücken ist § 873 BGB einschlägig und Forderungen werden nach § 398 BGB übertragen.

10.2.2 Kauf unter Eigentumsvorbehalt

Bei dem im gewerblichen Geschäftsverkehr üblichen „Kauf auf Rechnung" geht der Verkäufer in **Vorleistung**, indem er zunächst die Ware unter Beifügung eines Lieferscheins und einer Rechnung **liefert** und sodann innerhalb einer vereinbarten **Zahlungsfrist** (z. B. 30 Tage) den Kaufpreis erhält.

> **Beispiele:**
> „Zahlung nach erfolgter Lieferung bei Rechnungserhalt", Kauf von Heizöl,
> Möbeln auf Raten etc.

Wegen des Trennungsgrundsatzes und des Abstraktionsgrundsatzes erlangt ein Käufer bereits mit Auslieferung das Eigentum an der Ware, auch wenn er den Kaufpreis noch nicht bezahlt hat. Daraus ergibt sich das spezifische **Risiko des Verkäufers**: Wird der Käufer nach Erhalt der Ware **zahlungsunfähig** oder wird über sein Vermögen gar das **Insolvenzverfahren** eröffnet, fällt das übertragene Eigentum in die Insolvenzmasse, dem Verkäufer bleibt nur die Anmeldung seiner offenen Forderung zur Insolvenztabelle und die Hoffnung auf eine „**Quote**" (z. B. 6 % seiner Forderung). Zur Vermeidung dieses Problems könnte der Verkäufer auf „**Vorkasse**" bestehen. Dies ist jedoch häufig nicht opportun. Daher wurde der **Eigentumsvorbehalt** entwickelt.

10.2.2.1 Der einfache Eigentumsvorbehalt

Beim **einfachen Eigentumsvorbehalt** (EV) wird der Eigentumsübergang auf den Käufer bis zum Eingang der Zahlung beim Verkäufer hinausgezögert. Konstruktiv wird die Übereignung der Ware nach § 929 BGB durch **Einigung (WE / WE)** und **Besitzübergabe** wie folgt vollzogen, vgl. § 449 Abs. 1 BGB:

- Die **Besitzübergabe** der sog. „**Vorbehaltsware**" an den Käufer erfolgt sofort.
- Der „**Vorbehaltskäufer**" gibt seine auf Übernahme des Eigentums gerichtete **WE** wirksam ab.
- Der „**Vorbehaltsverkäufer**" gibt seine auf Abgabe des Eigentums gerichtet **WE** ebenfalls ab, jedoch ist diese WE an die „**aufschiebende Bedingung**" **vollständiger Kaufpreiszahlung** geknüpft, § 158 Abs. 1 BGB, und entfaltet ihre Wirkung erst nach Eintritt der Bedingung:
- Der **Kaufpreis** wird vom Käufer irgendwann **bezahlt**, damit tritt die **Bedingung** ein und löst automatisch die **Wirksamkeit der WE** des Verkäufers aus. Erst jetzt geht das Eigentum auf den Käufer über, weil nun „Einigung" und „Übergabe" perfekt sind.

Würde der Käufer *nach Besitzübergabe* und Abgabe seiner Übereignungserklärung, aber *vor Erfüllung der Bedingung durch Zahlung* insolvent werden, so wäre zwar der Besitz der Ware in den Händen des Käufers, nicht jedoch das Eigentum. Wenn der Verkäufer nun vom Kaufvertrag wegen **Zahlungsverzugs** des Käufers nach § 323 BGB **zurücktritt**, ist die schuldrechtliche „Causa" der Besitzübertragung beseitigt, der Käufer hat **kein Recht zum Besitz mehr** und muss den

Besitz der Sache nach § 985 BGB an den Verkäufer als den Noch-Eigentümer **herausgeben**, vgl. § 449 Abs. 2 BGB. Die Ware fällt damit nicht in die Insolvenzmasse des Käufers, sondern ist **auszusondern**, § 47 InsO.

Exkurs:

Statt des gesetzlichen Rücktrittsrechts nach § 323 BGB kann auch vertraglich ein **Rücktrittsrecht** für den Fall des Zahlungsverzugs vereinbart werden, was von der nach § 323 BGB nötigen *Fristsetzung* befreit. Darüber hinaus kann der Käufer verpflichtet werden, einen Zugriff auf die unter Eigentumsvorbehalt stehenden Waren durch Dritte dem Verkäufer unverzüglich zu melden, damit dieser seine Rechte geltend machen kann.

Der EV muss im Vertrag im Voraus **ausdrücklich vereinbart** werden (individualvertraglich oder als AGB-Klausel). Ein „Vermerk" auf dem *Lieferschein* oder der *Rechnung* sind i. d. R. nicht ausreichend. **Fehlt** eine wirksame Eigentumsvorbehaltsvereinbarung, so ist die Ware unabhängig von einem Zahlungseingang „unbedingt" zu übereignen. Wird dennoch unter Vorbehalt des Eigentums übereignet, stellt dies eine Vertragspflichtverletzung dar.

Die Formulierung des **einfachen EV** könnte beispielsweise lauten:

„Wir behalten uns das Eigentum an den gelieferten Waren bis zur deren vollständiger Bezahlung vor. Gerät der Käufer in Zahlungsverzug, sind wir berechtigt, vom Vertrag zurückzutreten und die gelieferten Waren heraus zu verlangen; der Käufer ist zur Herausgabe des Gegenstandes verpflichtet. Der Käufer ist verpflichtet, uns bei Pfändungen oder sonstigen Eingriffen Dritter unverzüglich zu benachrichtigen, damit wir unsere Rechte an den Waren wahrnehmen können".

Exkurs:

Wegen der Bedingungsfeindlichkeit der Grundstücksauflassung nach §§ 873, 925 Abs. 2 BGB ist ein **EV bei Grundstücksgeschäften unzulässig**. Hier muss sich der Grundstücksverkäufer gegen den Eigentumsverlust an seinem Grundstück dadurch schützen, dass er die Auflassung erst erklärt, wenn der Kaufpreis – nicht rückforderbar – bei einem **Treuhänder** eingegangen ist, der diesen allerdings nicht vor Eintragung des neuen Eigentümers im Grundbuch an den Verkäufer auszahlen darf. Der Käufer schützt sich gegen eine Zweitveräußerung des Grundstücks durch Eintragung einer Vormerkung nach § 883 BGB.

Allerdings stößt der einfache EV auch bei beweglichen Sachen an **Grenzen.**

10.2.2.2 Der verlängerte Eigentumsvorbehalt

In drei Konstellationen versagt die Wirkung des einfachen EV: Bei **erlaubter Weiterveräußerung** der Vorbehaltsware, § 185 BGB, sowie bei **gesetzlichem Eigentumsübergang** infolge **Verbindung** mit einem Grundstück oder anderen beweglichen Sachen, §§ 946, 947, 948 BGB, oder infolge **Verarbeitung** der Vorbehaltsware zu einer neuen Sache, § 950 BGB.

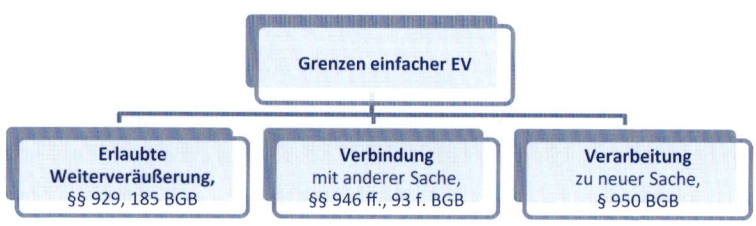

Abb. 46: Grenzen des einfachen Eigentumsvorbehalt

- **Erlaubte Weiterveräußerung**: In vielen Fällen muss der Käufer von Vorbehaltsware diese an seine Kunden **weiterveräußern** und **weiterübereignen**, *bevor er selbst den Kaufpreis bezahlt* hat.

> **Beispiel:**
> Der Großhändler PETRO erwirbt vom Hersteller Molke AG 10 Paletten Frischmilch, die umgehend an Händler weiterveräußert werden müssen, damit sie beim Endkunden noch frisch ankommen.

Würde er dies unerlaubt tun, wäre er – als noch Nichteigentümer – „**Nichtberechtigter**", sodass seine Kunden allenfalls „*gutgläubig*" Eigentum von ihm erwerben könnten, § 932 BGB; wo es am guten Glauben an das Eigentum des Warenhändlers fehlte, weil der Kunde von Vorbehaltsgut ausgehen müsste, würde ein Eigentumsübergang ganz scheitern. Andererseits hat der Vorbehaltsverkäufer auch kein Interesse daran, dass die Vorbehaltsware **nicht** weiterveräußert wird und etwa verdirbt. Vielmehr generiert der Weiterverkauf auf Seiten des Vorbehaltskäufers Forderungen und Zahlungseingänge, die zur Begleichung der Forderung des Vorbehaltsverkäufers verwendet werden können. Deshalb erteilt der Vorbehaltsverkäufer in solchen Fällen bereits im Kaufvertrag über die Ware sein **Einverständnis mit der Weiterveräußerung**

– und Weiterübereignung – der Vorbehaltsware durch den Vorbehaltskäufer an dessen Kunden.

> *„Der Käufer ist berechtigt, den gelieferten Gegenstand im ordentlichen Geschäftsgang weiterzuveräußern".*

Die Kunden des Vorbehaltskäufers erwerben daher originäres Eigentum direkt vom Vorbehaltsverkäufer: Die **Verfügung**, die ein Nichtberechtigter (also der Vorbehaltskäufer vor Zahlung des Kaufpreises) über einen Gegenstand trifft, ist **wirksam**, wenn sie **mit Einwilligung des Berechtigten** (also des Vorbehaltsverkäufers) erfolgt, § 185 BGB.

Allerdings entfällt damit die **Sicherungsfunktion des EV** gegenüber dem Vorbehaltskäufer bis zur Begleichung seiner Zahlungsschuld. Daher vereinbaren Vorbehaltsverkäufer und –käufer neben dem „einfachen EV" im Rahmen des sog. „**verlängerten Eigentumsvorbehalts**" eine zusätzliche „**Vorausabtretungsklausel**", in welcher der Vorbehaltskäufer schon „**im Voraus**" die mutmaßliche **Forderung aus dem Weiterverkauf** der Vorbehaltsware gegen seinen Kunden **in Höhe der Kaufpreisschuld** zur Sicherheit an den Vorbehaltsverkäufer **abtritt**, § 398 BGB. Der Vorbehaltskäufer fungiert weiterhin als **Inkassostelle** des Vorbehaltsverkäufers und darf die Forderung einziehen. Wird der Vorbehaltskäufer insolvent, legt der Vorbehaltsverkäufer die **Forderungsabtretung** gegenüber den Kunden des Vorbehaltskäufers **offen** und verlangt **Zahlung an sich**.

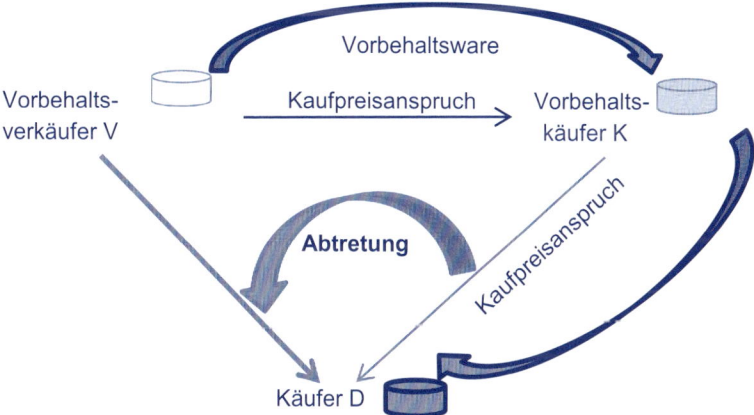

Abb. 47: Vorgänge beim verlängerten Eigentumsvorbehalt mit Vorausabtretung

> *„Der Vorbehaltskäufer tritt uns bereits jetzt alle Forderungen in Höhe des Rechnungswertes unserer Forderung ab, die ihm durch die Weiterveräußerung unserer Vorbehaltsware an Dritte entstehen. Wir nehmen die Abtretung an. Der Vorbehaltskäufer bleibt zur Einziehung ermächtigt. Gerät der Vorbehaltskäufer in Zahlungsverzug, behalten wir uns vor, die Forderungen bei den Dritten direkt einzuziehen".*

- **Verbindung mit anderen Sachen: Verbindet** der Vorbehaltslieferant die Vorbehaltsware mit einem fremden **Grundstück** oder einer **anderen beweglichen Sache** so, dass die Vorbehaltsware **wesentlicher Bestandteil** dieser fremden Sache wird, so geht das **Eigentum** aufgrund zwingender gesetzlicher Anordnung (Sachenrecht!) auf den Eigentümer des fremden Grundstücks nach § 946 BGB oder auf den Eigentümer einer anderen Hauptsache nach § 947 Abs. 2 BGB über (vgl. Kapitel 2).

Beispiele:
Der Fenstermonteur baut die unter EV bis zur Kaufpreiszahlung vom Fensterhersteller bezogenen Fenster in das Gebäude seines Bestellers ein: Der Eigentümer von Grund und Boden ist nach § 94 Abs. 1 BGB aber auch Eigentümer des Gebäudes und die Fenster gehen als zur Herstellung eingefügte wesentliche Bestandteile des Gebäudes ebenfalls in das Eigentum des Grundstückeigentümer über, §§ 946, 94 Abs. 2 BGB. Trotz vertraglichen EV's ist das Eigentum des Fensterherstellers *zwingend* kraft Gesetzes übergegangen. Der EV läuft leer. Gleiches gilt für den Knopflieferanten, dessen unter EV gelieferte unbezahlte Knöpfe an Sakkos angenäht werden und nach §§ 947 Abs. 2, 93 BGB nun dem Sakkoeigentümer gehören.

Auch hier hilft eine im Kaufvertrag vereinbarte Vorausabtretung von Forderungen des Vorbehaltskäufers aus Werkvertrag mit seinen Kunden an den Vorbehaltsverkäufer nach § 398 BGB durch die **„Vorausabtretungsklausel".**
- **Verarbeitung zu neuer Sache:** Schließlich tritt ebenfalls kraft Gesetzes ein Eigentumsverlust dort ein, wo unter EV stehende fremde Sachen zu **neuen, wertvolleren Sachen verarbeitet** werden, § 950 BGB (vgl. Kapitel 2).

Beispiel:
Aus unter EV stehenden Mahagoni-Holzbrettern und -balken wird vom Tischler ein formschöner Esstisch gezimmert. Unter EV gelieferter Textilstoff auf Stoffballen wird vom Couturier zu einem Ballkleid verarbeitet. Ein Stück unbezahlte Leinwand wird trotz EV's vom Künstler mit Acrylfarben

zu einem Kunstwerk umgestaltet. Tischler, Couturier und Künstler erwerben nach § 950 BGB das Eigentum, der EV versagt.

Hier macht man sich die Erkenntnisse aus der „Verarbeitung von Materialien durch Personal *für* den Geschäftsherrn" zunutze: Im Rahmen des „**verlängerten Eigentumsvorbehalts**" wird eine „**Verarbeitungsklausel**" zwischen Vorbehaltsverkäufer und Vorbehaltskäufer eines Rohstoffs im Kaufvertrag vereinbart, wonach eine etwaige Verarbeitung des unter EV stehenden unbezahlten Stoffes **im Namen und im Auftrag des Rohstofflieferanten** erfolgt. Damit verliert der Vorbehaltslieferant zwar sein vorbehaltenes Eigentum am Rohmaterial, er wird aber in Höhe seiner Forderung (**Mit-) Eigentümer** an der **neu entstandenen Sache**.

„Die Be- und Verarbeitung der gelieferten Gegenstände erfolgt namens und im Auftrag von uns. Wir werden in Höhe unserer offenen Forderungen Miteigentümer an der neu geschaffenen Sache. Erfolgt eine Verbindung mit uns nicht gehörenden Sachen, so erwerben wir auch insoweit an der neu entstandenen Sache das Miteigentum im Verhältnis zum Wert des von uns gelieferten Gegenstandes zu den sonstigen verarbeiteten Gegenständen."

10.2.2.3 Verlängerter Eigentumsvorbehalt und Globalzession

Benötigt ein Vorbehaltskäufer von Material auch noch Kredit bei einer Bank, so ist zur Sicherung das Darlehensrückzahlungsanspruches nach § 488 Abs. 1 Satz 2 BGB die Abtretung **aller** gegenwärtigen und zukünftigen **Kundenforderungen** an die Bank nach § 398 BGB üblich, sog. **Sicherungszession** oder **Globalzession**. Allerdings wird hier ein **Konflikt zwischen Globalzession und Vorausabtretungsklausel** des verlängerten EV sichtbar: Der Unternehmer kann eine Kundenforderung entweder im Rahmen des **verlängerten EV** an den Materiallieferanten oder im Rahmen der **Globalzession** an seine Bank abtreten, jedoch nicht an beide. Hier gilt zunächst das **Prioritätsprinzip**: Derjenige Gläubiger, der die Forderung **zuerst** erhält, hat sie. Eine zweite Abtretung derselben Forderung läuft ins Leere.

Beispiel:
Wird zunächst das Kreditverhältnis mit der Bank begründet, erhält sie aufgrund der Zession alle zukünftigen und gegenwärtigen Kundenforderungen des Unternehmers. Möchte dieser sodann Material beziehen, müsste er den Vorbehaltsverkäufer darüber aufklären, dass ein verläinger-

ter EV mit Vorausabtretung nicht mehr möglich ist, weshalb er wohl kein Material mehr beziehen könnte.

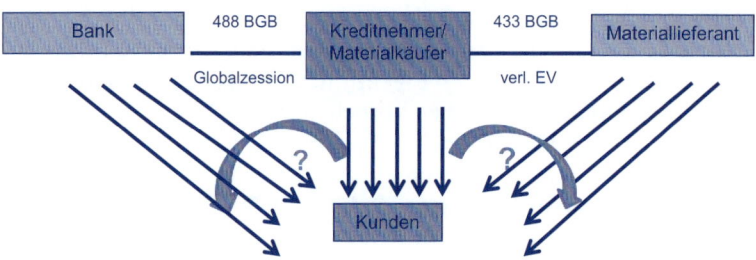

Abb. 48: Konkurrenzen bei der Globalzession

Angesichts der geschilderten Problemstellung muss der Grundsatz der Priorität eine Einschränkung erfahren: Will der Bankkunde weiterhin das zur Aufrechterhaltung seines Betriebs notwendige Material erhalten, so kann er dies nur gegen Barzahlung oder unter Vereinbarung eines verlängerten EV's. Dann muss er aber dem Lieferanten **vorspiegeln, noch Inhaber seiner Kundenforderungen** zu sein, um sie wirksam mittels Vorausabtretungsklausel abtreten zu können; die Globalzession muss er verschweigen. Die Zwangslage, in welche die Bank den Unternehmer bringt, wird als **sittenwidrig** erachtet, entsprechende Bankvertragsklauseln stellen eine **unangemessene Benachteiligung** dar, weshalb die Gerichte Globalzessionen, die sich auf zur Forderungen erstrecken, die durch einen verlängerten EV erfasst werden, als **unwirksam** erachten, §§ 138, 307 BGB („Vertragsbruchtheorie", BGH NJW 1999, 940). Die Globalzession ist nur wirksam, wenn die Bank dem verlängerten EV den **Vorrang** durch eine dingliche Teilverzichtsklausel einräumt (BGH a. a. O.).

10.2.2.4 Der erweiterte Eigentumsvorbehalt

Stehen Vorbehaltsverkäufer und Käufer in einer dauerhaften Geschäftsbeziehung mit wiederholten Geschäftsabschlüssen, so kann vereinbart werden, dass der EV erst erlischt, wenn alle aus der Geschäftsbeziehung noch offen stehenden Forderungen beglichen sind, sog. **erweiterter Eigentumsvorbehalt.** Zur Absicherung von *anderer Gläubigern*, auch wenn es sich um Unternehmen im Konzernverbund handelt (sog. „Konzernvorbehalt"), ist ein Eigentumsvorbehalt *nicht* zulässig, § 449 Abs. 3 BGB.

10.2.3 Mangelgewährleistung im Kauf

Gerade bei Just-in-Time-Belieferung und beim Single Sourcing stellt die Belieferung mit mangelhaften Vorprodukten ein ernsthaftes Problem dar, weil mangelhafte Vorprodukte zur Mangelhaftigkeit des Hauptprodukts führen können, wegen der erst kurz vor dem Verbau eintreffenden Belieferung unerkannt bleiben können und ein Ausweichen auf andere Lieferanten nicht möglich ist.

10.2.3.1 Sach- und Rechtsmängel

Das BGB unterscheidet **Sach-** und **Rechtsmängel**, für die der Verkäufer in gleicher Weise Gewähr leisten muss.

Eine Sache ist frei von **Rechtsmängeln**, wenn Dritte an einer Kaufsache keine oder nur die vertragliche übernommenen Rechte geltend machen können, § 435 BGB.

> **Beispiel:**
> Eine Rechtsmangel liegt vor, wenn der Verkäufer eines Sache nicht deren Eigentümer ist und daher kein Eigentum übertragen kann; insoweit kann der echte Eigentümer an der Kaufsache seine Rechte geltend machen.

> **Definition:**
> Ein Sachmangel liegt vor, wenn die „Istbeschaffenheit" einer Sache von der „Sollbeschaffenheit" bei Gefahrübergang negativ abweicht.

Der **Sachmangel** dagegen ergibt sich aus einem **Vergleich** zwischen den tatsächlich vorliegenden Eigenschaften und den geschuldeten Eigenschaften einer Sache: Die **Istbeschaffenheit** einer Kaufsache lässt sich regelmäßig leicht durch optische Wahrnehmung oder gutachterliche Untersuchung erkennen, z. B. wenn der Akku des Smartphones nicht mehr vollgeladen oder ein Motor nicht mehr gestartet werden kann. Die **Sollbeschaffenheit** hingegen ist nicht immer ganz leicht feststellbar. Für sie gibt es verschiedene in § 434 BGB dargestellte Anknüpfungspunkte, die in der vorgegebenen Reihenfolge zu prüfen sind:

- In erster Linie muss die Kaufsache die **vertraglich vereinbarte Beschaffenheit** aufweisen, also alle Eigenschaften, die zwischen den Vertragspartnern ausdrücklich oder konkludent vereinbart wurden („subjektiver Fehlerbegriff"), § 434 Abs. 1 Satz 1 BGB.

> **Beispiel:**
> Wird bei einem Kfz-Neuwagenkauf als Sonderwunsch ein Schiebedach vereinbart, so ist dies eine vertraglich vereinbarte Eigenschaft, die das Fahrzeug aufweisen muss. Fehlt das Schiebedach am ausgelieferten Fahrzeug, hat es einen Mangel.

- Ist eine bestimmte *Beschaffenheit* vertraglich *nicht* vereinbart, so kann immerhin **beim Vertragsschluss** ein **Verwendungszweck für die Kaufsache vorausgesetzt** worden sein, der dann die Sollbeschaffenheit bestimmt, § 434 Abs. 1 Satz 2 Nr. BGB.

> **Beispiel:**
> Wird ein „Bauplatz" verkauft, gehen beide Parteien beim Vertragsschluss davon aus, dass das Grundstück für Bauzwecke genutzt werden kann. Liegt das Grundstück tatsächlich in einer Bauverbotszone, fehlt es an dem vertraglich vorausgesetzten Verwendungszweck.

- Sollten weder Eigenschaften noch ein Verwendungszweck beim Vertragsschluss zur Sprache gekommen sein, bestimmt sich die Solbeschaffenheit nach der **gewöhnlichen Verwendung** und der **Beschaffenheit, die bei gleichartigen Sachen üblich** ist und **vom Käufer erwartet** werden kann, § 434 Abs. 1 Satz 2 Nr. 2 BGB. Das ist das am häufigsten in der Praxis zur Anwendung kommende Kriterium. Dabei ist es oft schwierig und nur mit gerichtlicher Hilfe zu bestimmen, was „Sachen der gleichen Art" sind (Kraftfahrzeuge? konkreter Fahrzeugtyp? gleiches Alter?) und welches die „üblichen" Eigenschaften sind, die „der Käufer" (welcher?) erwarten kann.

> **Beispiel:**
> Dem Kriterium der fehlenden „üblichen Verwendbarkeit und Beschaffenheit" dürften technische Mängel an einem Gebrauchtfahrzeug, Hausschwamm an einem Gebäude, Holzwurmbefall im Gebälk, Lackkratzer am Neuwagen, ein gepixeltes Bild beim Fernseher oder ein defekter Blitz beim neuen Fotoapparat entsprechen, sodass insoweit Mängel vorlägen.

- Als üblicherweise zu erwartende Eigenschaften nennt das Gesetz auch diejenigen, die die nach öffentlicher **Hersteller-** oder **Händlerwerbung** (oder ihrer Gehilfen) oder bei der **Produktkennzeichnung** zu erwarten sind. Dabei ist zwischen *eigenschaftsbezogener* und *bewusst übertriebener Werbung* zu unterscheiden, wobei letztere *ohne Faktenbezug* gar keine Verkehrserwartung begründen kann und nicht zur Mangelhaftigkeit führt. Der auf Gewährleistung haftende Verkäufer als Vertragspartner des Käufers muss sich die irreführende Werbung des Herstellers oder einer beauftragten Werbeagentur zurechnen lassen, es sei denn er *kannte die Werbeäußerung nicht* und musste sich auch nicht kennen. Ein Mangel entfällt auch dann, wenn die falsche Werbung *berichtigt* war oder sie die *Käuferentscheidung gar nicht beeinflussen konnte*, § 434 Abs. 1 Satz 3 BGB.

> **Beispiele:**
> Der im *Verkaufsprospekt* eines Neuwagens angegebene CO_2-Austoß ist nachprüfbarer Fakt und muss stimmen. Die Aussage „extrem umweltfreundlich" auf der Verpackung führt auch dann zu einem Mangel, wenn das Produkt nicht umweltschädlich ist. Verspricht die Fernsehwerbung, dass ein Produkt „Flügel verleihe", ist dies eine bewusst übertriebene Anpreisung und keinem Faktencheck zugänglich und kann keinen Mangel begründen.

- War vertraglich zusätzliche **Montage** einer Kaufsache **vereinbart** und scheitert die fachgerechte Montage, so reflektiert dies auf die Kaufsache selbst, die nun ihrerseits als mangelhaft gilt. Gleiches gilt im Hinblick auf Gegenstände, die der Käufer *selbst montieren* soll: Gelingt dies wegen **mangelhafter Montageanleitung** nicht, so weist die Sache selbst einen Mangel auf, sofern die einwandfreie Montage nicht – wegen einschlägiger Erfahrung des Kunden – trotzdem gelingt, § 434 Abs. 2 BGB.

> **Beispiel:**
> Beschreibt die *Explosionszeichnung* zum Aufbau eines Regals andere als die mitgelieferten Teile und ist *verwirrend gestaltet*, sodass der durchschnittliche Kunde das Regal nicht zusammenbauen kann, ist das Regal mangelhaft, auch wenn dem geübten Heimwerker die Montage auch ohne Explosionszeichnung gelingt.

- Schließlich hat das BGB den Mangelbegriff über die qualitativen Defizite von Sachen auch auf **quantitative** Abweichungen von den vertraglichen Festsetzungen erweitert. So gilt nicht nur die Lieferung einer anderen als der gekauften („**Falschlieferung**"), sondern auch die Lieferung einer zu geringen Stückzahl („**Minderlieferung**") als Sachmangel des gelieferten Exemplars, § 434 Abs. 3 BGB.

> **Beispiele:**
> Wer online eine Videokamera bestellt und einen E-Book-Reader geliefert bekommt, hat eine „mangelhafte Videokamera" erhalten. Wer 100 Tulpenzwiebeln „Blue Star" kauft und 50 Hyazinthenzwiebeln „Big Smell" übereignet erhält, hat doppelt mangelhafte Ware erhalten, nämlich 100 *mangelhafte Tulpen* „Blue Star", auch wenn es Hyazinthen sind!

Für den Zeitpunkt der Mangelhaftigkeit stellt das Gesetz zu Recht nicht auf den Vertragsschluss, sondern auf den **Gefahrübergang** ab, § 434 Abs. 1 Satz 1 BGB. Das ist bei Hol- und Bringschulden die Übergabe an den Käufer, § 446 BGB, bei Schickschulden die Übergabe an den Transporteur, falls nicht die Regeln des Verbrauchsgüter-Versendungskaufes greifen, §§ 447, 474 BGB (vgl. Kapitel 8).

10.2.3.2 Gewährleistungsrechte

Liegt ein Mangel vor, sind die Rechte des Gläubigers zunächst davon abhängig, dass er einen Anspruch auf Nacherfüllung geltend macht. Erst danach stehen ihm die Möglichkeit des Rücktritts, der Minderung, des Schadensersatzes statt Leistung oder des Aufwendungsersatzes zur Verfügung. Ein Schaden neben der Leistung kann stets verlangt werden.

- **Nacherfüllung**: Ist die gekaufte Sache mangelhaft, weil die Sollbeschaffenheit von der Istbeschaffenheit negativ abweicht, kann der Käufer nach § 437 Nr. 1 BGB Nacherfüllung verlangen, d. h. er kann grundsätzlich die **Beseitigung des Mangels** oder die **Lieferung einer mangelfreien** Sache fordern, § 439 Abs. 1 BGB. Dabei steht das *Wahlrecht* zwischen **Reparatur** der mangelhaften Sache und **Austausch** gegen eine mangelfreie Sache immer dem *Käufer* zu! Bei Ersatzlieferung ist die mangelhafte Ware zurückzugeben, § 439 Abs. 5 BGB. Hintergrund dieser Regelung ist, dass der Verkäufer eine *zweite Chance* bekommen soll, die Erfüllung doch noch korrekt zu bewirken: „Nach-Erfüllung". Eine Frist *muss* er nicht setzen, kann dies aber tun, was sich dann für den Fall des Scheiterns der Nacherfüllung als günstig erweist.

> **Beispiel:**
> Löst bei einer Digitalkamera der eingebaute Blitz nicht aus, so hat der Kunde die Wahl, ob er eine andere (bei einem Neugerät „neue") Kamera bekommen möchte oder mit der Reparatur des Blitzes an seiner Kamera einverstanden ist. Diese Rechte können vertraglich gegenüber Verbrauchern im Voraus nicht verändert werden, auch nicht in AGB, vgl. §§ 476 Abs. 1, 309 Nr. 8b) BGB.

Die zum Zwecke der Nacherfüllung notwendigen **Aufwendungen**, etwa Transportkosten der Sache für den Austausch oder Wege-, Arbeits- und Materialkosten bei Reparatur, muss der **Verkäufer tragen**, § 439 Abs. 2 BGB, **seine** Leistung hat ja einen Defekt, der Käufer hat sein Geld „mangelfrei" bezahlt! Dies umfasst auch Kosten für das Entfernen der mangelhaften Sache, wenn sie in eine andere Sache eingebaut wurde, § 439 Abs. 3 BGB.

Manchmal sind *nicht* beide Varianten *möglich*, dann reduziert sich der Anspruch des Käufers auf die einzig mögliche Alternative:

Bei **Gattungssachen** nach §243 Abs.1 BGB sind meist beide Alternativen Reparatur und Ersatzlieferung erfüllbar: Solange die Gattung besteht, ist ein Ersatzstück vorhanden; sollte der Mangel ausnahmsweise nicht behebbar sein, scheidet diese Variante aus, vgl. §275 BGB. Beim **Stückkauf** dürfte es in der Regel keine Ersatzlieferung geben, weil es sich beim Kaufgegenstand ja um ein konkretes Einzelstück handelt, von dem es kein zweites geben kann. Hier kommt nur Reparatur in Frage. Ist auch Reparatur nicht möglich, entfällt die Verpflichtung zur Nacherfüllung komplett, §275 BGB. In diesem Fall kann sofort auf die anderen Rechte zurückgegriffen werden.

> **Beispiele:**
> Ist das neu gekaufte Navigationsgerät TAMTAM defekt, kann es gegen ein anderes TAMTAM ausgetauscht oder die Software neu aufgespielt werden; die Milchtüte, deren Inhalt sauer ist, kann nur umgetauscht werden (Gattungskauf). Hat das gekaufte Ferienhaus den Holzwurm im Gebälk, so kann nicht das Ferienhaus ausgetauscht werden, sondern müssen die Balken gegen Holzwurmbefall behandelt werden. Hat der Gebrauchtwagen einen verschwiegenen Totalschaden erlitten, kann dieser weder durch „Reparatur" ungeschehen gemacht, noch derselbe Gebrauchtwagen ersatzweise geliefert werden (Stückkauf).

Sollten in Einzelfällen die **Kosten** für die vom Käufer gewählte – und durchführbare – Art der Nacherfüllung (Reparatur oder Ersatzlieferung) im Vergleich zum **Wert** der mangelfreien Sache, zur **Bedeutung des Mangels** und hinsichtlich der **anderen**, vom Käufer nicht gewählten **Art der Nachverfüllung unverhältnismäßig** hoch sein, so kann der Verkäufer diese Nacherfüllungsalternative **verweigern** und die andere Alternative leisten §439 Abs.4 BGB. Diese Möglichkeit darf aber nur in *Ausnahmefällen* bei wirklicher „Unverhältnismäßigkeit der Nacherfüllungskosten" zur Anwendung kommen, weil sonst die Gefahr besteht, dass Verkäufer immer nur die billigste Art der Nacherfüllung leisten wollen.

> **Beispiele:**
> Verlangt der Käufer einer Holzschraube im Baumarkt, die 5 Cent kostet und leider produktionsbedingt ein „Linksgewinde" statt des üblichen „Rechtgewindes" aufweist, die „Mangelbeseitigung" so sind die Kosten für das „Umfräsen des Schraubengewindes" im Vergleich zum Austausch der Schraube angesichts des geringen Materialwerts, der hohen „Reparaturkosten" und der schnelleren Umtauschmöglichkeit unverhältnismäßig hoch.

Weist das im Elektronikmarkt gekaufte Markenhandy einen Hardware-fehler auf, so wird der Verkäufer häufig eine wochenlange „Reparatur durch den Hersteller" vorschlagen, weil ihn diese *billiger* kommt, als dem Kunden sofort ein mangelfreies anderes Handy herauszugeben. Das ist jedoch regelmäßig kein Fall des Leistungsverweigerungsrechts nach § 439 Abs. 4 BGB!

- **Rücktritt**: Ist das Stadium der Nacherfüllung erfolglos durchlaufen oder aus besonderen Gründen zu überspringen, kann der Käufer wegen eines Mangels vom Vertrag **zurücktreten**, §§ 437 Nr. 2, 323, 326 Abs. 5 BGB. Neben der *Mangelhaftigkeit* der Sache erfordert eine Rücktrittsmöglichkeit in der Regel, dass der Käufer zuvor erfolglos eine **angemessene Frist** zur Nacherfüllung gesetzt hatte und diese ohne Mangelbeseitigung verstrichen ist, § 323 Abs. 1 Satz 1 BGB. Eine zu kurze Frist dürfte eine angemessene Frist in Lauf setzen.

Ausnahmsweise ist der Rücktritt jedoch **ohne Fristsetzung** schon möglich, nämlich wenn:
- der Verkäufer die Nacherfüllung von vornherein **ernsthaft und endgültig** zu Unrecht **verweigert**, §§ 440 Satz 1, 323 Abs. 2 Nr. 1 BGB;
- ein **relatives Fixgeschäft** vorliegt und der fixe Zeitpunkt bereits überschritten ist, §§ 440 Satz 1, 323 Abs. 2 Nr. 2 BGB;
- unter **Abwägung der beiderseitigen Interessen** ausnahmsweise ein **sofortiger Rücktritt** gerechtfertigt wäre, §§ 440 Satz 1, 323 Abs. 2 Nr. 3 BGB;
- die Durchführung beider **Nacherfüllungsalternativen „unmöglich"** ist, §§ 326 Abs. 5, 275 BGB;
- der Verkäufer *beide* **Nacherfüllungsalternativen** wegen **unverhältnismäßiger Kosten** nach § 439 Abs. 4 BGB verweigern darf, § 440 Satz 1 BGB;
- die Nacherfüllung durch den Verkäufer **fehlgeschlagen** ist, was in der Regel nach **zwei Fehlversuchen** anzunehmen ist, § 440 Satz 1 BGB;
- die dem Käufer zustehende Art der Nacherfüllung zwar möglich ist, eine (weitere) Nacherfüllung **dem Käufer** (!)aber aus besonderen Gründen **unzumutbar** ist, z. B. weil an einem Kfz bereits mehrere mangelhafte Teile ausgetauscht wurden und ständig andere Mängel auftreten, § 440 Satz 1 BGB.

Wegen geringfügiger, **unerheblicher Mängel** kann ein Rücktritt allerdings *nicht* erfolgen, § 323 Abs. 5 Satz 2 BGB.

Beispiel:
Weist der gekaufte Neuwagen im Innenraum im Fahrbetrieb einen leisen, aber störenden Pfeifton auf, so kann der Käufer vom Kauf nur zurücktreten, wenn er dem Verkäufer entweder *unter Fristsetzung* eine Mangelbeseitigungsgelegenheit gegeben hat, die erfolglos war, oder wenn er *ohne Fristsetzung* mindestens zwei Mangelbeseitigungschancen eröffnet hatte, die fehlgeschlagen sind; wenn der Verkäufer die Beseitigung des Geräusches zu Unrecht verweigert; wenn das Geräusch gar nicht beseitigt werden kann oder das Geräusch bereits der dritte Mangel am Fahrzeug ist, das sich als „Montagsprodukt" herausstellt. Ist das Pfeifen so leise, dass es als „normales" Fahrgeräusch zu bezeichnen wäre, scheidet ein Rücktritt aus.

Ist eine Rücktrittsmöglichkeit eröffnet, so folgt die Durchführung des Rücktritts den **Regeln der §§ 346 ff. BGB.**

- **Minderung:** Sind die Voraussetzungen für einen Rücktritt gegeben, so hat der Käufer die *alternative Option*, „statt zurückzutreten" das mangelhafte Fahrzeug zu behalten und „durch Erklärung" einen Preisnachlass zu erlangen, also den **Kaufpreis zu mindern,** § 441 Abs. 1 BGB. Die Minderung ist auch bei unerheblichen Mängeln zulässig. Für die **Bemessung** des Kaufpreisnachlasses ist grundsätzlich der „Mangelunwert", häufig dessen Behebungskosten, in Abzug zu bringen; dabei sind aber auch die beim Kaufpreis ausgehandelten Preisvorteile und Preisnachteile zu berücksichtigen, § 441 Abs. 3 BGB.

Beispiel:
Findet sich der Käufer des Fahrzeugs mit dem Pfeifton ab, kann er das Fahrzeug behalten und einen Minderungsbetrag aushandeln, z. B. Kaufpreisreduzierung um 500 €.

- **Schadensersatz statt Leistung:** Gerade im Fall des Rücktritts können Schäden in Form des bereits bezahlten **Kaufpreises,** als **Mehrkosten** durch anderweitige **Ersatzbeschaffung** oder als **entgangenen Gewinn** aus gescheitertem Weiterverkauf („großer Schadensersatz") oder bei Behalten der mangelhaften Sache in Höhe des „Mangelunwerts" als **Differenz** zwischen dem mangelfreiem und mangelhaften Sachwert („kleiner Schadensersatz") entstehen. Sie können als Schadensersatz **statt** der „nicht wie geschuldet erbrachten Leistung" nach **Fristsetzung** verlangt werden, sofern der Verkäufer die Mangelhaftigkeit **zu vertreten** hat, §§ 437 Nr. 3, 280 Abs. 1, 3, 281 Abs. 1 BGB. Dabei löst die im Rahmen des Rücktritts erörterte einmalige „Fristsetzung zur Nacherfüllung" auch die Rechtsfolge Schadensersatz aus, weshalb auch die **Ausnahmen von der Fristsetzung** in § 281 Abs. 2 BGB entsprechend denen des § 323 Abs. 2 BGB ausgestaltet sind. Auch gilt § 440 BGB wieder. Wegen **unerheblicher** Mängel ist ein Schadensersatz *statt* der ganzen Leistung ausgeschlossen, § 281 Abs. 1 Satz 3 BGB.

> **Beispiel:**
> Hatte der Fahrzeugkäufer das „pfeifende" Auto bereits vor dem Kauf zu einem um 1000 € höheren Preis weiterveräußert, so entsteht ihm nach – berechtigtem – Rücktritt nun ein Schaden statt der Leistung in Höhe dieser 1.000 €, den er nach §§ 280 Abs. 1, 3, 281 BGB verlangen kann.

- **Aufwendungsersatz:** Statt Schadensersatz statt der Leistung zu begehren, kann der Käufer auch Ersatz seiner **im Vertrauen auf die ordnungsgemäße Abwicklung** des Kaufes getätigten Aufwendungen verlangen, § 284 BGB.
- **Schadensersatz neben der Leistung:** Da die Mangelhaftigkeit der Kaufsache eine „Pflichtverletzung" darstellt, kann der Käufer Schäden, die infolge des Mangels bei fortbestehender Lieferpflicht eintreten, ersetzt verlangen, wenn der Verkäufer die Mangelhaftigkeit **zu vertreten** hat, § 280 Abs. 1 BGB. Eine Fristsetzung zur Nacherfüllung ist nicht erforderlich, aber auch nach Schadenseintritt sinnlos. Im Wesentlichen handelt es sich um **Integritätsverletzungen** an anderen Rechtsgütern des Käufers als der Kaufsache selbst. Beispiel zum „Schadensersatz neben der Leistung" siehe Seite 217 oben.

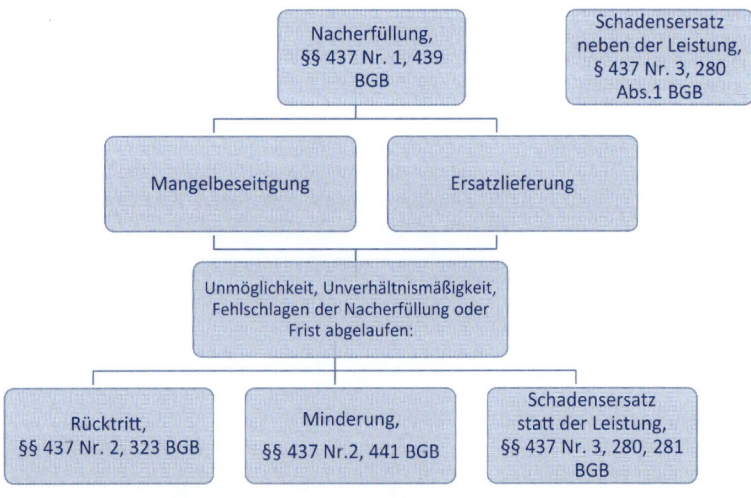

Abb. 49: Rechtsfolgen Sachmangel im Ablauf

Beispiel:

Springreiterin Hella besitzt in ihren Stallungen bereits zwei preisgekrönte Turnierpferde, als sie von Pferdehändler Alois einen englischer Vollblüter „Katarrh" kauft. Das gelieferte Pferd verbringt sie in den Stall zu den anderen Pferden, das durch eine bei Übergabe bereits ausgebrochene Lungenentzündung die anderen Pferde ansteckt, die daraufhin verenden. Sie kann deren „Verkehrswert" der verendeten Pferde als Schadensersatz neben der Leistung ohne weiteres von Alois verlangen, wenn ihm die Erkrankung (Mangel) bekannt war und er nichts dagegen unternahm und auch Hella nicht informierte.

10.2.3.3 Verjährung von Gewährleistungsrechten

Gewährleistungsansprüche für Mängel auf *Nacherfüllung* und *Schadensersatz* verjähren in **zwei Jahren** ab **Ablieferung** der Kaufsache beim Käufer, wenn diese **beweglich** ist, § 438 Abs. 1 Nr. 3, Abs. 2 BGB. Für Mängel an **Grundstücken** sowie an **Baumaterialien**, die in ein Gebäude eingebaut wurden und dessen Mangelhaftigkeit verursacht haben, gilt eine Verjährungsfrist von **fünf Jahren** seit Übergabe des Grundstücks an den Käufer, §§ 438 Abs. 1 Nr. 2, Abs. 2 BGB. Bei **Rechtsmängeln**, die dingliche Herausgabeansprüche Dritter zur Folge haben, und bei sonstigen im Grundbuch eingetragenen Rechten gilt eine **dreißigjährige** Verjährungsfrist, § 438 Abs. 1 Nr. 1 BGB.

Die Verjährung von mangelbedingten *Rücktrittsrechten* richtet sich nach §§ 438 Abs. 4, 218 BGB, die sich an der Verjährung von Nacherfüllungsansprüchen orientieren.

10.2.3.4 Haftungsbeschränkungen und Garantien

Kraft Gesetzes sind Gewährleistungsrechte ausgeschlossen, wenn der Käufer den Mangel *bei Vertragsschluss* **kennt**, § 442 Abs. 1 Satz 1 BGB. Kennt er ihn nicht, ist er ihm aber infolge *grober Fahrlässigkeit unbekannt* geblieben, so kann er Gewährleistungsrechte nur geltend machen, wenn der Verkäufer den Mangel vor ihm verborgen („**arglistig verschwiegen**") oder eine **Beschaffenheitsgarantie** übernommen hatte, § 442 Abs. 1 Satz 2 BGB. Letzteres gilt auch, wenn eine Sache in einer öffentlichen Versteigerung als Pfand verkauft wird, vgl. § 445 BGB.

 Übung:

Überlegen Sie, welche Konsequenzen diese Regelung für einen Gebrauchtwagenverkäufer hat, der möglichst später nicht wegen – an einem gebrauchten Fahrzeug meist vielfach vorhandenen – Mängeln in Anspruch genommen werden will. Was empfehlen Sie, was nicht?

Vertragliche Beschränkungen der Haftung für Mängel sind nur in engen Grenzen zulässig. Gegenüber Verbrauchern sind – anders als gegenüber Unternehmern – Haftungsbeschränkungen und -ausschlüsse in **AGB** grundsätzlich **unzulässig**, §§ 309 Nr. 8, 310 BGB. Auch zum Nachteil des Verbraucherkunden getroffene **individuelle Abänderungen** von Gewährleistungsrechten sind im „**Verbrauchsgüterkauf**" **unzulässig**, vgl. §§ 474, 476 BGB. Wo Gewährleistungsrechte durch Individualvereinbarung wirksam begrenzbar sind, kann sich ein Verkäufer dann nicht auf eine Vereinbarung berufen, wenn er einen Mangel **arglistig verschwiegen** hat oder eine **Beschaffenheitsgarantie** übernommen hat, § 444 BGB.

Übernimmt ein Verkäufer in einer Erklärung oder in der Werbung bei oder vor Abschluss eines Kaufvertrages zusätzlich zur gesetzlichen Mängelhaftung *Verpflichtungen auf Kaufpreiserstattung, Nachbesserung, Umtausch oder ähnliches* im Hinblick auf die Beschaffenheit der Kaufsache („Sollzustand"), so stehen dem Käufer diese Rechte im Garantiefall *neben* den gesetzlichen Gewährleistungsrechten zu, § 443 Abs. 1 BGB. Eine solche „**selbständige Garantie**" führt auch dann zur Haftung des Garantiegebers, wenn er den Mangel **nicht zu vertreten** hat, § 276 BGB, oder wenn der Käufer den Mangel **kennt,** § 442 Abs. 1 BGB; ein vertraglicher Haftungsausschluss kommt *nicht* zur Geltung, vgl. § 444 BGB. Gleiches gilt für Hersteller und sonstige dritte Garantiegeber, vgl. § 443 Abs. 1 BGB.

Bei der **unselbständigen Haltbarkeitsgarantie** übernimmt der Verkäufer keine über die gesetzlichen Gewährleitungsrechte hinausgehenden Pflichten, sondern verpflichtet sich lediglich, nicht nur für im *Zeitpunkt des Gefahrübergangs* vorliegenden Mängel einzustehen, sondern auch dann zu haften, wenn solche Mängel erst später **innerhalb des definierten Garantiezeitraumes** eintreten, § 443 Abs. 2 BGB. § 479 BGB normiert Formvorschriften („Textform"), Mindestinhalte und Verständlichkeit für Garantieerklärungen.

> **Beispiel:**
> Der Kfz-Händler sichert Rostfreiheit für einen Zeitraum von fünf Jahren seit Kauf zu. Tritt innerhalb dieses Zeitraums Rost auf, gelten die gesetzlichen Gewährleistungsansprüche über die gesetzliche Gewährleistungsfrist von zwei Jahren hinaus.

10.2.4 Der Verbrauchsgüterkauf

10.2.4.1 Begriff

Besondere Risiken bestehen für **Verbraucher** angesichts der Überlegenheit des **Unternehmers** bei einem Kauf zwischen diesen Partnern. Das Gesetz definiert daher eine Unterform des Kaufs als **Verbrauchsgüterkauf** mit Schutzvorschriften für Verbraucher, vgl. §§ 13,14 BGB.

> **Definition:**
> Verbrauchsgüterkäufe sind Kaufverträge, durch die ein Verbraucher von einem Unternehmer eine bewegliche Sache kauft, auch wenn damit auch noch eine Dienstleistung des Unternehmers verbunden sein sollte, § 474 Abs. 1 BGB.

> **Beispiele:**
> Kauft der Gartenfreund im Gartenmarkt eine Schubkarre, so liegt ein Verbrauchsgüterkauf vor. Kauft hingegen der Gärtner dort das gleiche Hilfsmittel, so ist das ein „normaler" Kauf. Der Kauf von bebauten oder unbebauten Grundstücken kann niemals Verbrauchsgüterkauf sein.

Das BGB schützt den Verbraucher vor nachteiligen Vereinbarungen in Kaufverträgen und sieht für diese Kundschaft spezifische Reglungen in §§ 475 ff. BGB vor, § 474 Abs. 2 BGB.

> **Übung:**
> Lesen Sie nochmals in §§ 13, 14 BGB die Definitionen von Verbrauchern und Unternehmern durch und überlegen Sie, in welchen Konstellationen die §§ 474 ff. BGB zur Anwendung kommen und in welchen nicht.

10.2.4.2 Verbot verbraucherfeindlicher Vereinbarungen

* **Beschränkung und Ausschluss von Gewährleistungsrechten**: Die gesetzlichen Voraussetzungen und Rechtsfolgen der Mangelgewährleistung in §§ 433, 434 und 435 BGB (Vertragspflichten, Sach- und Rechtsmangeldefinitionen) sowie in §§ 437, 439 bis 443 BGB (Gewährleistungsansprüche und Garantien) können **nicht im Voraus** durch vertragliche Vereinbarung **zum Nachteil des Verbrauchers** ausgeschlossen, eingeschränkt oder umgangen werden, § 476 Abs. 1 BGB. Lediglich Schadensersatzansprüche können – im Rahmen des AGB-Rechts – vertraglich gestaltet werden. § 476 Abs. 3 BGB.

> **Beispiel:**
> Die vertragliche Verpflichtung des Kunden, *zunächst den Hersteller in Anspruch nehmen* zu müssen, der Ausschluss des *Wahlrechts des Kunden* bei den Nacherfüllungsvarianten oder *Haftungsausschlüsse* sind unwirksam. Die Vereinbarung eines pauschalierten Schadensersatzes bei Mängeln kann in den Grenzen des § 309 Nr. 5 BGB wirksam sein.

Übung:

Lesen Sie bitte in diesem Zusammenhang § 309 Nr. 8 b) aa) bis ff) BGB ganz durch, um eine Vorstellung davon zu bekommen, welche „Tricks" in der Praxis üblich sind!

- **Verjährung von Gewährleistungsansprüchen:** Die Gewährleistungsverjährungsfristen dürfen **nicht auf weniger als zwei Jahre** ab dem Verjährungsbeginn verkürzt werden, lediglich für **gebrauchte Sachen** kann eine vertragliche Verkürzung auf **ein Jahr** wirksam vereinbart werden, § 476 Abs. 2 BGB. Ein Gewährleistungsausschluss, etwa für Gebrauchtwagen, ist gegenüber Verbrauchern unzulässig.

10.2.4.3 Verbraucherspezifische Regelungen

- **Leistungszeit:** Ist keine Lieferzeit zwischen Verbraucher und Unternehmer vereinbart, greift nicht § 271 Abs. 1 BGB, wonach die Leistungen „sofort" zu erfüllen sind, sondern § 475 Abs. 1 BGB, der die Erfüllung nur **„unverzüglich"** verlangt, also „ohne schuldhaftes Zögern", vgl. Definition in § 121 Abs. 1 BGB, und der damit den Erfüllungszeitraum verlängert. Für den Unternehmer besteht ohne Vereinbarung eine **Höchstfrist von 30 Tagen** für seine Leistung.
- **Gefahrtragung im Versendungskauf:** Nach § 447 Abs. 1 BGB gehen Preis- und Sachgefahr im Versendungskauf bereits mit Aushändigung der gekauften Ware an ein Transportunternehmen auf den Käufer über, sodass die Ware auf *Risiko des Käufers* reist. Beim Verbrauchsgüterkauf, der zugleich Versendungskauf ist, ist das nur dann der Fall, wenn der Verbraucher als Käufer das Transportunternehmen selbst beauftragt hat, ohne dass ihn das vom Verkäufer zuvor benannt worden wäre, § 475 Abs. 2 BGB. Im Normalfall des Verbrauchsgüterkaufes trägt also der versendende **Unternehmer** das **Risiko bis zur Übergabe der Ware** an den Kunden, solange er den Transporteur beauftragt hat.
- **Nutzungsherausgabe bei Ersatzlieferung:** Liefert der Verkäufer im Wege der Nacherfüllung eine mangelfreie Sache, so muss der Käufer grundsätzlich die mangelhafte Sache und die bisher daraus gezogenen **Nutzungen herausgeben**, §§ 439 Abs. 5, 346 BGB. Im Verbrauchsgüterkauf entfällt die Verpflichtung zur Herausgabe oder zum Wertersatz von Nutzungen, § 475 Abs. 3 BGB.
- **Leistungsverweigerungsrechte:** Wo der Unternehmer nach § 275 BGB wegen Unmöglichkeit oder nach § 439 Abs. 4 BGB wegen Unverhältnismäßigkeit der Kosten die vom Verbraucher-Käufer gewählte Art der Nacherfüllung nicht erbringen kann oder verweigern darf, darf er jedenfalls die *andere Art* der **Nacherfüllung nicht** auch **wegen unverhältnismäßiger Kosten verweigern**, allenfalls

kann er den Aufwendungsersatz auf einen angemessenen Betrag beschränken, § 475 Abs. 4 BGB.

- **Vorschuss für Nacherfüllungsaufwendungen**: Muss der Unternehmer die Nacherfüllungsaufwendungen des Kunden nach § 439 Abs. 2, 3 BGB tragen, so kann der Verbraucherkunde insoweit auch **Vorschuss** verlangen, § 475 Abs. 6 BGB.
- **Beweislastumkehr**: Bei der Geltendmachung von Gewährleistungsansprüchen hat grundsätzlich der Verbraucher als Käufer im Streitfall vor Gericht darzulegen und zu beweisen, dass der Mangel „bei Gefahrübergang", also bei Übergabe der Ware schon vorgelegen hat, vgl. § 434 Abs. 1 Satz 1 BGB. Je später ein Mangel innerhalb der zweijährigen Verjährungsfrist auftritt, umso schwieriger wird der Beweis zu führen sein. Zeigt sich ein Mangel innerhalb von 6 Monaten seit Gefahrübergang, so wird nun zugunsten des Verbrauchers angenommen, dass er bereits von Anfang an vorlag, § 477 BGB. Diese Vermutung muss dann der Unternehmer widerlegen, indem er nachweist, dass der Verbraucher durch unsachgemäße Behandlung durch den Käufer entstanden sei.

> **Beispiel:**
> Kauft Pussy einen am 01.02. gelieferten Hometrainer und versagt bei erstem Gebrauch am 01.02. der Pulsmesser, ist der Fall klar. Der Mangel lag bereits bei Gefahrübergang vor. Tritt der Defekt jedoch erst am 01.07. auf, ist die Faktenlage schwieriger. Der Unternehmer wird darauf verweisen, dass das Gerät ja immerhin schon 5 Monate einwandfrei funktioniert habe, also bei Gefahrübergang mangelfrei gewesen sei. Hier hilft Pussy der § 477 BGB, der zu ihren Gunsten vermutet, dass der Pulsmesser trotz seines Funktionierens schon bei Übergabe einen technischen Defekt in sich getragen haben muss. Tritt der Mangel jedoch nach 7 Monaten auf, hat Pussy zu beweisen, dass das Gerät am 01.02. mangelhaft war. Das wird ihr kaum gelingen, auch wenn sie von der Verjährung ihrer Ansprüche (zwei Jahre) weit entfernt ist.

10.2.4.4 Unternehmerregress

Im Endverbrauchergeschäft sehen die **Lieferbeziehungen** zumeist wie folgt aus:

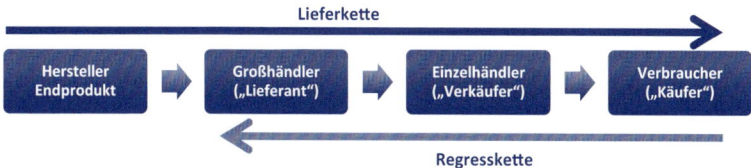

Abb. 50: Unternehmerregress in der Lieferkette

Gesetzliche Gewährleistung folgt immer den **Vertragsbeziehungen**: Der Verbraucher hat Vertragsansprüche gegenüber dem Verkäufer, der Verkäufer hat Ansprüche gegenüber dem Lieferanten, der Lieferant hat Ansprüche gegenüber seinem Vorlieferanten usw. Wird der Verkäufer einer **neu hergestellten Sache** wegen eines Mangels mit Gewährleistungsansprüchen seines Verbraucherkunden konfrontiert, steht regelmäßig zweierlei fest: Er **haftet**, obwohl er den Mangel an der Sache selbst **nicht verursacht** hat und – der **Mangel lag bereits bei Auslieferung an ihn vor**. Der „Unternehmerregress" behandelt die Frage, wie sich der Verkäufer beim Lieferanten selbst schadlos halten kann, insbesondere:

- **Nacherfüllungsaufwendungen**: Der Verkäufer kann die von ihm nach § 439 Abs. 2 BGB zu tragenden Aufwendungen vom Lieferanten verlangen, wenn die Sache bei Gefahrübergang auf den Verkäufer bereits mangelhaft war. Dies gilt auch für Vorlieferanten gegenüber ihren Verkäufern in der Lieferkette, § 445a Abs. 3 BGB. § 377 HGB bleibt zu beachten, § 445a Abs. 4 BGB, vgl. 10.2.5.
- **Wegfall Fristsetzung für Rechte aus § 437 BGB**: Musste der Verkäufer die Sache vom Verbraucher wegen Mangels zurücknehmen oder wurde der Kaufpreis gemindert, bedarf es für die in § 437 BGB bezeichneten Rechte des Verkäufers gegen den Unternehmer keiner Fristsetzung. Auch dies gilt wieder für Vorlieferanten, § 445a Abs. 3 BGB.
- **Beweislastumkehr**: Es wird zugunsten der Verkäufers vermutet, dass die Sache bei Gefahrübergang auf den Verbraucher bereits mangelhaft war, wenn sich der Mangel innerhalb von sechs Monaten gezeigt hat, §§ 478 Abs. 1, 477 BGB.
- **Beschränkung und Ausschluss von Gewährleistungsrechten**: Vertragliche Abänderungen der gesetzlichen Gewährleistungsansprüche der Unternehmer in der Lieferkette sind nur wirksam, wenn ein „gleichwertiger Ausgleich" eingeräumt wird, vgl. § 478 Abs. 2 BGB.
- **Ablaufhemmung der Verjährung**: Die Verjährung der Regressansprüche beträgt zwei Jahre ab Ablieferung der Sache und endet frühestens zwei Monate nach Erfüllung der Ansprüche des Verbrauchers durch den Unternehmer, spätestens fünf Jahre nach Ablieferung der Sache beim Verkäufer, § 445b Abs. 1, 2 BGB. Dies gilt auch für Ansprüche des Lieferanten gegen seinen Vertragspartner, § 479 Abs. 3 BGB.

10.2.5 Der Handelskauf

10.2.5.1 Das Handelsgeschäft

Der Handelskauf ist ein **Handelsgeschäft**. Handelsgeschäfte sind alle **Rechtsgeschäfte** eines **Kaufmanns**, die zum **Betrieb seines Handelsgewerbes** gehören, § 343 Abs. 1 HGB. Im Zweifel sind alle Geschäfte eines Kaufmanns betriebsbezogen und keine Privatgeschäfte, §344 HGB. Dabei sind die Vorschriften des HGB schon dann anwendbar, wenn einer der Beteiligten eines Geschäfts ein Kaufmann ist (sog. **„einseitiges Handelsgeschäft"**), sofern nicht ausnahmsweise ausdrücklich in einer handelsrechtlichen Norm vermerkt ist, dass ein „beiderseitiges Handelsgeschäft" vorliegen muss, §345 HGB.

Exkurs:

Kauft ein Verbraucher im Baumarkt Rasendünger, so ist das bereits ein Handelsgeschäft, und zwar ein **einseitiges**, ebenso, wenn der Student eine Überweisung bei seiner Bank in Auftrag gibt. Es gelten z. B. die Vorschriften der §§ 348 HGB (Vertragsstrafe), 349, 350 (Bürgschaft), 352 (erhöhter Zinssatz), 354 (Provisionen, Zinsen), 355 (Kontokorrent) oder 366 (gutgläubiger Erwerb). Für die Anwendung des § 353 HGB (Fälligkeitszinsen) oder des § 377 HGB (Rügeobliegenheit) ist ein **beiderseitiges** Handelsgeschäft erforderlich.

Das **Zustandekommen** von Handelsgeschäften richtet sich nach den allgemeinen Vorschriften, §§ 145 BGB, es gelten Besonderheiten beim Schweigen auf einen Antrag zur Geschäftsbesorgung, § 362 HGB, beim kaufmännischen Bestätigungsschreiben oder hinsichtlich der Einhaltung von Formvorschriften für spezifische Geschäfte, z. B. § 350 HGB.

10.2.5.2 Besonderheiten beim Handelskauf

Besprechung finden hier Regelungen zum Fixhandelskauf, zum Annahmeverzug und zur Rügeobliegenheit.

• **Fixhandelskauf**: Wird bei einem Kauf ein Liefertermin vereinbart, so liegt ein „**Termingeschäft** vor", der säumige Lieferant gerät ohne Mahnung in Verzug, § 286 Abs. 2 Nr. 1 BGB. Ist die *Einhaltung des vereinbarten Termins* nach der Mitteilung auch nur eines Vertragspartners für ihn *wesentlich*, so liegt ein „**relatives Fixgeschäft**" vor, von welchem der Gläubiger bei Terminüberschreitung ohne Fristsetzung zurücktreten kann, § 323 Abs. 2 Nr. 2 BGB. Wird die Leistungserbringung hingegen nach fruchtlosem Verstreichen der Lieferfrist *„unmöglich"*, so ist ein „**absolutes Fixgeschäft**" gegeben. Es treten die Folgen der §§ 275 BGB ein.

Beispiele:
Die verabredete Vornahme von Bauarbeiten an einem Gebäude ab 15.09. ist ein Termingeschäft. Die Handwerker können auch am 17.09. noch beginnen, sind aber dann in Verzug. Macht der Modeeinzelhändler deutlich, dass er die Sommerware bis 15.03. in seinem Lager haben

muss, so kann er ohne weitere Fristsetzung bei Verzug vom Einkauf der Textilien zurücktreten. Wird die Hochzeitstorte am Tag nach der Hochzeit geliefert, ist der Vertragszweck des absoluten Fixgeschäftes nicht mehr erreichbar, die Erfüllung ist unmöglich, die gegenseitigen Pflichten entfallen, §§ 275 Abs. 1, 326 BGB.

Beim Fixgeschäft, das zugleich ein beiderseitiges Handelsgeschäft und ein Kauf ist, kann der Gläubiger bei Fristüberschreitung zusätzlich zum **Rücktritt** vom Vertrag bei Verschulden des Verkäufers **Schadensersatz** wegen Nichterfüllung verlangen; der Erfüllungsanspruch erlischt mit Terminüberschreitung, sofern der Gläubiger nicht anzeigt, dass er weiterhin auf **Erfüllung** bestehe, § 376 Abs. 1 HGB.

- **Annahmeverzug**: Unter den Voraussetzungen des Gläubigerverzugs nach §§ 293 ff. BGB hat der Verkäufer das Recht, die gekaufte und nicht abgenommene Ware in einem Lager sicher zu **hinterlegen**, § 373 Abs. 1 HGB, und ist sogar berechtigt, die Ware – i. d. R. nach vorheriger Androhung – öffentlich **versteigern zu lassen** oder **freihändig zu verkaufen** und sich aus dem Erlös im Wege der Aufrechnung zu befriedigen, §§ 373 Abs. 2 HGB.

- **Kaufmännische Rügeobliegenheit**: Beim **beiderseitigen Handelskauf** (betriebsbezogene Geschäfte zweier Kaufleute, § 343 HGB), gehen Mängelrechte des Käufers verloren, wenn die Kaufsache im Rahmen des ordnungsgemäßen Geschäftsablaufes nicht **unverzüglich nach Ablieferung**, vgl. § 446 BGB, **untersucht** und dabei **ersichtliche Mängel unverzüglich** gegenüber dem Verkäufer **gerügt** werden, § 377 Abs. 1 HGB (sog. „**kaufmännische Rügeobliegenheit**"), wobei rechtzeitige Absendung der Mangelanzeige genügt, § 377 Abs. 4 HGB: Die mangelhaften Waren gelten dann als „**genehmigt**" und sind voll zu bezahlen, § 377 Abs. 2 HGB. Die Verjährung spielt keine Rolle mehr.

Hätte ein bei Gefahrübergang vorhandener Mangel trotz sorgfältiger sofortiger Untersuchung der Ware bei Ablieferung nicht entdeckt werden können („**versteckter Mangel**"), so ist die Mangelanzeige vorzunehmen, **sobald sich der Mangel zeigt**. Wird das versäumt, gilt die Ware ebenfalls als genehmigt, § 377 Abs. 3 HGB.

Lediglich für den Fall des **arglistigen Verschweigens** von Mängeln durch den Käufer ist die kaufmännische Rügeobliegenheit außer Kraft gesetzt, Mängel können dann im Rahmen der allgemeinen Verjährungsfristen noch geltend gemacht werden, § 377 Abs. 5 HGB.

> **Beispiel:**
> Knut Groß e.K. ordert bei der Riese KG 40 Kisten „Golden Delicious",
> Handelsklasse I. Die Riese KG liefert die Ware am Freitagmorgen, 01.09.
> ins Lager des Groß, allerdings nur Handelsklasse II. Groß untersucht die
> Ware am Montagmittag 04.09., wobei ihm der Qualitätsunterschied
> sofort auffällt. Als er sich deswegen an die Riese KG wendet, verweigert
> diese zu Recht Gewährleistungsansprüche, wenn das Vertauschen der
> Handelsklassen nicht arglistig geschah. Im ordnungsmäßigen Geschäfts-
> gang wäre eine unverzügliche Untersuchung der Ware noch vor dem
> Wochenende angezeigt gewesen, zumal es sich um Lebensmittel handelt.
> Die Ware gilt als „genehmigt", es ist der vereinbarte Preis für die Äpfel
> Handelsklasse I zu bezahlen. Gleiches gilt, wenn die Sorte „Gute Luise"
> oder nur 35 Kisten geliefert und diese Mängel nicht sofort bemerkt und
> angezeigt worden wären.

Abb. 51: Voraussetzungen kaufmännische Rügeobliegenheit

10.2.6 Das UN-Kaufrecht

Das Wiener Übereinkommen der Vereinten Nationen über Verträge über den **internationalen Warenkauf** vom 11.04.1980 – Convention on Contract for the International Sale of Goods (**CISG**) – UN-Kaufrecht – ist eine völkerrechtliche Konvention, die von über 80 Staaten übernommen wurde (sog. **Vertragsstaaten**), darunter Deutschland (seit 1991), China, Russland oder die USA. Es ist ein praxisorientiertes neutrales Kaufrecht, das speziell für den **internationalen Handelskauf** konzipiert wurde.

10.2.6.1 Anwendungsbereich

Das CISG regelt nur **Kaufverträge** oder **Lieferungskäufe** über produzierte oder herzustellende **Waren** (körperliche Gegenstände, ohne Wertpapier- und Immobilienkäufe oder Rechtskäufe), Art. 1 Abs. 1, 3 Abs. 1 CISG. Es erfasst keine Waren, die zum persönlichen Gebrauch gekauft werden, Art. 2 a) CISG.

Die Anwendung des CISG setzt voraus, dass der Kaufvertrag zwischen **Parteien** geschlossen wird, die ihre **Niederlassungen in verschiedenen Staaten** haben, Art. 1 Abs. 1 CISG. Dabei müssen entweder beide Staaten **Vertragsstaaten** des CISG sein oder die Regeln des *Internationalen Privatrechts* des Staates, in dem das mit dem Fall befasste Gericht sitzt, zur Anwendung des Rechts eines Vertragsstaates führen.

> **Beispiel:**
> Ein Werkzeughersteller aus Nürtingen beliefert ein Unternehmen in London mit Werkzeug. Eine Rechtswahl treffen die beiden Parteien nicht. Das Vereinigte Königreich ist dem CISG *nicht* beigetreten. Welches Recht ist auf den Vertrag anwendbar? Mangels Rechtswahl der Vertragsparteien unterliegt nach Art. 4 Abs. 1 a Rom-I-VO ein Kaufvertrag über bewegliche Sachen dem Recht *des* Staates, in dem der *Verkäufer* seinen gewöhnlichen Aufenthalt hat. Folglich wäre deutsches Recht anwendbar. Deutschland ist Vertragsstaat des CISG. Also gilt im vorliegenden Fall des UN-Kaufrecht CISG!

Vereinbaren Vertragspartner das **nationale Recht eines Vertragsstaates**, z. B. deutsches Recht, ohne das CISG *ausdrücklich auszuschließen*, führt dies **automatisch zur unmittelbaren Geltung des UN-Kaufrechts**, denn das CISG hat **Vorrang** vor den – ein nationales Recht bestimmenden – Kollisionsregeln des Internationalen Privatrechts (IPR), was den Vertragspartnern häufig nicht bewusst ist. Insoweit sollte von Art. 6 CISG ausdrücklich Gebrauch gemacht werden, der den **Ausschluss** zulässt, wenn nationales Recht gelten soll.

> *„Der Vertrag unterliegt den Bestimmungen des deutschen Rechts unter Ausschluss des UN-Kaufrechts".*

10.2.6.2 Regelungsinhalte

Das CISG gilt **nur** für das **Zustandekommen** und die **Änderung** von Kaufverträgen ab Art. 14 ff. CISG, es behandelt die **Rechte** und **Pflichten** des Käufers und des Verkäufers und die **Form** von Kaufverträgen, Art. 4 CISG:

> Angebot, Wirksamwerden von Angeboten, deren Rücknahme, Widerruf und Erlöschen, Annahme, Änderungen zum Angebot, Annahmefristen, verspätete Annahme, Rücknahme, Zeitpunkt des Vertragsschlusses, Zugang.

Darüber hinaus werden **Rechtsbehelfe bei Pflichtverletzungen** geboten, Art. 25 ff. Die Ähnlichkeit zum neuen deutschen Schuldrecht ist offensichtlich.

Übung:

Lesen Sie Art. 14 ff. CISG und vergleichen Sie die Regelungen mit §§ 130 ff., 145 ff. BGB! Was fällt auf?

Außerhalb dieses Regelungsbereiches des CISG gilt wieder das **nationale Recht**, das nach den Kollisionsregeln des IPR zu bestimmen ist.

10.3 Internationale Liefergeschäfte und IPR

Zunehmend werden Zulieferteile im Ausland beschafft („**Global Sourcing**"). Dies wirft die Frage nach der Geltung **nationalen Rechts** auf. Gilt das Recht des Käufers, des Verkäufers oder UN-Kaufrecht? Wo befindet sich der **Gerichtsstand** bei Streitigkeiten, in Deutschland oder im Ausland?

10.3.1 Nationales Recht und nationales Kollisionsrecht

Jeder Staat hat sein eigenes **nationales Zivilrecht** („Sachrecht"). Über die Frage, **welche** der nationalen Rechtsordnungen gilt, entscheidet nationales **Kollisionsrecht**, das sog. **Internationale Privatrecht (IPR)**. Das **EG-Kollisionsrecht** ist durch das **Rom-Übereinkommen** von 1980 vereinheitlicht worden. Es wurde in der Bundesrepublik in Art. 3 ff. EGBGB übernommen und gilt vorrangig gegenüber dem EGBGB, welches etwa für die Frage der Rechts- und Geschäftsfähigkeit noch anwendbar bleibt, Art. 38 EGBGB. Für **vertragliche Schuldverhältnisse** gilt nun die **Rom-I-Verordnung** 593/2008 der EU, für **außervertragliche Schuldverhältnisse** (unerlaubte Handlungen) die **Rom-II-Verordnung** 864/2007 der EU.

10.3.2 Rechtswahl im internationalen Verkehr

Die Vertragsparteien haben im **internationalen Vertragsverkehr** (z.B. Kaufverträge, Arbeitsverträge, Werkverträge) die Freiheit der **Rechtswahl**: Es gilt für den Vertrag **das gewählte Recht**, Art. 3 Abs. 1 Rom-I-VO. Damit ist ein kompletter Ausschluss des sonst – ohne Rechtswahl – geltenden Rechts möglich. Dazu muss aber im Vertrag – ausdrücklich oder bei Erkennbarkeit der gewählten Rechtsordnung konkludent – eine **Rechtswahlvereinbarung** getroffen werden, Art. 3 Abs. 1 Rom-I-VO

„Der Vertrag und sämtliche Streitigkeiten im Zusammenhang mit der Gültigkeit, der Auslegung und der Durchführung des Vertrages unterliegen dem Recht der Bundesrepublik Deutschland".

Auch die Wahl einer **neutralen Rechtsordnung** ist möglich, sofern keine „reasonable relation" wie etwa in USA bestehen muss. Nicht möglich ist der Ausschluss **aller** nationalen Rechtsordnungen. Mit der wirksamen Rechtswahl ist das an sich – nach Art. 4 Rom-I-VO – geltende Recht abgewählt.

> **Beispiel:**
> Eine deutsche Baufirma will einen Kran bei einem portugiesischen Hersteller bestellen. Diese übersendet ein Vertragsformular unter Bezugnahme auf ihre beigefügten Allgemeinen Geschäftsbedingungen, nach denen portugiesisches Recht gelten und das Gericht in Lissabon zuständig sein soll. Die deutsche Firma nimmt das Vertragsangebot an. Will sie nach der Lieferung einen Mangel der Maschine geltend machen und gerichtlich Schadensersatz verlangen, so muss sie sich an das vereinbarte Gericht in Lissabon wenden. Das deutsche Gericht wäre insoweit international unzuständig. Das Gericht in Lissabon wendet auf den Fall portugiesisches Recht an.

10.3.3 Vertragsstatut bei fehlender Rechtswahl

Wird keine Rechtswahl getroffen, bestimmt sich das sog. „Vertragsstatut" nach **Art. 4 Abs. 1 Rom-I-VO.** Danach gilt

- bei **Kaufverträgen** über Güter / Waren das **Recht des Staates,** in dem der **Verkäufer seinen Sitz** hat;
- bei **Dienstverträgen** das Recht des Staates, in dem der **Dienstleister** seinen **gewöhnlichen Aufenthalt** hat oder
- bei Verträgen über ein dingliches Recht an **Immobilien** (Grundstückskaufvertrag) oder über Grundstücksmiete oder -pacht das Recht des Staates, in dem das **Grundstück liegt.**

Sondervorschriften gelten für grenzüberschreitende **Verbraucherverträge,** Art. 6 Rom-I-VO, oder für **Versicherungsverträge,** Art. 7 Rom-I-VO.

10.3.4 Internationale Gerichtszuständigkeit

Für die Bestimmung des **Gerichtsstands** ist im internationalen Verkehr zwischen den meisten Staaten in Europa die EuGVVO einschlägig. Danach befindet sich der allgemeine Gerichtsstand am **Sitz oder Wohnsitz des Beklagten,** Art. 4 EuGVVO. Daneben bestehen **Wahlgerichtsstände** nach Art. 7 EuGVVO, etwa am Erfüllungsort einer Schuld oder bei Verbrauchersachen am Wohnsitz des Verbrauchers, Art. 17, 18 EuGVVO, sowie **ausschließliche,** also zwingende **Gerichtsstände** etwa für Mietsachen, Art. 24 EuGVVO. Vertragliche **Gerichtsstandsvereinbarungen** sind nach Art. 25 EuGVVO unter den dort genannten Voraussetzungen zulässig.

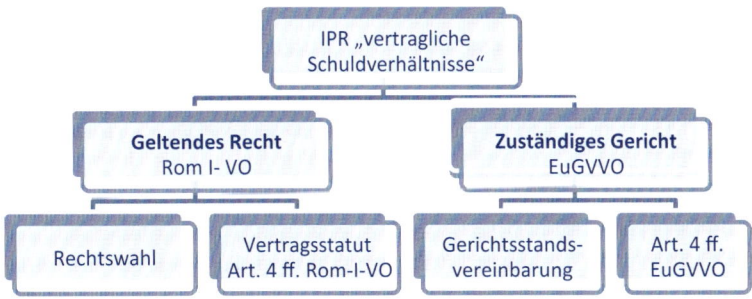

Abb. 52: IPR und seine Rechtsgrundlagen

10.4 Der Werkvertrag

10.4.1 Wesen des Werkvertrags und Abgrenzungen

Im Werkvertrag verpflichtet sich ein **Unternehmer** gegenüber einem **Besteller** zur Herstellung eines versprochenen Werkes, § 631 Abs. 1 Satz 1 BGB. Im Gegensatz zum Dienst- oder Arbeitsvertrag nach § 611 BGB ist nicht eine reine Tätigkeit geschuldet, sondern die Erzielung eines ganz **bestimmten Erfolges**. Der Werkvertrag ist erst erfüllt, wenn das Werk vorliegt, also der Erfolg eingetreten ist. Der Besteller schuldet dann die **vereinbarte Vergütung**, § 631 Abs. 1 Satz 1 BGB.

> **Beispiel:**
> Der Mitarbeiter des Automobilherstellers X ist nach seinem Arbeitsvertrag wochentäglich zur Erbringung seiner Arbeitsleistung verpflichtet, § 611 BGB. Einen ganz konkreten täglichen Arbeitserfolg schuldet er jedoch nicht. Der Kollege dieses Mitarbeiters, der auf Grundlage eines Werkvertrags arbeitet, muss hingegen einen ganz bestimmten, vorher definierten Erfolg erzielen (z.B. Einrichtung eines funktionsfähigen neuen IT-Systems), für den er dann seine Vergütung erhält.

10.4.2 Werkvertragliche Pflichten

10.4.2.1 Verpflichtung zur Werkerstellung und Abgrenzung zum Lieferungskauf

Gegenstand eines **Werkvertrags** können verschiedene Arten der Werkerstellung sein. Der Unternehmer kann verpflichtet sein zu:

- **Herstellung eines Gebäudes**: Den größten Anwendungsbereich hat der Werkvertrag als **Bauvertrag** über die **Herstellung**, Wiederherstellung (oder Beseitigung) **eines Gebäudes** oder einer Außenanlage (Rohbau, Elektrik, Fenster, Verputz, Dacheindeckung,

Malerarbeiten, Gartenanlage etc.), vgl. §650a Abs. 1 BGB. Wegen des „Verbraucherbauvertrages" vgl. §650iff. BGB.

- **Veränderung von Sachen**: Umbau und Instandhaltung von **Gebäuden**, vgl. §650a Abs. 2 BGB, aber auch **Reparatur von beweglichen Sachen** (Kundendienst am Kraftfahrzeug, Schneiderarbeiten an Kleidungsstücken, Reinigung von Kleidung etc.).
- **Ein anderer durch Arbeit oder Dienstleistung herbeizuführender Erfolg**: Hierunter fallen Transportleistungen, Gutachtenerstellung, Planungs- und Überwachungsarbeiten von Architekten, Frisuren durch Friseure oder die Aufführung künstlerischer Werke der Musik- oder Bühnenliteratur.

Als **Kaufvertrag** jedoch wird klassifiziert:

- **Herstellung oder Erzeugung beweglicher Sachen**: Der handwerklichen Anfertigung von **beweglichen Gütern** wie Möbeln, Textilien, Geräten oder Maschinen wie auch der industriellen Produktion von Vorprodukten oder Nahrungsmitteln für einen Vertragspartner liegt kein Werkvertrag, sondern ein „**Lieferungskauf**" zugrunde, für den das Kaufrecht gilt, §650 Satz 1 BGB.
  Lediglich dort, wo es sich um nach Zahl, Maß oder Gewicht bestimmte Sachen (sog. „**vertretbare Sachen**, §91 BGB) und nicht um Unikate handelt, gelten **zusätzlich** zum Kaufrecht noch **fünf Vorschriften des Werkvertragsrechts ergänzend** – und zwar §§642 (Unterlassene Mitwirkung des Bestellers), 643 (Vertragsaufhebung bei unterlassener Mitwirkung), 645 (Vergütung trotz Unausführbarkeit), 648 (Kündigungsrecht) und 649 BGB (Kostenvoranschlag) –, §650 Satz 3 BGB.

> **Beispiel:**
> Automobilzulieferer Carpower GmbH fertigt für den Automobilhersteller Mitschubski AG bi-dirketionale Stromspeicherelemente, sog. Powerboxes. Diese wurden anhand der Pläne von Mischubski von Carpower speziell für das Elektroauto „Elecar 1401" von Mitschubski entwickelt und werden in hoher Stückzahl hergestellt. Da es sich um die Herstellung beweglicher Sachen handelt, gilt für die Vertragsbeziehung das Kaufrecht; lediglich die wenigen Vorschriften des §650 Satz 3 BGB kommen ergänzend hinzu, weil die Powerboxes vertretbare Sachen sind.

Von besonderer Bedeutung sind die vorherige **exakte Bestimmung** des abzuliefernden Werkes und deren **beweisfähige Fixierung**. Für den Verbrauchervertrag ist daher wenigstens Textform vorgeschrieben, §650i Abs. 2 BGB. Nicht selten stimmen die Vorstellungen des Unternehmers über das von ihm herzustellende „Werk" und die des Bestellers nicht überein, sodass es am Ende zum Konflikt kommt.

Auch **Änderungen** und **Erweiterungen** sollten genau besprochen und festgehalten werden, § 650b, c BGB.

10.4.2.2 Vergütungsverpflichtung des Bestellers

Nach § 631 Satz 1 BGB ist der Besteller zur Entrichtung der vereinbarten Vergütung verpflichtet. Hierbei ist zu unterscheiden, ob dem Unternehmer dem Grunde nach eine Vergütung zusteht und wenn ja, in welcher Höhe.

- **Vergütung dem Grunde nach**: Soweit eine Vergütung **ausdrücklich vereinbart** ist, schuldet der Besteller fraglos Vergütung. Daher ist eine (schriftliche) Vereinbarung über die Abrechnung nach *Einheitspreisen* (z. B. 10,90 € pro bearbeitetem qm) oder *Pauschalpreis* (5.000,– € pauschal) zu empfehlen. Wo über die Vergütung nicht gesprochen wurde, fingiert § 632 Abs. 1 BGB eine „**stillschweigende Vergütungsvereinbarung**", wenn die Herstellung des Werks nur gegen Honorar zu **erwarten war**: Wer einen Handwerker mit einer Aufgabe betraut, ohne über Vergütung zu sprechen, weiß, dass dieser abrechnen wird. Wer den Nachbarn bittet, bei der Zaunbefestigung zu helfen, muss keine Rechnung befürchten.
- **Vergütung der Höhe nach**: Die Höhe der Vergütung ergibt sich i. d. R. aus der Vereinbarung. Wo die Vereinbarung schweigt oder fehlt, ist – soweit es keine allgemeine „Taxe" gibt – die „**übliche Vergütung**" als vereinbart anzusehen, § 632 Abs. 2 BGB. Diese orientiert sich an den am Leistungsort allgemein üblichen Preisen für das konkrete Werk und ist im Zweifel durch einen Sachverständigen zu ermitteln. Ein **Kostenvoranschlag** über die zu erwartenden Kosten ist im Zweifel nicht zu vergüten, wenn nicht anders vereinbart, § 632 Abs. 3 BGB.

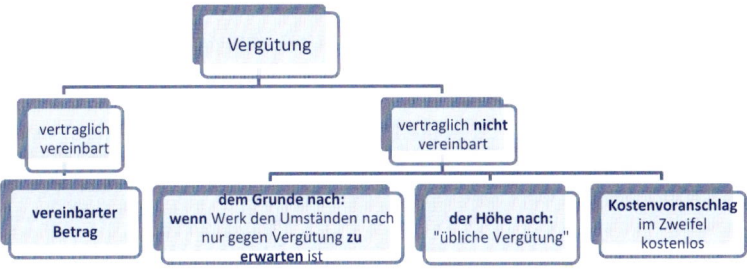

Abb. 53: System der Vergütung im Werkvertrag

Besondere Bedeutung kommt der Frage zu, **wann** die Vergütung zu bezahlen ist. Die **Fälligkeit** des Werklohns hängt beim Werkvertrag wiederum zunächst von der **vertraglichen Vereinbarung** ab. Wo diese fehlt oder unkonkret bleibt, regelt das Gesetz die Fälligkeit des Werklohns wie folgt:

- **Fälligkeit bei Abnahme:** Die Vergütung ist bei der „Abnahme" des Werks zu entrichten, § 641 Abs. 1 BGB.

> **Definition:**
> Abnahme ist die körperliche Entgegennahme des Werks, soweit möglich, verbunden mit der stillschweigenden oder ausdrücklichen Erklärung, das Werk als in der Hauptsache vertragsgemäß zu akzeptieren.

Der Besteller ist nur zur Abnahme des „**vertragsmäßig hergestellten Werkes**" **verpflichtet,** soweit das Werk den vertraglichen und allgemeinen technischen Vorgaben (z. B. DIN-Normen) entspricht und demgemäß „**mangelfrei**" ist, § 640 Abs. 1 Satz 1 BGB. Liegen wesentliche Mängel vor, kann der Besteller die Abnahme bis zur erfolgreichen Durchführung der Nacherfüllung **verweigern,** es tritt dann auch keine Fälligkeit der Vergütung ein, vgl. § 640 Abs. 1 Satz 2 BGB. Nimmt der Besteller ein erkennbar mangelfreies Werk trotzdem ab, muss er sich die **Gewährleistungsrechte vorbehalten,** will er sie nicht verlieren, § 640 Abs. 3 BGB. In diesem Fall kann einen angemessenen Teil der Vergütung bis zur Mangelbeseitigung **zurückbehalten,** der vom Gesetz mit etwa dem **Doppelten der Mangelbeseitigungskosten** veranschlagt wird (sog. „Druckzuschlag"), § 641 Abs. 3 BGB.

Die Abnahme selbst kann **förmlich** (durch Abnahmeprotokoll), **ausdrücklich** („gut gelungen!"), **konkludent** (Einzug in das fertige Haus) oder **fiktiv** dadurch erfolgen, dass der Besteller das Werk nicht innerhalb einer ihm vom Unternehmer gesetzten Frist abnimmt, ohne einen Mangel anzuzeigen, § 640 Abs. 2 BGB.

- **Abschlagszahlungen:** Nach § 632a BGB besteht die Möglichkeit, vor Fertigstellung des ganzen Werkes in Höhe der erbrachten und vertraglich geschuldeten **Teilleistungen** (z. B. Bauabschnitte) Abschlagszahlungen zu verlangen. Sie sind vom Unternehmer durch eine transparente **Aufstellung** nachzuweisen, § 632a Abs. 1 Satz 1–5 BGB. Abschlagszahlungen können auch für gelieferte bzw. angefertigte und bereit gestellte **Baustoffe verlangt werden,** wenn dem Besteller – z. B. nach §§ 946, 94 BGB – wahlweise Eigentum an den Stoffen oder Bauteilen übertragen oder Sicherheit geleistet wird, § 632a Abs. 1 Satz 6, Abs. 2 BGB. Im Gegenzug kann der Besteller, der Verbraucher ist, bei Gebäudearbeiten vom Unternehmer eine „**Vertragserfüllungssicherheit**" in Höhe von fünf Prozent des Werklohns verlangen, die bei der ersten Abschlagzahlung zu stellen ist, § 650m Abs. 2 BGB.

10.4.2.3 Sicherung des Werklohnanspruchs

Da der Unternehmer im Werkvertrag wegen der Abnahmeregelung stets "vorleistungspflichtig" ist, besteht ein Bedürfnis zur Absicherung seines Werklohnanspruchs. Das BGB kennt verschiedene Sicherungsmittel:

- **Vorkasse oder Sicherheitsleistung**: Tritt nach Vertragsschluss eine den Vergütungsanspruch gefährdende **wesentliche Verschlechterung** in den Vermögensverhältnissen des Bestellers ein, kann der Unternehmer vorherige Zahlung oder Sicherheitsleistung verlangen, § 321 BGB.

- **Unternehmerpfandrecht**: Ist die Werkleistung an **beweglichen Sachen** zu erbringen, die dem **Besteller gehören** und in den Besitz des Unternehmers gelangt sind (z. B. Kfz-Reparatur, Möbelinstandsetzung, Reinigung von Kleidung), entsteht zugunsten des Unternehmers ein **gesetzliches Pfandrecht**, kraft dessen er die Sache behalten und notfalls zur **Versteigerung** bringen kann, § 647 BGB.

- **Sicherungshypothek**: Bei Werkleistungen an einem **Gebäude** hat der Unternehmer im **Wert der durchgeführten Arbeiten** einen Anspruch auf Eintragung einer Sicherungshypothek im Grundbuch des Grundstücks des Bestellers, die ihm die Möglichkeit der Zwangsvollstreckung in das Grundstück eröffnet, § 650e BGB. Über eine einstweilige Verfügung kann vor Gericht die zwangsweise Eintragung einer **Vormerkung** für diese Hypothek erreicht werden, vgl. § 883 BGB.

- **Bauhandwerkersicherung**: Der Unternehmer, der am Bauwerk arbeitet, kann jederzeit für die vereinbarte und noch offene Vergütung zzgl. 10 % Nebenkosten eine **Sicherheit**, etwa in Form einer Bankbürgschaft, verlangen, § 650f Abs. 1 BGB. Bleibt die Sicherheit aus, kann er nach **Fristsetzung** die **Arbeiten einstellen** oder **kündigen**, § 650f Abs. 5 BGB. Dies gilt nicht bei „Häuslebauern", die Privatpersonen sind, §§ 650f Abs. 6 Nr. 2, 650i, 650n BGB.

10.4.3 Mangelgewährleistung

Für das **Mangelgewährleistungsrecht** kann im Wesentlichen auf das **Kaufrecht** verwiesen werden. Die im Werkvertragsrecht bestehenden Besonderheiten sind vor allem folgende:

- **Mangelbegriff**: Die Begriffe des Sach- und Rechtsmangels orientieren sich an §§ 434 und 435 BGB und sind in § 633 BGB geregelt. Lediglich die Beschaffenheitsbestimmung durch Werbemaßnahmen sowie die Erstreckung auf Montageleistungen oder Montaganleitungen entfallen, weil sie sowieso Gegenstand des Werkvertrages sind.

Übung:

Stellen Sie § 633 BGB synoptisch § 434 BGB gegenüber!

- **Nacherfüllung:** Hier hat der Besteller einen **Nacherfüllungsanspruch** auf **Mangelbeseitigung** oder **Neuherstellung des Werkes,** das **Wahlrecht** hat allerdings hier der Unternehmer, § 634 Nr. 1, 635 Abs. 1 BGB. **Nacherfüllungsaufwendungen** hat der Unternehmer zu tragen, bei unverhältnismäßigen Kosten kann er die Nacherfüllung **verweigern,** § 635 Abs. 2, 3 BGB.
- **Selbstvornahme:** Kommt der Unternehmer seiner Nacherfüllungspflicht nach angemessener Fristsetzung nicht nach, kann der Besteller den Mangel – auf Kosten des Unternehmers – selbst beseitigen oder beseitigen lassen, §§ 634 Nr. 2, 637 BGB.
- **Rücktritt und Minderung:** Leistet der Unternehmer nach angemessener **Fristsetzung** keine Nacherfüllung, kann der Besteller bei erheblichem Mangel zurücktreten oder – auch bei unerheblichem Mangel – den Werklohn mindern, §§ 634 Nr. 3, 636, 323, 638 BGB.
- **Schadensersatz:** Für das Integritätsinteresse verletzende **Mangelfolgeschäden** kann der Besteller nach § 280 Abs. 1 BGB ohne weiteres Schadensersatz verlangen. Nach fruchtloser Fristsetzung muss der Unternehmer **Schäden statt der Leistung** in Form von Mehrkosten anderweitiger Werkherstellung oder entgangenen Gewinns bezahlen, wenn er die Mangelhaftigkeit seins Werks **zu vertreten** hat, §§ 634 Nr. 4, 280, 281, 636 BGB.
- **Verjährung:** Für Werkleistungen, die die **Herstellung, Wartung oder Veränderung einer beweglichen Sache** (Reparatur von Elektrogeräten, chemische Reinigung) oder die Erbringung von **Planungs- oder Überwachungsleistungen** betreffen, gilt eine **zweijährige** Verjährungsfrist, § 634a Nr. 1 BGB. Für Arbeiten an einem **Bauwerk** und Bauplanungleistungen gilt eine Frist von **fünf** Jahren, § 634a Nr. 2 BGB, im Übrigen eine solche von **drei Jahren,** § 634a Nr. 3 BGB, jeweils beginnend mit der Abnahme des Werks, § 634a Abs. 2 BGB.

10.4.4 Beendigung des Werkvertrages

Da der Werkvertrag ein Dauerschuldverhältnis ist, kann er vorzeitig **gekündigt** werden:

Der **Besteller** kann **jederzeit** bis zur Vollendung des Werks ohne Angabe von Gründen kündigen, er muss dann aber den **vollen Werklohn** bezahlen, abzüglich vom Unternehmer **ersparter Aufwendungen,** § 648 Satz 1, 2 BGB. Es wird vermutet, dass dem Unternehmer 5 % der – auf den noch nicht erbrachten Teil der Werkleistung entfallenden – Vergütung zustehen, § 648 Satz 3 BGB.

Ist absehbar, dass der Unternehmer die Summen eines zuvor erteilten **Kostenvoranschlags überschreitet**, muss er dies anzeigen, § 649 Abs. 2 BGB. Der **Besteller** kann darauf kündigen und muss nur die bereits geleisteten Arbeiten vergüten, § 649 Abs. 1, 645 Abs. 1 BGB.

Der **Unternehmer** kann nur in engen Grenzen kündigen, wenn der Besteller eine ihm obliegende **Mitwirkungspflicht verletzt** und der Besteller nach Fristsetzung seine Mitwirkung nicht leistet (z. B. das Haus öffnet, damit der Handwerker an die Heizung kommt), §§ 643, 642 BGB, oder wenn die verlangte **Sicherheit** nach § 650f Abs. 1 BGB trotz Fristsetzung **nicht geleistet** wird, § 650f Abs. 5 BGB.

Darüber hinaus können **beide Parteien** aus **wichtigem Grund kündigen**, wenn ihnen die Vertragsfortführung bis zur Fertigstellung nach Interessenabwägung im Einzelfall nicht zumutbar ist, § 648a BGB.

10.4.5 Der VOB-Bauvertrag

Für Bauarbeiten an einem Grundstück hat sich in der Praxis ein in Form von **Allgemeinen Geschäftsbedingungen** in Verträge einzubeziehendes **privatrechtliches Regelwerk** durchgesetzt, das den Bedürfnissen der Werkleistungen am Bau in besonderer Weise Rechnung trägt: Die 1926 entworfene „**Verdingungsordnung für Bauleistungen**" (VOB). **Teil A** regelt die Ausschreibung und Vergabe von Bauleistungen und hat vor allem Bedeutung für Großbauvorhaben oder Vergaben öffentlicher Auftraggeber (VOB/A). **Teil B** modifiziert die Regelungsinhalte des **Werkvertragsrechts** nach dem BGB in den Bereichen Vergütung, Ausführung von Bauleistungen, Kündigung, Abnahme, Gewährleistung, Abrechnung und Zahlung der Vergütung (VOB/B). Üblicherweise beziehen Bauhandwerker diesen Teil in ihre Verträge auch mit Verbrauchern ein. **Teil C** enthält **technische Normen**, die sich an den anerkannten Regeln der Technik orientieren (VOB/C). Die VOB wird entsprechend der technischen Entwicklung von Zeit zu Zeit angepasst (bei Drucklegung aktuelle Ausgabe in der Bekanntmachung vom 07.01.2016).

 Übung:

Suchen Sie im Internet die frei zugängliche aktuelle Ausgabe der VOB/B 2016 und vergleichen Sie die Regelungen zur Gewährleistungsverjährung nach § 634a Abs. 1 Nr. 2 BGB mit § 13 Abs. 4 Nr. 1 VOB/B.

10.5 Gebrauchsüberlassungsverträge

Beschaffung von Produktions- und Betriebsmitteln kann wie gesehen durch Kauf, Lieferungskauf oder Werkvertrag erfolgen, bei denen es zur Eigentumsübertragung an den Kunden kommt. In modernen Zeiten gewinnen jedoch zumeist billigere, häufig eigentumslose **Nutzungsmöglichkeiten** fremder Gegenstände erheblich an Bedeutung. Daher sollen abschließend **entgeltliche und unentgeltliche Gebrauchsüberlassungsverträge** gegeneinander abgegrenzt werden

10.5.1 Abgrenzungen

- **Miete**: Die Miete ist die Grundform der **entgeltlichen Überlassung** einer Sache **auf Zeit** zur **Nutzung** durch einen Dritten. Durch den Mietvertrag wird der Vermieter einer **beweglichen Sache**, eines **Grundstücks** oder eines **(Wohn-) Raumes** verpflichtet, dem Mieter den **Gebrauch** der Mietsache während der Mietzeit zu gewähren, § 535 Abs. 1 BGB. Der Mieter ist im Gegenzug zur Zahlung der **vereinbarten Miete** verpflichtet, die regelmäßig nach Zeitabschnitten (z. B. Monat) bemessen ist, § 535 Abs. 2 BGB. Nach Beendigung des Mietverhältnisses ist die nach wie vor im Eigentum des Vermieters stehende Mietsache zurückzugeben, § 546 Abs. 1 BGB.
- **Leihe**: Die Leihe ist die **unentgeltliche Variante** der Miete, nämlich **kostenfreie Überlassung** einer Sache zum **Gebrauch**, § 598 BGB. Der Entleiher schuldet dem Verleiher keine „Gebühr", lediglich muss er den entliehenen Gegenstand nach Ablauf der Leihfrist oder nach Beendigung des Gebrauchs zurückgeben, § 604 BGB.
- **Pacht**: Die Pacht entspricht ziemlich genau der Miete, umfasst jedoch neben der Möglichkeit des **Gebrauchs** der Pachtsache auch noch darüber hinaus gehend den **„Genuss der Früchte"**, soweit sie nach den Regeln einer ordentlichen Wirtschaft als Ertrag anzusehen sind, § 581 BGB.

> **Beispiele:**
> Land- und forstwirtschaftliche Grundstücke werfen erkennbar „Früchte" in Form von Obst, Gemüse, Getreide oder Holz ab, das der Pächter an sich nehmen darf. Aber auch Gewerbebetriebe werfen Ertrag in Form von „Gewinnen" ab, weshalb auch sie der Pacht unterliegen.

- **Gelddarlehen und Sachdarlehen**: Beim Gelddarlehen, im Volksmund als „Kredit" bezeichnet, wird ein **Geldbetrag** – gegen Zinszahlung – zur Nutzung überlassen, § 488 Abs. 1 BGB. Aber auch andere **vertretbare Sachen** können durch „Sachdarlehen" zur Nutzung – ohne oder gegen Entgelt – überlassen werden, § 607 BGB.

Der Unterschied zur Miete oder Leihe besteht dabei darin, dass der Mieter oder Entleiher dem Vermieter oder Verleiher **exakt den Gegenstand zurückgeben** muss, der er zum Gebrauch erhalten hat. Der Sachdarlehensnehmer hingegen muss lediglich nach Ablauf der Vertragsdauer **„Sachen gleicher Art, Güte und Menge"** zurückgeben, also andere als diejenigen, die er erhalten hat, vgl. § 607 Abs. 1 Satz 2 BGB.

Beispiel:
„Leiht" sich Bauunternehmer Buddel wegen eines Lieferengpasses der Zementfabrik bei Bauunternehmer Adler fünf Tonnen Zement in Säcken aus mit dem Versprechen, in drei Wochen wieder fünf Tonnen Zement (nebst einer Gebühr von 250 €) zurückzugeben, so ist das keine Miete, weil Buddel sonst dieselben Zementsäcke zurückgeben müsste, die er erhalten hat. Die hat er aber in der Zwischenzeit auf einer Baustelle verbaut. Er wird Adler daher fünf Tonnen anderen, aber gleichwertigen Zement zurückliefern, sodass ein Sachdarlehensvertrag vorliegt.

• **Operating-Leasing**: Der Leasingvertrag ist kein Typenvertrag des BGB. Dennoch entspricht das Operating-Leasing weitgehend einem kurzfristigen Mietvertrag zwischen **Unternehmen** über gängige **Investitionsgüter** wie Fahrzeuge, EDV-Ausstattung oder Baumaschinen: Der Leasinggeber erwirbt die Güter bei einem Händler und stellt sie dem Leasingnehmer gegen Entgelt zur Nutzung zur Verfügung. Die Leasinggebühr deckt dabei die Finanzierungskosten regelmäßig nur teilweise ab. Es gibt keine Bindung an eine feste „Grundmietzeit", vielmehr ist der Vertrag für beide Seiten **jederzeit kündbar**. Das Investitionsgut kann daher vom Leasinggeber mehrfach an andere Unternehmen weiterverleast werden. Meist trägt – anders als im Mietrecht – der Leasingnehmer die Kosten für Instandhaltung und Instandsetzung bei Mängeln. Insgesamt bestehen erhebliche Unterschiede zum **Finanzierungs-Leasing**, auf das im Kapitel 11 „Rechtsfragen der Finanzierung" einzugehen ist.

10.5.2 Einzelheiten zur Miete

10.5.2.1 Gegenstand der Miete

„Mietsache" können **bewegliche Sachen** (z. B. Kraftfahrzeuge, Maschinen, Bücher) wie auch **Grundstücke** und **Teile von Grundstücken** (z. B. Gärten, Gewerberäume, Wohnräume) und sogar **Schiffe** sein. Dabei finden sich die **allgemeinen Vorschriften** für alle Mietverträge in §§ 535 bis 548 BGB, die wegen der Sozialbindung des Eigentums besonders sensiblen Regeln des **Wohnraummietrechts** in §§ 549 bis 577a BGB und weitere **Vorschriften über Grundstücke und sonstige Räume** sowie Schiffe in §§ 578 bis 580a BGB.

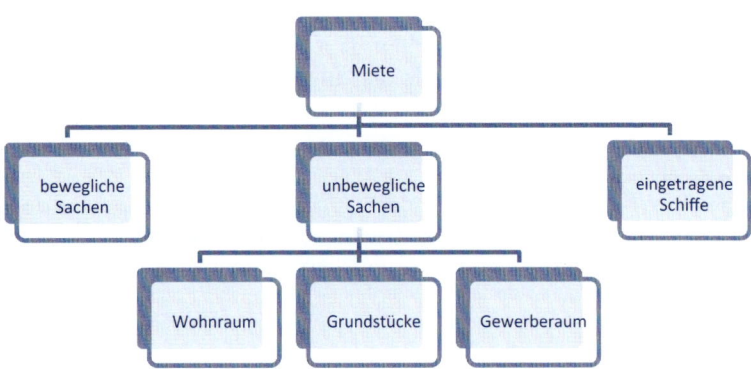

Abb. 54: Mietarten

10.5.2.2 Form des Mietvertrags

Ein Mietvertrag kann **formlos** mündlich oder in jeder beliebigen Form abgeschlossen werden, solange sich die Parteien über Mietsache und Miete geeinigt haben. Bei Mietverhältnissen über **Wohnräume** oder **sonstige Räume** (z. B. Gewerberäume) besteht jedoch ein Bedürfnis der längerfristigen Vertragsbindung, weshalb für Mietverträge, die **länger als ein Jahr unkündbar** sein sollen, **Schriftform** vorgeschrieben ist, §§ 550, 578 Abs. 1 BGB. Wird ein solcher Vertrag formlos abgeschlossen, kann er frühestens **zum Ablauf eines Jahres nach Überlassung** gekündigt werden, § 550 BGB.

10.5.2.3 Pflichten von Vermieter und Mieter

Der Vermieter hat die Mietsache in einem zum **vertragsgemäßen Gebrauch** geeigneten Zustand zu überlassen und diesen Zustand auch zu erhalten, § 535 Abs. 1 Satz 2 BGB. Er muss daher **Mängel beseitigen**, die ihm vom Mieter während der Vertragslaufzeit **unverzüglich angezeigt** werden müssen, § 536c Abs. 1 BGB. Kommt er mit der Mangelbeseitigung nach Mahnung in **Verzug**, kann der Mieter den Mangel **selbst beseitigen** lassen und Kostenersatz verlangen, § 536a Abs. 2 BGB. **Schadensersatz** kann der Mieter verlangen, wenn der Vermieter den Mangel **zu vertreten** hat oder mit der Mangelbeseitigung in Verzug kommt, § 536a Abs. 1 BGB. Unabhängig davon ist während der Mangelhaftigkeit der Mietsache die Miete in dem Maße reduziert, in dem der Mieter an der Nutzung gehindert ist (sog. „**Mietminderung**"), § 536 BGB.

Der Mieter ist zur pünktlichen **Mietzahlung** zum **vereinbarten Zeitpunkt**, andernfalls bei Miete von Räumen **bis zum dritten Werktag** eines Monats, bei sonstigen Räumen und beweglichen Sachen zum **Ende der Mietzeit** oder am Ende eines **Zeitabschnitts** verpflichtet, §§ 535 Abs. 2, 556b Abs. 1, 579 BGB. Er hat die Mietsache **pfleglich zu behandeln**, bei fortgesetztem vertragswidrigem Gebrauch trotz Abmahnung kann er auf Unterlassung verklagt werden, § 541 BGB. **Untervermietung** ist nur mit Erlaubnis des Vermieters zulässig, § 540 BGB. **Vertragswidriger Gebrauch**, unbefugte Überlassung an Dritte oder erheblicher **Mietrückstand für zwei aufeinanderfolgende Termine** oder ein Rückstand über zwei Monatsmieten gelten als **wichtiger Grund** für eine **fristlose Kündigung**, § 543 Abs. 2 BGB. Weitere Vorschriften des **Wohnraummietrechts** betreffen z. B. die Begrenzung von **Mietkautionen**, § 551 BGB, Erhaltungs- und **Modernisierungsmaßnahmen** des Vermieters, §§ 555a ff. BGB, **Betriebskostenvereinbarungen**, §§ 556 ff. BGB, **Mietsteigerungen** und Mietpreisbremsen, §§ 556d ff. BGB, das gesetzliche **Vermieterpfandrecht** an Sachen des Mieters, §§ 562 ff. BGB, den Grundsatz **„Kauf bricht nicht Miete"** bei Veräußerung des Wohnraums, § 566 BGB, und die **Kündigung** von Wohnraummietverhältnissen, §§ 568 ff. BGB.

10.6 Merksätze/Kontrollfragen

Merksätze

- Als **Due Diligence** bezeichnet man eine vorvertragliche Überprüfung der Verhältnisse potentieller Vertragspartner unter verschiedenen Aspekten.
- Der **Rahmenvertrag** legt für langfristige Vertragsbeziehungen die allgemeinen Vertragsbedingungen fest, die durch Einzelbestellungen nach Produkt, Menge und Lieferzeitpunkt konkretisiert werden.
- Unter **Single Sourcing** versteht man den Bezug von Waren bei nur einem Zulieferer, was wirtschaftliche Vorteile mit sich bringt, aber auch mit erheblichen Rechtsrisiken bei Ausfall des singulären Zulieferers verbunden ist.
- Bei **Just-in-Time-Beziehungen** ist das Zulieferteil zu einem fixen Zeitpunkt zu liefern, um unmittelbar verbaut zu werden; das erspart Personal- und Lagerkosten, ist aber mit erheblichen Risiken verbunden.
- Der **Sachkauf** ist der klassische Austauschvertrag von Ware gegen Geld, beim **Rechtskauf** werden Rechte gegen Geld übertragen.
- Beim **einfachen Eigentumsvorbehalt** werden bewegliche Sachen unter der aufschiebenden Bedingung vollständiger Kaufpreiszahlung übereignet. Dies sichert dem Vorbehaltsverkäufer im Fall der Insolvenz des Vorbehaltskäufers nach Rücktritt ein Zugriffsrecht auf sein Eigentum.

- Der **einfache Eigentumsvorbehalt** wird bei erlaubter Weiterveräußerung der Vorbehaltsware durch den Vorbehaltskäufer an einen Dritten **sinnlos**, ebenso bei Verbindung der Vorbehaltsware mit einer anderen Sache, deren wesentlicher Bestandteil sie wird, schließlich auch durch Verarbeitung zu einer neuen Sache.

- Der **verlängerte Eigentumsvorbehalt** sichert die Forderung des Vorbehaltsverkäufers bei **erlaubter Weiterveräußerung** und bei **Verbindung mit einer anderen Sache** durch eine Abtretung der Kundenforderungen des Vorbehaltskäufers an den Vorbehaltsverkäufer (**Vorausabtretungsklausel**).

- Der **verlängerte Eigentumsvorbehalt** sichert die Forderung des Vorbehaltsverkäufers bei **Verarbeitung** durch eine **Verarbeitungsklausel**, wonach die Verarbeitung der Vorbehaltsware für den Vorbehaltsverkäufer erfolgt.

- Die **Vertragsbruchtheorie** beschreibt den Konflikt zwischen der Globalzession von Kundenforderungen an einen Kreditgeber und der Vorausabtretung dieser Forderungen an einen Lieferanten, der wegen der Verleitung des Sicherungsnehmers zum Vertragsbruch gegenüber dem Lieferanten zu Lasten des Kreditgebers entschieden wird.

- Ein **Sachmangel** ergibt sich aus dem Vergleich zwischen der Istbeschaffenheit einer Sache und deren Sollbeschaffenheit bei Gefahrübergang.

- Die **Sollbeschaffenheit** ergibt sich aus der vertraglichen Vereinbarung, aus den Werbeaussagen des Verkäufers oder der üblichen zu erwartenden Beschaffenheit.

- Unsachgemäß durchgeführte **Montagen, mangelhafte Montageanleitungen, Falschlieferungen** und **Minderlieferungen** stehen einem Sachmangel gleich.

- Primärer Gewährleistungsanspruch ist die auf Reparatur oder Ersatzlieferung gerichtete **Nacherfüllung**.

- Nach innerhalb gesetzter Frist erfolgloser, undurchführbarer oder unverhältnismäßig teurer Nacherfüllung stehen dem Gläubiger **Schadensersatzansprüche statt der Leistung** oder **Aufwendungsersatzansprüche** und Gestaltungsrechte bzgl. Rücktritts oder Minderung zu.

- **Gewährleistungsansprüche verjähren** regelmäßig in zwei Jahren, solche wegen Baumängeln in fünf Jahren und Rechtsmängelansprüche nach 30 Jahren.

- Selbständige **Garantien** treten neben Gewährleistungsansprüche, **unselbständige Haltbarkeitsgarantien** erweitern diese zeitlich.

- Im **Verbrauchsgüterkauf** sind Vereinbarungen über Gewährleistungsrechte und deren Verjährung zu Ungunsten des Verbraucherkunden weitgehend unzulässig. Besondere Bedeutung haben die Beweislastumkehr zugunsten des Verbrauchers und der Unternehmerregress.

- Der **Handelskauf** ist ein Kaufvertrag, der zugleich die Voraussetzungen des Handelsgeschäfts nach § 343 HGB erfüllt.

- Besonderheiten bestehen beim **Fixhandelskauf**, beim **Annahmeverzug** und bei der **Rügeobliegenheit** bei Mängeln.
- Das **UN-Kaufrecht** ist ein speziell für den internationalen Warenkauf konzipiertes Recht.
- Die **Vereinbarung des nationalen Rechts** eines Vertragsstaats führt unmittelbar zur vorrangigen Geltung des UN-Kaufrechts, sofern es nicht ausgeschlossen wurde.
- Das UN-Kaufrecht hat einen **eingeschränkten Regelungsumfang** im Bereich des Vertragsschlusses, der Rechte und Pflichten der Vertragspartner und der Rechtsbehelfe bei Pflichtverletzungen.
- Das **IPR** bestimmt als **Kollisionsrecht** das jeweils geltende Recht im internationalen Rechtsverkehr; schuldrechtliche Vertragsbeziehungen innerhalb der EU werden durch die **Rom I-VO** geregelt. Die Gerichtszuständigkeit ist in der **EuGVVO** geregelt.
- Die **Vereinbarung einer Rechtsordnung** oder eines zuständigen Gerichts geht der Bestimmung durch die Rom I VO oder die EuGVVO vor.
- **Gegenstand** eines **Werkvertrags** kann die Herstellung von Gebäuden, die Instandsetzung von Gebäuden oder beweglichen Sachen oder ein anderer durch Arbeit oder Dienstleistung herbeizuführender Erfolg sein.
- Für die **Herstellung beweglicher Sachen** gilt Kaufrecht, sog. Lieferungskauf.
- Bei Fehlen einer **Vergütungsvereinbarung** fingiert das Gesetz unter bestimmten Voraussetzungen Grund und Höhe einer Vergütung und lässt die Wirksamkeit des Vertrages unberührt.
- Der **Vorleistungspflicht** des Werkunternehmers wird durch verschiedene Instrumente zur **Sicherung** des Werklohns Rechnung getragen.
- Die **Mangelgewährleistung** im Werkvertrag orientiert sich im Wesentlichen am Kaufrecht, sieht aber zusätzlich ein Recht auf Selbstvornahme vor.
- Als **Dauerschuldverhältnis** unterliegt der Werkvertrag der ordentlichen **Kündigung**, während der Besteller jederzeit kündigen kann, ist dies dem Unternehmer nur unter engen Voraussetzungen möglich. Daneben gibt es für beide ein außerordentliches Kündigungsrecht.
- Die **VOB** ist ein **privatrechtliches Regelwerk** mit dem Charakter von AGB und trägt den Besonderheiten der **Baurechts** Rechnung; die VOB besteht aus **drei Teilen** zur Vergabe (A), zum Werkvertragsrecht (B) und zu technischen Vorschriften (C).
- Die **Miete** ist der Grundtyp der **Gebrauchsüberlassungsverträge**, der durch ähnliche Vertragstypen wie Leihe, Pacht, Sachdarlehen oder Leasing variiert wird.
- Gegenstand des Mietvertrages kann die Gebrauchsüberlassung von **beweglichen Sachen, Grundstücken, Gebäuden oder Gebäudeteilen** sein.

- Das Mietrecht enthält allgemeine Vorschriften für alle Mietarten, vor allem aber wegen der Sozialbindung des Eigentums **Sondervorschriften für die Wohnraummiete.**

- Wird ein Wohnraummietvertrag **formlos** abgeschlossen, kann er nach Ablauf eines Jahres **gekündigt** werden, was durch Einhaltung der Schriftform vermieden werden kann.

Kontrollfragen

K 1   Was versteht man unter einer Due Diligence und welche Aspekte sind zu berücksichtigen?

K 2   Welche Inhalte werden in einem Rahmenvertrag geregelt? Wie kommt es zur Lieferung von Teilen?

K 3   Welche Risiken bringt Single Sourcing mit sich und wie kann man diesen im Vorfeld vertraglich begegnen?

K 4   Wie schützt sich der Besteller bei Just-in-Time-Lieferbeziehungen rechtlich gegen Lieferverzögerungen und Mängel?

K 5   Welches sind die Anspruchsgrundlagen für die die gegenseitigen Hauptleistungspflichten des Kaufvertrages?

K 6   Was ist ein Rechtskauf und welchen Regeln folgt er?

K 7   Welches ist das wirtschaftliche Bedürfnis für die Vereinbarung eines einfachen Eigentumsvorbehalts und wie ist er rechtstechnisch konstruiert?

K 8   Formulieren Sie bitte eine vertragliche einfache Eigentumsvorbehaltsklausel mit allen notwendigen Bestandteilen.

K 9   Ist ein Eigentumsvorbehalt bei Grundstückskäufen möglich? Begründung!

K 10   In welchen drei Fällen stößt der einfache Eigentumsvorbehalt an Grenzen und weshalb?

K 11   Wie erfolgt die Sicherung des Vorbehaltskäufers bei Verbindung der Vorbehaltsware mit einem Grundstück, wie bei erlaubter Weiterveräußerung und wie bei Verarbeitung zu einer neuen Sache? Formulieren Sie jeweils die Klauseln!

K 12   Inwiefern kann ein Konflikt zwischen einer Globalzession von Kundenforderungen an eine Bank und einem verlängerten Eigentumsvorbehalt zugunsten eines Lieferanten auftreten? Wie ist er zu lösen?

K 13   Definieren Sie bitte den Sachmangel.

K 14   Bitte stellen Sie die Kriterien für die Solbeschaffenheit nach § 434 BGB in der richtigen Prüfungsreihenfolge dar.

K 15   Unter welchen Voraussetzungen führt eine mangelhafte Montageanleitung zu *keinem* Mangel?

K 16   Was umfasst die Nacherfüllung und wer kann die zu leistende Variante aussuchen? Ist dies individualvertraglich oder durch AGB abänderbar?

K 17   Unter welchen Voraussetzungen kann ein Käufer wegen Mängeln zurücktreten? Bitte stellen Sie alle Möglichkeiten dar.

K 18   Wie ist das Verhältnis zwischen Rücktritt, Schadensersatz satt der Leistung und Minderung?

K 19   Welche Verjährungsfristen gibt es für Gewährleistungsrechte im Kauf?

K 20   Wie verträgt sich ein vertraglicher Haftungsausschluss bei Mängeln mit einer selbständigen Garantie?

K 21   Was ist ein Verbrauchsgüterkauf? Welche Besonderheiten gibt es zu beachten?

K 22   Wie funktioniert der Unternehmerregress im Verbrauchsgüterkauf? Wie wird einer Verjährung von Ansprüchen des Verkäufers gegen seinen Lieferanten vorgebeugt?

K 23   Wie wirkt die Beweislastumkehr des § 477 BGB?

K 24   Was versteht man unter einem Handelsgeschäft, was ist demnach ein Handelskauf?

K 25   Welche Stufen einer zeitlichen Fixierung eines Leistungstermins gibt es und wie sind die Rechtsfolgen bei Terminversäumnis jeweils?

K 26   Unter welchen Voraussetzungen gilt ein Mangel in einem Handelsgeschäft als „genehmigt"?

K 27   Welches Recht gilt, wenn ein Deutscher und ein Franzose bei einem Vertrag die „Geltung deutschen Rechts" vereinbaren? Weshalb?

K 28   Was versteht man unter IPR?

K 29   Welche Rechtsgrundlagen gelten im europäischen Schuldrechtsverkehr zwischen Mitgliedsstaaten hinsichtlich des anzuwendenden Rechts und des zuständigen Gerichts?

K 30   Was kann Gegenstand eines Werkvertrages sein, was nicht? Wie unterscheidet sich der Werkvertrag vom Dienstvertrag?

K 31   Welches Vergütungssystem sieht das BGB im Werkvertragsrecht vor? Wie ist die Situation bei Fehlen einer Vergütungsvereinbarung im Werkvertrag im Vergleich zum Kaufvertrag?

K 32   Wann erst kann Werklohn vom Unternehmer verlangt werden? Unter welchen Voraussetzungen kann er Abschlagzahlungen verlangen?

K 33   Nennen Sie vier Möglichkeiten, wie der Unternehmer seinen Werklohanspruch sichern kann.

K 34   Vergleichen Sie das Gewährleistungsrecht des Kaufes mit dem des Werkvertrages und benennen Sie die Unterschiede!

K 35   Wie sind die Kündigungsmöglichkeiten beim Werkvertrag für den Besteller, wie für den Unternehmer, welches sind die Auswirkungen auf die Vergütung?

K 36   Was ist die VOB? Welche Teile kennen Sie, welche Inhalte hat die VOB? Wie erlangt sie Geltung?

K 37   Worin unterscheidet sich die Miete von der Leihe und der Pacht? Was ist die Besonderheit des Sachdarlehens?

K 38   Was kann Gegenstand eines Mietvertrages sein? Welche Form muss ein Mietvertrag haben? Differenzieren Sie!

K 39   Wie ist bei während der Mietzeit auftretenden Mängeln einer Mietwohnung zu verfahren? Welche Rechte und Pflichten haben der Mieter und Vermieter?

K 40   Nennen Sie drei Kündigungsründe für eine außerordentliche Kündigung eines Wohnraummietvertrages!

Rechtsfragen der Finanzierung

Dieses Kapitel beschäftigt sich mit Rechtsfragen der Finanzierung auf Unternehmerseite, aber auch auf Verbraucherseite und bespricht das zivilvertragliche Finanzinstrument des Darlehensvertrags mit seinen Ausprägungen als Verbraucherdarlehensvertrag, Finanzierungshilfe oder Ratenlieferungsgeschäft zwischen Unternehmern und Verbrauchern, den Warenkredit, das Leasing und das Factoring. Darüber hinaus kommen Kreditsicherheiten in Form von Personal- und Realsicherheiten zur Sprache.

Lernziele

Nach Bearbeitung dieses Kapitels kennen Sie die üblichen Finanzierungsinstrumente sowie die Kreditsicherheiten des Wirtschaftsprivatrechts. Insbesondere können sie

- die Charakteristika des **Gelddarlehens** unter Einschluss der **Zinsproblematik** und der **Kündigungsthematik** benennen;
- zwei Arten des **Verbraucherdarlehensvertrags** differenzieren und das System der vorvertraglichen und laufenden **Pflichten des Darlehensgebers** aufzeigen;
- die **Kündigungsvarianten** für Darlehensgeber und Darlehensnehmer darlegen;
- **verbundene Verträge** definieren und die Ausstrahlungen des Darlehensvertragsrechts auf solche Verträge beschreiben;
- die unternehmerischen Pflichten bei **Zahlungsaufschub**, **Finanzierungsleasing** und **Teilzahlungsgeschäften** zwischen **Unternehmern und Verbrauchern** benennen und gegen **Ratenlieferungsverträge** abgrenzen;
- Charakteristika des **Finanzierungsleasing** erklären, die **Rechtsbeziehungen** im Leasingverhältnis darlegen sowie die **wesentlichen Inhalte** eines Leasingvertrages wiedergeben;
- Wesen, Konstruktion und Varianten des **Factoring** beschreiben;
- den **Lieferantenkredit** definieren;
- Die wesentlichen **Personal- und Realsicherheiten** als Unterformen der Kreditsicherheiten benennen.

11.1 Kreditgewährung

Finanzierung spielt für die Unternehmensgründung, den Erhalt und die Expansion eines Unternehmens eine entscheidende Rolle. Aber nicht nur Unternehmensfinanzierung ist wichtig: Ein bedeutendes Geschäftsfeld für Banken ist die Kreditgewährung an Verbraucherkunden. Beiden liegt der **Gelddarlehensvertrag** zugrunde, wie der „Kredit" (lat. credere = vertrauen) rechtlich korrekt heißt. Im Übrigen sind die Varianten einer Kreditgewährung vielfältig: Aus Gründen des Verbraucherschutzes wurde für die Kreditvergabe an Privatpersonen mit dem **Verbraucherdarlehensvertrag** eine besonders umfangreich regulierte Darlehensart entwickelt. Gleiches gilt für **Finanzierungshilfen** zwischen Unternehmer und Verbraucher in der Form des **Zahlungsaufschubs,** etwa einer Kaufpreisstundung, des **Finanzierungsleasing** und der **Teilzahlungsgeschäfte**, die eher als Ratenzahlungskäufe bekannt sind. Daneben gibt es bei sukzessiver Belieferung eines Verbrauchers sog. **Ratenlieferungsverträge**. Vornehmlich ein Instrument des Forderungsinkasso ist das **Factoring**, das jedoch auch Finanzierungsfunktionen übernimmt. Im B2B-Verhältnis hat der Lieferanten- oder auch **Warenkredit** praktische Bedeutung.

Je nach Höhe und Dauer des Darlehens in Abhängigkeit der Bonität des Vertragspartners besteht für den Kreditgeber ein Bedürfnis nach Absicherung der Tilgungs- und Zinsforderungen, weshalb **Kreditsicherheiten** von hoher praktischer Bedeutung sind.

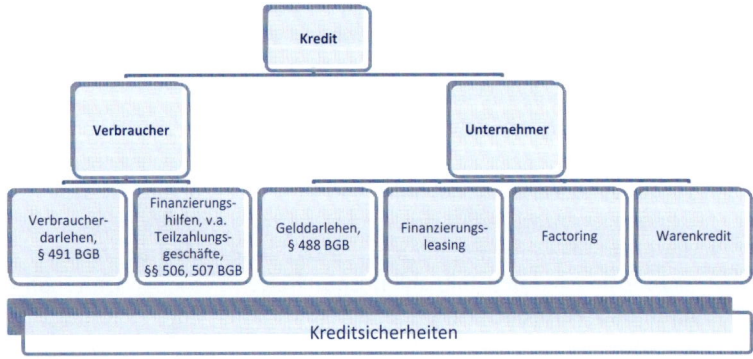

Abb. 55: Kreditarten

11.2 Gelddarlehen und Verbraucherdarlehen

11.2.1 Das Gelddarlehen

Ein wirksam abgeschlossener **Gelddarlehensvertrag** – in Abgrenzung zum Sachdarlehensvertrag, vgl. § 607 BGB – verpflichtet den Darlehensgeber, dem Darlehensnehmer einen **Geldbetrag** in vereinbarter Höhe in bar oder auf dessen Konto zur Verfügung zu stellen, § 488 Abs. 1 Satz 1 BGB. Sind Zinsen vereinbart (es gibt auch unentgeltliche Darlehen, vgl. § 514 BGB), ist der Darlehensnehmer zur **Zinszahlung** und zur **Rückzahlung der Darlehenssumme** bei Fälligkeit verpflichtet, § 488 Abs. 1 Satz 2 BGB ("Zins und Tilgung").

Exkurs:

Die **Zinsen** sind vereinbarungsgemäß in einem Betrag oder in Raten, sonst nach einem Jahr, spätestens bei Darlehensrückzahlung zu entrichten, § 488 Abs. 2 BGB. Für die Höhe der Zinsen gilt die Vereinbarung, andernfalls der gesetzliche Zins von 4 % p.a. nach § 246 BGB oder 5 % p.a. nach § 352 Abs. 1 HGB. Jedenfalls ist eine *sittenwidrige Überhöhung* des Zinssatzes zu vermeiden, vgl. § 138 BGB. Die Gerichte gehen von Sittenwidrigkeit aus, wenn der verlangte effektive Jahreszins relativ doppelt so hoch ist wie der von der Bundebank ermittelte Schwerpunktzins oder er diesen absolut um 12 Prozentpunkte übersteigt (BGHZ 110, 338). In diesem Fall ist nur die Zinsabrede unwirksam, der Darlehensnehmer schuldet lediglich Rückzahlung des Darlehnsbetrages bei Fälligkeit.

Zinseszinsvereinbarungen zwischen Banken / Sparkassen und ihren Kunden sind ausnahmsweise zulässig, vgl. § 248 Abs. 2 BGB.

Ist die **Darlehensrückzahlung** vertraglich nicht geregelt, so hängt deren Fälligkeit von einer vorherigen **Kündigung** ab, § 488 Abs. 3 BGB. Die **ordentliche Kündigung** kann bei variablem Zinssatz innerhalb einer Dreimonatsfrist erfolgen, § 489 Abs. 2 BGB, sonst bei festverzinslichen Darlehen unter den Voraussetzungen des § 489 Abs. 1 Nr. 1 und 2 BGB. Diese Regelungen sind zwingendes Recht, § 489 Abs. 4 BGB.

Eine außerordentliche **Kündigungsmöglichkeit** besteht für den *Darlehensgeber*, wenn in den Vermögensverhältnissen des Kunden oder in der Werthaltigkeit einer Sicherheit eine wesentliche Verschlechterung einzutreten droht oder eintritt, die den Rückzahlungsanspruch gefährdet, § 490 Abs. 1 BGB. Der *Darlehensnehmer* kann bei einem durch Grundpfandrecht (Hypothek, Grundschuld) gesicherten Darlehen in den Fristen des § 490 Abs. 2 BGB fristlos kündigen, wenn er das zur Sicherung beliehene Grundstück **anderweitig verwerten** will. In diesem Fall schuldet er eine **Vorfälligkeitsentschädigung**, § 490 Abs. 2 BGB.

11.2.2 Der Verbraucherdarlehensvertrag

Angesichts der Komplexität von Kreditverträgen sind Verbraucher bei Vergleich, Auswahl und Abschluss von Kreditmöglichkeiten häufig überfordert und vermögen die damit verbundenen Belastungen oft nicht zu durchschauen. Der Gesetzgeber will daher im Vorfeld eines Vertragsschlusses und während der Darlehensvertragslaufzeit für Information, Transparenz und Aufklärung von Verbrauchern sorgen.

11.2.3 Begriffe und Anwendungsbereich

Bei Verbraucherdarlehensverträgen wird zunächst grundlegend zwischen „**Allgemein-Verbraucherdarlehensverträgen**" (A-VDV) und in **Immobiliar-Verbraucherdarlehensverträgen** (I-VDV) unterschieden. Beide Varianten sind entgeltliche Darlehen zwischen **Verbrauchern** und **Unternehmern**, vgl. §§ 13, 14 BGB. Der **A-VDV** zeichnet sich im Gegensatz zum I-VDV dadurch aus, dass er *weder* durch ein **Grundpfandrecht** oder eine Reallast **besichert** ist *noch* einem „**gebäudewirtschaftlichen Zweck**" des Erwerbs oder Erhalts von Eigentum an Grundstücken, bestehenden oder zu errichtenden Gebäuden oder für den Erwerb oder die Erhaltung grundstücksgleicher Rechte bestimmt ist, § 491 Abs. 2 Satz 1 BGB. Umgekehrt muss eine dieser beiden Voraussetzungen ein **I-VDV** aufweisen, § 491 Abs. 3 Satz 1 BGB.

Beispiele:
A-VDV werden zur Finanzierung von Bedürfnissen des täglichen Lebens abgeschlossen wie für den Kauf von Kraftfahrzeugen, Haushaltsgeräten oder die Buchung von Urlaubsreisen. Auch Gebäuderenovierungen können so finanziert werden. I-VDV sind hingegen Hypothekendarlehen oder Bauspardarlehen, die einerseits dem Erwerb einer Immobilie dienen, andererseits aber auch den Bedarf von teureren Konsumgütern abdecken können.

Exkurs:

Ausnahmen: *Keine A-VDV* sind z. B. Kleindarlehen mit einem Nettodarlehensbetrag von weniger als 200 €; Darlehen, bei denen sich die Haftung auf eine Pfandsache beschränkt oder die Laufzeit – bei geringen Kosten – weniger als drei Monate beträgt; ebenso Arbeitgeberdarlehen mit geringerem als marktüblichem Zins oder öffentliche Wohnbauförderdarlehen sowie I-VDV oder Immobilienverzehrkreditverträge i.S. des § 491 Abs. 3 Satz 4 BGB. *Keine I-VDV* sind die erwähnten Arbeitgeberdarlehen und Immobilienverzehrkreditverträge, § 491 Abs. 3 Satz 2, 3 BGB.

Anbahnung, Abschluss und Abwicklung solcher Verbraucherkreditverträge unterliegen strengen gesetzlichen Anforderungen.

11.2.4 Vorvertragliche Pflichten des Unternehmers

Das Finanzinstitut treffen Informationspflichten, es schuldet die Übergabe des Vertragsentwurfs und muss zusätzliche Erläuterungen geben.

- **Informationspflichten:** Bereits vor Abschluss des Vertrages ist der Verbraucher über die Details des Vertrages in Textform zu unterrichten, § 491a Abs. 1 BGB. Wegen der umfangreichen Informationen verweist § 491a BGB hierzu auf **Art. 247 EGBGB**. Die bei einem **A-VDV** erforderlichen Informationen sind dort in §§ 3 bis 5 und §§ 8–13a zusammengestellt und betreffen z. B. **Name** und **Adresse** des Darlehensgebers, die **Darlehensart**, den **effektiven Jahreszins**, den **Nettodarlehensbetrag**, den **Sollzinssatz** (vgl. § 289 Abs. 5 BGB) oder die **Vertragslaufzeit**, Art. 247 § 2 Abs. 1 EGBGB. Zur vereinfachten Handhabung und vollständigen Informationserteilung ist die Verwendung eines in Anlage 4 des EGBGB dargestellten Musters **„Europäische Standardinformationen für Verbraucherkredite"** vorgeschrieben, Art. 247 § 2 Abs. 2, 4 EGBGB.
  Auch bei einem **I-VDV** sind die in Art. 247 § 1 genannten Informationen in Textform zu erteilen, z. B. die vom Darlehensnehmer mitzuteilenden Verhältnisse zur Kreditwürdigkeitsprüfung. Hierzu ist das in Anlage 6 EGBGB genannte **„Europäische standardisierte Merkblatt"** (ESIS-Merkblatt) zu verwenden, Art. 247 § 1 Abs. 2 Satz 2 EGBGB.

 Übung:

Schlagen Sie bitte Art. 247 EGBGB sowie die Anlagen 4 und 6 EGBGB nach und lesen Sie sie durch!

- **Übergabe Vertragsentwurf:** Der Darlehensnehmer kann vom Darlehensgeber einen **Entwurf** des Verbraucherdarlehensvertrages vorab verlangen, § 491a Abs. 2 BGB.
- **Angemessene Erläuterungen:** Vor Abschluss des Vertrages sind dem Darlehensnehmer angemessene Erläuterungen über die **Hauptmerkmale des Vertrags**, die **vertragstypischen Auswirkungen** auf den Kreditnehmer und die Folgen eines **Zahlungsverzugs** zur Beurteilung der **Zweckmäßigkeit** und **finanziellen Belastungen** für den Darlehensnehmer zu geben, § 491a Abs. 3 BGB. Weitergehende Erläuterungen sind ggf. beim I-VDV angebracht, vgl. § 491a Abs. 3 Satz 3, Abs. 4 BGB.

11.2.5 Vertragsform und Inhalte

Von Bedeutung sind im Zusammenhang mit dem Vertragsschluss und seinem Inhalt das Schriftformerfordernis, notwendige Mindestangaben im Vertrag und das Widerrufsrecht, bestimmte Inhalte sind verboten.

- **Schriftform:** Der Verbraucherdarlehensvertrag muss **schriftlich** abgeschlossen werden, §§ 492 Abs. 1 Satz 1, 126 BGB. Angebot und Annahme können in verschiedenen unterzeichneten Dokumenten enthalten sein. Während der Verbraucher **eigenhändig unterzeichnen** *muss*, genügt auf Seiten des Kreditgebers auch ein **automatisch erstelltes** Vertragsdokument, § 492 Abs. 1 Satz 2, 3 BGB. Wird gegen das Schriftformgebot verstoßen, ist der Darlehensvertrag **nichtig**, § 494 Abs. 1 BGB. Ist das Darlehen jedoch ausbezahlt oder in Anspruch genommen, wird der Formmangel **geheilt**, § 494 Abs. 2 Satz 1 BGB.
- **Mindestangaben:** Über die vorvertraglichen Informationen hinaus muss nun auch die **Vertragsurkunde** die in Art. 247 §§ 6 bis 13 EGBGB vorgeschriebene **Angaben** enthalten, § 492 Abs. 2 BGB, z. B. die bereits erwähnten Angaben nach Art. 247 § 3 Nr. 1 bis 14 EGBGB, Name und Adresse des Darlehensnehmers, einen Hinweis auf einen Tilgungsplan, das Verfahren bei Vertragskündigung, Art. 247 § 6 Abs. 1 EGBGB, aber auch der Hinweis auf ein Widerrufsrecht nach § 495 BGB und die Angabe des Gesamtbetrags und des effektiven Jahreszinssatzes, Art. 247 § 6 Abs. 2, 3 EGBGB. Fehlen die Angaben ganz oder teilweise, ist der Vertrag wiederum **nichtig**, kann aber durch Darlehensauszahlung geheilt werden, § 494 Abs. 1, 2 BGB. Fehlen Angaben über den Sollzinssatz, den effektiven Jahreszins oder den Gesamtbetrag, ermäßigt sich der Sollzinssatz auf gesetzliche 4 %, §§ 494 Abs. 2 Satz 2, 246 BGB. Das Fehlen anderer Angaben hat ebenfalls Konsequenzen, vgl. § 494 Abs. 3 bis 6 BGB. Der Kunde hat dann eine neue Vertragsurkunde mit den geänderten Bedingungen zu erhalten, § 494 Abs. 7 BGB.

- **Widerrufsrecht**: Dem Verbraucher steht nach Abschluss des Vertrages ein Widerrufsrecht zu, §§495 Abs.1, 355 BGB (Ausnahmen in §495 Abs.2, 3 BGB). Die Widerrufsfrist beträgt **14 Tage** und beginnt mit **Vertragsschluss**, §355 Abs.2 BGB, jedoch nur, wenn dem Verbraucherkunden eine **Vertragsurkunde** bzw. eine Abschrift erteilt wurde, §356b Abs.1 BGB, und die **Mindestangaben** nach §492 Abs.2 i.V.m. Art.247 §6ff. EGBGB enthalten waren, §356b Abs.2 BGB. Dabei ist auch die **Belehrung über das Widerrufsrecht** und die **Verpflichtungen bei Widerruf** zu erteilen, Art.247 §6 Abs.2 EGBGB. Hierfür steht ein **Muster** in Anlagen 7 und 8 EGBGB zur Verfügung. Fehlen diese Pflichtangaben in der übergebenen Urkunde, beginnt die Widerrufsfrist von **einem Monat** erst mit deren **Nachholung**, §§356b Abs.2, 492 Abs.6 BGB.
- **Verbotene Inhalte**: Unzulässig sind Vereinbarungen über **Einwendungsverzicht** bei **Abtretung** der Darlehensansprüche an einen neuen Gläubiger, worüber der Kunde sofort informiert werden muss, §496 Abs.1, 2, Art.246b §1 Abs.1 Nr.1,3,4 EGBGB. Verboten sind sowohl die Verpflichtung des Darlehensnehmers auf Eingehung von **Wechselverpflichtungen** für die Ansprüche des Darlehensgebers als auch die **Entgegennahme eines Schecks** des Kunden zur Absicherung der Zins- und Tilgungsansprüche der Bank, §496 Abs.3 BGB.
Weitgehend verboten sind bei I-VDV auch **Kopplungsgeschäfte**, bei denen der Darlehensgeber oder ein Dritter verpflichtet werden, weitere Finanzprodukte zu erwerben, §492a BGB, dies ist nur in den engen Grenzen des §492b BGB zulässig.

11.2.6 Laufende Pflichten

Nach Vertragsschluss stellt der Darlehensgeber dem Kunden eine **Vertragsabschrift** zur Verfügung; bei bestimmten Rückzahlungszeitpunkt kann der Darlehensnehmer jederzeit einen **Tilgungsplan** verlangen, §492 Abs.3 BGB, Inhalt gem. Art.247 §14 EGBGB. Weitere laufende Pflichten des Darlehensgebers ergeben sich aus §493 BGB.

11.2.7 Kündigungsrechte

Verbraucherkreditverträge können ordentlich und außerordentlich gekündigt werden:

- **Ordentliche Kündigung**: Der *Darlehensgeber* kann einen A-VDV nur kündigen, wenn er unbefristet ist und eine Kündigungsfrist von mindestens zwei Monaten vereinbart ist, §499 Abs.1 BGB. Dem Verbraucher als *Darlehensnehmer* steht hingehen bei unbefristeten Verträgen ein **jederzeitiges Kündigungsrecht** zu, die

Vereinbarung einer längeren Kündigungsfrist als ein Monat ist unwirksam, § 500 Abs. 1 BGB.

- **Vorzeitige Rückzahlung und Vorfälligkeitsentschädigung**: Auch bei befristeten Verbraucherdarlehensverträgen kann der Verbraucher seine Verbindlichkeiten ganz oder teilweise vorzeitig erfüllen; beim I-VDV mit Sollzinsbindung ist das aber nur möglich, wenn hierfür ein berechtigtes Interesse besteht, § 500 Abs. 2 BGB. In diesem Fall kann der Darlehensgeber eine angemessene Vorfälligkeitsentschädigung verlangen, die i. d. R. 1 % des vorzeitig zurückbezahlten Betrages beträgt, jedoch nicht mehr als den bis zur vertragsmäßigen Tilgung anfallenden Sollzinsbetrag, § 502 Abs. 3 BGB.

- **Außerordentliche Kündigung**: Der *Kreditgeber* kann aus wichtigem Grund ein in Raten rückzahlbares Verbraucherdarlehen kündigen, wenn der Darlehensnehmer mit **mindestens zwei aufeinanderfolgenden Raten** und in **Höhe von mindestens 10 %** des Darlehensnennbetrages (bei längerer Laufzeit als drei Jahre reichen 5 % des Nennbetrages) in **Verzug** ist sowie der Darlehensgeber erfolglos eine **zweiwöchige Frist zur Zahlung des rückständigen Betrags** mit der **Ankündigung**, bei Nichtzahlung die gesamte Restschuld zu verlangen, gesetzt hat, § 498 Abs. 1 BGB. Während des Verzugs besteht **Verzinsungspflicht** nach § 288, 497 BGB.

11.2.8 Verbundene Verträge

Häufig dient der Verbraucherkreditvertrag der Finanzierung einer anderen Leistung, etwa dem Kauf eines Fahrzeugs. Sind Kredit und Kauf in einer Weise verbunden, dass das Darlehen ganz oder teilweise der Kaufpreisfinanzierung dient und beide Verträge eine **wirtschaftliche Einheit** bilden, liegen verbundene Verträge vor, § 358 Abs. 3 Satz 1 BGB. Das ist dann der Fall, wenn der Unternehmer selbst die Gegenleistung des Kunden finanziert, oder bei Finanzierung durch einen Dritten, sich der Dritte der Mitwirkung des Unternehmers bei Vorbereitung oder Abschluss des Darlehensvertrages bedient, § 358 Abs. 3 Satz 2 BGB.

Beispiel:
Der Kfz-Händler hat die Formulare der Finanzierungsbank bei sich vorrätig, weil er regelmäßig Finanzierungen für die Bank vermittelt. Kaufvertrag und Darlehnsvertrag werden im Autohaus gleichzeitig unterschrieben, das gekaufte Fahrzeug wird der Bank sofort sicherungsübereignet. Wo ein verbundener Vertrag nicht vorliegt, kann immerhin ein „zusammenhängender Vertrag" nach § 360 Abs. 2 BGB gegeben sein, vgl. § 360 Abs. 1 BGB.

Im Falle der wirtschaftlichen Einheit verbundener Verträge erfasst ein **Widerrufsrecht** nach §355 BGB *beide Verträge*, an die der Verbraucher nicht mehr gebunden ist, §358 Abs.1, 2 BGB. Dementsprechend ist in der **Widerrufsbelehrung** auf die Verbundenheit hinzuweisen, Art.247 §12 Satz 2 Nr.2b EGBGB. **Verzögerung** bei der Lieferung oder **Mängel** der Kaufsache können unmittelbar gegenüber dem Darlehensgeber mit Auswirkungen auf seine dortigen Zahlungspflichten geltend gemacht werden, §359 BGB.

11.3 Finanzierungshilfen und Ratenlieferungsverträge zwischen Unternehmern und Verbrauchern

11.3.1 Finanzierungshilfen

Die Verführungen der Werbewirtschaft für neue Produkte verfehlen ihre Wirkung nicht, insbesondere wenn mit verlockendem Zahlungsaufschub oder attraktiven Ratenzahlungsangeboten geworben wird. Das Bedürfnis vieler Verbraucher, dem Konsumdruck nachzugeben, ist häufig größer als ihre finanzielle Leistungsfähigkeit. Angesichts der Gefahren von „heute kaufen – morgen bezahlen" erstreckt der Gesetzgeber etliche der Verbraucherschutzvorschriften für verbundene Geschäfte und Verbraucherdarlehensverträge auf Finanzierungshilfen und Teilzahlungsgeschäfte.

- **Zahlungsaufschub:** Unter entgeltlichem Zahlungsaufschub ist das vertragliche „**Hinausschieben von Fälligkeit oder Durchsetzbarkeit einer Zahlungsforderung**" gegen Bezahlung zu verstehen. Es gelten die Vorschriften der §§358 bis 360 BGB und der §§491a bis 502 BGB (*vorvertragliche Informationspflichten, Schriftform und Mindestangaben, laufende Information während des Vertragsverhältnisses, Widerrufsrecht, Kündigungsrechte* etc.), sofern keine Ausnahme nach §491 Abs.2 Satz 2, Abs.3 Satz 2, Abs.4 BGB vorliegt (mehr als 200 €, länger als 3 Monate etc.), §506 Abs.1 BGB.

> **Beispiel:**
> Xaver kauft bei Elektro-Zack eine TONOS-Soundanlage zum Streamen von Radioprogrammen zu dem auf der Ware ausgezeichneten Angebotspreis von 1.948 €. Da Xaver derzeit nicht über diesen Betrag verfügt, erhält er einen Zahlungsaufschub in der Form, dass er eine Anzahlung von 500 € sofort leistet, und weitere 1.500 € nach sechs Monaten bezahlen soll, insgesamt also 2.000 € leisten muss, wobei 52 € auf den Zahlungsaufschub entfallen.

- **Finanzierungsleasing**: Hauptanwendungsfall für die „sonstigen entgeltlichen Finanzierungshilfen" nach § 506 BGB ist das **Finanzierungsleasing**, bei dem eine **Sache zur entgeltlichen Nutzung zur Verfügung** gestellt wird und der Kunde am Ende der Laufzeit zum **Erwerb** des Gegenstandes **verpflichtet** ist, der Leasinggeber den **Erwerb** vom Kunden **verlangen** kann oder der Kunde bei Beendigung des Vertrags für einen bestimmten **Wert** des Gegenstandes **einzustehen** hat. Ist der **Leasingkunde ein Verbraucher**, gelten im Wesentlichen wieder die oben beim Zahlungsaufschub genannten Vorschriften der §§ 358 ff., 491a ff. BGB, vgl. § 506 Abs. 2 BGB. Einzelheiten zum Leasingverhältnis folgen unten.
- **Teilzahlungsgeschäfte**: Teilzahlungsgeschäfte sind vor allem **Ratengeschäfte**, bei denen der Kunde die Lieferung einer „Sache oder die Erbringung einer bestimmten anderen Leistung gegen Teilzahlungen" erhält, § 506 Abs. 3 BGB. Wegen der mit der zeitlichen Zahlungserstreckung verbundenen Risiken gelten auch hier die *Vorschriften für verbundene Geschäfte und Verbraucherdarlehensverträge* mit den Modifikationen der §§ 507 f. BGB: Wird etwa die Schriftform des § 492 BGB nicht eingehalten wird das nichtiger Geschäft durch Übergabe der Sache / Leistung geheilt; fehlen Angaben zum Gesamtbetrag oder effektiven Jahreszins, ist der Barzahlungspreis höchstens mit dem gesetzlichen Zins von 4 % zu verzinsen, §§ 507 Abs. 2, 246 BGB.

> **Beispiel:**
> Das Fernsehgerät Mony mit DVBT-2 Anschluss kostet 999 € oder 33 Raten je 31 €. Entscheidet sich Kunde Menowin zum Ratenkauf, ist er wie ein Verbraucherdarlehensnehmer vorvertraglich zu informieren, muss einen schriftlichen Vertrag mit allen notwendigen Mindestangaben abschließen und die Vertragsurkunde erhalten. Kauft er online im Wege des Fernabsatzes und sind auf der Homepage des Unternehmers der Barzahlungspreis, der Sollzinssatz, der effektive Jahreszins, ein beispielhafter Tilgungsplan sowie etwaige Sicherheiten und Versicherungen ersichtlich, entfällt das Schriftformerfordernis, wenn der Unternehmer dem Verbraucher den Vertragsinhalt unverzüglich nach Vertragsschluss auf Papier, CD-ROM oder per E-Mail mit Dateianhang übermittelt, § 507 Abs. 1 BGB.

11.3.2 Ratenlieferungsverträge

Anders als bei Ratenzahlungskäufen wird bei **Ratenlieferungskäufen** die Vertragsleistung des Unternehmers **sukzessive** erbracht. Sie betreffen mehrere als zusammengehörend verkaufte Sachen in **Teillieferungen** (z. B. Lexikon in mehreren Bänden), die regelmäßige Lieferung von **Sachen der gleichen Art** (z. B. Tageszeitungsabonnement) und die Verpflichtung zum **wiederkehrenden Erwerb** von Sachen

(z. B. Buchclubmitgliedschaft mit monatlicher Abrufverpflichtung), §510 Abs.1 Nr.1-3 BGB. Hier ist **Schriftform** für den Vertrag erforderlich, wenn nicht die Vertragsbedingungen (nebst AGB) bei Vertragsschluss **elektronisch abrufbar** und **speicherbar** sind; der Vertragsinhalt ist in Textform mitzuteilen, §510 Abs.1 BGB. Auch hier gibt es ein **Widerrufsrecht** von 14 Tagen nach §§510 Abs.2, 495, 355 BGB, wenn die Summe aller Teilzahlungen bis zur frühestmöglichen Kündigung 200 € erreicht, §§510 Abs.3, 491 Abs.2 Satz 2 Nr.1–5, Abs.3 Satz 2, Abs.4 BGB.

11.4 Finanzierungs-Leasing

11.4.1 Wesen

Der nicht im BGB geregelte Finanzierungs-Leasingvertrag verbindet im gewerblichen Bereich die Nutzungsmöglichkeit an Investitionsgütern gegen Entgelt mit der Möglichkeit, das Entgelt in Form von Leasingraten durch den Einsatz des Leasinggegenstandes im Betrieb zu erwirtschaften und die Leasingraten als **Betriebsausgaben** gewinnmindern **steuerlich absetzen** zu können, ohne den Gegenstand käuflich erwerben zu müssen. Damit die steuerlichen Vorteile beim Leasingnehmer eintreten, muss er **wirtschaftlicher Eigentümer** sein, was bei der Vertragsgestaltung im Hinblick auf die Grundlaufzeit, etwaige Kaufoptionen am Ende der Laufzeit oder eine Anschlussmiete zu berücksichtigen ist.

 Übung:

Recherchieren Sie im Internet unter dem Stichwort „Leasing Behandlung beim Leasingnehmer" die steuerlichen Anforderungen an den Leasingvertrag im Hinblick auf das wirtschaftliche Eigentum des Leasingnehmers.

Gegenstand von Leasingverträgen sind in der Praxis vor allem Kraftfahrzeuge, Maschinen, EDV-Anlagen oder Software.

11.4.2 Rechtsbeziehungen im Leasingverhältnis

Drei Akteure spielen im Leasingverhältnis eine Rolle: Der Interessent, späterer **Leasingnehmer**, wählt das konkret gewünschte Leasinggut beim **Lieferanten** (Händler, Hersteller) aus, ohne jedoch den Gegenstand zu erwerben. Der Lieferant steht meist in geschäftlicher Beziehung zu einem Leasingunternehmen, dem **Leasinggeber**, und hat auch dessen Vertragsformulare zur Verfügung. Meist durch Vermittlung des Lieferanten wird nun zwischen Kunde als Leasingnehmer und Leasinggeber ein **Leasingvertrag** geschlossen, durch den der Leasingnehmer das zeitlich festgelegte **Nutzungsrecht** an dem – vom Leasinggeber erst noch beim Lieferanten käuflich zu erwerbenden – Gegenstand gegen Zahlung von **Leasingraten** erhält. Nach Abschluss eines **Kaufvertrages** zwischen Lieferant und Leasinggeber erfolgt die Auslieferung des Leasinggutes direkt vom Lieferanten an den Leasingnehmer, zwischen denen aber keine Vertragsbeziehung entsteht. Die vom Leasingnehmer dem Lieferanten unterschriebene **Übernahmebestätigung** des Leasinggutes löst die Kaufpreiszahlung des Leasinggebers und den Beginn der Leasingratenzahlungspflicht aus.

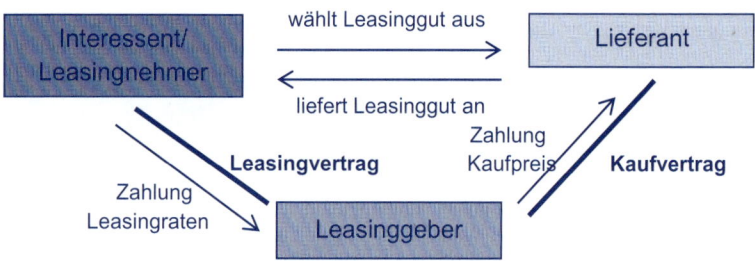

Abb. 56: Rechtsverhältnisse der Beteiligten beim Leasing

11.4.3 Übliche Vertragsinhalte

Die Laufzeit des Leasingvertrages („**Grundmietzeit**") orientiert sich meist der üblichen **Nutzungsdauer** des Leasingguts, sodass sein Gebrauchswert in der Grundmietzeit regelmäßig aufgebraucht wird. In dieser Grundmietzeit ist der Vertrag **unkündbar**.

Die in der Grundmietzeit anfallenden **Leasingraten** sind in ihrer Gesamthöhe so bemessen, dass sie dem vom Leasinggeber bezahlten **Kaufpreis**, die **Finanzierungskosten** des Leasinggebers, den **Verwaltungskostenaufwand** und einen kalkulierten **Gewinnanteil** voll amortisieren („**Vollamortisationsprinzip**"). Bei einer kürzeren als der an der üblichen Nutzungsdauer orientierten Grundmietzeit, etwa weil der Leasinggeber immer das neueste Fahrzeugmodell fahren möchte, findet hingegen nur eine **Teilamortisation** statt. Zum Ausgleich sind hier **Zahlungen** oder eine **Kaufoption** zum gemeinen Restwert zu vereinbaren, sollte der **Verwertungserlös** des Leasinggegenstandes die Vollamortisation nicht erreichen.

Anders als im Mietvertrag nach § 535 BGB, wonach der Vermieter die Gebrauchsfähigkeit der Mietsache während der Mietdauer zu gewährleisten hat, hat im Finanzierungs-Leasing regelmäßig der Leasingnehmer als wirtschaftlicher Eigentümer die Kosten der **Man-**

gelbeseitigung zu tragen, weshalb **Gewährleistungsansprüche** im Verhältnis Leasingnehmer zu Leasinggeber vertraglich **ausgeschlossen** werden. Stattdessen erhält der Leasingnehmer die Ansprüche des Leasinggebers auf Reparatur oder Ersatzlieferung (§ 439 BGB) aus dem Kaufvertrag gegen den Lieferanten abgetreten. Bei Fehlschlagen der Nacherfüllung kann der Leasingnehmer vom Kauf (des Leasinggebers!) **zurücktreten** oder **Minderung** geltend machen. Dementsprechend sind Kauf und Leasingvertrag abzuwickeln oder anzupassen, („Wegfall der Geschäftsgrundlage").

Kommt der Leasingnehmer mit seinen **Leasingraten in Verzug**, kann der Leasinggeber **fristlos kündigen** und den bis zum regulären Vertragsende nach dem Vollamortisationsprinzip entstehenden **Schaden ersetzt** verlangen.

11.5 Factoring

11.5.1 Wesen und Funktionen

> **Definition:**
> Factoring ist der laufende Ankauf von kurzfristigen, zukünftigen Forderungen aus Warenlieferungen oder Dienstleistungen sowie deren Verwaltung.

Das Factoring ist eine Mischung aus **Kauf**, **Finanzierungsgeschäft** und **Geschäftsbesorgung**, bei dem der Gläubiger einer Forderung, der **Factoringkunde**, diese an eine Bank, den **Factor**, **verkauft** und **abtritt**, §§ 433, 398 BGB. Im Gegenzug erhält der Factoringkunde dafür sofort eine **Gutschrift** des Kaufpreises, der sich aus dem **Forderungsbetrag** unter Abzug von Abschlägen für **Ausfallrisiken**, **Bearbeitungsgebühren** und **Provision** berechnet. Die solchermaßen auf den Factor übergegangene Forderung wird von ihm beim Schuldner der Forderung eingetrieben.

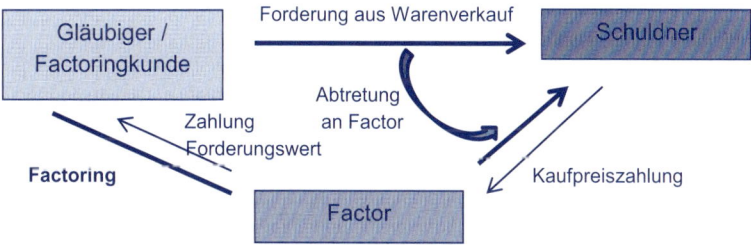

Abb. 57: Rechtsbeziehungen der Beteiligten beim Factoring

Durch den Verkauf der offenen Forderung und die sofortige Gutschrift durch den Factor fließt dem Factoringkunden schnelle Liquidität zu („**Finanzierungsfunktion**"). Der Factoringkunde wird von Inkassomaßnahmen gegen seinen Kunden befreit, die nun der Factor durchführen muss („**Inkassofunktion**"). Schließlich wird im Normalfall das Ausfallrisiko der Forderung auf den Factor übertragen, wenn der Schuldner endgültig zur Zahlung nicht in der Lage ist („**Delkrederefunktion**"). Daher hat der Factor ein Interesse daran, nur Forderungen gegen Schuldner mit tadelloser Bonität zu kaufen.

11.5.2 Varianten

Von den zahlreichen in der Praxis entwickelten Factoringvarianten sind das echte, das unechte Factoring und die Varianten des offenen und stillen Factoring die wichtigsten.

- **Echtes Factoring**: Beim echten Factoring übernimmt der Factor wie dargestellt das Inkasso und trägt das Delkredererisiko endgültig. Entsprechend wird er bei Bemessung des „Kaufpreises" höhere Abschläge zur Abdeckung des Ausfallrisikos vorsehen.
- **Unechtes Factoring**: Kann der Factor die nur „erfüllungshalber" abgetretene Forderung nicht eintreiben, wird die Forderung dem Factoringkunden zurückübertragen und die Gutschrift zurückbelastet. Für den Factoringkunden stellt sich diese Form des Factorings vor allem als Kreditgewährung auf Zeit dar.
- **Offenes und stilles Factoring**: Während der Forderungsschuldner beim offenen Factoring über die Tatsache der Abtretung und die neue Gläubigerschaft des Factors informiert wird, erfolgt beim stillen Factoring zunächst keine Offenlegung. Hier wird meist der Factoringkunde die Forderung selbst auf Rechnung des Factors einzutreiben versuchen („**Inhouse-Factoring**").

11.6 Lieferantenkredit

Nicht nur Banken gewähren Kredite, sondern auch Warenlieferanten, die gegenüber ihren **Unternehmerkunden** „in Vorleistung" gehen, indem sie ihre Ware „**auf Rechnung**" mit **Zahlungszielen** von 30, 60 oder gar 90 Tagen liefern, den Kaufpreis **stunden** oder **Ratenzahlung** zulassen (wegen B2B-Beziehung kein Fall der §§ 491 ff. BGB). Darin, aber auch in einer nicht vereinbarten Zahlungsverzögerung des Kunden, liegt regelmäßig eine unentgeltliche Kreditgewährung, der sog. Lieferantenkredit" oder „**Warenkredit**".

Zur Eindämmung überzogener Zahlungsfristen erlaubt der Gesetzgeber nur Vereinbarungen über **Zahlungsziele von mehr als 60 Tagen** nach Erhalt der Gegenleistung bzw. der Rechnung **nur**, wenn sie

ausdrücklich getroffen worden sind und im Hinblick auf die Belange des Gläubigers **nicht grob unbillig** sind, bei öffentlichen Schuldnern soll die Zahlungsfrist 30 Tage nicht überschreiten; eine Frist von mehr als 60 Tagen ist unwirksam, § 271a Abs. 1, 2 BGB. Ohne Vereinbarung tritt **Verzug** schon 30 Tage nach Rechnungserhalt ein, § 286 Abs. 3 BGB, die **Verzugszinsen** sind mit 9 % über dem Basiszinssatz für Unternehmerschuldner hoch, § 288 Abs. 2 BGB.

11.7 Kreditsicherung

Wo Kredite vergeben werden, besteht wegen der **zeitlichen Erstreckung** der Rückzahlung über lange Zeiträume ein **Sicherungsbedürfnis** des Kreditgebers gegen den Zahlungsausfall des Kreditschuldners infolge Insolvenz. Zwei grundsätzliche Arten von Sicherungsmitteln stehen zur Verfügung: Die Personalsicherheit und die Realsicherheit.

11.7.1 Personalsicherheiten

Zwei Arten der Personalsicherheiten ragen heraus: Die persönliche Bonität des Kunden und die Bürgschaftsübernahme durch Dritte.

- **Bonitätsprüfung**: Die im Wege der **vorvertraglichen Bonitätsprüfung** zu untersuchende Zuverlässigkeit des Vertragspartners in Zahlungsdingen ist eine unmittelbar an die **Person des Schuldners** anknüpfende Sicherheit. Dabei werden sein Einkommen, seine Schulden und die pünktliche Zahlungsweise aus der Vergangenheit in die Zukunft prognostiziert („Schufa-Auskunft"). Diese Art der Absicherung reicht i. d. R. für Überziehungskredite, Kleinkredite oder Existenzgründungsdarlehen und ist für Verbraucherdarlehensverträge (A-VDV, I-VDV) sogar **gesetzlich vorgeschrieben**, („**Kreditwürdigkeitsprüfung**"), § 505a BGB.
- **Bürgschaft**: Durch den Bürgschaftsvertrag verpflichtet sich der Bürge gegenüber dem Gläubiger eines Dritten, also dem Zahlungsschuldner, für die Erfüllung der Verbindlichkeit des Schuldners einzustehen, § 765 Abs. 1 BGB. Das Dreiecksverhältnis sieht wie folgt aus:

Abb. 58: Rechtsverhältnisse der Beteiligten des Bürgschaftsverhältnisses

Wegen des riskanten Geschäfts ist für die Bürgschaftserklärung des Bürgen **Schriftform** angeordnet, die nicht durch elektronische Form ersetzt werden darf, die Annahmeerklärung des Gläubigers ist formfrei möglich; durch Erfüllung der Bürgschaftsverpflichtung, also Zahlung auf die Schuld des Dritten, ist ein Formmangel **geheilt**, § 766 Satz 1-3 BGB.

Beispiel:
Übernimmt Tante Rose gegenüber der BEBA-Bank für den Kredit ihres Neffen Paul über 10.000 € eine Bürgschaft, so muss Rose den Bürgschaftsvertrag eigenhändig unterschreiben, die Bank kann die Bürgschaftserklärung mittels nicht unterzeichnetem EDV-Dokument annehmen (Vertrag!). Erklärt Rose die Bürgschaftsübernahme per Mail, ist die Bürgschaftserklärung nichtig. Zahlt sie dann aber 2 Jahre später den Restkredit des Paul über 6.500 € (3.500 hat er selber getilgt) nebst offenen Zinsen zurück, ist der Formmangel geheilt.

Übernimmt ein **Kaufmann** im Rahmen eines Handelsgeschäfts eine Bürgschaft, so ist dies **formfrei**, also auch mündlich, möglich, § 350 HGB.

Die Bürgschaft besteht immer **nur in der Höhe**, in der die gesicherte **Hauptforderung besteht**, sie ist „akzessorisch" und haftet auch für Zinsen und Kosten der Rechtsverfolgung, § 767 BGB.

Grundsätzlich steht dem Bürgen bei Inanspruchnahme durch den Gläubiger die „**Einrede der Vorausklage**" zu, d. h. er kann verlangen, dass der Gläubiger zunächst alles versucht, um die Forderung **beim Schuldner beizutreiben**, also diesen vor Gericht zu verklagen und nach Prozessgewinn den Gerichtsvollzieher mit der Pfändung beim Schuldner zu beauftragen. Erst wenn diese Vorgehensweise erfolglos ist, muss der Bürge einstehen und zahlen, § 771 BGB. In der Praxis jedoch verlangen Kreditgeber von Bürgen meist „**selbstschuldnerische Bürgschaften**", die die Einrede der Vorausklage ausschließen und eine sofortige Inanspruchnahme des Bürger erlauben, §773 Abs.1 Nr.1 BGB. **Kaufleuten**, die im Rahmen eines Handelsgeschäfts eine Bürgschaft übernehmen, steht die Einrede der Vorausklage **nie** zu, §349 HGB.

Soweit der Bürge den Gläubiger **befriedigt** hat, erlischt die Hauptforderung nicht, sondern geht kraft Gesetzes ohne weiteres Zutun des Gläubigers auf den Bürgen über, der dadurch beim Schuldner **Regress** nehmen kann, wenn dort wieder etwas zu holen sein sollte („Cessio legis" = **gesetzlicher Forderungsübergang**), §774 BGB.

11.7.2 Realsicherheiten

Realsicherheiten stützen sich nicht auf eine Person, sondern auf einen realen Gegenstand wie **Grundstücke**, werthaltige **bewegliche Sachen** oder **Forderungen**. Bei Eintritt des Sicherungsfalles kann der Sicherungsnehmer dann am belasteten Grundstück, der gepfändeten Sache ein **Verwertungsrecht** geltend machen, die unter Eigentumsvorbehalt oder Sicherungseigentum stehende Sache **herausverlangen** oder eine ihm abgetretene Forderung **einziehen**.

Dementsprechend kommen als Sicherungsrechte in Frage:

- Der „**Eigentumsvorbehalt**" nach §449 BGB, vgl. Kapitel 10 „Rechtsfragen der Beschaffung".
- Die „**Sicherungsübereignung**" nach §930 BGB, vgl. Kapitel 7 „Sachenrecht".
- Die beschränkt dinglichen Verwertungsrechte „**Pfandrecht an beweglichen Sachen**" nach §1204ff. BGB, „**Hypothek**" nach §§1113ff. BGB, „**Grundschuld**" nach §§1191ff. BGB oder „**Rentenschuld**" nach §1199ff. BGB an Grundstücken, vgl. Kapitel 7 „Sachenrecht".
- Die „**Sicherungsabtretung**" oder Sicherungszession, vgl. Kapitel 7 „Sachenrecht", auch in der Form der „**Globalzession**" nach §398 BGB, Kapitel 10 „Rechtsfragen der Beschaffung".

11.8 Merksätze/Kontrollfragen

Merksätze

- Unter **Kreditgeschäften** sind zivilrechtlich **Gelddarlehensverträge, Finanzierungshilfen** und **Ratenlieferungsverträge** zu verstehen.
- Der **Gelddarlehensvertrag** mit der Pflicht zur Verfügungsstellung von Kapital gegen Zinsen ist die Grundform der Finanzierung.
- Der Gelddarlehensvertrag zwischen Unternehmer und Verbraucher heißt **Verbraucherdarlehensvertrag**, umfasst den Allgemeinen und den Immobilien-Verbraucherdarlehensvertrag und unterliegt einer strengen gesetzlichen Regulierung.

- Im Vorfeld eines Verbraucherdarlehensvertrages treffen den Unternehmer weitreichende Pflichten der **Informationsübermittlung**, der Übergabe eines **Vertragsentwurfs** und der Erteilung von **Erläuterungen**.

- Verbraucherdarlehensverträge unterliegen der **Schriftform**, müssen **Mindestangaben** und die **Belehrung über ein Widerrufsrecht** enthalten; bestimmte gesetzlich definierte Inhalte sind nicht zulässig.

- Auch **nach Vertragsschluss** bestehen bei Verbraucherdarlehensverträgen weitere **Nebenpflichten** des Unternehmers.

- Eine **ordentliche Kündigung** des Darlehensnehmers löst regelmäßig eine **Vorfälligkeitsentschädigungspflicht** aus; die **außerordentliche Kündigung** des Darlehensgebers ist nur in engen Grenzen möglich.

- Für mit dem Verbraucherdarlehensvertrag **verbundene Geschäfte** gelten dieselben Vorschriften wie für das Verbraucherdarlehensgeschäft.

- Mit Modifikationen ist das Verbraucherdarlehensrecht auch auf **Finanzierungshilfen** in Form von **Zahlungsaufschub**, **Finanzierungsleasing** und **Ratenzahlungsgeschäften** zwischen Unternehmern und Verbrauchern anwendbar.

- **Ratenlieferungsverträge** unterliegen i. d. R. dem **Schriftformzwang** und sind widerruflich.

- Der **Leasingvertrag** ist ein Gebrauchsüberlassungsvertrag, der aus Gründen der steuerlichen Absetzbarkeit von Leasingraten so abgefasst sein muss, dass **wirtschaftliches Eigentum** des Leasingnehmers vorliegt.

- Beim **Vollamortisationsprinzip** sind die Leasingraten so bemessen, dass der Gesamtaufwand des Leasinggebers am Ende der Grundmietzeit voll amortisiert ist.

- Anders als im Mietrecht trägt üblicherweise der **Leasingnehmer die Kosten der Instandhaltung** und –setzung.

- **Factoring** ist der laufende Ankauf von kurzfristigen, zukünftigen Forderungen aus Warenlieferungen oder Dienstleistungen sowie deren Verwaltung.

- **Factoring** hat eine **Finanzierungsfunktion**, eine **Inkassofunktion** und eine **Delkrederefunktion**.

- Grundlegend wird im Factoring zwischen **echtem** und **unechtem Factoring**, jeweils in der Variante des **stillen** oder des **offenen Factoring**, unterschieden.

- **Lieferantenkredite** sind hinsichtlich ihrer Laufzeit gesetzlich begrenzt.

- Im Kreditsicherungswesen wird zwischen **Personalsicherheiten** und **Realsicherheiten** unterschieden.

- **Personalsicherheiten** knüpfen an die **Bonität** einer Person an, etwa die **Bürgschaft**.

- Bei **Realsicherheiten** haftet ein **Gegenstand**, etwa das **Grundstück** bei den Grundpfandrechten, oder eine **Pfandsache** bei der Verpfändung.

Kontrollfragen

K 1   Welche rechtlichen Institute kann man unter „Kredit" subsumieren?

K 2   Wonach bestimmt sich die Höhe der Darlehenszinsen bei einem Gelddarlehen? Beschreiben Sie verschiedene Varianten!

K 3   Wann sind Kreditzinsen sittenwidrig überhöht?

K 4   Legen Sie die Kündigungsmöglichkeiten von Darlehensgeber und Darlehensnehmer bei einem Darlehen nach § 488 BGB dar.

K 5   Definieren und differenzieren Sie den Verbraucherdarlehensvertrag.

K 6   Welche vorvertraglichen Pflichten des Darlehensgebers und welche Pflichten nach Vertragsschluss definiert das Gesetz (wo?) bei einem Verbraucherdarlehensvertrag?

K 7   Welche Formvorschrift und welche Mindestinhalte sind bei Abschluss eines Verbraucherdarlehensvertrages zu beachten? Welches sind die Folgen bei Verstoß hiergegen?

K 8   Wie und wo ist das Widerrufsrecht bei Verbraucherdarlehensverträgen geregelt?

K 9   Was darf in einem Verbraucherdarlehensvertrag nicht vereinbart werden?

K 10   Wie sind für beide Parteien eines Verbraucherdarlehensvertrages die Kündigungsmöglichkeiten? Welche Folgen löst die Kündigung jeweils aus?

K 11   Was sind verbundene Verträge und wie werden sie bei Widerruf eines Verbraucherdarlehensvertrages behandelt?

K 12   Welche besonderen Regeln gelten für Finanzierungshilfen (drei Kategorien) und für Ratenlieferungskäufe?

K 13   Wie unterscheidet sich Operating-Leasing (vgl. 10.5.1) vom Finanzierungs-Leasing?

K 14   Welche Voraussetzung muss vorliegen, damit gewerbliche Leasingraten steuerlich gewinnmindernd geltend gemacht werden können?

K 15   Zeigen Sie die Rechtsbeziehungen innerhalb eines Leasingverhältnisses anhand einer Skizze auf.

K 16   Nennen Sie die wichtigsten Vertragsinhalte eines Finanzierungs-Leasingvertrages und beschreiben Sie die Begriffe „Grundmietzeit" und „Vollamortisationsprinzip".

K 17   Wer trägt im Regelfall im Leasingvertrag die Mangelbeseitigungskosten von während der Grundmietzeit auftretenden Mängeln und warum ist dies so?

K 18   Stellen Sie das Verhältnis der am Factoring beteiligten Personen dar.

K 19   Welche drei Funktionen erfüllt Factoring beim echten Factoring? Welche Funktion entfällt beim unechten Factoring?

K 20   Welche gesetzliche Reglementierung der Bestimmung von Zahlungszielen im Lieferantenkredit gibt es?

K 21   Was sind Personalsicherheiten und welche kennen Sie?

K 22   Bitte zeigen Sie die Konstellationen der am Bürgschaftsverhältnis beteiligten Personen auf unter Darstellung der jeweiligen Rechtsverhältnisse.

K 23   Was versteht man unter der „Einrede der Vorausklage", wann entfällt sie?

K 24   Was bedeutet die „Akzessorietät" der Bürgschaft?

K 25   Was ist im Zusammenhang mit der Bürgschaft eine „Cessio legis"?

K 26   Welches sind die gebräuchlichsten Realsicherheiten und welcher Gegenstand haftet jeweils wie?

Rechtsfragen des Vertriebs   12

Das vorliegende Kapitel gibt einen Überblick über die vier Bereiche des Marketing- und Vertriebsrechts in den Bereichen Product, Price, Promotion und Place. Es behandelt die rechtlichen Grenzen der Preispolitik durch deutsches und europäisches Kartellrecht, den Rahmen der erlaubten Marketingkommunikation, der durch das Lauterkeitsrecht des UWG gezogen wird, die Absatzmittler und Absatzhelfer als externe Vertriebsorgane sowie die rechtlichen Anforderungen an den Direktvertrieb, insbesondere die umfangreichen Informationspflichten und Widerrufsrechte bei Verbraucherverträgen im Allgemeinen und bei Geschäften außerhalb von Geschäftsräumen und im Fernabsatz im Besonderen.

Lernziele

Nach dem Studium der komplizierten Regelungen des Kartellrechts, des Wettbewerbsrechts, des Rechts der Absatzmittler und -helfer sowie der umfangreichen Vorschriften für den Vertrieb an Verbraucher, insbesondere außerhalb von Geschäftsräumen und im Fernabsatz können Sie

- die wichtigsten Rechtsaspekte der **Produkt-, Preis-, Kommunikations-** und **Vertriebspolitik** sowie der **Marketinginformationen** benennen;
- zwischen der Geltung **deutschen** und **europäischen Kartellrechts** unterscheiden und angeben, wann welche **Kartellbehörden** tätig werden;
- die wesentlichen **wettbewerbsbeschränkenden Verhaltensweisen** nennen und gegeneinander abgrenzen;
- zwischen **horizontalen und vertikalen Kartellen** und deren **Freistellung** differenzieren;
- den Schutzzeck und die **Systematik** des **Lauterkeitsrechts** darstellen
- die wichtigsten **Fallgruppen unlauteren Wettbewerbs** benennen und anhand von Beispielen erläutern;

- die **Absatzmittler** und **Absatzhelfer** bezeichnen und Unterschiede in deren Kompetenzen darstellen;
- den Hintergrund des **Verbraucherschutzes** erläutern sowie den **Verbrauchervertrag** definieren und seine gesetzlichen **Anforderungen** aufzeigen;
- die gesetzlichen Verpflichtungen des Unternehmers im **Vertrieb außerhalb von Geschäftsräumen** und im **Fernabsatz** darstellen.

12.1 Übersicht über die Aspekte des Marketing- und Vertriebsrechts

In **Marketing und Vertrieb** ergeben sich vielfältige rechtliche Fragestellungen. Im Marketing hat sich eine systematische Einteilung in die „vier P's" unter den Aspekten der Produktpolitik (**Product**), der Preispolitik (**Price**), der Kommunikationspolitik (**Promotion**) und der Vertriebspolitik (**Place**) etabliert. Darüber hinaus kommt **Marketinginformationen** besondere Bedeutung für die zielgruppengerechte Vermarktung zu.

12.1.1 Produktpolitik

Bei der Generierung eines **Produktnutzens** stehen rechtlich die Eigenschaften des Produkts im Mittelpunkt, deren Fehlen zur **Sachmangelhaftung** und ggf. zur **Produkthaftung** führen kann, vgl. Kapitel 9, 10. Darüber hinaus haben die sog. **Immaterialgüterrechte**, die den Schutz geistigen Eigentums von Unternehmen und Privatpersonen bezwecken, große praktische Bedeutung: **Patente** schützen über das PatG neue technische Erfindungen; soweit es sich um „kleine Alltagserfindungen" handelt, übernimmt den Schutz für das **Gebrauchsmuster** das GebrMG. Ästhetische Gestaltungen und **Designs** für Produkte und Verpackungen unterfallen dem **Geschmacksmusterrecht** (GeschmMG), wohingegen **geistige Leistungen** in Form von **Texten** oder **Musik** dem **Urheberrecht** unterfallen (UrhWissG). Das Kennzeichen über die Herkunft einer Ware oder Dienstleistung, das den Kunden an bestimmte Produkte erinnern und positive Emotionen hervorrufen, aber auch eine eindeutige Identifikation des „Originals" bezwecken soll, nennt man **Marke**, die im **MarkenG** geschützt wird. Der Name des Unternehmers als Kaufmann ist schließlich über das **Firmenrecht** der §§ 17 ff. HGB geschützt, vgl. Kapitel 13. Die Darstellung des Patentrechts, des Urheberrechts, des Markenrechts und des Geschmacksmusterrechts würden den Rahmen dieser Grundzüge sprengen und bleiben eigenständigen Darstellungen zum Immaterialgüterrecht vorbehalten.

12.1.2 Preispolitik

Der Preis ist für die Marktteilnehmer die wichtigste Information über die Knappheit eines Produkts auf dem Markt. Angebot und Nachfrage regulieren sich durch den Preis, unkorrekte Preisbildung führt daher zu verzerrten Marktverhältnissen und beeinträchtigt die Informationsfunktion des Preises. Der Gesetzgeber hat daher auch durch **preisbezogene Regeln** das Funktionieren des Wettbewerbs sicherzustellen. Dazu gehört neben dem **Wucherverbot** des §138 Abs. 2 BGB, vgl. Kapitel 4, vor allem das **deutsche** und **europäischen Kartellrecht (GWB, Art. 101 f. AEUV)**, das horizontale wie vertikale Vereinbarungen über jegliche Preisbestandteile zwischen Wettbewerbern grundsätzlich untersagt. Für irreführende Werbung mit Preisen und Rabatten gilt das **UWG**; die **Preisangabenverordnung** regelt die Preisauszeichnung (PAngV), die im Rahmen der Grundzüge keine Darstellung findet.

12.1.3 Kommunikationspolitik

Produkte und Dienstleistungen müssen beworben werden, damit sie ihre Kunden finden. Unternehmen nutzen daher vielfältige Kommunikationswege und Instrumente, um mit ihrer Zielgruppe in Kontakt zu kommen. Dabei haben sie die **allgemeinen Lauterkeitsregeln** der Marketingkommunikation, die sich aus dem **UWG** ergeben, zu beachten. Im Besonderen dürfen Werbemaßnahmen **nicht aggressiv** oder **irreführend** sein, keine **unzumutbare Belästigung** des Kunden darstellen und müssen sich in den Grenzen der – mit den Leistungen von Wettbewerbern – **vergleichenden Werbung** halten, §§3 – 7 UWG.

12.1.4 Vertriebspolitik

Der sog. akquisitorische Vertrieb befasst sich mit der Gestaltung des für optimalen Absatz geeigneten Vertriebssystems. Dabei spielen die **Vertriebsorgane** und die **Vertriebswege** die entscheidende Rolle. Als Vertriebsorgane stehen eigene Mitarbeiter (interne Vertriebsorgane), aber auch externe **Absatzmittler** (z. B. Vertragshändler, Franchising-Partner, Groß- und Einzelhändler, Kommissionäre) und **Absatzhelfer** (z. B. Handelsvertreter, Handelsmakler) zur Wahl. Die Vertriebswege kennen den **Direktvertrieb** durch **persönlichen Kontakt** oder durch **Fernabsatz** im **elektronischen Geschäftsverkehr** und den **indirekten Vertrieb** vom Hersteller über den Einzelhändler oder einen zwischengeschalteten Großhändler.

12.1.5 Marketinginformationen

Schließlich haben im Vertrieb die aus der Marktforschung gewonnenen Informationen und Daten von Kunden und potentiellen Kunden besondere Bedeutung, die hinsichtlich ihrer Erhebung, Speicherung und Verwendung rechtlich unter dem Aspekt des **Datenschutzrechts (BDSG, DSGVO)** zu betrachten sind, was jedoch eigenen Darstellungen vorbehalten bleiben muss.

12.2 Rechtliche Grenzen der Preispolitik durch deutsches und europäisches Kartellrecht

Das **Kartellrecht** des GWB bildet zusammen mit dem **Lauterkeitsrecht des UWG** den Kern des deutschen **Wettbewerbsrechts**.

Abb. 59: Aufteilung des Wettbewerbsrechts

12.2.1 Überblick

Vereinbarungen („Kartelle") zwischen zwei oder mehr **Unternehmen, Beschlüsse** von Unternehmensvereinigungen und **aufeinander abgestimmte Verhaltensweisen** von Unternehmen, die eine **spürbare Verhinderung, Einschränkung oder Verfälschung des Wettbewerbs** (sog. **Wettbewerbsbeschränkung) bezwecken** oder **bewirken**, sind nach deutschem Recht **verboten**, § 1 GWB. Wortgleich verbietet das europäische Recht solche Vereinbarungen oder Verhaltensweisen, insbesondere „die **unmittelbare oder mittelbare Festsetzung der An- und Verkaufspreise** oder sonstiger Geschäftsbedingungen", Art. 101 Abs. 1a AEUV.

12.2.2 Auswirkungsprinzip und Vorrang europäischen Kartellrechts

Nach dem sog. „**Auswirkungsprinzip**" kommt es bei Kartellabsprachen zwischen Unternehmen – unabhängig von deren Sitz – darauf an, **auf welchen räumlichen Märkten** sich die Vereinbarungen **auswirken**. Ist der Auswirkungsbereich nur auf **deutsche Märk-**

te beschränkt, so kommt deutsches Kartellrecht zur Anwendung, § 130 Abs. 2 GWB, und das **Bundekartellamt** ist zuständige Behörde, §§ 48 f. GWB. Vereinbaren deutsche Unternehmen ein Preiskartell für ihre Produkte *auch* für den amerikanischen Markt, so gilt neben dem deutschen Kartellrecht auch das Kartellrecht der USA. Eine Besonderheit besteht bei Absprachen, die geeignet sind, **den Handel zwischen den Mitgliedsstaaten der EU spürbar zu beeinträchtigen** (sog. **„Zwischenstaatlichkeitsklausel"**), vgl. Art. 101 Abs. 1 AEUV. Hier gilt ein Vorrang des europäischen vor dem nationalstaatlichen Recht der Mitgliedsstaaten, Art. 3 VO (EG) 1/2003 des Rates. Demnach sind Art. 101, 102 AEUV anzuwenden und ist die **Europäische Kommission** zuständige Kartellbehörde.

Ein Tätigwerden der Kartellbehörden setzt allerdings ein Überschreiten der **Spürbarkeitsgrenze** als ungeschriebenes Tatbestandsmerkmal des Art. 101 AEUV voraus (sog. *„de minimis-Regel"*), hierdurch sollen Bagatellfälle von der Anwendung des Kartellverbots ausgeschlossen werden. Ob eine Wettbewerbsbeschränkung „spürbar" ist, hängt *qualitativ* davon ab, ob es sich um einen **schwerwiegenden Verstoß**, wie er bei **Preis- und Gebietsabsprachen** vorliegt, handelt (sog. **„Hardcore-Verstoß"** ist spürbar), und wird *quantitativ* nach den **Marktanteilen der betroffenen Unternehmen** beurteilt: Bei *horizontalen* Vereinbarungen ist die Schwelle nicht überschritten, wenn der gesamte Marktanteil der an der Vereinbarung beteiligten Wettbewerber auf allen relevanten Märkten **unter 10 %** liegt. Bei *vertikalen* Vereinbarungen zwischen Nichtwettbewerbern ist die Schwelle angehoben **auf 15 %** Marktanteil, ab dem eine Spürbarkeit vorliegen soll.

12.2.3 Kartellrechtliche Regelungsbereiche

GWB und AEUV sanktionieren einerseits **Wettbewerbsbeschränkungen** durch wettbewerbsbeschränkende Vereinbarungen (sog. **Kartelle**), §§ 1 ff. GWB, Art. 101 AEUV. Andererseits ist die **missbräuchliche Ausnutzung einer marktbeherrschenden** oder marktstarken **Stellung bei der Preisgestaltung**, etwa durch überhöhte Preise, wo ein Wettbewerb fehlt, oder durch zu niedrige Preise, um Konkurrenten zu verdrängen, ebenfalls ein kartellrechtlicher Verstoß, §§ 18 ff. GWB, Art. 102 AEUV.

Zur Vermeidung einer marktbeherrschender Stellung von Unternehmen durch **Unternehmenszusammenschlüsse** kontrolliert das Bundeskartellamt Fusionen von Unternehmen einer bestimmten Größe und Marktmacht (sog. **Fusionskontrolle"**), §§ 35 ff. GWB. Nachfolgend soll vor allem auf die „Preiskartelle" eingegangen werden.

Wettbewerbswidrige Verhaltensweisen		
Verbot wettbewerbsbeschränkenden Vereinbarungen: Kartelle §§ 1 ff. GWB, § 101 AEUV	Verbot der missbräuchlichen Ausnutzung marktbeherrschender Stellung §§ 19,20 GWB, § 102 AEUV	Fusionskontrolle, §§ 35 ff. GWB

Abb. 60: Übersicht wettbewerbswidrige Verhaltensweisen

12.2.4 Preiskartelle

Man unterscheidet je nach **Marktstufe** der sich absprechenden Unternehmen zwischen **horizontalen** und **vertikalen Wettbewerbsbeschränkungen**:

12.2.4.1 Horizontale Wettbewerbsbeschränkungen

Verschiedene Anbieter eines gleichen oder ähnlichen Produkts auf gleicher Marktstufe konkurrieren um die Gunst des Kunden. Als Konkurrenten bestimmt jeder von ihnen unabhängig voneinander und selbständig, mit welchen Instrumenten und Mitteln er sich auf dem Markt gegen den Wettbewerber mit seiner Geschäftspolitik durchsetzen will (sog. **„Selbständigkeitspostulat"**). Dadurch entsteht Wettbewerb und der Kunde hat die Wahl zwischen qualitativ und preislich unterschiedlichen Produkten. Dieser für den Verbraucher günstige Wettbewerb bricht zusammen, wenn sich die eigentlich konkurrierenden Unternehmen miteinander über Preise, Rabatte, Konditionen absprechen (**„horizontales Kartell"**). Solche Absprachen sind deshalb verboten, § 1 GWB.

- **Inhalte verbotener Absprachen**: Verboten sind insbesondere Absprachen über An- und Verkaufspreise, Preisfenster, Preisobergrenzen sowie Vereinbarungen über jegliche Preisbestandteile wie Zuschläge, Skonti oder Rabatte, oder über Konditionen wie Zahlungsbedingungen oder Vertriebsprämien. All diese Abreden begründen eine **„Hardcore-Kartell"**.

Exkurs:

Weitere verbotene Abspracheinhalte sind auch Markt-, Kunden- oder Gebietsaufteilungen zwischen Wettbewerbern, die Absprache von Höchstumsatzmengen, Zielvorgaben oder Quotenvereinbarungen. Unzulässig ist Informationsaustausch über die eigenen bzw. fremden Umsätze oder Absatzzahlen eines Produkts, über Produktneuheiten, Investitionen, Innovationen oder Technologien, sofern die Informationen nicht veröffentlicht sind. Vgl. auch „Gruppenfreistellungsverordnungen" z. B. über Forschungs- und Entwicklungsvereinbarungen sowie Technologievereinbarungen, die gemeinsame Forschung erlauben (VO (EU) Nr. 1217/2010 v. 14.12.2010).

- **Arten von Absprachen**: Das Gesetz verbietet *Vereinbarungen* und *abgestimmte Verhaltensweisen*. **Vereinbarungen** können durch *formelle Kontakte* in Form schriftlicher Verträge, mündlicher Abreden oder Diskussionen auf Verbandstreffen erfolgen; *informelle Kontakte* geschehen durch gesprächsweisen Informationsaustausch, den Austausch von Preislisten oder die Entgegennahme nicht öffentlicher Informationen über Leistungen des Wettbewerbers.

Verboten sind auch faktisch **aufeinander abgestimmte Verhaltensweisen** durch praktische Zusammenarbeit, mittelbare oder unmittelbare geschäftliche Kontakte, die bezwecken, *„den Grad der Ungewissheit über das Marktgeschehen zu verringern oder zu beseitigen"* (EuGH C 8/08 v.4.9.2009 „T-Mobile-Netherlands"). Schwierig ist die Abgrenzung gegen erlaubtes **„autonomes Parallelverhalten"**: Das Kartellverbot beseitigt nicht das Recht, sich *„dem festgestellten oder erwarteten Verhalten der Wettbewerber anzupassen"* (EuGH C-89,104,114,116,117,125-129/85 v.31.3.1993 „Ahlström-Osakeytiö"). Keine abgestimmte Verhaltensweise liegt daher vor, wo es eine volks- oder betriebswirtschaftlich rationale Erklärung für das Verhalten des Unternehmens gibt. In einem Oligopolmarkt besteht i. d. R. eine hohe „Reaktionsverbundenheit" zwischen den Unternehmen.

Beispiel:
Bei Tankstellen ist häufig eine parallele Bewegung der Preise festzustellen. Solange die Tankstellen **unabhängig voneinander** ihre Preise senken oder anheben, ist dies zulässig, sobald es darüber eine Verständigung gibt, liegt ein Kartell vor. Da die **Preise jedoch öffentlich und sehr transparent** sind, Preiserhöhungen bei starker Nachfrage, etwa zu Ferienbeginn oder an Wochenenden, betriebswirtschaftlich begründbar sind und der **Rohstoffmarkt** für alle Tankstellenbetreiber gleich schwankt, dürfte ein erlaubtes Parallelverhalten vorliegen.

Keine wettbewerbswidrige Absprache liegt zwischen Konzerngesellschaften vor, wenn eine gesellschaftsrechtlich legale Möglichkeit von Weisungen an die Konzerngesellschaften besteht, weil innerhalb der Konzerntöchter kein schutzfähiges Wettbewerbsverhältnis besteht (sog. **„Konzernprivileg"**).

12.2.4.2 Vertikale Wettbewerbsbeschränkungen

Gleichermaßen nach deutschem und nach europäischem Recht **verboten** sind auch **Preisabsprachen zwischen Unternehmen** auf **unterschiedlichen Marktstufen**, insbesondere bei *indirektem Vertrieb* und Einschaltung sog. **selbständiger Absatzmittler** wie Groß- und Einzelhändlern, Vertragshändlern oder Franchisenehmern durch

Vorgabe von Weiterverkaufspreisen, sog. „Vertriebskartellrecht". Die Wettbewerbsbeschränkung liegt darin, dass der Vertriebspartner *nicht autonom über seinen Verkaufspreis entscheiden* kann. Kartellrechtlich unproblematisch sind *Absatzhelfer* wie Handelsvertreter.

- **Freistellung**: Allerdings gibt es für den Bereich der Vertriebsbindungen eine generelle **Freistellung** durch die **EU-Gruppenfreistellungsverordnung** für „**vertikale Vereinbarungen und abgestimmte Verhaltensweisen**" (VO (EU) 330/2010 v. 20.04.2010, sog. „Vertikal-GVO"), Art. 2 Abs. 1 Vertikal-GVO. Das gilt auch im deutschen Recht, vgl. § 2 Abs. 2 GWB. Eine generelle Freistellung vom Verbot des Art. 101 AEUV setzt jedoch voraus, dass der *Anteil des Anbieters* und der *Anteil des Abnehmers* an dem relevanten Markt *jeweils* **nicht mehr als 30 %** beträgt, Art. 3 Abs. 1 Vertikal-GVO („*Marktanteilsschwelle*", zu berechnen gem. Art. 7 Vertikal-GVO nach dem Schnitt der letzten drei Jahre).

- **Ausnahme I**: Die **Freistellung gilt aber gerade nicht** für vertikale Vereinbarungen, die *mittelbar* oder *unmittelbar* die Möglichkeit der **Beschränkung** des Abnehmers bezwecken, **seinen Verkaufspreis selbst festzusetzen** (sog. „schwarze Klausel" oder „Kernbeschränkung" führt zur Nichtigkeit der Vereinbarung). Erlaubt sind lediglich *Höchstverkaufspreise* oder „*unverbindliche*" *Preisempfehlungen*, solange sie sich nicht infolge von Druck als Fest- oder Mindestverkaufspreise auswirken, Art. 4a Vertikal-GVO. Ebenfalls eine Ausnahme von der Freistellung gilt für eine Beschränkung des **Gebiets** oder der **Kundengruppe**, in das oder an die der Vertriebspartner **verkaufen** darf, Art. 4b Vertikal-GVO.

> **Exkurs:**
>
> Art. 4b Vertikal-GVO sieht in 4b i) bis iii) sog. **Rückausnahmen** vor, bei denen eine Beschränkung dann doch erlaubt ist, so z. B. wenn der Anbieter sich das Gebiet oder die Kundengruppe **exklusiv** selbst oder für einen anderen Anbieter für *aktiven Verkauf* (nicht per Internetvertrieb) vorbehalten hat, Art. 4b i) Vertikal-GVO.

- **Ausnahme II**: Art. 5 der Vertikal-GVO erteilt **keine Freistellung** für in Vertriebsvereinbarungen enthaltene **Klauseln**, die **Wettbewerbsverbote** für unbestimmte Dauer oder mehr als fünf Jahre oder **Herstellungs-, Bezugs- Verkaufs- oder Weiterverkaufsverbote** für den Abnehmer vorsehen oder die die Mitglieder eines selektiven Vertriebssystems veranlassen, **Marken konkurrierender Anbieter nicht zu verkaufen**, Art. 5 Abs. 1 a) bis c) Vertriebs-GVO (sog. „graue Klausel" führt zur Nichtigkeit *nur* der entsprechenden Klausel).

12.2.5 Missbrauch einer marktbeherrschenden Stellung

Ein Kartellverstoß kann sich auch aus dem Missbrauch einer markt-beherrschenden Stellung ergeben. Ein Unternehmen ist **marktbe-herrschend**, soweit es als Anbieter oder Nachfrager auf dem **relevan-ten Markt ohne Wettbewerber** ist, **keinem relevanten Wettbewerb** ausgesetzt ist oder eine vergleichsweise **überragende Marktstellung** hat, § 18 Abs. 1 GWB. Die **missbräuchliche Ausnutzung** einer sol-chen marktbeherrschenden Stellung durch ein oder mehrere Unter-nehmen ist verboten, **§ 19 Abs. 1 GWB.**

Nach Abgrenzung des sachlich und räumlich **relevanten Marktes,** §§ 2, 2a GWB, ist anhand des Marktanteils, der Finanzkraft, des Zu-gangs zu den Beschaffungs- und Absatzmärkten, der Verflechtung mit anderen Unternehmen etc. die **Marktbeherrschung festzustel-len,** § 19 Abs. 2, 3 GWB. Der **Missbrauch** der marktbeherrschenden Stellung kann sich sodann aus einer der fünf in § 19 Abs. 2 GWB genannten **Fallgruppen**, etwa einem **Ausbeutungsmissbrauch durch Preisdiskriminierungen** ergeben, sofern keine Rechtfertigungsgrün-de das Verhalten erlauben.

12.3 Rechtliche Grenzen der Kommunikationspolitik durch das UWG-Lauterkeitsrecht

Das Verständnis der Systematik des UWG erleichtert das Verständ-nis der Regelungen. Nach der Zwecksetzung in § 1 UWG und De-finitionen in § 2 UWG findet sich in § 3 Abs. 1 UWG die große **Ge-neralklausel** mit dem Verbot unlauterer geschäftlicher Handlungen. Sodann werden unlautere **geschäftliche Handlungen gegenüber Verbrauchern** und anderen Marktteilnehmern in § 3 Abs. 2 und Abs. 3 UWG aufgeführt, auf eine „**schwarze Liste**" im Anhang des Gesetzes verweist. § 3a UWG bezieht **Verstöße gegen Wettbewerbs-schutzgesetze** in die Unlauterkeit mit ein und § 4 UWG bringt vier Regelbeispiele für **Unlauterkeit gegenüber Mitbewerbern**. Besondere Bedeutung haben schließlich die **vier Hauptfallgruppen** unlaute-ren geschäftlichen Verhaltens durch (1) **aggressive** geschäftliche Handlungen § 4a UWG, (2) **irreführende** geschäftliche Handlungen durch aktives Tun und Unterlassen, §§ 5, 5a UWG, (3) **vergleichende Werbung**, § 6 UWG, und (4) **unzumutbare Belästigungen**, § 7 UWG. Die übrigen Vorschriften des UWG befassen sich mit Rechtsfolgen, Verfahrensvorschriften und straf- oder bußgeldbewehrten Einzel-verboten.

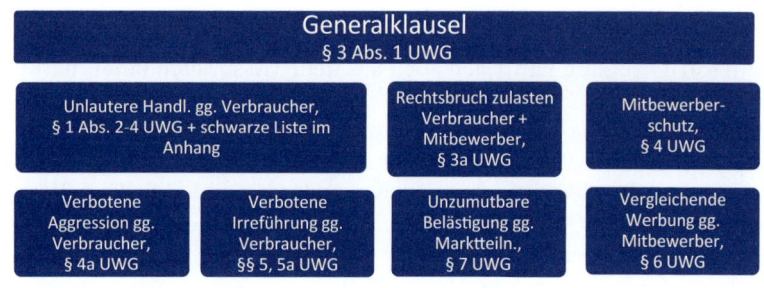

Abb. 61: Systematik des UWG

12.3.1 Zweck des Wettbewerbsrechts und Begriffe

Das UWG schützt **Mitbewerber, Verbraucherinnen** und **Verbraucher** sowie **sonstige Marktteilnehmer** vor unlauteren geschäftlichen Handlungen sowie das Interesse der **Allgemeinheit** an unverfälschtem Wettbewerb, § 1 Abs. 1 UWG. Es sichert damit die freie Marktwirtschaft.

Die wichtigste Begrifflichkeiten werden in § 2 UWG definiert:

- „**Geschäftliche Handlung**" als **Verhalten** einer Person **zugunsten eines Unternehmens** im Zusammenhang mit der **Absatzförderung**, des **Waren-/Dienstleistungsbezugs** oder der **Vertragsdurchführung**, Nr. 1;
- „**Marktteilnehmer**" als **Mitbewerber, Verbraucher** und alle **Anbieter oder Nachfrager** von Waren/Dienstleistungen, Nr. 2:
- „**Mitbewerber**" als **Unternehmer**, der **mit einem/mehreren Unternehmen** als Anbieter oder Nachfrager **in konkretem Wettbewerbsverhältnis** steht, Nr. 3.

12.3.2 Verbot unlauterer geschäftlicher Handlungen

12.3.2.1 Generalklausel, schwarze Liste, § 3 UWG

„**Unlautere geschäftliche Handlungen sind unzulässig**", statuiert die **Generalklausel** des Wettbewerbsrechts in § 3 Abs. 1 UWG.

Damit bezieht sich das Gesetz einerseits auf die **geschäftliche Handlungen** im Zusammenhang mit Geschäftsabschluss, Absatzförderung, Warenbezug oder Vertragsdurchführung und schließt private Äußerungen aus, andererseits zielt es auf den *unbestimmten Rechtsbegriff* der „**Unlauterkeit**". Was unlauter ist, definiert das UWG zunächst im Verhältnis zu Verbrauchern als **Handlungen**, die gegen die **unternehmerische Sorgfalt verstoßen** und **geeignet sind, das wirtschaftliche Verhalten** des Verbrauchers **wesentlich zu beeinflussen**, § 3 Abs. 2 UWG. Dabei kommt es auf den „durchschnittlichen Verbraucher" an, § 3 Abs. 4 UWG.

Welche geschäftlichen Handlungen „per se" einen Sorgfaltsverstoß darstellen und eine wesentliche Beeinflussung bewirken, also **unlauter** und **verboten** sind, ist in einer „**schwarzen Liste**" anhand von „**30 Todsünden des Wettbewerbs**" erschöpfend aufgezählt, §3 Abs. 3 UWG.

Beispiele:
Anhang zu §3 Abs. 3 UWG: Vorspiegelung, zu den Unterzeichnern eines Verhaltenskodex zu gehören (Nr. 1); ungenehmigte Verwendung von Gütezeichen (Nr. 2); behauptete, aber unwahre Knappheit von Waren (Nr. 7); als redaktionelle Information getarnte Werbung (Nr. 11); Betreiben eines Schneeballsystems (Nr. 14); Vortäuschen von Gewinnen (Nr. 17); unwahre Angebote als „gratis" oder „umsonst" (Nr. 21); bei Verkaufsaktivitäten in einer Wohnung das Ignorieren von Aufforderungen, die Wohnung zu verlassen (Nr. 26); Kaufaufforderung an Kinder (Nr. 28); Angabe der Gefährdung des Arbeitsplatzes bei Nichtabnahme einer Ware (Nr. 30).

12.3.2.2 Unlauterkeit durch Rechtsbruch, §3a UWG

Unlauter handelt auch, wer gegen **Vorschriften** verstößt, die im Interesse der Marktteilnehmer das **Marktverhalten regeln** sollen, wenn der Verstoß die **Interessen von Verbrauchern**, sonstigen Marktteilnehmern oder **Mitbewerben spürbar beeinträchtigen** kann, §3a UWG.

Beispiel:
Nach §5 TMG haben **Diensteanbieter** (= „natürliche oder juristische Person, die eigene oder fremde Telemedien zur Nutzung bereithält oder den Zugang zur Nutzung vermittelt", §2 Nr. 1 TMG) für geschäftsmäßige, i. d. R. entgeltliche Telemedien u. a. folgende Informationen leicht erkennbar und ständig verfügbar zu halten: Namen und Anschrift, Rechtsform, Angaben, die schnelle elektronische Kontaktaufnahme einschließlich E-Mail-Adresse, Handelsregisternummer etc. (sog. „Impressumspflicht"). §5 TMG ist eine Marktverhaltensregelung i.S. des §3a UWG (BGH MMR 2016,629); das Fehlen einer solchen Angabe im Impressum löst neben einem Bußgeld wegen Ordnungswidrigkeit nach §16 Abs. 2 TMG die Rechtsfolgen des UWG nach §8 ff. UWG aus.

12.3.2.3 Mitbewerberschutz, §4 UWG

§4 UWG regelt 4 Fallgruppen des unlauteren Wettbewerbs gegenüber **Mitbewerbern**, durch Verletzung der **Geschäftsehre** (Nr. 1), der **Anschwärzung** (Nr. 2), der **Nachahmung** (Nr. 3) und der **Behinderung** von Mitbewerbern (Nr. 4):

- **Geschäftsehre:** § 4 Nr. 1 UWG verbietet **Werturteile** und **wahre Tatsachenbehauptungen,** die „die Kennzeichen, Waren, Dienstleistungen, Tätigkeiten oder persönlichen oder geschäftlichen Verhältnisse eines Mitbewerbers" **herabsetzen** oder **verunglimpfen.** Damit sind alle Äußerungen erfasst, die die Wertschätzung eines Mitbewerbers in den Augen der angesprochenen Verkehrskreise verringern, wobei sachliche Kritik erlaubt ist. Grundsätzlich unzulässig sind **Schmähkritik** und **Formalbeleidigungen** (*„Scheiß des Monats", „Halsabschneider"*), im Übrigen ist jeweils eine **Interessenabwägung** zwischen der Meinungsfreiheit des Äußernden und der Geschäftsehre des Wettbewerbers geboten.

- **Anschwärzung:** Hier geht es um die Behauptung oder Verbreitung von **unwahren Tatsachen** oder Tatsachen deren Wahrheitsgehalt nicht beweisbar ist (**„nicht erweislich wahr"**), sofern sie geeignet sind, den **Betrieb oder Kredit des Unternehmers zu schädigen,** § 4 Nr. 2 UWG. Das dürfte bei der Behauptung, jemand sei ein *„säumiger Zahler"* oder *„krimineller Nachahmer"* der Fall sein.

- **Nachahmung:** Soweit Waren oder Dienstleistungen nicht durch gewerbliche Schutzrechte geschützt sind, besteht grundsätzlich **Nachahmungsfreiheit.** Soweit jedoch eine Ware eine **„wettbewerbliche Eigenart"** aufweist (= Ausgestaltung / Merkmale der Ware sind geeignet, die interessierten Verkehrskreise auf die betriebliche Herkunft oder ihre Besonderheiten hinzuweisen), sind eine unmittelbare, fast identische oder nachschaffende Übernahme des Produkts und dessen Angebot auf dem Markt verboten, wenn eine **vermeidbare Herkunftstäuschung** (*„LEGO-Steine" eines anderen Herstellers*), § 4 Nr. 3a UWG, oder eine **Rufausbeutung** (*„Whiskey Jim Beam bildet unerlaubt Kühlerfigur Emily von Rolls Rocye ab"*) vorliegt, § 4 Nr. 3b UWG, oder die für die Nachahmung erlangten Kenntnisse **unredlich erlangt** wurden (*„Muster gestohlen"*), § 4 Nr. 3c UWG.

- **Behinderung:** Wer Mitbewerber, etwa durch **Vernichtungswettbewerb** (*„Preiskampf"*), **Boykott, Kundenfang** (*„Initiieren von Vertragsbruch"*), **Werbebehinderung** (*„Überkleben fremder Plakate"*) oder **Fotografieren der Ladenräume** durch Testkäufer **behindert,** handelt unlauter im Wettbewerb, § 4 Nr. 4 UWG.

12.3.3 Aggressive geschäftliche Handlungen, § 4a UWG

Unlauter sind **aggressive geschäftliche Handlungen,** die geeignet sind, den Verbraucher zur einem **Geschäftsabschluss zu veranlassen,** den dieser **andernfalls nicht getroffen** hätte, § 4 Abs. 1 Satz 1 UWG. **„Aggressiv"** ist die Handlung, wenn sie die **Entscheidungsfreiheit des Verbrauchers erheblich beeinträchtigen** kann durch **Belästigung, Nötigung, körperliche Gewalt** oder **unzulässige Beeinflussung,** letztere kann durch Ausnutzen einer Machtposition gegenüber dem Verbraucher zur Ausübung von Druck erfolgen, sodass dieser keine informierte Entscheidung mehr treffen kann, §4a Abs. 1 UWG.

Dabei ist auf **Indizien** wie Zeit, Ort, Art und Dauer der Handlung, Verwendung beleidigender Formulierungen, Ausnutzen von Unglückssituationen, nichtvertragliche Hindernisse, mit denen der Unternehmer den Verbraucher von einer Kündigung abbringen will, oder Drohungen mit rechtswidrigen Handlungen abzustellen, §4a Abs. 2 Satz 1 Nr. 1-5 UWG. Auch geistige und körperliche Beeinträchtigungen, die geschäftliche Unerfahrenheit, die Leichtgläubigkeit, die Angst und die Zwangslage bei Verbrauchern sind zu berücksichtigen, §4a Abs. 2 Satz 2 UWG.

Beispiele:
Bei einer „Kaffeefahrt" wird die Rückreise erst angetreten, wenn alle Teilnehmer etwas gekauft haben; der Verkäufer einer Zeitschriften-Drückerkolonne verlässt die Wohnung erst, wenn das Abonnement unterschrieben ist; der Professor lässt die Studierenden erst dann zur Klausur zu, wenn sie ihm einen Kassenbon vom Kauf seines Lehrbuches vorgelegt haben; der Automobilclub-Pannenhelfer macht seine Pannenhilfe vom Kauf einer neuen Fahrzeugbatterie abhängig; intransparentes Werbeabonnement für Handy-Klingeltöne in einer Jugendzeitschrift.

12.3.4 Irreführende geschäftliche Handlungen

Unlauter handelt, wer eine **irreführende** geschäftliche Handlung vornimmt, die den Verbraucher zu einer **geschäftlichen Entscheidung veranlassen** kann, die er **andernfalls nicht getroffen** hätte, §5 Abs. 1 UWG. Die Irreführung folgt aus objektiv „**unwahren Angaben**" oder aus sonstigen „**zur Täuschung geeigneten Angaben über Umstände**" nach §5 Abs. 1 Satz 2 Nr. 1-7 UWG.

Beispiele:
Getäuscht werden kann gem. §5 Abs. 1 Satz 2 Nr. 1-7 UWG über

- *wesentliche Merkmale der Ware* wie Verfügbarkeit, Ausführung, Vorteile, Risiken, Zubehör etc. (z. B. „sofort verfügbar", obwohl nicht lieferbar; „Wollsiegelqualität" für Kunstfaser);
- den *Verkaufsanlass, den Preis oder Lieferbedingungen* etc. (z. B. „Räumungsverkauf wegen Geschäftsaufgabe" trotz Geschäftsfortführung, durchgestrichene hohe „Normalpreise" gegenüber hervorgehobenen Eröffnungspreisen), „beschränktes Angebot" wenn immer verfügbar);
- die *Person, Eigenschaften oder Rechte des Unternehmers* wie Identität, Vermögen, Status, Mitgliedschaften., Auszeichnungen etc. (z. B. „Meisterbetrieb" lässt Inhaber als Meister vermuten; „königlich-württembergisches Bier" für 1990 gegründete Brauerei);

- *Aussagen oder Symbole i.Zus. mit Sponsoring* (z. B. 1 € geht an „Wasser für Afrika" ohne entsprechendes Engagement);
- die *Notwendigkeit einer bestimmten Leistung*, eines Ersatzteils, einer Reparatur etc. (z. B. falsche Aussage „defekter Sensor erfordert Austausch des gesamten Stoßfängers");
- die *Einhaltung eines Verhaltenskodex* durch den Unternehmer (z. B. Beitritt „FSK", aber keine Einhaltung);
- die *Rechte des Verbrauchers* bzgl. Garantien oder Gewährleistung (z. B. Beharren auf einem „Reparaturkostenbeitrag" i. R. der Nacherfüllung nach § 439 Abs. 1,2 BGB; Verleugnen eines Widerrufsrechts nach § 355 BGB).

Die Irreführung kann auch aus einer hervorgerufenen **Verwechslungsgefahr** mit anderen Waren eines Mitbewerbers, auch im Rahmen **vergleichender Werbung** in Wort und Bild erfolgen, § 5 Abs. 2, 3 UWG. Ausdrücklich verboten ist auch die **Werbung mit herabgesetzten Preisen**, wenn der „Normalpreis" nur für unangemessen kurze Zeit verlangt worden war, § 5 Abs. 4 UWG.

Nicht nur aktives Irreführen durch falsche Angaben ist verboten, sondern auch **Irreführung durch Verschweigen** von für die geschäftliche Entscheidung des Verbrauchers **relevanten Tatsachen**, § 5a UWG. § 5a Abs. 3 UWG enthält einen **Katalog** solcher entscheidungserheblicher Umstände.

12.3.5 Vergleichende Werbung

Vergleichende Werbung ist seit der 2009 in deutsches Recht umgesetzten EU-Richtlinie 97/55/EG **erlaubt**.

„**Werbung**" ist dabei **jede Äußerung** bei der **Ausführung eines Handels, Gewerbes, Handwerks oder freien Berufs** mit dem **Ziel, Absatz** von Waren oder die Erbringung von Dienstleistungen **zu fördern**, vgl. Art. 2 Nr. 1 Richtlinie 2006/114/EG. „**Vergleichend**" ist die Werbung, wenn sie unmittelbar oder unmittelbar einen Mitbewerber oder dessen Waren „erkennbar" macht, § 6 Abs. 1 UWG, und Angaben über das **eigene Angebot ins Verhältnis zum fremden Angebot** setzt. „**Mitbewerber**" sind Unternehmer, mit dem der Werbende in einem **konkretem Wettbewerbsverhältnis** über austauschbare Waren steht, vgl. § 2 Abs. 1 Nr. 2 UWG. „**Erkennbarkeit**" dieses Mitbewerbers liegt vor, wenn der Mitbewerber namentlich genannt wird, bildlich oder aufgrund der Angaben durch den durchschnittlichen Verbraucher identifizierbar ist.

> **Beispiele:**
> „Onko-Kaffe können sie stets statt Blumen verschenken": keine Erkenn-
> barkeit bestimmter Mitbewerber; „Lieber zu Sixt als zu teuer" lässt die
> wenigen örtlichen Mitbewerber erkennen.

Die **Grenzen** erlaubter Werbevergleiche sind bei **Irreführung** nach
§ 5 UWG oder bei Erfüllung der sechs **Kriterien unlauteren vergleichenden Werbens** nach § 6 Abs. 2 Nr. 1-6 UWG erreicht.

> **Beispiele:**
> Unlauter sind
> - **Vergleiche von Waren unterschiedlichen Bedarfs oder Zwecks**, Nr. 1
>   (z. B. Vergleich von Schuhen mit Handtaschen ist unlauter, aber Crispies
>   mit Haferflocken oder ISDN-Anschlüsse sind vergleichbar);
> - **Vergleich nicht objektiv auf wesentliche, relevante, nachprüfbare und
>   typische Eigenschaften oder den Preis bezogen**, Nr. 2 (z. B. Automodell
>   vor „Golfplatz-Kulisse" beworben mit „Schöner als Golf": nicht nach-
>   prüfbar; „62 % der Testpersonen schmeckte der Whopper besser als
>   der Big Mac": nicht objektiv);
> - **Herbeiführung von Verwechslungsgefahr**, Nr. 3 (z. B. Werbung unter
>   Nennung fremder Marke erlaubt, solange keine Verwechslung mög-
>   lich);
> - **Unlauteres Ausnutzen oder Schädigen des Rufs fremder Kennzeichen**,
>   Nr. 4 (z. B. Verwenden einer fremden Marke als Blickfang oder mit
>   Worten „wie Tiffany", um Vergleichbarkeit des eigenen Schmucks zu
>   suggerieren);
> - **Herabsetzung oder Verunglimpfung**, Nr. 5 (z. B. über den reinen Ver-
>   gleich hinausgehende Umstände, die den Vergleich als abwertend oder
>   unsachlich erscheinen lassen: „Billige Composite-Rackets (Graphite-Fi-
>   berglas) muten wir Ihnen nicht zu".
> - **Imitation oder Nachahmung**, Nr. 6 (z. B. Offenes Anbieten von Fäl-
>   schungen und Imitaten bei Markenkleidung, -schuhen oder -parfums
>   auf Internetplattformen).

12.3.6 Unzumutbare Belästigung

Eine geschäftliche Handlung, durch die ein **Marktteilnehmer** in **unzumutbarer Weise**, insbesondere durch **erkennbar nicht erwünsch-
te Werbung, belästigt** wird, ist unzulässig, vgl. § 7 Abs. 1 UWG. Wird
Direktwerbung von Verbraucher oder sonstigem Marktteilnehmer
abgelehnt, ist eine entgegenstehende Werbemaßnahme unzulässig.

> **Beispiele:**
> Grundsätzlich zulässig sind: *Haustürwerbung*, sofern nicht „Keine Vertreterbesuche" verlautbart; *Ansprache im öffentlichen Bereich* von Fußgängerzonen oder Einkaufszentren, weil Ausweichen möglich; *adressierte Briefwerbung* zulässig, solange keine Ablehnung, z. B. individuell oder Robinson-Liste, erfolgt ist; *Briefkastenwerbung* durch Postwurfsendungen zulässig, solange kein Hinweis „Keine Werbung!"

§ 7 Abs. 2 Nr. 1-4 UWG regelt **ausgewählte Einzelfälle unzumutbarer Belästigung,** die ohne Interessenabwägung **immer unzulässig** sind:

- **Hartnäckige, also mindestens zweimalige Brief- und Briefkastenwerbung gegen den erkennbaren Willen des Verbrauchers,** Nr. 1;
- **Telefonwerbung ohne vorherige ausdrückliche Einwilligung gegenüber Verbrauchern** bzw. ohne vorherige mutmaßliche Einwilligung gegenüber anderen Marktteilnehmern (sog. **„Cold Calling";** umfasst auch Markterhebungen, Kundenzufriedenheitsanalysen etc.); eine *ausdrückliche Einwilligung in Werbemaßnahmen* ist in der Bekanntgabe seiner Telefonnummer nicht zu sehen, Einwilligung muss *vor dem Anruf* erfolgt sein; eine *Unterstellung der Einwilligung* in AGB ist unzureichend, Nr. 2.
  Vom Verbot besteht eine **Ausnahme,** wenn der Verbraucher bei einem Geschäftsabschluss mit dem Unternehmer seine *E-Mail-Adresse bekannt gegeben* hat, der Unternehmer für *eigene* ähnliche **Waren** wirbt, der Kunde *nicht widersprochen* hat und bei der Adresserhebung und bei jeder Verwendung der Adresse klar und deutlich *auf sein Widerspruchsrecht hingewiesen* wurde (sog. **„Cross Selling"),** § 7 Abs. 3 UWG.
- **Werbung mittels automatischer Anrufmaschinen, Faxgeräte oder elektronischer Post** (Spam per E-Mail, SMS, MMS u. ä.) **ohne vorherige ausdrückliche Einwilligung des Adressaten,** Nr. 3;
- **Anonyme Werbung,** Nr. 4.

 Übung:
> Stellen Sie die in Abschnitt 12.3.6 erwähnten Direktmarketinginstrumente mit ihrer jeweiligen rechtlichen Zulässigkeit und ihren Grenzen, getrennt nach B2C und B2B-Verhältnis, tabellarisch einander gegenüber.

12.3.7 Rechtsfolgen und Verfahren

Wer eine nach § 3 oder § 7 UWG unzulässige geschäftliche Handlung vornimmt, kann auf **Beseitigung** und bei Wiederholungsgefahr auf **Unterlassung** in Anspruch genommen werden, § 8 Abs. 1 UWG.

Diese Ansprüche stehen u. a. **Mitbewerbern, Verbraucherverbänden, Industrie- und Handelskammern,** nicht aber dem einzelnen Verbraucher zu, § 8 Abs. 3 UWG. Der Mitbewerber kann auch **Schadensersatz** verlangen, § 9 UWG. Daneben besteht ein Anspruch auf Herausgabe der Vorteile aus der Wettbewerbsverletzung, sog. „**Gewinnabschöpfung**", § 10 UWG.

Nach einem Wettbewerbsverstoß sollte der Schuldner vor Einleitung eines gerichtlichen Verfahrens zur Abgabe einer **strafbewehrten Unterlassungserklärung** aufgefordert werden, sich also zu verpflichten, in Zukunft bei Meidung der Vertragsstrafe solche Wettbewerbsverstöße zu **unterlassen,** § 12 Abs. 1 UWG. Unterschreibt er sie, wird beim nächsten Verstoß die meist empfindliche Vertragsstrafe fällig. Unterschreibt er sie nicht, suggeriert er eine Wiederholungsgefahr und provoziert eine gerichtliche „Einstweilige Verfügung", vgl. § 12 Abs. 2 UWG. In jedem Fall droht eine meist teure Kostenrechnung des Anwalts.

12.4 Vertrieb durch externe Vertriebsorgane als Absatzmittler und Absatzhelfer

12.4.1 Überblick und Abgrenzungen

Bei Absatz im **indirekten Vertrieb** kommen als **externe Vertriebsorgane Absatzmittler** und **Absatzhelfer** zum Einsatz:

Absatzmittler sind zunächst **Groß- und Einzelhändler,** die nur zur Distribution eingesetzt sind und für den Anbieter keine weiteren Funktionen übernehmen. Eine starke Einbindung in das Vertriebssystem erhalten **Vertragshändler,** die v. a. im Bereich Automobile und Tankstellen verbreitet sind. Die weitreichendste Einbindung erfahren **Franchisenehmer,** die in den Bereichen Systemgastronomie oder Baumärkte zu finden sind. Sie alle kaufen die Produkte des Anbieters und verkaufen sie im eigenen Namen weiter.

Absatzhelfer erwerben die Ware nicht zu Eigentum, sondern vermitteln nur Verträge zwischen dem Anbieter und dem Kunden gegen *Provision*. Die wichtigsten Absatzhelfer sind die **Handelsvertreter** im Industriegüterbereich, im Großhandelsbereich und bei Versicherungen, die *ständig damit betraut* sind, für einen Anbieter Verträge zu vermitteln. Demgegenüber werden **Handelsmakler** nur *von Fall zu Fall* vermittelnd tätig.

Kommissionäre hingegen schließen Verträge mit Kunden *im eigenen Namen*, aber *auf fremde Rechnung* und nehmen insofern eine Zwischenstellung zwischen Absatzmittlern und Absatzhelfern ein.

12.4.2 Absatzmittler

12.4.2.1 Der Vertragshändler

Der Vertragshändler ist **selbständiger Kaufmann**, der in die Vertriebsorganisation des Anbieters integriert ist und dessen Waren **im eigenen Namen** und **auf eigene Rechnung** vertreibt. Die Rechtsverhältnisse zwischen Anbieter und Vertragshändler ergeben sich in der Regel aus einem langfristigen Rahmenvertrag, auf dessen Rechtsfragen im Zweifel das *Handelsvertreterrecht nach §§ 84 ff. HGB analog* anwendbar ist. Er hat für ein bestimmtes Gebiet ein exklusives Vertriebsrecht (sog. **Alleinvertriebsrecht**), verpflichtet sich, die Waren ausschließlich vom Anbieter zu beziehen (sog. **Alleinbezugsverpflichtung**) und keine Konkurrenzprodukte zu vertreiben; er tritt unter **Herausstellung der Marke** des Anbieters nach außen auf (z. B. „BMW-Autohaus Eberspächer"), unterhält ein Waren- und Ersatzteillager für die Produkte („Konsignationslagervertrag") und hat die Vorgaben des „**Vertragshändlerhandbuchs**" zu erfüllen, aus dem sich detaillierte Vorgaben für die Präsentation, Service und Auftreten („Corporate Identity") ergeben. Der Anbieter ist umfassend über die Geschäftsentwicklung des Vertragshändlers zu informieren und kann kontrollierend auftreten.

12.4.2.2 Der Franchisenehmer

Im Franchisevertrag überlässt der Franchisegeber einem anderen **selbständigen Unternehmer**, dem Franchisenehmer, bestimmte **Werte, Vorteile oder Konzepte** zur **Benutzung** und zum Gebrauch gegen eine **Franchisegebühr**. Das Franchising kann sich dabei auf den **Vertrieb von Waren oder das Angebot von Dienstleistungen** beziehen.

> **Beispiele:**
> Tchibo, McDonalds, Burger King, Holiday Inn, Sixt oder OBI werden als Franchiseunternehmen nach einheitlichem Konzept betrieben.

Der Franchisenehmer **erhält** ein erfolgreiches **Marketingkonzept** mit erprobten Produkten und Leistungen und **erspart** sich die Entwicklung eines eigenen Konzepts mit **Aufwand** für Planung, Werbung oder Mitarbeiterschulung. Der Franchisegeber sichert sich **Vertriebswege** und fördert so seine **Produktverbreitung** mit entsprechendem Umsatz durch engagierte Franchiseunternehmer.

Verhaltensgrundlage ist auch hier ein **Franchisehandbuch** mit zahlreichen Regeln zu Auftreten, Geschäftsabläufen und Buchhaltung. Er muss den Betrieb **aufrechterhalten**, auch wenn er Verluste macht, darf keine Geschäftsausstattung veräußern und ist in vielen Fragen **weisungsabhängig.** Trotz seiner rechtlichen Selbständigkeit ist er nicht „Herr im eigenen Hause". Er hat den Franchisegeber über die **Geschäftsentwicklung zu informieren** und nutzt häufig die vom Franchisegeber an ihn vermieteten Geschäftsräume. Rechtsfragen werden analog dem *Handelsvertreterrecht* und unter *kartellrechtlicher Sichtweise* beurteilt.

12.4.3 Absatzhelfer

12.4.3.1 Der Handelsvertreter

Handelsvertreter ist, wer als **selbständiger Gewerbetreibender ständig** damit betraut ist, **für einen anderen Unternehmer** Geschäfte zu **vermitteln** oder **in dessen Namen abzuschließen,** § 84 Abs. 1 HGB:

- Er ist **Kaufmann,** wenn er nach § 1 Abs. 2 HGB ein Handelsgewerbe betreibt oder sich nach § 2 HGB hat ins Handelsregister eintragen lassen. Die Vorschriften der §§ 84-92c HGB gelten auch ohne Kaufmannseigenschaft des Handelsvertreters.
- Er ist **selbständig,** soweit er seine **Tätigkeit im Wesentlichen frei gestalten** und seine **Arbeitszeit bestimmen** kann, § 84 Abs. 1 Satz 2 HGB, andernfalls ist er nur Handlungsgehilfe gem. § 59 HGB.
- Er ist durch einen **auf Dauer und auf unbestimmte Vielzahl von Abschlüssen** angelegten Geschäftsbesorgungsvertrag (sog. „Agenturvertrag", vgl. § 85 HGB) in das **Absatz- und Vertriebssystem** eines oder mehrerer Unternehmen **integriert,** andernfalls ist er Handelsmakler, § 93 HGB.
- Er **vermittelt** (fördert ursächlich als „**Vermittlungsvertreter**" den Geschäftsabschluss durch Vertragsvorbereitung) oder **schließt** Geschäfte („**Abschlussvertreter**") **in fremdem Namen auf fremde Rechnung** für **einen** („**Einfirmenvertreter**", beachte Mindestarbeitsbedingungen nach § 92a HGB) oder **mehrere** Unternehmer („**Mehrfirmenvertreter**") ab. Der Abschlussvertreter benötigt im Innenverhältnis einen besonderen Auftrag und im Außenverhältnis eine Handlungsvollmacht, § 55 HGB.

Der **formlos** zu schließende **Handelsvertretervertrag** ist ein **Geschäftsbesorgungsvertrag** nach § 765 BGB. Den Handelsvertreter trifft daraus eine **Bemühenspflicht,** d. h. er muss sich unter Wahrung der Unternehmerinteressen aktiv um die Vermittlung oder den Abschluss von Geschäften mit Dritten bemühen und den Unternehmer unterrichten, § 86 Abs. 1 HGB. Der Unternehmer muss den Handelsvertreter über die **auf seine Tätigkeit zurückzuführenden Geschäfte informieren** und schuldet ihm daraus **Provision** zu vereinbarten oder üblichen Sätzen, §§ 87 Abs. 1, 87a Abs. 1, 87b Abs. 1 HGB, worüber er monatlich abzurechnen hat, § 87c Abs. 1 HGB.

Bei befristeten Verträgen **endet** der Handelsvertretervertrag durch **Zeitablauf**, sonst i. d. R. durch ordentliche oder außerordentliche **Kündigung**, §§ 89, 89a HGB. Nach Beendigung hat der Handelsvertreter einen **Ausgleichanspruch** bis zur Höhe einer Jahresprovision, da er an der Schaffung eines für den Unternehmer weiterhin wirtschaftlich wertvollen Kundenstamms mitgewirkt hat, daran aber nun nicht mehr durch Provisionen partizipieren kann, § 89b HGB. Er ist wegen seiner schwierigen Voraussetzungen oft umstritten. Er kann im Voraus nicht ausgeschlossen werden, § 89b Abs. 4 HGB.

12.4.3.2 Der Handelsmakler

Der Handelsmakler übernimmt ebenso **gewerbsmäßig** die **Vermittlung von Verträgen** über die Anschaffung oder Veräußerung von Waren oder Wertpapieren, über Versicherungen u. a., vgl. § 93 Abs. 1 HGB.

- Anders als der Handelsvertreter ist er jedoch **nicht „ständig damit betraut"**, er hat also keinen Handelsvertretervertrag und schließt i. d. R. keine Geschäfte ab.
- Unter den Voraussetzungen der §§ 1,2 HGB ist er **selbständiger Kaufmann**, die Vorschriften der §§ 93 ff. HGB gelten in jedem Fall für ihn, § 93 Abs. 3 HGB.
- Gegenstand seiner Tätigkeit sind **bewegliche Gegenstände**, keine Immobilien oder Unternehmen, was ihn vom Zivilmakler nach § 652 BGB unterscheidet.

Der **Maklervertrag** ist **formfrei** möglich, neben den Vorschriften der §§ 93 ff. HGB sind die Regeln der §§ 652 ff. BGB anwendbar. Ihn trifft keine Pflicht zum Tätigwerden, er hat unparteiisch die **Interessen beider Parteien zu wahren**, vgl. § 98 HGB. Vorbehaltlich anderer Regelung kann er **von jeder Partei** des Geschäfts eine **halbe Provision** verlangen, § 99 HGB.

12.4.3.3 Der Kommissionär

Der Kommissionär ist ein Unternehmer, der es **gewerbsmäßig** übernimmt, **Waren oder Wertpapiere für Rechnung eines anderen**, des Kommittenten, **im eigenen Namen** zu kaufen („Einkaufskommission") oder zu verkaufen („Verkaufskommission"), vgl. § 383 Abs. 1 HGB.

> **Beispiele:**
> Gebrauchtwagenhandel, Kunsthandel, Antiquitätenhandel.

Der Kommissionsvertrag ist ein Geschäftsbesorgungsvertrag, § 675 BGB. Der Kommissionär hat **Ausführungspflichten** und die **Interes-**

sen des **Kommittenten** wahrzunehmen, §384 Abs. 1 HGB; handelt er den Weisungen des Kommittenten unbefugt zuwider, macht er sich schadensersatzpflichtig, §485 HGB. Daneben treffen ihn **Abwicklungspflichten**, d. h. er muss dem Kommittenten die erforderlichen Nachrichten geben, Rechenschaft ablegen und das aus der Kommission Erlangte herausgeben, §384 Abs. 2 HGB. Mit Ausführung des Geschäfts entsteht gegen den Kommittenten ein **Provisionsanspruch** aus Vereinbarung oder Gesetz, §§354, 396 HGB. Daneben steht ihm **Aufwendungsersatz**, z. B. für Lagerkosten, Transportkosten oder Zollauslagen, zu, §§675, 670 BGB.

Abb. 62: Rechtsverhältnisse der Beteiligten des Kommissionsgeschäfts

Exkurs:

Die **dingliche Rechtslage** bei der **Verkaufskommission** stellt sich so dar, dass der Kommittent Eigentumer des Kommissionsgutes bleibt; der Kommissionär verkauft dann die fremde Ware aufgrund einer Verfügungsermächtigung des Kommittenten. Bei der **Einkaufskommission** erwirbt der Kommissionär das Kommissionsgut selbst zu Eigentum und muss es auf den Kommittenten übertragen, vgl. §§384 Abs. 2 HGB, 929 BGB. Allerdings birgt der Zwischenerwerb des Kommissionärs die Gefahr des Zugriffs seiner Gläubiger.

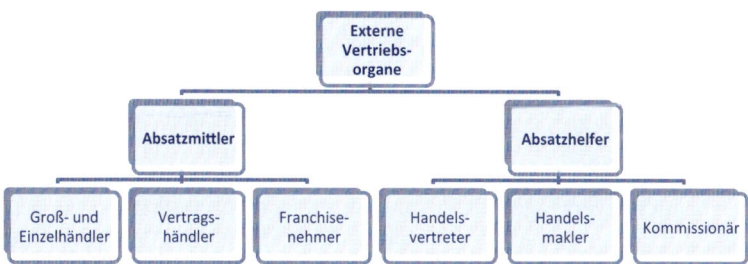

Abb. 63: Übersicht externe Vertriebsorgane

12.5 Rechtliche Anforderungen an den Direktvertrieb

12.5.1 Rechtlicher Verbraucherschutz

Das 1896 fertiggestellte und 1900 in Kraft getretene BGB ist ein „spätgeborenes Kind des **Liberalismus**" (Franz Wieacker) und setzte auf ein freies Handeln der Vertragspartner ohne staatliche Bevormundung. Die **soziale Ungleichheit** der Rechtsgeschäftspartner wie auch die Überlegenheit marktmächtiger **Großkonzerne** in allen Bereichen der Lebensbedürfnisse der Bevölkerung verstärkten sich in den vergangenen 100 Jahren so enorm, sodass der Gesetzgeber verschiedentlich gezwungen war, zur Herstellung des Gleichgewichts in die privatrechtlichen Rechtsbeziehungen zugunsten des schwächeren Verbrauchers einzugreifen. So entstanden vielfältige **Verbraucherschutzbestimmungen** im BGB.

> **Beispiele:**
> Verbraucherschützende Regelungen finden sich z. B. ganz allgemein bei der Gestaltung von Verträgen durch **Allgemeine Geschäftsbedingungen**, §§ 305 ff. BGB, bei der Finanzierung von Leistungen im **Verbraucherdarlehensvertrag**, 491 ff. BGB, bei **Finanzierungshilfen** und **Teilzahlungsgeschäften**, 307 ff. BGB, bei **Versicherungsverträgen**, §§ 6 ff. VVG, im Kauf beim **Verbrauchsgüterkauf** §§ 474 ff. BGB, bei Reiseverträgen, §§ 651a ff. BGB, im Mietrecht, §§ 535 ff. BGB sowie bei *besonderen Vertriebsformen* wie dem „**außerhalb von Geschäftsräumen geschlossenen Vertrag**", 312b BGB, dem **Fernabsatzvertrag**, §§ 312c ff. BGB und im **elektronischen Geschäftsverkehr** geschlossenen Vertrag, § 312i f. BGB.

Gerade auch bei der **Distribution von Waren und Leistungen** über **moderne Vertriebswege** im Direktvertrieb ist der Kunde bei Vertragsabschlusssituationen **außerhalb von Geschäftsräumen** oft überrumpelt und überfordert. Im **Fernabsatz** sieht er die Ware nur auf Lichtbildern und kennt den Vertragspartner nicht. Diese und viele weitere Risiken sollen durch umfangreiche **Offenlegungs**- und **Informationspflichten** des Unternehmers, **Form**- und **Mindestangaben-Erfordernisse** sowie durch **Widerrufsrechte** für den Verbraucher reduziert werden.

12.5.2 Verbraucherverträge und allgemeine Pflichten des Unternehmers

Verbraucherverträge sind – unabhängig von deren Vertragstyp z. B. als Kauf, Reisevertrag oder Telekommunikationsdienstleistung – alle Verträge zwischen einem **Unternehmer** i.S. des § 13 BGB und einem **Verbraucher** i.S. des § 14 BGB, vgl. § 310 Abs. 3 BGB.

> **Beispiele:**
> Der Kaufvertrag zwischen Hausfrau und Elektronikvertriebshändler über einen Staubsauger, der Werkvertrag zwischen Dachdeckermeister und Hauseigentümer über die Neueindeckung seines Daches sowie der Unterrichtsvertrag zwischen Musikschüler und Musikschule e.V. sind Verbraucherverträge.

Soweit sie eine **entgeltliche Leistung** des Unternehmers zum Gegenstand haben, finden grundsätzlich die **Verbraucherschutzvorschriften** der **§§ 312 bis 312h BGB** Anwendung. Dabei gilt folgende schwer zu verstehende Differenzierung:

12.5.2.1 Eingeschränkter Anwendungsbereich

Auf die in **§ 312 Abs. 2 Nr. 1 bis 13 BGB ausdrücklich genannten Verträge** sind nur wenige Grundsätze anwendbar. Die dort genannten Verträge sind:

Notariell beurkundete Verträge über Finanzdienstleistungen, die außerhalb von Geschäftsräumen geschlossen wurden; **andere** aufgrund gesetzlicher Vorschrift **notariell beurkundete Verträge**; Verträge über den **Erwerb von Grundstücksrechten**; **Verbraucherbauverträge** nach § 650i BGB; über Fernabsatz oder außerhalb von Geschäftsräumen geschlossene **Reiseverträge**; **Personenbeförderungsverträge**; **Timesharing** und verwandte Verträge; medizinische **Behandlungsverträge** nach § 630a BGB; Lieferung von **Lebensmitteln, Getränken** und **Haushaltsgegenständen** des täglichen Bedarfs; **Automatenverträge**; öffentliche **Fernsprecher**; **Einzelverbindungen** bei Telefon-, Internet oder Fax; außerhalb von Geschäftsräumen geschlossenen **Verträge** über Leistungen **bis 40 €**, die **sofort erbracht** und **bezahlt** werden; Gütererwerb aufgrund **behördlicher Maßnahmen**, etwa Zuschlag in der Zwangsvollstreckung.

Die für diese Verträge geltenden **Pflichten und Grundsätze** nach § 312a **Abs. 1, 3, 4** und **Abs. 6** BGB sind:

- **Pflicht zur Offenlegung der Identität** des Unternehmers und des geschäftlichen Zweckes bei **Telefonanrufen**, § 312a **Abs. 1** BGB;
- **Pflicht zur ausdrücklichen Vereinbarung** von – über das Entgelt für eine über die Hauptleistung hinausgehend – **Zahlungen für eine Zusatzleistung**, § 312a **Abs. 3** BGB, z. B. eine Versicherung;
- **Unwirksamkeit einer Vereinbarung eines Entgelts für die Nutzung von Zahlungsmitteln**, wenn keine zumutbare unentgeltliche Zahlungsmöglichkeit besteht oder der Unternehmer an den Kosten

für das Zahlungsmittel verdient, § 312a **Abs. 4** BGB, z. B. Kosten für die Nutzung einer Kreditkarte.

- Ist eine **Vereinbarung** nach diesen Grundsätzen **unwirksam**, bleibt der Vertrag **im Übrigen wirksam**, § 312a **Abs. 6** BGB.

Exkurs:

Die gleichen und weitere Pflichten und Grundsätze gelten für **Verträge über soziale Dienstleistungen** (Kinderbetreuung, Familienpflege, Langzeitpflege), § 312 Abs. 3 BGB, sowie für das **Vermieten von Wohnraum**, wobei nach Besichtigung der Wohnung **kein Widerrufsrecht** mehr besteht, § 312 Abs. 4 BGB. Eingeschränkte Pflichten bestehen bei **spezifischen Finanzdienstleistungen**, § 312 Abs. 5 BGB, und **Versicherungsverträgen**, § 312 Abs. 6 BGB.

12.5.2.2 Vollanwendungsbereich

Für **alle anderen Verbraucherverträge** zwischen Unternehmern und Verbrauchern, die auf eine **entgeltliche** Leistung gerichtet sind, gelten die **weitergehenden Pflichten** des § 312a **Abs. 1, 2, 3, 4, 5** und **6** BGB.

Das sind zunächst die soeben genannten Pflichten zur **Offenlegung der Identität** und des Geschäftszwecks am Telefon, die Pflicht zur ausdrücklichen Vereinbarung von **Zahlungen für Zusatzleistungen** und die Unwirksamkeit von **Entgeltvereinbarungen** für bestimmte **Zahlungsmittel** nebst salvatorischer Regel, § 312a Abs. 1, 3, 4, 6 BGB.

Zusätzlich gilt folgendes:

- **Informationspflichten** des Unternehmers nach **Art. 246 EGB-GB**, § 312a **Abs. 2** BGB: Er muss dem Verbraucher in klarer und verständlicher Weise Informationen zur Verfügung stellen, wenn sie sich nicht aus den Umständen ergeben, z. B. über die **wesentlichen Eigenschaften der Ware** oder Dienstleistung in angemessenem Umfang, seine **Identität**, den **Gesamtpreis** der Waren, **Zahlungs-** und **Lieferungsbedingungen**, das Bestehen eines **Mängelhaftungsrechts** u. ä. Das gilt **nicht** für **Geschäfte des täglichen Lebens**, die bei Vertragsschluss **sofort erfüllt** werden, Art. 246 Abs. 2 EGBGB. Besteht ein **Widerrufsrecht** nach § 355 BGB muss der Verbraucher auch hierüber in Textform über Fristen und Form **belehrt** werden, Art. 246 Abs. 3 EGBGB.
- **Unwirksamkeit von Vereinbarungen über Entgelte** für Telefonrückfragen zum Vertrag, die über das Nutzungsentgelt hinausgehen, § 312a **Abs. 5** BGB.

Ist der entgeltliche Verbrauchervertrag **außerhalb von Geschäftsräumen** i. S. von § 312b BGB geschlossen worden, oder liegt ein

Fernabsatzvertrag i.S. von § 312c BGB vor, so gelten die **speziellen Vorschriften der §§ 312d bis 312h BGB**, die nachfolgend erläutert werden.

12.5.3 Besondere Vertriebsformen

12.5.3.1 Ausgangssituation

Typisch für den **indirekten Vertrieb** ist die Warendistribution über Groß- und Einzelhänder, die in Ladengeschäften die Waren den Kunden *„face to face"* anbieten. Im **Direktvertrieb** kann der Anbieter selbst ebenfalls den *persönlichen Kontakt* mit seinem Kunden über ein eigenes **Ladengeschäft** suchen, in welches sich der Kunde initiativ begibt, weil er ein Kaufinteresse hat. Die Regeln des BGB über den Vertragsschluss haben von jeher solche Vertragssituationen vor Augen. Moderne Zeiten haben allerdings neue Formen des Direktvertriebs entwickelt, bei denen Außendienstmitarbeiter gezielt *Menschen in ihrer Wohn – oder Arbeitssituation* oder *Passanten im öffentlichen Raum* wegen eines Geschäftsabschlusses ansprechen und zum Vertragsabschluss bringen, ohne dass dies in einem Ladengeschäft passiert (**„außerhalb von Geschäftsräumen abgeschlossene Verträge"** (AGV). Schließlich erfolgt Direktvertrieb ohne persönlichen Kontakt, z. B. über das Internet im Online-Handel, in organisierten Fernabsatzsystemen (**„Fernabsatzvertrag"**, FAV).

12.5.3.2 Außerhalb von Geschäftsräumen geschlossene Verträge

AGV bergen für den Verbraucher **Gefahren**. Er wird – in umgekehrter Initiativsituation als im Laden – vom Unternehmer überraschend angesprochen und zu einem Geschäftsabschluss gedrängt, ohne dass er dies bislang wollte. Es *fehlt* ihm regelmäßig am *Bedarf für eine Ware*; an den Orten und Situationen, in denen er angesprochen wird, fehlt es an *Vergleichsmöglichkeiten* und angesichts des Zeitdrucks, unter dem von ihm eine Entscheidung verlangt wird, an der *Gelegenheit zu besonnenem Nachdenken*. Das Gesetz erfasst in § 312b Abs. 1 **Nr. 1-4 BGB** daher folgende Situationen als risikoreich:

• **Vertragsabschluss bei gleichzeitiger körperlicher Anwesenheit von Verbraucher und Unternehmer an einem Ort, der kein Geschäftsraum dieses Unternehmers ist, Nr. 1**: Auf die Anbahnung des Vertrags kommt es hier nicht an; körperliche Anwesenheit setzt Sicht- und Hörkontakt voraus, also nicht nur telefonische Verbindung. Der Abschluss findet nicht in einem Gewerberaum des Unternehmers statt, in dem er seine Tätigkeit dauerhaft oder gewöhnlich ausübt. Auch branchenfremde Geschäftsräume sind nicht solche des Unternehmers, in denen der Verbraucher mit entsprechenden Abschlüssen rechnen müsste, vgl. § 312b Abs. 2 BGB.

> **Beispiele:**
> Verkaufsaktivitäten in Privaträumen, z. B. Tupperparty, Aufsuchen durch Drückerkolonnen; Vertragsschlüsse in Hausgärten, auf Sportplätzen, auf der Straße, an Verkaufsständen oder an Ticketboxen; Verkauf von Zahnpflegeprodukten im Warteraum der Zahnarztpraxis.

- **Angebotsabgabe des Verbrauchers an den Orten des Nr. 1**, ohne dass es dort zum Vertragsschluss kommt, **Nr. 2.**: Der Unternehmer schickt später die Annahmeerklärung dem Verbraucher zu, wodurch der Vertrag erst zustande kommt.

- **Unmittelbares persönliches und individuelles Ansprechen außerhalb von Geschäftsräumen mit anschließendem Vertragsschluss im Geschäftslokal, Nr. 3**: Der Vertragsschluss erfolgt zwar im Geschäftsraum des Unternehmers, zuvor schon wurde der Verbraucher durch individuelle und persönliche Gesprächsinitiative des Unternehmers „in das Geschäft gelockt".

> **Beispiel:**
> Mitarbeiter verteilen in der Fußgängerzone Werbeprospekte oder Gutscheine in Einkaufsstraßen vor ihren Geschäften, um die Kunden „hereinzuziehen";

- **Verkaufsorientierter Ausflug, Nr. 4:** Verkaufsabschlüsse von mit Hilfe des Unternehmers organisierten Ausflügen, bei denen Waren oder Dienstleistungen beworben und verkauft werden.

> **Beispiele:**
> Kaffeefahrten, Weingutsbesichtigung mit anschließendem Weinverkauf, Werksbesichtigung mit anschließendem „Shop-Besuch".

In diesen Fällen stehen dem „Unternehmer" alle Personen gleich, die in seinem Namen oder Auftrag handeln, § 312 Abs. 1 Satz 2 BGB.

12.5.3.3 Fernabsatzverträge

Anders als bei AGV besteht zwischen Unternehmer und Verbraucher beim FAV kein unmittelbarer, sondern nur ein **fernkommunikativer Kontakt**. Nachteilig ist dabei, dass der Kunde weder die *Person des Verkäufers* auf Seriosität (Zuverlässigkeit, Ortsansässigkeit, Geschäftszuschnitt) noch die *Ware in natura* auf Beschaffenheit und Qualität *prüfen* kann, sondern *Abbildungen* und *Werbeversprechungen Glauben schenken* muss, ohne die Ware selbst „in die Hand nehmen zu können".

Unabhängig vom Vertragstyp sind FAV Verträge, bei denen **Unternehmer** (oder eine im seinem Namen oder Auftrag handelnde Person) und **Verbraucher** für **Vertragsverhandlungen** und **Vertragsabschluss ausschließlich Fernkommunikationsmittel** verwenden, und dies im Zweifel im Rahmen eines **für den Fernabsatz organisiertem Vertriebs- oder Dienstleistungssystems** geschieht, §312c Abs. 1 BGB.

- **Fernkommunikationsmittel** in diesem Sinne sind alle Kommunikationsmittel, die keine körperliche Anwesenheit der Vertragspartner voraussetzen, §312 Abs. 2 BGB

> **Beispiele:**
> Briefe, Kataloge, Telefonanrufe, Telefaxe, E-Mails, über Mobilfunkdienste versandte Kurznachrichten wie SMS, Whatsapp o.ä. sowie Rundfunk oder Telemedien (Werbeverkaufssendungen in Funk und Fernsehen).

- Ein **für den Fernabsatz organisiertes Vertriebs- oder Dienstleistungssystem** liegt vor, wenn sich der Unternehmer personell und organisatorisch in seinem Betrieb auf regelmäßige Geschäftsabschlüsse über die genannten Fernkommunikationsmedien eingerichtet hat. Aus der Formulierung „es sei denn dass … nicht" ergibt sich eine Beweislastumkehr, wonach bei FAV vom Vorhandensein eines solches Systems grundsätzlich ausgegangen wird.

> **Beispiele:**
> Call-Center zur Entgegennahme von Aufträgen, die über Kataloge oder Fernsehkanäle beworben werden; Einrichtung eine E-Bay-Onlineshops; nicht jedoch, wenn dem Handwerker an seine Privatadresse ein E-Mail mit einem Auftrag übermittelt wird.

12.5.3.4 Informationspflichten bei AGV und FAG

Bei **AGV und FAV** bestehen umfangreiche **Informationspflichten** des Unternehmers gegenüber dem Verbraucherkunden:

- **Offenlegungspflichten und Grundsätze** nach §312a **Abs. 1, 3, 4, 5, 6** BGB: Wie oben gesehen gelten im Vollanwendungsbereich die in §312a BGB genannten Pflichten zur Offenlegung der **Identität bei Telefongesprächen**, Abs. 1, der **Zahlungspflicht für Zusatzleistungen**, Abs. 3, der **Unwirksamkeit eines Entgelts für besondere Zahlungsmittel**, Abs. 4, der Unwirksamkeit von Entgelten für Telefonrückfragen, Abs. 5, und die **salvatorische Regelung** in Abs. 6.

- **Vorabinformationen:** Die **vorvertraglichen Informationen** nach §312a **Abs. 2** BGB haben in **§312d BGB** für AGV und FAV eine **spe-**

zialgesetzliche Regelung erhalten, wonach nicht Art. 246 EGBGB, sondern **Art. 246a EGBGB** (für AGV- und FAV-Finanzdienstleistungen gilt Art. 246b EGBGB, § 312d Abs. 2 BGB) anzuwenden ist:

Der Unternehmer muss z. B. informieren über **Eigenschaften** der Ware, **Identität und Adressdaten des Unternehmers**, den **Gesamtpreis** der Waren nebst **Versandkosten**, *vgl. auch § 312e BGB*, die Kosten des **Fernkommunikationsmittels**, die **Zahlungs- und Lieferbedingungen**, den **Liefertermin**, **Mängelrechte**, **Garantien**, die **Vertragslaufzeit**, die **Funktionsweise digitaler Inhalte**, das **Beschwerdeverfahren**, dem der Unternehmer unterworfen ist und die Zugangsvoraussetzungen (§ 1 Abs. 1);

bei Bestehen eines *Widerrufsrechts* bedarf es der Informationen über **Bedingungen, Fristen und Verfahren** für die Ausübung des Widerrufsrechts, die **Kostenregelung bei Rücksendung** von Waren nach Widerruf, Zahlungspflichten bei vor Widerruf erhaltenen **Energielieferungen**, alternativ einen Hinweis auf das **Nichtbestehen eines Widerrufsrechts** oder auf dessen vorzeitiges Erlöschen (§ 1 Abs. 2, 3).

Verkürzte Informationspflichten gelten bei Reparatur- und Instandhaltungsarbeiten (§ 2) und bei begrenzter Darstellungsmöglichkeit (§ 3).

Die Informationen sind bei AGB auf **Papier** oder – wenn der Verbraucher einwilligt – auf einem anderen **Datenträger** zu überlassen; bei FAV sind sie in einer dem benutzten Fernkommunikationsmittel **angepassten Weise**, z. B. Download-Möglichkeit, zur Verfügung zu stellen, Art. 246a § 4 Abs. 1, 2 EGBGB.

- **Vertragsinformationen**: Bei **AGV** sind dem Verbraucher alsbald nach Vertragsschluss eine **Abschrift des Vertragsdokuments** bzw. eine Vertragsbestätigung mit den Vertragsinhalten in **Papier**/ auf Datenträger zu überlassen, § 312f Abs. 1 BGB. Bei **FAV** ist die Vertragsbestätigung **spätestens bei Warenlieferung** auf einem dauerhaften **Datenträger** zur Verfügung zu stellen, § 312f Abs. 2 BGB.

12.5.3.5 Widerrufsrecht bei AGV und FAG

Widerrufsrechte gibt es im Wirtschaftsprivatrecht aus genannten Gründen an verschiedenen Stellen, etwa bei Verbraucherdarlehensverträgen, Finanzierungshilfen oder Ratenlieferungsverträgen, §§ 495, 506, 510 BGB, aber auch bei **AGV** und **FAV** nach § 312g BGB i. V. m. § 355 BGB.

Grundsätzlich kann ein Vertrag, bei dem ein **Widerrufsrecht** nach § 355 BGB **gesetzlich vorgesehen** ist (z. B. in §§ 495, 312g BGB), innerhalb von **14 Tagen seit Vertragsschluss** durch **formfreie Erklärung** gegenüber dem Unternehmer widerrufen werden, die

rechtzeitige Absendung des Widerrufs genügt, eine **Begründung** ist **nicht erforderlich**, §355 Abs.1 Satz 2, 3, 4, 5, Abs.2 BGB. Aus Beweisgründen sollte der Widerruf aber schriftlich oder in Textform erfolgen, die bloße Rücksendung der Ware genügt nicht! Der Verbraucher ist dann an seine auf Abschluss des Vertrages gerichtete **Willenserklärung nicht mehr gebunden**, §355 Abs.1 Satz 1 BGB. Nach Absendung des Widerrufs bzw. Zugang der Widerrufserklärung sind von beiden die ausgetauschten **Leistungen unverzüglich zurück zu gewähren**: Ware zurück, Kaufpreis zurück, §355 Abs.3 BGB. Diese Vorschriften sind in vertraglichen Vereinbarungen **nicht dispositiv**, §361 Abs.2 BGB.

Besonderheiten gelten bei **AGV** und **FAV**:

- **Wegfall des Widerrufsrechts**: Kein Widerrufsrecht besteht nach §312g Abs.2 BGB bei Verträgen über nach Kundenspezifikation **speziell angefertigte Waren** (Nr.1), über **schnell verderbliche Waren** (Nr.2), über Lieferung von aus Gründen der Hygiene **versiegelte Waren**, wenn die versiegelte Verpackung entfernt wurde (z.B. Kosmetikartikel, Medikamente, Nr.3), über Lieferung untrennbar mit anderen Gütern **vermischte Waren** (z.B. mit im Tank befindlichem Öl vermischtes Heizöl, Nr.4), Lieferung entsiegelter **Datenträger** (z.B. CD, DVD, CD-ROM, Videokassetten, Disketten, Nr.6), Lieferung von **Zeitungen** und **Zeitschriften**, außer Abonnements (Nr.7), über Produkte oder Dienstleistungen mit **Preisschwankungen auf dem Finanzmarkt** (Nr.8), **termingebundene Dienstleistungen** über Kapazitäten (z.B. wie Kfz-Vermietung, Partyservice, *Freizeitgestaltung*, Nr.9), bei Erwerb durch öffentliche **Versteigerungen** (Nr.10), dringende **Reparatur- oder Instandhaltungsarbeiten** (z.B. geborstene Wasserleitung im Haus, Nr.11), **Wett- und Lotteriedienstleistungen** (Nr.12) oder bei **notariell beurkundeten Verträgen** (Nr.13).

> **Beispiel:**
> Ella kauft bei der Musical-Entertainment AG 4 Karten für das Musical „Mary Poppins" zum Preis von je 100 € für den 12.12. online zum Selbstausdruck. Zutreffend wird sie bei Vertragsschluss darüber informiert, dass sie in diesem Fall einer „termingebundenen Freizeitveranstaltung" kein Widerrufsrecht hat, was sie ärgert, als sie die Karten kurz darauf mit Sonderrabatt um 20% ermäßig angeboten sieht, §312g Abs.2 Nr.9 BGB.

Besteht ein Widerrufsrecht nach §§495, 506, 510 BGB, gilt §312g BGB nicht, §312g Abs.3 BGB.

- **Informationen über die Ausübung des Widerrufs**: Der Unternehmer hat den Verbraucher nach §246a §1 Abs.2 EGBGB über die **Bedingungen, Fristen** und das **Verfahren des Widerrufs** nach § 355 BGB sowie ein **Muster-Widerrufsformular,** ggf. darüber, dass der Verbraucher im Widerrufsfall die **Kosten der Warenrücksendung** zu tragen hat und dass er bei **Energielieferungen** für **bereits erbrachte Leistungen bezahlen** muss, zu informieren, Art. 246a § 1 Abs. 2 Nr. 1-3 EGBGB. Er kann diese Pflichten auch durch Übermittlung des **Muster-Belehrungsformulars in Anlage 1 EGBGB** in Textform erfüllen, Art. 246a Abs. 2 Satz 2 EGBGB. Selbst wenn *kein Widerrufsrecht* besteht, ist darüber zu informieren, vgl. Art. 246a Abs. 3 EGBGB, § 312g Abs. 2 BGB.

Der Unternehmer kann dem Verbraucher die Möglichkeit einräumen, das **Muster-Widerrufsformular in Anlage 2 EGBGB** oder eine andere eindeutige **Widerrufserklärung auf der Webseite** des Unternehmers auszufüllen und zu übermitteln. Macht der Verbraucher davon Gebrauch, muss der Unternehmer den Widerrufszugang unverzüglich auf dauerhaftem Datenträger (z. B. per E- Mail) **bestätigen,** § 356 Abs. 1 BGB.

Muster-Widerrufsformular

(Wenn Sie den Vertrag widerrufen wollen, dann füllen Sie bitte dieses Formular aus und senden Sie es zurück.)

- An [hier ist der Name, die Anschrift und gegebenenfalls die Telefaxnummer und E-Mail-Adresse des Unternehmers durch den Unternehmer einzufügen]:
- Hiermit widerrufe(n) ich/wir (*) den von mir/uns (*) abgeschlossenen Vertrag über den Kauf der folgenden Waren (*)/die Erbringung der folgenden Dienstleistung (*)
- Bestellt am (*)/erhalten am (*)
- Name des/der Verbraucher(s)
- Anschrift des/der Verbraucher(s)
- Unterschrift des/der Verbraucher(s) (nur bei Mitteilung auf Papier)
- Datum

(*) Unzutreffendes streichen.

Abb. 64: Muster-Widerrufsformular nach Anlage 2 EGBGB

- **Widerrufsfristbeginn**: Abweichend von § 355 Abs. 2 BGB beginnt die Widerrufsfrist von **14 Tagen** nach Vertragsschluss bei AGV und FAV im **Verbrauchsgüterkauf,** § 474 BGB, **erst mit Erhalt der Ware,** vgl. § 356 Abs. 2 Nr. 1 BGB und die Ausnahmeregelungen in Abs. 2 Nr. 1b) bis d) und Nr. 2.
  Unabhängig davon beginnt die Widerrufsfrist nicht, bevor der Unternehmer den Verbraucher nicht entsprechend den Anforderungen des Art. 246a § 1 Abs. 2 Satz 1 Nr. 1 EGBGB **unterrichtet**

hat, also über **Bedingungen, Fristen und Verfahren für die Widerrufsausübung** und das **Muster-Widerrufsformular in Anlage 2 EGBGB** informiert hat, §356 Abs. 3 Satz 1 BGB.

• **Erlöschen des Widerrufsrechts**: Ist der Vertrag geschlossen und die Ware beim Verbraucher eingegangen, jedoch die **Belehrung nach §356 Abs. 3 Satz 1 BGB unterblieben**, so **erlischt** das Widerrufsrecht nach **12 Monaten und 14 Tagen** seit Vertragsschluss bzw. Wareneingang, §356 Abs. 3 Satz 2 BGB.
Handelt es sich um einen **Vertrag über Dienstleistungen**, hat der Dienstleister seine Leistungen voll erbracht und wurde mit der Ausführung erst **begonnen**, nachdem der Verbraucher **ausdrücklich zugestimmt** und damit seine **Kenntnis davon bestätigt hat, dass er sein Widerrufsrecht bei vollständiger Vertragserfüllung durch den Unternehmer verliert**, erlischt das Widerrufsrecht, §356 Abs. 4 Satz 1 BGB. Eine ähnliche Regelung findet sich für die **Lieferung datenträgerloser digitaler Inhalte** (z. B. Streaming von Musik), §356 Abs. 5 BGB. Abweichendes gilt für Finanzdienstleistungen, vgl. §356 Abs. 4 Satz 3 BGB.

• **Rückabwicklung widerrufener AGV und FAV**: Die Rückgewähr der **empfangenen Leistungen** hat spätestens nach **14 Tagen seit Widerruf** zu erfolgen, sofern nicht der Unternehmer Abholung der Waren angeboten hatte, §§357 Abs. 1, 5, 355 Abs. 3 Satz 2 BGB. Hat der Unternehmer den Verbraucher darüber belehrt, so trägt der Verbraucher die **Kosten der Rücksendung der Ware**, sofern nicht der **Unternehmer nach vertraglicher Vereinbarung** die Kosten übernimmt, §357 Abs. 6 Satz 1, 2 BGB, Art. 246a §1 Abs. 2 Satz 1 Nr. 2 EGBGB. Wurden bei AGB die Waren im Zeitpunkt des Vertragsschlusses, etwa bei Vertreterbesuch, zur Wohnung des Verbrauchers geliefert, ist der Unternehmer zur Abholung verpflichtet, wenn die Waren nicht mittels Postversand zurückgeschickt werden können, §357 Abs. 6 Satz 3 BGB.
Hat der Verbraucher die Ware bis zum Widerruf – über die Prüfung der Beschaffenheit, Eigenschaften und Funktionsweise hinausgehend – **bestimmungsgemäß in Gebrauch genommen** und dadurch einen **Wertverlust** verursacht, so hat er **Wertersatz** zu leisten, wenn er zuvor über sein Widerrufsrecht informiert worden war, §357 Abs. 7 BGB. Sonderregeln gelten für Energielieferungen und Lieferung digitaler Inhalte, §357 Abs. 8, 9 BGB.

Beispiele:
Wer eine Jacke anprobiert, ein Möbelstück aufbaut oder ein Wasserbett zum Probeliegen befüllt, muss keinen Wertersatz leisten, weil er dies auch im Geschäftslokal zur Prüfung tun dürfte. Das Fräsen mit einer Gartenfräse in Erde allerdings geht darüber hinaus uns führt ggf. zum Wertersatz für Wertverlust.

Auch der Unternehmer hat **innerhalb von 14 Tagen** seit Widerrufseingang etwaige **Zahlungen des Verbrauchers** – unter Einschluss der Kosten der Lieferung – i. d. R. auf gleichem Wege zurückzuzahlen, auf dem er sie erhalten hatte, §§ 357 Abs. 2, 3, 355 Abs. 3 Satz 2 BGB. Allerdings darf er die Rückzahlung **zurückhalten**, bis er die **Waren** vom Verbraucher **erhalten** hat oder ein **Absendenachweis** vorliegt, sofern keine Abholung vereinbart war, § 357 Abs. 4 BGB. Geht die Ware trotz ordnungsgemäßer Absendung *nicht bei ihm ein*, muss er den Kaufpreis dennoch zurückzahlen, weil *er* das *Risiko der Rücksendung* trägt, § 355 Abs. 3 Satz 4 BGB.

12.5.3.6 Elektronischer Geschäftsverkehr

Die Besonderheiten des **elektronischen Geschäftsverkehrs** finden sich in Kapitel 3 „Rechtsgeschäfte"

12.6 Merksätze/Kontrollfragen

Merksätze

- Die Fragestellungen des Vertriebs orientieren sich an den Stichworten **Product**, **Price**, **Promotion** und **Place**.
- Die **Produktpolitik** beschäftigt sich mit dem **Produktnutzen**, in rechtlicher Hinsicht geht es dabei um Sachmangelgewährleistung sowie um das Immaterialgüterrecht (Patente, Marken, Urheberrecht etc.).
- Der **Preispolitik** setzen das **Kartellrecht** und die **Preisangabenverordnung** Grenzen.
- Das **Kartellrecht** verbietet Vereinbarungen oder abgestimmte Verhaltensweisen, die eine **Wettbewerbsbeschränkung** bezwecken oder bewirken.
- Für die Geltung des deutschen oder europäischen Kartellrechts kommt es auf das **Auswirkungsprinzip** an; ein Eingreifen der Kartellbehörden erfordert ein Überschreiten der **Spürbarkeitsgrenze**.
- Regelungsbereiche des Kartellrechts sind **wettbewerbsbeschränkende Vereinbarungen** oder **abgestimmte Verhaltensweisen**, der **Missbrauch einer marktbeherrschenden Stellung** und die **Fusionskontrolle**.
- Bei **Kartellen** wird zwischen **horizontalen** (auf derselben Marktstufe) und **vertikalen** (auf unterschiedlichen Marktstufen) unterschieden.
- Kartellabsprachen verstoßen gegen das **Selbständigkeitspostulat**, nach dem jeder Marktteilnehmer seine Geschäftspolitik eigenständig bestimmen soll; erlaubt ist **autonomes Parallelverhalten**.
- Die **Vertikal-Gruppenfreistellungsverordnung** der EU erlaubt unter bestimmten Voraussetzungen vertikale Vereinbarungen, Preisabsprachen als **Hardcore-Verstöße** sind jedoch nicht ausgenommen.
- Verboten ist die missbräuchliche Ausnutzung einer überragenden Marktstellung, die im Einzelnen festzustellen ist.

- **Kommunikationspolitik** hat sich an den **Lauterkeitsregeln des UWG** mit seinen Fallgruppen unlauterer Werbung zu orientieren.

- Das Lauterkeitsrecht des UWG schützt **Mitbewerber, Verbraucher** sowie **sonstige Marktteilnehmer** vor **unlauteren geschäftlichen Handlungen** sowie das Interesse der **Allgemeinheit** an unverfälschtem Wettbewerb.

- § 3 UWG ist die **Generalklausel** des Wettbewerbsrechts; ein **Katalog der 30 Todsünden** im Anhang zeigt Regelbeispiele.

- Neben der Unlauterkeit durch **Rechtsbruch** und dem **Mitbewerberschutz** schafft das UWG vor allem **vier Fallgruppen** der **aggressiven**, der **irreführenden** und der **vergleichenden Werbung** sowie der **unzumutbaren Belästigung**, die sich mit vielen Unterfallgruppen als „Case-Law" im Gesetz etabliert haben.

- Bei Wettbewerbsverstößen stehen nur **Mitbewerbern** und **Verbänden Klagerechte** auf **Beseitigung** und **Unterlassung** zu; eine gerichtliche Inanspruchnahme setzt i. d. R. eine Abmahnung mit strafbewehrter Unterlassungserklärung voraus.

- Im Vertrieb spielen **Absatzmittler** und **Absatzhelfer** eine bedeutsame Rolle.

- Die wichtigsten Absatzmittler im Vertrieb sind **Groß- und Einzelhändler**, **Vertragshändler** und **Franchisenehmer**, die i. d. R. jeweils selbständige Kaufleute sind und die fremden Güter im eigenen Namen auf eigene Rechnung vertreiben und in das Vertriebssystem des Anbieters mehr oder weniger stark integriert sind.

- Der **Kommissionär** agiert im eigenen Namen, aber auf fremde Rechnung und nimmt eine Zwischenstellung ein.

- Absatzhelfer sind der **Handelsvertreter**, der ständig für einen Unternehmer Geschäfte vermittelt oder abschließt, der **Handelsmakler** hingegen vermittelt nur von Fall zu Fall und bleibt unparteiisch.

- Das **Vertriebsrecht** befasst sich im Wesentlichen mit den Pflichten des Unternehmers bei **Verbraucherverträgen**, die im **Geschäftsverkehr außerhalb von Geschäftsräumen** und im **Fernabsatz** noch gesteigert sind.

- Der dem BGB ursprünglich fremde **Verbraucherschutz** hat an vielen Stellen Einzug in die bürgerlich-rechtlichen Regelungen zum Schutz des Verbrauchers vor Übervorteilung gefunden.

- Der **Verbrauchervertrag** bringt für den Unternehmer erhebliche **Informationspflichten** vor, während und nach Vertragsschluss mit sich, allerdings sind viele Vertragsarten vom Anwendungsbereich ausgenommen.

- Umfangreiche **Informationspflichten** bestehen auch bei Verträgen mit Verbrauchern, die **außerhalb von Geschäftsräumen** oder als **Fernabsatzverträge** geschlossen werden; die Einzelheiten regelt Art. 246a EGBGB.

!
- **Fernabsatzverträge** sind Verträge, die unter Einsatz eines **Fernkommunikationsmittels** ohne gleichzeitige körperliche Anwesenheit der Vertragspartner im Rahmen eines **organisierten Vertriebssystems** geschlossen werden.
- Bei beiden Vertriebsformen besteht für den Verbraucher ein **14-tägiges Widerrufsrechts** ab Vertragsschluss, Warenerhalt und ordnungsgemäßer Widerrufsbelehrung; die Einzelheiten regelt Art. 246a EGBGB.
- Im Bereich der **Marketinginformationen** hat das **Datenschutzrecht** erhebliche praktische Bedeutung.

Kontrollfragen:

K 1   Welches sind die 4 P's des Marketing?

K 2   Nennen Sie die wesentlichen rechtlichen Aspekte der Preispolitik und der Vertriebspolitik.

K 3   Welches Rechtsgebiet ist für „Marketinginformationen" von Bedeutung?

K 4   Welche Rechtsmaterien versteht man unter „Wettbewerbsrecht"?

K 5   Inwieweit decken sich das deutsche und das europäische Kartellrecht?

K 6   Wonach bestimmt sich, welche Kartellbehörde für einen Fall zuständig ist? Wann greift sie nur ein?

K 7   Was ist im Kartellrecht en „Hardcore-Verstoß"?

K 8   Welche Arten von „Preiskartellen" kann man nach Marktstufen und Entstehung unterscheiden?

K 9   Was besagt das Selbständigkeitspostulat und was das autonome Parallelverhalten?

K 10   Welche konkreten Inhalte sind im horizontalen Kartell verboten?

K 11   Wie können Kartellabsprachen zustande kommen?

K 12   Was ist bei vertikalen Kartellen erlaubt?

K 13   Wovon stellt die Vertikal-Gruppenfreistellungsverordnung der EU frei, wovon nicht?

K 14   Was ist bei Verdacht auf den Missbrauch einer marktbeherrschenden Stellung wie zu untersuchen?

K 15   Wen schützt das UWG?

K 16   Welche Systematik verfolgt das UWG?

K 17   Was hat es mit der „schwarzen Liste" des UWG auf sich?

K 18   Machen Sie ein Beispiel für Unlauterkeit durch Rechtsbruch!

K 19   Welche vier Fallgruppen sind im Rahmen des Mitbewerberschutzes nach §4 UWG zu nennen? Erläutern Sie sie!

K 20   Wodurch kann sich die "Aggressivität" von geschäftlichen Handlungen ergeben?

K 21   Auf welche Umstände können sich irreführende Werbeangaben beziehen, machen Sie Beispiele!

K 22   Liegt vergleichende Werbung vor, wenn ein Unternehmen den Namen des Mitbewerbers nicht nennt, er aber aus den Umständen geschlossen werden kann?

K 23   Liegt ein Verstoß gegen das UWG vor, wenn sich eine Werbeaussage auf das Produkt eines Mitbewerbers in der Weise bezieht, das die Befragten das eigene Produkt zu 77 % bevorzugen würden?

K 24   Was müssen Unternehmen bei telefonischer Kontaktaufnahme mit potentiellen Kunden beachten?

K 25   Was ist „Cross-Selling"?

K 26   Weshalb darf die Rufnummer bei geschäftlichen Telefonanrufen nicht unterdrückt werden?

K 27   Wie unterscheiden sich Absatzmittler von Absatzhelfern?

K 28   Wie ist die Stellung des Vertragshändlers im Vergleich zum Franchisenehmer?

K 29   Welche Tätigkeiten kann ein Handelsvertreter ausüben? Was unterscheidet ihn vom Handelsmakler?

K 30   Wie ist die Vergütung des Handelsvertreters nach Auslaufen seines Vertrages im Gesetz geregelt?

K 31   Weshalb nimmt der Kommissionär eine Zwischenstellung zwischen Absatzmittlern und Absatzhelfern ein?

K 32   Wie ist die dingliche Rechtslage bei der Einkaufskommission?

K 33   Von welchem Menschenbild ging das BGB ursprünglich aus?

K 34   In welchen Bereichen des BGB findet sich heute Verbraucherschutzrecht?

K 35   Was ist ein Verbrauchervertrag und wann finden die Vorschriften der §§ 312 ff. BGB nur eingeschränkt Anwendung? Welche Grundsätze und Pflichten gelten?

K 36   Wann ist der Vollanwendungsbereich der §§ 312 ff. BGB eröffnet? Was gilt hier?

K 37   Welche besonderen Vertriebsformen regelt das BGB?

K 38   Welche vier Fallgruppen machen einen „Vertrag außerhalb von Geschäftsräumen" aus?

K 39   Nennen Sie die Tatbestandsvoraussetzungen eines Fernabsatzvertrages!

K 40   Welche vorvertraglichen Informationen muss ein Unternehmer bei einem FAV geben? Wo stehen Sie genau?

K 41   In welchen Fällen gibt es kein Widerrufsrecht bei einem AGV oder FAV?

K 41   Wie lange dauert im die Widerrufsfrist, wenn ein Widerrufsrecht besteht? Wann beginnt der Fristlauf spätestens? Wann erlischt es?

K 42   Wie ist nach Widerruf rückabzuwickeln? Wer trägt die Kosten der Lieferung und der Rücksendung?

K 43   Wann muss man nach Widerruf Wertverluste ersetzen, wann nicht?

Rechtsformen unternehmerischer Betätigung

13

Das Kapitel gibt einen Überblick über die Formen unternehmerischer Betätigung als Einzelunternehmer oder in Zusammenwirken mit anderen in einer Gesellschaft. Besprochen werden die Voraussetzungen der Kaufmannseigenschaft, sodann die Rechtsverhältnisse der Personengesellschaften GbR, OHG und KG sowie wichtigsten Kapitalgesellschaften.

Lernziele

Nach Lektüre des Kapitels kennen sie die Unterschiede zwischen Einzelunternehmern und Kaufleuten, zwischen Personen- und Kapitalgesellschaften. Im Einzelnen können Sie

- zwischen **Unternehmern** und **Kaufleuten** differenzieren;
- die für die **Kaufmannseigenschaft** konstitutiven Voraussetzungen benennen;
- das **Firmenrecht** überblicken;
- die **Zwecke** der verschiedenen **Personengesellschaften** differenzieren;
- die **Rechtspersönlichkeit** von Personengesellschaften gegen diejenige der **juristischen Personen** abgrenzen;
- **Rechte und Pflichten** von **Personengesellschaftern** benennen;
- die **Haftungssituation** bei Personengesellschaften beschreiben;
- die **Beendigungstatbestände** bei Personengesellschaften aufzeigen;
- Aufbau und Arten von **Körperschaften** am Beispiel des **Vereins** darstellen;
- die Grundzüge des **GmbH-Rechts** und des **Aktienrechts** wiedergeben.

13.1 Abgrenzungen

Jegliche unternehmerische Tätigkeit kann alleine oder in Zusammenwirken mit anderen ausgeübt werden. So stehen auf der einen Seite **Einzelunternehmer**, die teilweise **Kaufleute** i.s. des HGB sind, auf der anderen Seite neben **Stiftungen** vor allem **Gesellschaften**, die sich in **Personengesellschaften** und **Körperschaften** aufteilen lassen. Bei den Körperschaften wird zwischen der Grundform des „**Vereins**", der **Genossenschaft** und den **Kapitalgesellschaften**, deren wichtigste Formen die Gesellschaft mit beschränkter Haftung (**GmbH**) und die Aktiengesellschaft (**AG**) sind, unterschieden.

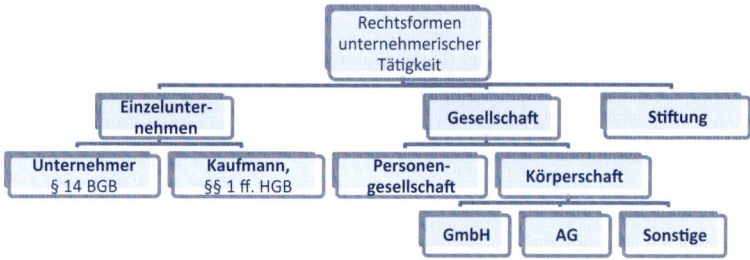

Abb. 65: Übersicht Rechtsformen unternehmerischer Betätigung

13.2 Einzelunternehmer

13.2.1 Unternehmer

Erwerbswirtschaftliche selbständige Tätigkeit kann in der Form des **Einzelunternehmens** ausgeübt werden. Unternehmer ist, wer als **natürliche Person** ohne Beteiligung anderer einen **Gewerbebetrieb** führt oder eine **freie berufliche Tätigkeit** ausübt, vgl. § 14 BGB.

> **Beispiel:**
> Der *Handwerksmeister* für Heizungs-, Sanitär- und Klimatechnik Hubert Brösel betreibt sein gewerbliches Geschäft alleine und ist Unternehmer i.S. des § 14 BGB. Da er bei seinem alleine geführten Betrieb ohne Mitarbeiter nach Art und Umfang keine kaufmännische Einrichtung benötigt, ist er auch kein Kaufmann i.S. des HGB. Gleiches gilt für den alleine tätigen Architekten und den Lehrbuchautor.

Er hat keine Firma i.s. des § 17 HGB, benötigt kein Mindestkapital, unterliegt nicht den Buchführungs- und Bilanzierungsvorschriften des HGB, sondern kann eine Einnahme-Überschuss-Rechnung führen, für Geschäftsvorfälle haftet er alleine und persönlich, über seine Einkünfte erstellt er eine Einkommensteuererklärung und ggf. bei Überschreitung gewissen Einnahmegrößen eine Umsatzsteuererklärung.

13.2.2 Kaufleute

13.2.2.1 Der Istkaufmann

Wer als **gewerblicher Einzelunternehmer** nach **Art und Umfang** seiner Tätigkeit eine **kaufmännische Einrichtung benötigt**, betreibt ein „**Handelsgewerbe**" und ist **Istkaufmann**, §1 Abs.1, 2 HGB.

In Abgrenzung zu den freien Berufen liegt nur bei einer *selbständigen*, nach außen *erkennbaren*, von einer gewissen *Dauerhaftigkeit* geprägten, *erlaubten* und mit *Gewinnerzielungsabsicht* betriebenen Tätigkeit ein **Gewerbe** vor, sofern die Tätigkeit *keine freiberufliche* i.e.S. ist.

> **Beispiele:**
> Rechtsanwälte, Steuerberater, Wirtschaftsprüfer, Ärzte, Architekten, Literaten, Heilpraktiker und Künstler sind freie Berufe und können als Einzelunternehmer – mangels Gewerbe – niemals Kaufleute sein. Der Apotheker ist jedoch wie der Heizungsbauer ein Gewerbetreibender und kann unter weiteren Voraussetzungen Kaufmann sein.

Die für die Kaufmannseigenschaft nach §1 Abs.2 HGB **notwendige** „**kaufmännische Einrichtung**" des Gewerbebetriebs umfasst u.a. die Beschäftigung kaufmännisch geschulten Personals, die organisatorische Aufgliederung des Betriebs in Abteilungen, eine kaufmännische Buchführung und Bilanzierung oder eine kaufmännische Bezeichnung als Firma. Solche organisatorischen Notwendigkeiten müssen aufgrund der Art *und* des Umfangs der Unternehmung bestehen:

Unter „**Art**" der Tätigkeit versteht man das qualitative Kriterium, das z.B. auf die große Vielfalt der Erzeugnisse, Waren oder Dienstleistungsangebote, die Komplexität der Geschäftsvorgänge, die Art und Gestaltung von Bankbeziehungen, die Inanspruchnahme oder Gewährung von Krediten („Kundenkarte") oder eine entsprechende Lagerhaltung abstellt.

Nur wenn kumulativ auch der quantitative „**Umfang**" der Unternehmung eine kaufmännische Einrichtung erfordert, liegt beim *Einzelgewerbetreibenden* ein Handelsgewerbe vor: Dabei ist auf den Umsatz (Faustregel: weniger als 250.000 €/Jahr oder mehr als 500.000 €/Jahr, dazwischen je nach Einzelfall), die Zahl der Beschäftigten, die Zahl der Betriebsstätten oder die Flächen des Geschäftsbetriebs zu schauen.

Liegen alle drei Kriterien vor, ist der Einzelunternehmer als der *aus Geschäftsabschlüssen berechtigte und verpflichtete* **Betreiber** der Unternehmung automatisch Kaufmann und muss sich ins Handelsregister „deklaratorisch" eintragen lassen, § 29 HGB.

13.2.2.2 Der Kannkaufmann

Wer nach Art und Umfang keine kaufmännische Einrichtung benötigt, kann die Kaufmannseigenschaft durch freiwillige „konstitutive" Eintragung ins Handelsregister erwerben und ist ab da ein **Kannkaufmann**, § 2 Satz 1, 2 HGB.

Beispiel:
Der oben genannte Hubert Brösel hat weder ein besonders vielfältiges Dienstleistungsangebot, nur eine übersichtliche Zahl von Kunden, die er bedient, betreibt keine Ersatzteillagerhaltung, noch hat er Mitarbeiter oder Filialen. Er benötigt keine kaufmännische Einrichtung, ist kein Kaufmann. Lässt er sich aber freiwillig in das Handelsregister eintragen, erwirbt er mit diesem behördlichen Akt die Kaufmannseigenschaft doch. Lässt er die Eintragung löschen, verliert er die Kaufmannseigenschaft – bei unverändertem Geschäftsbetrieb – wieder, vgl. § 2 Satz 3 HGB.

13.2.2.3 Andere Kaufmannsarten

Der Einzelunternehmer kann *kein Formkaufmann* nach § 6 HGB sein. § 5 HGB *„Kaufmann kraft Eintragung"* hat nach h.A. über die Geltung der §§ 1 und 2 HGB hinaus keinen relevanten Anwendungsbereich. Allenfalls kann ein Unternehmer, der kein Kaufmann nach §§ 1,2 HGB ist, ein **Scheinkaufmann** sein. Nach dieser gewohnheitsrechtlich anerkannten Rechtsfigur wird jemand im Verhältnis zu einem *gutgläubigen Dritten* als Kaufmann behandelt, der den *„Rechtsschein"* der Kaufmannseigenschaft durch eigene Veranlassung oder zurechenbare Veranlassung Dritter erzeugt, und damit ein ursächlich darauf zurückgehendes Verhalten seines Gegenüber auslöst. In diesem Verhältnis gelten die wesentlichen Vorschriften des HGB in Bezug auf Kaufleute für diesen „Bluffer".

Beispiel:
Der Informatikstudent Gerry Greiner finanziert sein Studium durch den Verkauf von am PC entwickelter Spezialsoftware („Softwareentwickler") bei einem Jahresumsatz von 15.000 €. Er entnimmt einer Fachzeitschrift, dass das Software-Unternehmen Cyber GmbH *kommerziellen Großhändlern* das für die Softwareentwicklung nützliche Standardprogramm „Hercules" zum Preis von nur 250 € anbietet. Auf einem eigens dafür entwickelten Briefbogen „Softwarehandelshaus Gerry Greiner e.K." bestellt er – unter Angabe einer erfundenen Handelsregister-Nummer, seiner

„Geschäftskonten" bei der C-Bank und der D-Bank (in Wahrheit Privatkonten) und signiert mit „Greiner" und „ppa. Dr. Gerry" – das Programm „Hercules". Am 20.10. erhält er das Programm gegen Rechnung mit dem Vermerk: Zahlbar bis 25.10. Nachdem er am 30.11. noch immer nicht bezahlt hat, bekommt er am 4.12. eine Mahnung, in welcher bereits kaufmännische Zinsen in Höhe von 5 % p.a. seit 26.10. berechnet werden. Tatsächlich gelten §§ 352, 353 HGB für diesen Scheinkaufmann, weil er gegenüber Cyber durch „e.K.", die HRA-Nr., seine „Geschäftskonten" und „ppa.", der Bezeichnung für Prokuristen, die Kaufmannseigenschaft vorgespiegelt hat.

13.2.3 Firma

Für Kaufleute gilt das „**Firmenrecht**" des HGB.

Definition:
Die Firma eines Kaufmanns ist der Name, unter dem er seine Geschäfte betreibt und die Unterschrift abgibt. Ein Kaufmann kann unter seiner Firma klagen und verklagt werden, § 17 HGB.

Die Firma ist der **Name des Kaufmanns** als „Unternehmensträger" und *nicht des Unternehmens*. Der Einzelkaufmann hat daher neben seinem bürgerlichen Namen noch einen zweiten, seine Firma. Die Firma ist **vererblich** und zusammen mit dem Handelsgeschäft übertragbar (sog. derivative Firma, §§ 22, 24 HGB), sie ist gegen unbefugten Gebrauch durch Dritte **geschützt**, § 37 HGB, und hat einen „**Firmenwert**", der sogar bilanziert werden kann, vgl. § 246 Abs. 1 Satz 4 HGB.

Für die „Namensbildung" gelten fünf **Grundsätze** des HGB: Die Firma muss zur Kennzeichnung des Kaufmanns geeignet sein und Namensfunktion besitzen (**Firmenunterscheidbarkeit**, §§ 18 Abs. 1, 30 HGB). Als Firma können Personennamen (*„Marc Brauer"*), Sachbezeichnungen (*„Scherzartikel und mehr"*) oder Fantasienamen (*„#Hashtag"*) gewählt und kombiniert werden, allerdings dürfen keine irreführenden Angaben verwendet werden (**Firmenwahrheit**, § 18 Abs. 2 HGB). Dazu gehört auch, dass ein zutreffender Rechtsformzusatz angeführt wird („e.K."; bei Personengesellschaften: „OHG, KG", § 19 Abs. 1 HGB). Ein Kaufmann darf für *ein* organisatorisch verselbständigtes Unternehmen nur unter *einer* Firma auftreten (**Firmeneinheit**). Es besteht die Möglichkeit der Fortführung bestehender Firmen durch Inhaber bei Namenswechsel, § 21 HGB, oder durch Erwerber, §§ 22, 24 HGB (**Firmenbeständigkeit**); schließlich muss die Firma im Handelsregister veröffentlicht werden (**Firmenöffentlichkeit**, § 29 HGB).

Wer ein Handelsgeschäft kauft und bei gleicher Firma **fortführt,** **haftet** als Erwerber weiterhin für die Übernahme bestehenden Verbindlichkeiten des früheren Inhabers, wenn sie vor Ablauf von **fünf** **Jahren** fällig geworden und rechtkräftig festgestellt oder sich aus einer vollstreckbaren Urkunde ergeben, vgl. §§ 25, 26 HGB.

13.3 Personengesellschaften

13.3.1 Wesen und Gesellschaftszwecke

Schließen sich mehrere Personen zur gemeinsamen Erreichung eines *bestimmten Zwecks* zusammen, so liegt eine **Gesellschaft bürgerlichen Rechts (GbR)** vor, die Grundform der Personengesellschaften, § 705 ff. BGB. Liegt der Zweckbestimmung der *Betrieb eines Handelsgewerbes* zugrunde, so wird aus der GbR eine **offene Handelsgesellschaft (OHG)**, § 105 Abs. 1 HGB. Ist dabei die *Haftung* bei einem oder einigen Gesellschaftern, den *Kommanditisten*, auf den Betrag einer Vermögenseinlage *beschränkt*, während die anderen (*Komplementäre*) voll haften, wird aus der OHG eine **Kommanditgesellschaft (KG)**, § 161 Abs. 1 HGB. Für alle drei Personengesellschaften ist das **Recht der GbR**, auf die KG zusätzlich das **Recht der OHG** anwendbar, soweit nichts anderes bestimmt ist, §§ 105 Abs. 3, 161 Abs. 2 HGB.

Charakteristisch für die Personengesellschaft sind demnach ein **Gesellschaftsvertrag** zwischen den mindestens zwei Gesellschaftern und die Verpflichtung zur **Förderung eines gemeinsamen Zweckes**.

Personengesellschaft		
Vereinigung mehrerer, mind. zweier Personen	Gesellschaftsvertrag	Gemeinsamer Zweck

Abb. 66: Merkmale einer Personengesellschaft

13.3.1.1 Der Gesellschaftsvertrag

Der Gesellschaftsvertrag ist einerseits ein **mehrseitiger schuldrechtlicher Vertrag**, durch den Rechte und Pflichten der Gesellschafter untereinander begründet werden, andererseits aber auch ein **organisationsrechtlicher Vertrag**, durch den eine Gesellschaft errichtet wird. Er kann **formlos** abgeschlossen werden (sofern kein Grundstücksbezug besteht), sollte aber aus Beweisgründen schriftlich erfolgen, und unterliegt den **allgemeinen Regeln** des Zivilrechts über Willenserklärungen, §§ 194 ff., 116 ff., 145 ff. BGB, sofern das Gesellschaftsrecht keine Sonderregelungen vorsieht, z. B. „Kündigung und Auflösung" gem. §§ 723, 726 BGB statt „Rücktritt", § 323 BGB.

13.3.1.2 Der gemeinsame Zweck

Im Gesellschaftsvertrag verpflichten sich die Gesellschafter zur **Förderung eines gemeinsamen Zwecks**, indem jeder die vereinbarten **Beiträge leistet**, § 705 BGB.

* **GbR**: Für der GbR ist jeder über die bloße Rechtsverbundenheit hinausgehende, erlaubte Zweck legitim, so kommt eine gemeinsame Gewinnerzielungsabsicht in einem **handwerklichen** oder **freiberuflichen Geschäftsbetrieb**, z. B. als Sanitärtechnik-GbR, Rechtsanwaltssozietät oder ärztliche Gemeinschaftspraxis in Frage, solange *nicht die Grenzen zum Handelsgewerbe nach § 1 Abs. 2 HGB überschritten* werden. Auch die **Durchführung eines gemeinsamen Projekts**, z. B. die Arbeitsgemeinschaft (ARGE) mehrerer Firmen zum Bau eines Hauptbahnhofs, ein Bankenkonsortium zur Ausgabe neuer Aktien oder ein Förderkreis zur Ausbildung junger Musiker sind Erscheinungsformen der GbR. Schließlich taugt die GbR auch als **Zusammenschluss im Alltag zu privatem Zwecke** wie z. B. eine Fahrgemeinschaft oder eine Lotto-Tippgemeinschaft.

Berufs-, Gewerbetätigkeit	z. B. Handwerksbetrieb, Kleingewerbetreibende, Steuerberatersozietät, ärztliche Gemeinschaftspraxis etc., *ohne Handelsgewerbe zu sein*
Gemeinsame Projektdurchführung	ARGE XY-Tunnel, Bankenkonsortium zur Aktienausgabe, Förderkreis junge Musiker etc.
Private Alltagszusammenschlüsse	Fahrgemeinschaft, Urlaubsreisegemeinschaft, Geschenkegemeinschaft für Geburtstag des Kollegen, Lotto-Tippgemeinschaft etc.

Abb. 67: Zwecke einer GbR

Dabei können nach je nach Struktur die **Außengesellschaften** (Gewerbebetrieb) von den **Innengesellschaften** (Fahrgemeinschaft), die **Profit-Gesellschaften** (Anwaltssozietät) von den **Non-Profit-Gesellschaften** (Fördergemeinschaft) und die **Dauergesellschaften** (Geschäftsbetrieb) von den **Gelegenheitsgesellschaften** (Urlaubsreisegesellschaft) unterschieden werden.

* **OHG, KG**: Aus der GbR ausgenommen sind die in § 105 HGB genannten Zwecke, nämlich der Betrieb eines **Handelsgewerbes unter gemeinschaftlicher Firma** nach § 1 Abs. 1 und § 1 Abs. 2 HGB, bei dem die Gesellschafter nach *Art und Umfang* ihrer Tätigkeit eine *kaufmännische Einrichtung benötigen*, § 105 Abs. 1 HGB. Dabei kann etwa ein Handwerksbetrieb zweier Unternehmer zunächst als GbR gegründet werden, aber im Laufe der Zeit zu einer OHG mutieren, wenn Geschäftsvolumen und die Komplexität der Dienstleistungen

steigen. Diese Zwecksetzung entspricht auch derjenigen einer KG, § 161 Abs. 1 HGB.

> **Beispiel:**
> Max und Moritz betreiben gemeinsam einen Shop für Fanartikel des VfB Stuttgart mit einem Jahresumsatz von 130.000 € als GbR. Eine kaufmännische Einrichtung benötigen sie nicht. Fünf Jahre später haben sie ihr Sortiment auf Fanartikel aller 18 Fußball Bundesligavereine erweitert, ihr Umsatz ist auf 3,8 Mio. € gestiegen, sie betreiben 17 Filialen über das ganze Bundesgebiet und beschäftigen über 40 Mitarbeiter und Mitarbeiterinnen. Inzwischen ist nach Art und Umfang eine kaufmännische Einrichtung erforderlich geworden, § 1 Abs. 2 HGB, sodass sie nun nach § 105 Abs. 1 HGB eine OHG sind – ob sie wollen oder nicht!

Liegt **kein Handelsgewerbe** i.S. des § 1 Abs. 2 HGB vor, haben sich die Gesellschafter einer GbR aber **ins Handelsregister eintragen** lassen, so werden sie durch die konstitutive Eintragung zur **OHG**; § 105 Abs. 2 1. Alt. HGB. Dasselbe gilt, wenn die Gesellschafter nur **eigenes Vermögen verwalten** und sich mit dieser Zwecksetzung ins Handelsregister eintragen lassen, § 105 Abs. 2 2.Alt. HGB.

Die **KG** hat im Wirtschaftsleben als Gesellschaftsform für **Mittelständler** und **Familienbetriebe** große Bedeutung, weil Nachkömmlinge als Kommanditisten an die spätere Geschäftsführung als Kommanditisten herangeführt werden können, ohne dass sie als Kommanditisten bereits eine persönliche Haftung über die Vermögenseinlage hinaus treffen würde.

13.3.2 Die Rechtspersönlichkeit

Nach § 124 Abs. 1 HGB kann die **OHG** (und über § 161 Abs. 2 auch die **KG**) unter ihrer Firma **Rechte erwerben** und **Verbindlichkeiten eingehen**, **Eigentum** und andere **dingliche Rechte an Grundstücken** erwerben, vor Gericht **klagen** und **verklagt** werden. Nach dieser Vorschrift ist die OHG zwar keine juristische Person, aber als Gesamthandsgemeinschaft eine nach außen eigenständige **(teil)-rechtsfähige Rechtspersönlichkeit**.

Für die **GbR** existiert insoweit keine spezifische gesetzliche Regelung, sodass die Rechtsnatur der GbR jahrzehntelang umstritten war. Die für die OHG geltenden Grundsätze hat der Bundesgerichtshof in seiner Entscheidung vom 29.01.2001 auf die GbR übertragen (BGHZ 146,341 ff.) und ist damit der „kollektivistischen Theorie" gefolgt, die auch durch §§ 1 Abs. 2 Nr. 1 InsO, 191 Abs. 1 UmwG und 162 Abs. 1 Satz 2 HGB nahe legt, auch der GbR **Rechtsfähigkeit** zuzuerkennen. Die GbR kann daher durch Teilnahme am Rechtsverkehr **Rechte**

und Pflichten begründen und ist in einem **Zivilprozess** aktiv und passiv **parteifähig**. Dadurch lässt sich auch eine identitätswahrende Umwandlung innerhalb der Personengesellschaften von der GbR zur OHG oder umgekehrt sinnvoll dogmatisch begründen. Immerhin bestehen jedoch noch einige **Unterschiede zu juristischen Personen**, die folgender Tabelle entnommen werden können:

Gesamthandsgesellschaft (GbR, OHG, KG)	Juristische Person (GmbH, AG)
Gründungsfreiheit	Registerpflicht
Haftung des Privatvermögens der Gesellschafter für Gesellschaftsschulden	Keine Haftung des Privatvermögens der Gesellschafter für Gesellschaftsschulden
Mindestens zwei Gesellschafter	Mindestens ein Gesellschafter
Gesellschafter ist Steuersubjekt, Gesellschaft nur für einzelne Steuerarten, z. B. Umsatzsteuer.	Juristische Person ist durchgehend Steuersubjekt
Privatgläubiger der Personengesellschaft können Mitgliedschaft kündigen und sich an Abfindungsanspruch halten.	Privatgläubiger des Gesellschafters können Beteiligung pfänden, haben aber kein Zugriff auf Vermögen der juristischen Person.

Abb. 68: Vergleich Gesamthandgesellschaft-juristische Person

13.3.3 Das Gesellschaftsvermögen

Das Gesellschaftsvermögen ist ein vom Privatvermögen der Gesellschafter getrenntes Sondervermögen, das allen Gesellschaftern „zur gesamten Hand" gemeinschaftlich zusteht, § 718 Abs. 1 BGB. Es setzt sich zusammen aus den von den Gesellschaftern **geleisteten Beiträgen**, vgl. § 705 BGB, aus den **Ansprüchen auf offene Beiträge**, aus den durch die Geschäftsführung für die Gesellschaft **hinzu erworbenen Gegenständen** und aus den **Surrogaten** für zerstörte, beschädigte oder entzogene Gesellschaftsgegenstände, § 718 Abs. 2 BGB. Dies gilt für GbR, OHG und die KG.

Die gesamthänderische Bindung hat zur Folge, dass kein Gesellschafter einen rechnerischen Bruchteil an einem Gegenstand des Gesellschaftsvermögens hat, er kann auch **nicht alleine** über den Gegenstand **verfügen**; vielmehr können dies nur alle Gesellschafter gemeinsam, vgl. die Abgrenzung zum „Bruchteilseigentum" in Kapitel 7 „Sachenrecht".

> **Beispiel:**
> Wird vom Gesellschaftskonto übereinstimmend ein Geschäftswagen angeschafft, so gehört er allen zusammen. Soll er wieder verkauft werden, müssen alle Gesellschafter einverstanden sein.

13.3.4 Rechte und Pflichten der Gesellschafter

Als Pflichten der Sozien sind die **Beitragspflicht**, und die **allgemeine Treuepflicht** hervorzuheben. Die **Geschäftsführung** nach innen ist Recht und Pflicht zugleich, die auch die Frage der **Vertretung** nach außen aufwirft. Wirtschaftlich wichtig ist das **Recht auf Gewinnbeteiligung.**

13.3.4.1 Beitragspflicht

Nach § 705 BGB haben die Gesellschafter zur Förderung des Gesellschaftszwecks den **vereinbarten Beitrag** zu leisten, der aus *Geldzahlungen*, der Übereignung *beweglicher Sachen* oder von *Grundstücken*, der Überlassung von *Patenten* oder *Lizenzen* oder auch aus *Dienstleistungen* bestehen kann, § 706 Abs. 2, 3 BGB. Die Beiträge der jeweiligen Gesellschafter können nach **Art und Höhe unterschiedlich** sein, nur im Zweifel sind sie gleich, vgl. § 706 Abs. 1 BGB.

Probleme entstehen, wenn ein Gesellschafter seine Beitragsleistung schuldig bleibt. Dann muss die Gesellschaft den Gesellschafter **auf Beitragsleistung in Anspruch** nehmen, das ist in erster Linie Aufgabe der geschäftsführenden Gesellschafter. Wo Gesamtgeschäftsführung aller Gesellschafter besteht, müsste der Säumige also gegen sich selbst mitwirken. Deshalb steht nach der gewohnheitsrechtlich anerkannten Rechtsfigur der „**actio pro socio**" (Klage gegen den Sozius) jedem Gesellschafter unabhängig von der Geschäftsführung das Recht auf – notfalls gerichtliche – Geltendmachung geschuldeter Sozialansprüche an die Gesellschaft zu.

> **Beispiel:**
> Die Meister Karl und Rüdiger betreiben zusammen ein Sanitärtechnikgeschäft als GbR, das von ihnen gemeinsam geleitet wird. Beide haben sich im Gesellschaftsvertrag verpflichtet, Arbeitsleistungen von 40 Std./ Woche zu erbringen. Eines Tages erscheint Rüdiger nicht mehr zur Arbeit. Nach vier Monaten will Karl den Rüdiger auf Arbeitsleistung verklagen; das kann er trotz Gesamtgeschäftsführung über die „actio pro socio" erfolgreich tun.

Eine Erhöhung der vereinbarten Beiträge oder eine **Nachschusspflicht** bei Verlusten ist bei den Personengesellschaften nicht vorgesehen, auch wenn dies wirtschaftlich sinnvoll wäre, § 707 BGB. Soll ein Nachschuss geleistet werden, so ist der **Gesellschaftsvertrag einvernehmlich zu ändern.** Gelingt dies nicht, können auch nur einige Gesellschafter eine Kapitelerhöhung vornehmen, was dann die Gesellschaftsanteile verschiebt, sonst muss die Gesellschaft im ungünstigsten Fall aufgelöst werden, vgl. § 727 BGB. Allerdings kann § 707 BGB im Gesellschaftsvertrag auch ausgeschlossen werden!

13.3.4.2 Allgemeine Treuepflicht

Gesellschaftern einer Personengesellschaft obliegt bei Förderung des gemeinsamen Zweckes eine besondere **Loyalitätspflicht.** Sie müssen dabei die **Interessen der Gesellschaft** wahrnehmen und alles unterlassen was diesen Interessen zuwider laufen würde (sog. „**allg. Treuepflicht**: Verschwiegenheit nach außen, Loyalität nach innen"). Verletzt ein Gesellschafter die ihm obliegenden Pflichten zum Schaden der Gesellschaft, so kann er wegen Pflichtverletzung aus einem Schuldverhältnis nach § 280 BGB von der Gesellschaft auf Schadensersatz in Anspruch genommen werden. Dabei gibt es jedoch eine „**reduzierten Haftungsmaßstab**": Ein Gesellschafter hat bei Erfüllung der ihm obliegenden Verpflichtungen nur für diejenige Sorgfalt einzustehen, die er in **eigenen Angelegenheiten** auch anzuwenden pflegt, sog. „*diligentia quam in suis*" § 708 BGB. Die Gesellschafter müssen sich gegenseitig so akzeptieren wie sie sind!

Beispiel:
Drei Studierende A,B,C verbringen miteinander den Urlaub und nehmen sich einen Mietwagen (Urlaubs-GbR). Da alle den Führerschein haben, muss sich jeder abwechselnd als Fahrer zur Verfügung stellen. Eines sonnigen Tages überholt C an riskanter Stelle, es kommt zu Kollision mit einem anderen Fahrzeug, A verletzt sich schwer. Der auf Schadensersatz verklagte C beruft sich auf § 708 BGB und führt aus, er fahre immer etwas riskanter als andere, ihm sei daher wegen § 708 BGB kein Vorwurf mangelnder Sorgfalt zu machen. Zwar trifft dies den Gedanken des § 708 BGB genau, allerdings hat der BGH diesen Grundsatz auf Verhalten im Straßenverkehr für nicht anwendbar erklärt (BGHZ 46, 313): Von Fahrgästen könne nicht erwartet werden, dass sie ihr Leben und Gesundheit einem Fahrer mit geringerer Sorgfalt anvertrauen wollten, als nach § 276 BGB üblich, nur weil sie mit ihm durch Gesellschaftsvertrag verbunden seien.

13.3.4.3 Pflicht / Recht zur Geschäftsführung nach innen

Geschäftsführung betrifft die auf Zweckerreichung gerichtete Tätigkeit der Gesellschafter, also die Frage, wer hinsichtlich der geschäftlichen Entscheidungen „das Sagen" hat. Geschäftsführung besteht aus **tatsächlichen Handlungen**, z. B. Kontrolle der Arbeitnehmer, Erteilung von Weisungen, Unternehmensleitung, aber auch aus **rechtsgeschäftlichen Handlungen**, z. B. Abschluss von Beschaffungsverträgen, Einstellung von Mitarbeitern etc. Keine Geschäftsführungsmaßnahme sind das Innenverhältnis der Gesellschafter betreffende Aktivitäten wie z. B. Änderung des Gesellschaftsvertrages. Bei Personengesellschaften besteht die Pflicht zur **Selbstorganschaft**, d. h. dass die **Verbindung zwischen Gesellschafterstellung und Geschäftsführung bzw. Vertretung** stets gewährleistet sein muss. Es dürfen also nicht *alle* Gesellschafter von der Geschäftsführung ausgeschlossen sein und die Geschäfte auf einen gesellschaftsfremden Dritten übertragen werden, mindestens ein Gesellschafter muss die Geschäfte führen und die Gesellschaft vertreten können (**Verbot der Dritt- oder Fremdorganschaft**). Dies ist bei Kapitalgesellschaften anders.

Das **„Pflichtrecht" zur Geschäftsführung** ist bei den Personengesellschaften unterschiedlich gesetzlich geregelt, kann aber vertraglich abweichend gestaltet sein:

• GbR: Die gesetzliche Regel geht von **gemeinschaftlicher Gesamtgeschäftsführung** aller Gesellschafter bei **einstimmigen Entscheidungen** aus, 709 Abs. 1 BGB. Allerdings kann im Gesellschaftsvertrag Abweichendes bestimmt werden: Bei Gesamtgeschäftsführung aller kann Stimmenmehrheit genügen (**Mehrheitsprinzip**), § 709 Abs. 2 BGB. Darüber hinaus kann die Übertragung der Geschäftsführungsbefugnis auf einen (**Einzelgeschäftsführung**) oder mehrere Gesellschafter (**Mehrheitsgeschäftsführung**), die dann die Geschäfts wieder **gemeinsam führen** (vgl. § 709 BGB), genügen; in diesem Fall sind die übrigen Gesellschafter von der Geschäftsführung **ausgeschlossen**, § 710 BGB. Schließlich kann **Einzelgeschäftsführung aller** oder **mehrerer Gesellschafter** beschlossen werden, den anderen Geschäftsführern steht dann in jedem Einzelfall ein **Widerspruchsrecht** gegen die Entscheidungen jedes Einzelgeschäftsführers zu. Bei Widerspruch muss das Geschäft unterbleiben, § 711 BGB.

Beispiel:
A, B und C sind einzelgeschäftsführungsbefugte Gesellschafter, D ist von der Geschäftsführung ausgeschlossen. Möchte B eine neue EDV-Anlage leasen, können A oder C dem widersprechen, das Leasing muss unterbleiben.

• OHG: Da die OHG ein Handelsgewerbe betreibt, ist die Geschäftsführungsregelung der GbR für diesen Zweck zu umständlich. Das HGB geht daher bei der OHG von **Einzelgeschäftsführungsbe-**

fugnis aller Gesellschafter bei Widerspruchsrecht der anderen Geschäftsführer aus, §§ 114 Abs. 1, 115 Abs. 1 HGB. Vertraglich ist jedoch eine Übertragung der Geschäftsführung auf **einen** oder **mehrere Gesellschafter** möglich.

Der Umfang dieser Einzelgeschäftsführung ist **beschränkt** auf alle Handlungen, die der **gewöhnliche Betrieb des konkreten Handelsgewerbes** mit sich bringt, § 116 Abs. 1 HGB. Für diesen Rahmen überschreitende Entscheidungen ist ein **Gesellschafterbeschluss** aller Gesellschafter nötig, § 116 Abs. 2 HGB, wie dies auch für Änderungen des Gesellschaftsvertrages oder die Auflösung der Gesellschaft der Fall ist. Diese Gesellschafterbeschlüsse sind **einstimmig** zu treffen, § 119 Abs. 1 HGB, sofern nicht vertraglich das **Mehrheitsprinzip** verankert ist, § 119 Abs. 2 HGB.

- **KG:** Die Geschäftsführungsrechte der vollhaftenden **Komplementäre** der KG entsprechen denen der OHG-Gesellschafter; die **Kommanditisten**, die lediglich mit ihrer Vermögenseinlage haften, sind hingegen von der Geschäftsführung **ausgeschlossen**, § 164 Satz 1 1 HS. HGB. Sie haben kein Widerspruchsrecht bzgl. gewöhnlicher Geschäftshandlungen, lediglich **außergewöhnlichen Geschäften** können sie **widersprechen**, § 164 Abs. 1 Satz 1 2.HS. HGB. Allerdings stehen Ihnen **Kontrollrechte** in Form ordentlicher und außerordentlicher Prüfungsrechte zu, § 166 Abs. 1,2,3 HGB.

13.3.4.4 Vertretungsrecht nach außen

Definition:
Vertretung ist die Rechtsmacht, im Namen der Gesellschaft und mit Wirkung für und gegen sie wie auch für und gegen alle Gesellschafter rechtsgeschäftliche Erklärungen nach außen abgeben zu dürfen.

Während die Geschäftsführungsbefugnis regelt, was der einzelne Gesellschafter im Verhältnis zu seinen Mitgesellschaftern und der Gesellschaft tun darf und muss (*„rechtliches Dürfen im Innenverhältnis"*), bestimmt die Vertretungsmacht, ob der einzelne Gesellschafter im Verhältnis zu Dritten wirksam Rechtsgeschäfte für und gegen die Gesellschafter vornehmen kann (*„rechtliches Können im Außenverhältnis"*). Es gelten die Regeln des Vertretungsrechts nach § 164 BGB für die Abgabe einer eigenen Willenserklärung in fremdem Namen.

- **GbR:** Bei der GbR ist die Vertretungsmacht **an die Geschäftsführungsbefugnis gekoppelt**, § 714 BGB: Wer zur Geschäftsführung nach §§ 709 ff. BGB befugt ist, darf auch vertreten. Ein **Widerspruch** nach § 711 BGB lässt allerdings eine Vertretungshandlung nach außen **unberührt**, sofern der Dritte den Widerspruch nicht kannte.
- **OHG:** Hier besteht ebenfalls eine organschaftliche Vertretung: **Jeder Gesellschafter** ist grundsätzlich zur Vertretung befugt, sofern er nicht von der Vertretung ausgeschlossen ist, § 125 Abs. 1

HGB. Gesellschaftsvertraglich kann bestimmt werden, dass **mehrere Gesellschafter** nur **in Gemeinschaft** vertretungsbefugt sein sollen (sog. **echte Gesamtvertretung**), § 125 Abs. 2 HGB oder dass **einzelne Gesellschafter nur mit einem Prokuristen zusammen** vertretungsbefugt sein sollen (sog. **unechte Gesamtvertretung**), § 125 Abs. 3 HGB. Bei letzterer besteht die Gefahr der Verletzung des Prinzips der Selbstorganschaft, wenn neben der unechten Gesamtvertretung mit einem Prokuristen kein anderer Gesellschafter mehr einzelvertretungsbefugt ist.

> **Beispiel:**
> In der A-B-C-OHG ist A von der Vertretung ausgeschlossen, B und C können gemeinsam oder jeweils alleine in Zusammenwirken mit dem Prokuristen P vertreten. Stirbt plötzlich B, so könnte C nur noch mit P zusammen vertreten. Das geht nicht, weil sonst niemand den P entlassen könnte. Hier muss also C auch – wegen des Prinzips der Selbstorganschaft – alleine vertreten können!

Der **Umfang** der Vertretungsmacht ist **gesetzlich garantiert**: Sie umfasst alle **gerichtlichen und außergerichtlichen Rechtshandlungen** nebst **Veräußerung und Belastung von Grundstücken** sowie die **Erteilung** und den **Widerruf einer Prokura**, § 126 Abs. 1 HGB. Dieser Umfang ist nach außen gegenüber Dritten nicht beschränkbar, § 126 Abs. 2 HGB.

> **Übung:**
> Vergleichen Sie den gesetzlich garantierten Umfang der Prokura in §§ 49,50 HGB und den des OGH-Vertreters nach § 126 HGB!

- **KG:** Die **Vertretungsbefugnis der Komplementäre** orientiert sich an der OHG, §§ 161 Abs. 2, 125 f. HGB. Der **Kommanditist** ist zur Vertretung der Gesellschaft **nicht befugt**, § 170 HGB.

13.3.4.5 Recht auf Gewinnbeteiligung

- **GbR:** In der BGB-Gesellschaft stehen allen Gesellschaftern ohne Rücksicht auf Art und Größe ihrer jeweiligen Beiträge ein **gleicher Anteil an Gewinn und Verlust** zu, was jedoch gesellschaftsvertraglich abänderbar ist, § 722 Abs. 1 BGB. In der Praxis wird sich der Gewinnanteil an der Höhe der jeweils geleisteten Beiträge orientieren. Allerdings sieht das Gesetz eine Auszahlung erst nach Auflösung der Gesellschaft vor, § 721 Abs. 1 BGB, bei Dauergesellschaften entsteht der Gewinnauszahlungsanspruch zum Schluss des Geschäftsjahres, § 721 Abs. 2 BGB.

- **OHG**: Der Gewinn- und Verlustanteil eines jeden Gesellschafters wird zum Geschäftsjahresende berechnet, ein Gewinn wird **dem Kapitalanteil des Gesellschafters zugeschrieben**, §120 Abs.1,2 HGB. Dabei geht §121 Abs.1 HGB von einem Gewinnanteil von **4% auf jeden Kapitalanteil** aus, sofern dieser erwirtschaftet wird. Ein höherer Gewinn wird unter den Gesellschaftern „nach Köpfen verteilt", §121 Abs.3 HGB. Jeder Gesellschafter kann aus der Gesellschaftskasse bis zu 4% seines für das letzte Geschäftsjahr festgestellten Kapitalanteils sowie einen etwaigen übersteigenden Gewinn **entnehmen**, wenn dies der Gesellschaft nicht schadet, §122 HGB.

- **KG**: Die Vorschriften über die **Gewinn- und Verlustberechnung** und **Zuschreibung auf Kapitalanteile** der OHG nach §120 HGB gelten auch für Kommanditisten, bis der Gewinn den Nennbetrag seiner Einlage erreicht, §167 Abs.1, 2 HGB. Für die **Gewinnverteilung** gilt bei Gewinnen bis 4% der Kapitalanteile §121 Abs.1, 2 HGB entsprechend, für höhere Gewinne wird nach angemessenem Verhältnis verteilt, §168 Abs.1, 2 HGB. Der Kommanditist hat Anspruch auf **Auszahlung des ihm zukommenden Gewinns**, solange seine Einlage nicht durch Verluste gemindert ist oder wird, 169 Satz 2 HGB.

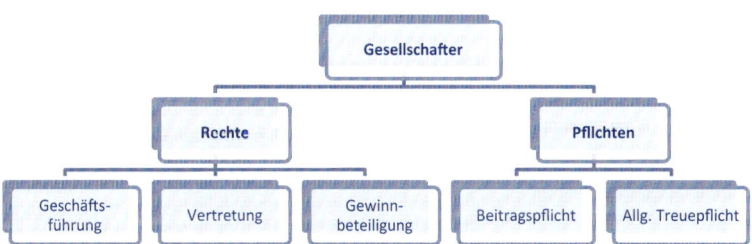

Abb. 69: Rechte und Pflichten von Gesellschaftern

13.3.5 Haftung

Mangels eigenständiger Regelungen im BGB gelten nach der Anerkennung der Rechtsfähigkeit der GbR die **Haftungsregeln der OHG** für die **BGB-Gesellschaft** entsprechend:

- **GbR, OHG**: Für die Haftung für Verbindlichkeiten der Gesellschaft stehen mehrere Haftungsmassen zur Verfügung: Das *Gesellschaftsvermögen* und die *Privatvermögen* eines jeden Gesellschafters. **Gesellschaftsvermögen**: Die als rechtsfähig angesehene Gesellschaft haftet mit dem Gesellschaftsvermögen für ihre Verbindlichkeiten, sie kann dafür auch aufgrund ihrer Parteifähigkeit vor Gericht **verklagt** werden, §124 Abs.1 HGB. Zur Zwangsvollstreckung in das Gesellschaftsvermögen ist ein **gegen die Gesellschaft selbst gerichteter Vollstreckungstitel** erforderlich, §124 Abs.2 HGB.

Privatvermögen der Gesellschafter: Parallel zur Gesellschaft haftet jeder Gesellschafter als Gesamtschuldner mit allen anderen Gesellschaftern **akzessorisch** für die Gesellschaftsschuld mit seinem Privatvermögen, § 128 Satz 1 HGB, 427 BGB. Der Gläubiger einer Gesellschaftsschuld wird daher in der Praxis seine Klage gegen die Gesellschaft *und* gegen jeden Gesellschafter richten, denn zur Zwangsvollstreckung in das Privatvermögen benötigt er einen gegen den **Gesellschafter gerichteten Vollstreckungstitel**. Soweit die Gesellschaft gegen eine Forderung Einwendungen erheben kann, stehen diese **Einwendungen** auch den in Anspruch genommenen Gesellschaftern zu, vgl. § 129 Abs. 1 ff. HGB.

Eine **Haftungsbeschränkung** auf das Gesellschaftsvermögen kann nur wirken, wenn durch Vereinbarung mit dem Geschäftspartner die Vertretungsmacht des für die Gesellschaft Handelnden ausdrücklich auf das Gesellschaftsvermögen beschränkt wird. Eine konkludente Beschränkung, etwa durch „GbRmbH" wurde von den Gerichten wegen Verwechslungsgefahr mit der GmbH beanstandet.

Nachhaftung: Bei Ausscheiden eines Gesellschafters haftet er für die bis zu seinem Ausscheiden begründeten Verbindlichkeiten weiter, wenn sie vor Ablauf von fünf Jahren fällig und gerichtlich festgestellt sind, vgl. § 160 Abs. 1 HGB.

Die **Erfüllung** von gegen die Gesellschaft gerichteten Ansprüchen muss durch die Gesellschafter grundsätzlich **in der Weise** geschehen, wie die **Gesellschaft selbst** zur Erfüllung verpflichtet ist (sog. „**Erfüllungstheorie**"). Bei Erfüllungspflichten **in natura** oder durch **persönliche Leistungen** der Gesellschafter ist eine **Abwägung** zwischen den Gläubigerinteressen und dem schützenswerten Interesse des Gesellschafters auf Freihaltung seiner Privatsphäre vorzunehmen.

Beispiel:
So muss es dem Gesellschafter einer Maler-OHG, der Finanzwirt ist, erlaubt sein, persönliche Leistungspflichten (z. B. Malerarbeiten) über Geldzahlung ohne persönlichen Einsatz durch Dritte erledigen zu lassen; andererseits können Pflichten, die der Gesellschaft gegenüber bestehen, auch direkt gegenüber Dritten erbracht werden, z. B. Übereignung eines Grundstücks, das vom Gesellschafter in die OHG zum Weiterverkauf eingebracht werden muss und das die OHG bereits weiterverkauft hat.

- **KG**: Bei der KG haftet der **Komplementär** entsprechend den Regeln der OGH, § 161 Abs. 2 HGB. Die Haftung des **Kommanditisten** hingegen ist auf den im Handelsregister eingetragenen **Betrag seiner Kapitaleinlage begrenzt**, wenn sie einbezahlt ist, §§ 171

Abs. 1, 172 Abs. 1 HGB. Dann erlischt seine persönliche Haftung, § 171 Abs. 1 2. HS. HGB. Wird ihm allerdings die Einlage ganz oder teilweise wieder **zurückbezahlt** oder entnimmt er Gewinnanteile, die seine Einlage unter den Nennbetrag herabmindern, gilt sie den Gläubigern gegenüber insoweit als nicht geleistet; seine **Haftung lebt** insoweit wieder **auf**, § 171 Abs. 4 HGB.

- **GmbH & Co KG**: Eine gesellschaftsrechtlich zulässige Mischform zur Haftungsbegrenzung stellt die GmbH & Co KG dar. Sie ist eine **Kommanditgesellschaft**, bei der die Rolle des persönlich haftenden Komplementärs von einer **auf das Gesellschaftsvermögen haftungsbegrenzten GmbH** übernommen wird. Die Haftung der Kommanditisten ist auf deren **Einlage beschränkt**, sodass der Gläubigern insgesamt nur beschränkte Haftungsmassen zur Verfügung stehen und kein Durchgriff auf Privatvermögen von natürlichen Gesellschaftern möglich ist. Für die KG gelten die §§ 161 ff. HGB; für die Komplementärs-GmbH gilt das GmbHG.

 Geschäftsführung und **Vertretung** erfolgen **zweistufig**: Die **GmbH&Co KG** wird durch die Komplementärs-GmbH als Gesellschafterin geleitet und vertreten, die **GmbH** wird durch ihre Geschäftsführer gelenkt und vertreten. Es hat bzgl. der *Einlagen der Kommanditisten*, § 171 HGB, und der *Kapitalausstattung der GmbH*, §§ 5, 14 GmbHG, eine **„doppelte Kapitalaufbringung"** zu erfolgen.

13.3.6 Beendigung der Gesellschaft

- **GbR**: Die GbR endet durch **Zeitablauf** oder **Auflösungsvereinbarung**. Sie wird **aufgelöst** durch **Zweckerreichung**, § 726 BGB, durch **Tod eines Gesellschafters**, § 727 Abs. 1 BGB, durch **Eröffnung des Insolvenzverfahrens über das Gesellschaftsvermögen** oder das Vermögen eines Gesellschafters, § 728 Abs. 1, 2 BGB; schließlich endet sie durch **Kündigung** eines Gesellschafters, § 723 BGB, oder Kündigung eines Pfändungspfandgläubigers eines Gesellschafters, § 725 BGB. Im Gesellschaftsvertrag kann aber bestimmt werden, dass die Gesellschaft bei **Kündigung** oder **Tod** eines Gesellschafters **fortgesetzt** werden soll, § 736 Abs. 1 BGB (sog. „Fortsetzungsklausel"); dann hat der Begünstigte entweder einen schuldrechtlichen Anspruch auf Abschluss eines Aufnahmevertrages (sog. „Eintrittsklausel") oder er rückt automatisch in die Gesellschafterstellung des Verstorbenen (sog. „Nachfolgeklausel"). Nach Auflösung der Gesellschaft findet die **Auseinandersetzung des Gesellschaftsvermögens** statt, für die nach §§ 731 ff. BGB eine Reihenfolge der Abwicklung vorgesehen ist (z.B. Rückgabe von Gegenständen, dann Berichtigung der Schulden, dann Erstattung der Einlagen, dann Verteilung eines etwaigen Überschusses etc.).

- **OHG:** Auflösung und Auseinandersetzung entsprechen der GbR, wobei hier statt **Auflösung** auch ein **Ausscheiden von Gesellschaftern** möglich ist. **Auflösungsgründe** sind Zeitablauf, Gesellschafterbeschluss, Insolvenzeröffnung über das Gesellschaftsvermögen und gerichtliche Auflösung aus wichtigem Grund infolge einer Auflösungsklage eines Gesellschafters, §§ 131 Abs. 1, 2, 133 HGB. Mangels anderweitiger Vereinbarung führen Tod eines Gesellschafters, Insolvenzeröffnung über das Privatvermögen eines Gesellschafters, Kündigung durch Gesellschafter oder Privatgläubiger von Gesellschaftern, Eintritt von vertraglich vorgesehenen Fällen und ein Gesellschafterausscheidensbeschluss nur zum **Ausscheiden eines Gesellschafters**, nicht zur Auflösung der OHG, § 131 Abs. 3 HGB. Schließlich ist auch die **Ausschließung eines Gesellschafters** aus wichtigem Grund möglich, § 140 HGB. Wird die Gesellschaft nach dem Tode eines Gesellschafters **fortgesetzt**, so kann jeder Erbe seinen Verbleib in der Gesellschaft davon abhängig machen, dass ihm unter Belassung des bisherigen Gewinnanteils die **Stellung eines Kommanditisten eingeräumt** wird und der auf ihn fallende Teil der Einlage des Erblassers als **Kommanditeinlage** anerkannt wird, § 139 Abs. 1 HGB. Die OHG wird dadurch zur KG!
- **KG:** Beim Tod eines Kommanditisten wird die KG mangels abweichender Bestimmung mit den Erben **fortgesetzt**, § 177 HGB.

GbR	OHG
Zweck: **Jeder erlaubte Zweck** – außer Betrieb eines Handelsgewerbes	**Zweck:** **Betrieb eines Handelsgewerbes** nach §§ 105 Abs. 1, 1 Abs. 2 HGB; §§ 105 Abs. 2, § 2 HGB; Verwaltung eigenen Vermögens.
Rechtspersönlichkeit: Personengesellschaft Rechtsfähig und parteifähig nach § 124 HGB analog	**Rechtspersönlichkeit:** Personenhandelsgesellschaft Rechtsfähig und parteifähig nach § 124 HGB.
Geschäftsführung: Gesamtgeschäftsführung aller mit Einstimmigkeit, § 709 Abs. 1 BGB	**Geschäftsführung:** • Einzelgeschäftsführung aller mit Widerspruchsrecht der anderen, §§ 114 Abs. 1, 115 HGB, für „gewöhnliche" Handlungen, § 116 Abs. 1 HGB. • Für außergewöhnliche Handlungen ist Gesellschafterbeschluss aller nötig, § 116 Abs. 2 HGB • Einstimmigkeit, § 119 Abs. 1 HGB

GbR	OHG
Vertragliche Abweichungen: • Gesamtgeschäftsführung mit Mehrheitsprinzip, §709 Abs. 2 BGB. • Gesamtgeschäftsführung mehrerer oder einzelner, §§710, 709 BGB. • Einzelgeschäftsführung mehrerer oder aller, dann Widerspruchsrecht der anderen, §711 BGB.	Vertragliche Abweichungen: • Einzelgeschäftsführung mehrerer oder einzelner, §114 Abs. 2 HGB • Gesamtgeschäftsführung der bestimmten GF, §115 Abs. 2 HGB • Mehrheitsprinzip, §119 Abs. 2 HGB
Vertretung: • Gekoppelt an Geschäftsführungsbefugnis, §714 BGB	**Vertretung:** Einzelvertretung durch Gesellschafter, §125 Abs. 1 HGB Vertragliche Abweichungen: • Ausschluss der GF und Vertretung bzgl. einzelner Gesellschafter möglich, §125 Abs. 1 HGB • Gesamtvertretung aller oder mehrer möglich, §125 Abs. 2 HGB. • Vertretung auch mit einem Prokuristen zusammen möglich, §125 Abs. 3 HGB.
Umfang: Je nach Bestimmung, Vertretung ohne Vertretungsmacht möglich, §§ 177, 179 BGB.	Umfang: Gesetzlich garantiert und nach außen unbeschränkbar, § 126 HGB. Vertretung ohne Vertretungsmacht nicht möglich.
Haftung: • Gesellschaftsvermögen, § 124 HGB analog. • Akzessorische Gesellschafterhaftung, §§ 128 f. HGB analog.	**Haftung:** • Gesellschaftsvermögen, § 124 HGB. • Akzessorische Gesellschafterhaftung, §§ 128 f. HGB
Beendigung: Auflösungsgründe: Tod, Insolvenz Gesellschafter, Kündigung, Zweckerreichung, Insolvenz GbR, Auflösungsbeschluss.	**Beendigung:** Auflösungsgründe: Zeitablauf, Auflösungsbeschluss, Insolvenz, gerichtliche Entscheidung nach Auflösungsklage. Ausscheidensgründe: Tod, Insolvenz Gesellschafter, Kündigung.
Vertragliche Abweichungen: Fortsetzungsklausel möglich.	Vertragliche Abweichungen: Fortsetzungsklausel mit Erben möglich, § 139 HGB

Abb. 70: Vergleich GbR – OHG

13.4 Körperschaften

Körperschaften sind **juristische Personen**, die v. a. in den Rechtsformen des eingetragenen **Vereins**, der **Stiftung**, der **Genossenschaft**, der **Gesellschaft mit beschränkter Haftung** oder als **Aktiengesellschaft** auftreten. Wegen der Charakteristika juristischer Personen und insbesondere des Wesens von Stiftungen und Genossenschaften vgl. Kapitel 2 „Personen und Gegenstände".

13.4.1 Der Verein

Der Verein ist die Grundform von Körperschaften. Dabei sind zwei Formen des eingetragenen Vereins zu unterscheiden: Der Idealverein und der wirtschaftliche Verein.

- **Idealverein**: Die Zwecke des Idealvereins sind nicht wirtschaftliche, sondern **ideelle**, also gesellschaftliche, kulturelle oder soziale Zwecke.

> **Beispiele:**
> Kulturverein, Sportverein, Kunstverein, Förderverein eines Orchesters oder einer Schule.

Sie erlangen **Rechtsfähigkeit** mit **Eintragung in das Vereinsregister** des zuständigen Amtsgerichts am Sitz des Vereins, §§ 21, 55, 59 BGB, sofern bestimmte Voraussetzungen wie eine **Mindestmitgliederzahl von sieben**, § 56 BGB, und eine **Satzung** mit den Inhalten der §§ 57 f. BGB erfüllt sind. Mit der **Eintragung** erhält der Verein den Zusatz „e.V." für „eingetragener Verein", § 65 BGB. Organe des Vereins sind der **Vorstand**, § 26 BGB, und die **Mitgliederversammlung**, § 32 BGB. Der Vorstand vertritt den Verein gerichtlich und außergerichtlich, er hat die Stellung eines gesetzlichen Vertreters, § 26 Abs. 1 BGB. Soweit die Angelegenheiten nicht durch den Vorstand zu besorgen sind, entscheidet die Mitgliederversammlung durch Beschluss, § 32 Abs. 1 BGB. Der Verein **haftet** nach außen für **Schäden**, die ein Vorstand im Rahmen der Ausführung seiner Aufgaben Dritten zufügt, § 31 BGB, ein Grundsatz der für alle juristischen Personen und auch für die Personengesellschaften entsprechend gilt.

- **Wirtschaftsverein**: Wirtschaftsvereine sind auf einen **wirtschaftlichen Geschäftsbetrieb** gerichtet, z. B. Betrieb einer Taxizentrale, Verwertungsgesellschaft WORT, § 22 BGB. Sie erlangen Rechtsfähigkeit durch **staatliche Verleihung**.

13.4.2 Die GmbH

13.4.2.1 Wesen und Zweck

Die GmbH kann **zu jedem zulässigen Zweck** durch **mehrere Personen**, aber auch nur durch **eine Person** (sog. Einpersonen-GmbH) gegründet werden, § 1 GmbHG. Sie muss – anders als die Personengesellschaften – kein Handelsgewerbe betreiben, „gilt" aber als Handelsgesellschaft i.S. des HGB, § 13 Abs. 3 GmbHG.

Sie weist etliche **Vorzüge** auf, etwa eine einfache Gründung bei einem Mindestkapital von 25.000 € bei weitgehend individuell anpassungsfähiger Gestaltung des Gesellschaftsvertrages; Fremdorganschaft, als Geschäftsführung und Vertretung durch Nichtgesellschafter, ist möglich; Geschäftsführergehälter können als Betriebsausgaben steuerlich in Abzug gebracht werden. Dem stehen aber auch **Risiken** gegenüber: So weist sie bei geringer Kapitalausstattung eine hohe Insolvenzanfälligkeit auf, die Verschleppung der Insolvenzanmeldung bei Überschuldung oder Zahlungsunfähigkeit von länger als drei Wochen führt zur Strafbarkeit der Geschäftsführer, § 15a InsO.

13.4.2.2 Rechtspersönlichkeit

Die GmbH ist eine **rechtsfähige juristische Person** mit eigenen Rechten und Pflichten, sie kann Eigentum erwerben, vor Gericht klagen und verklagt werden, § 13 Abs. 1 GmbHG. Den Gläubigern der Gesellschaft **haftet für Verbindlichkeiten der GmbH nur das Gesellschaftsvermögen**, § 13 Abs. 2 GmbHG.

13.4.2.3 Gründung

Die Gründung der Gesellschaft vollzieht sich durch Abschluss eines nach § 2 Abs. 1 Satz 1 GmbHG **notariell zu beurkundenden Gesellschaftsvertrages** mit den **Mindestinhalten** des § 3 GmbHG. Für Standardgründungen sind in der Anlage zum GmbHG sogar zwei **Musterprotokolle** (Einpersonen-Gesellschaft/ Gesellschaft bis zu drei Gesellschaftern) angefügt, die übernommen werden können.

Angesichts der schmalen Kapitalbasis sind zur Mindestabsicherung von Gläubigern einer GmbH die Grundsätze der Kapitalaufbringung und Kapitalerhaltung zu berücksichtigen:

- **Kapitalaufbringung**: Da den Gläubigern nur das Gesellschaftsvermögen haftet, § 13 Abs. 2 GmbHG, ist dafür Sorge zu tragen, dass das im Handelsregister verlautbare **Stammkapital von mindestens 25.000 €**, § 5 Abs. 1 GmbHG, auch tatsächlich **einbezahlt** ist. Die Höhe der Nennbeträge der einzelnen Geschäftsanteile, die von den Gesellschaftern übernommen werden, kann verschieden bestimmt sein, solange die Summe mit dem Stammkapital übereinstimmt, § 5 Abs. 2 GmbHG.

Bei der Kapitalaufbringung wird zwischen einer **Bargründung**, bei der das **Stammkapital** durch **Geldzahlungen** erbracht und bei Handelsregistereintragung mindestens in Höhe der **Hälfte** zur freien Verfügung der Geschäftsführer einbezahlt sein muss, § 7 Abs. 2, 3 GmbHG, und einer **Sachgründung** unterschieden. Hier können im Gesellschaftsvertrag bezeichnete Sacheinlagen auf die Stammeinlage erbracht werden, deren Angemessenheit in einem Sachgründungsbericht nachzuweisen ist, § 5 Abs. 4 GmbHG. Sie müssen bei Registereintragung bereits voll geleistet sein, ein zwischenzeitlicher Wertverlust ist auszugleichen, §§ 7 Abs. 3, 9 Abs. 1 GmbHG.

- **Kapitalerhaltung:** Das zur Erreichung des Stammkapitals erforderliche Vermögen muss den Gläubigern erhalten bleiben, es darf daher **nicht an die Gesellschafter zurückfließen**, § 30 Abs. 1 GmbHG, dennoch zurückbezahltes Stammkapital ist der Gesellschaft wieder zu **erstatten**, § 31 Abs. 1 GmbHG; der entsprechende Rückzahlungsanspruch kann von Gläubigern gepfändet werden.

Geschäftsanteile von Gesellschaftern sind **vererblich** und **veräußerlich**; die Abtretung eines Gesellschaftsanteils bedarf der **notariellen Form**, die Abtretung von Gesellschaftsanteilen kann durch den Gesellschaftsvertrag beschränkt werden, § 15 Abs. 1, 3 GmbHG.

Exkurs:

Eine GmbH, deren Stammkapital das Mindeststammkapital von 25.000 € nach § 5 Abs. 1 GmbHG unterschreitet, ist eine „**Unternehmergesellschaft (haftungsbeschränkt)**", die diese Firmenbezeichnung tragen muss, § 5a GmbHG. Als Mindeststammkapital genügt jeder Betrag **ab ein Euro**, jedoch ist nur eine Bargründung möglich und das Kapital muss bei Registereintragung voll einbezahlt sein, § 5a Abs. 2 GmbHG. Allerdings ist zwingend nach Gründung in dem aufzustellenden Jahresabschluss eine **gesetzliche Rücklage** zu bilden, in die **25 % des Jahresüberschusses** einzustellen sind, die nur eingeschränkt verwendet werden darf, vgl. § 5a Abs. 3 GmbHG. Wird im Laufe der Zeit ein Stammkapital von 25.000 € erreicht, entfallen die Beschränkungen, § 5a Abs. 5 GmbHG.

13.4.2.4 Haftung während der Gründungsphasen

Die Gründung der GmbH vollzieht sich in mehreren Phasen, in denen unterschiedliche Haftungssituationen vorliegen:

- **Vorgründungsgesellschaft:** Von der **Verabredung** der Gesellschafter, eine GmbH gründen zu wollen, bis zum Abschluss des notariellen **Gesellschaftsvertrages** besteht eine – durch mündliche Übereinkunft – errichtete **GbR** mit dem Ziel der GmbH-Gründung, § 705 BGB, oder eine **OHG**, sofern bereits ein Handelsgewerbe betrieben wird, § 105 HGB. Werden in dieser Phase bereits Verbindlichkeiten im Rahmen der gemeinsamen Zielsetzung eingegangen, haften dafür das **Gesellschaftsvermögen**, § 124 HGB, und akzessorisch das **Privatvermögen** der Gesellschafter, § 128 HGB.

Beispiel:
Alfons und Bert beschließen, einen Kunststofffertigungsbetrieb in der Rechtsform der GmbH gründen zu wollen. Noch vor Abschluss eines notariellen Gesellschaftsvertrages kauft Alfons im Namen der „Gesellschaft" – nach Rücksprache mit Bert – einen BMW 530tds zum Kaufpreis von 54.000 €. Der Vertragshändler Schwaneberg kann die Bezahlung von Alfons und Bert verlangen.

- **Vor-GmbH**: Zwischen **Abschluss des notariellen GmbH-Gesellschaftsvertrages** und **Eintragung** der GmbH im Handelsregister, §§ 7 Abs. 1, 11 Abs. 1 GmbHG, bildet sich eine **Organisation sui generis**, die auf die künftige juristische Person angelegt und bereits körperschaftlich strukturiert ist. Für sie gilt ein **Sonderrecht** aus gesetzlichen und gesellschaftsvertraglichen Gründungsvorschriften. Auf sie ist das GmbH-Recht insoweit anwendbar, als die Eintragung nicht Voraussetzung ist.
Es haftet für in dieser Phase eingegangene Verbindlichkeiten das **Gesellschaftsvermögen** nebst des Anspruchs der Vor-GmbH auf Einzahlung offener Einlagen. Nach herrschender Ansicht haften die Gesellschafter nur dann und insoweit persönlich, als die **geleisteten Einlagen hinter dem Betrag des Stammkapitals zurückbleiben** („Differenzhaftung"). Diese Haftung erlischt jedoch mit Eintragung der GmbH im Handelsregister.
Außerdem haftet jeder, der als Geschäftsführer oder wie ein Geschäftsführer für die zukünftige GmbH auftritt, für die dadurch verursachen Verbindlichkeiten persönlich und solidarisch, § 11 Abs. 2 GmbHG, sog. „**Handelndenhaftung**".

Beispiel:
Nehmen Sie an, Alfons und Bert hätten einen notariellen Gesellschaftsvertrag zur Gründung einer GmbH abgeschlossen und erst jetzt, aber noch vor Eintragung im Handelsregister, bestellt Alfons wieder nach Rücksprache mit Bert – schon im Namen der „GmbH" – das Fahrzeug. Das Stammkapital für die künftige GmbH in Höhe von 60.000 € ist bereits einbezahlt und noch vorhanden. Schwaneberg kann zunächst auf das einbezahlte Gesellschaftsvermöge zugreifen, das Privatvermögen der beiden haftet nach Einzahlung des Stammkapitals grundsätzlich nicht mehr. Allerdings haftet Alfons als Handelnder doch mit seinem Privatvermögen nach § 11 Abs. 2 GmbHG. Bert haftet nicht.

- **GmbH**: Mit **Eintragung ins Handelsregister** entsteht die GmbH nach Prüfung der *Eintragungsvoraussetzungen* und der *ordnungsgemäßen Errichtung* durch das Registergericht, §§ 9c, 11 Abs. 1 GmbHG. Für Verbindlichkeiten steht nun nur noch das **Gesellschaftsvermögen** zur Verfügung, die Handelndenhaftung erlischt. Die Gesellschafter schulden ggf. nur noch der GmbH die volle Einbezahlung ihrer Stammeinlagen.

> **Beispiel:**
> Die Angelegenheit verläuft ungünstig. Weder Bert noch Alfons zahlen, lassen aber die GmbH ins Handelsregister eintragen. Ihre Stammeinlagen sind erbracht, allerdings ist die GmbH nach kurzer Zeit insolvent. Schwaneberg kann nicht mehr auf die beiden privat zugreifen, er muss seine Forderung zur Feststellung in der Insolvenztabelle anmelden und kann nur mit einer Quote rechnen.

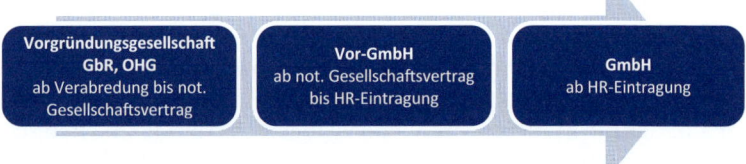

Abb. 71: Entstehungsphasen einer GmbH

13.4.2.5 Geschäftsführung und Vertretung

Geschäftsführung und **Vertretung** der GmbH obliegen den **Geschäftsführern**, § 35 GmbHG. Geschäftsführer kann jeder natürliche, unbeschränkt geschäftsfähige, unbescholtene, auch gesellschaftsfremde Person sein, vgl. § 6 Abs. 2 GmbHG. Es gilt der Grundsatz der **Fremdorganschaft**, selbstverständlich können aber auch Gesellschafter Geschäftsführer sein, § 6 Abs. 3 GmbHG. Die **Bestellung** erfolgt durch den **Gesellschaftsvertrag**, § 6 Abs. 4 GmbHG, oder durch die **Gesellschafterversammlung**, § 46 Nr. 5 GmbHG. Bei mehreren Geschäftsführern ist **gemeinschaftliche Vertretung** der GmbH vorgesehen, solange nicht im Gesellschaftsvertrag etwas anderes bestimmt ist, § 35 Abs. 2 GmbHG. Ihre **Vertretungsmacht** ist nach außen **unbeschränkbar**, § 37 Abs. 1,2 GmbHG.

Geschäftsführer haben in den Angelegenheiten der Gesellschaft die Sorgfalt eines **ordentlichen Geschäftsmannes** anzuwenden, verletzen sie ihre dem entsprechenden Obliegenheiten, **haften** sie der Gesellschaft solidarisch für den **entstandenen Schaden**, § 43 Abs. 1,2 GmbHG.

13.4.2.6 Gesellschafterversammlung

Die Aufgaben der von den Gesellschaftern gebildeten **Gesellschafterversammlung**, § 48 GmbHG, ergeben sich aus dem Gesellschaftsvertrag sowie aus dem **Katalog** des § 46 GmbHG.

Beispiele:
Feststellung Jahresabschluss, Einforderung Einlagen, Bestellung und Abberufung von Geschäftsführern, Prokuristen und Handlungsbevollmächtigten, Maßregeln zur Prüfung und Überwachung der Geschäftsführer, Geltendmachung von Ersatzansprüchen der Gesellschaft gegen Geschäftsführer oder Gesellschafter.

Die Beschlussfassung erfolgt nach dem **Mehrheitsprinzip** entsprechend der Geschäftsanteile, wobei jeder Euro eines Geschäftsanteils eine Stimme gewährt, § 47 Abs. 1, 2 GmbHG.

13.4.2.7 Aufsichtsrat

Die Bestellung eines Aufsichtsrats ist bei der GmbH nur bei **mitbestimmten Gesellschaften** nach § 77 BetrVG, dem MontanMitbestG oder dem MitbestG 1976 **obligatorisch**, ansonsten kann er aufgrund des Gesellschaftsvertrags **fakultativ** eingerichtet werden. Im Wesentlichen wird er die **Kontrolle** über die Geschäftsführung übernehmen.

13.4.3 Die Aktiengesellschaft

13.4.3.1 Wesen und Rechtspersönlichkeit

Die Aktiengesellschaft (AG) ist eine **juristische Person** mit **eigener Rechtspersönlichkeit**, bei der das Grundkapital in **Aktien**, die auf einen Euro-Nennbetrag lauten, zerlegt ist, § 1 Abs. 1 ,2 und § 6 AktG. Der **Mindestnennbetrag** des Grundkapitals ist **50.000 €**, § 7 AktG. Sie gilt immer als **Handelsgesellschaft** und ist **Formkaufmann**, §§ 3 AktG, 6 HGB. Die Firma trägt den Zusatz „**AG**", § 4 AktG. Den Gläubigern der AG haftet für deren Verbindlichkeiten nur das **Gesellschaftsvermögen**, § 1 Abs. 1 Satz 2 AktG.

13.4.3.2 Entstehung der AG

Die AG entsteht in drei Phasen, der **Gründung**, der **Errichtung** und der **Entstehung**:

• **Gründung**: Der erste Schritt ist das Verfassen einer **Satzung** der AG durch die **Gründer**, die sodann die Satzung durch **notarielle Beurkundung feststellen** lassen, §§ 23 Abs. 1, 28 AktG. Notwendige **Inhalte** sind neben Firma, Sitz und Gegenstand der AG die

Höhe des Grundkapitals und die Zerlegung des Grundkapitals in **Nennbetragsaktien** (sie lauten auf mindestens 1 €) oder in **Stückaktien** (ohne Nennwert, aber alle mit gleichem Anteil am Grundkapital), §§8, 23 Abs. 3 AktG.

- **Errichtung**: Mit der **Übernahme der Aktien** durch die Gründer, also der Verpflichtung zur Bezahlung der Einlagen, ist die Gesellschaft errichtet, §29 AktG. Zwar ist die AG noch nicht entstanden, aber eine **Vor-AG**, vgl. §41 Abs. 1 Satz 1 AktG. Ein Handeln für die spätere AG in dieser Phase führt zur **persönlichen Haftung** des Handelnden, §41 Abs. 1 Satz 2 AktG („**Handelndenhaftung**"). Die Gründer haben den **ersten Aufsichtsrat** und den **Abschlussprüfer** zu bestellen, der Aufsichtsrat bestellt den **ersten Vorstand**, §30 Abs. 1, 4 AktG.

- **Entstehung**: Mit **Eintragung** der AG in das Handelsregister auf **Anmeldung** der Gründer, Vorstände und Aufsichtsräte **entsteht die AG**, §§36, 41 Abs. 1 Satz 1 AktG. Die Anmeldung darf erst erfolgen, wenn auf **jede Aktie** der eingeforderte Betrag ordnungsgemäß **eingezahlt** worden ist und endgültig zur freien Verfügung des Vorstands steht, §§36 Abs. 2, 54 Abs. 3 AktG.

| **Gründung:** Satzung | **Errichtung:** Übernahme Aktien und Einzahlung, Bestellung AR, AP, Vorstand | **Entstehung:** Anmeldung und Registereintragung |

Abb. 72: Entstehungsphasen einer AG

13.4.3.3 Vorstand: Geschäftsführung und Vertretung

Der aus einer oder mehreren Personen bestehende Vorstand hat die Gesellschaft **unter eigener Verantwortung zu leiten**, §76 Abs. 1, 2 AktG.

Vorstand kann jede **natürliche** und **unbeschränkt geschäftsfähige Person** mit gutem Leumund sein, vgl. §76 Abs. 3 AktG. Bei mehreren Vorstandsmitgliedern sind mangels abweichender Bestimmung in Satzung oder Geschäftsordnung sämtliche Vorstände nur **gemeinschaftlich** zur Geschäftsführung befugt, §77 Abs. 1 AktG. Der Vorstand **vertritt** die AG auch gerichtlich und außergerichtlich, wiederum im Zweifel gemeinschaftlich durch alle Vorstandsmitglieder, §78 Abs. 1, 2 AktG, sonst gelten die Festlegungen der Satzung, §78 Abs. 3 AktG. Ein Vorstand wird vom **Aufsichtsrat** für **höchstens fünf Jahre** bestellt, §84 Abs. 1 Satz 1 AktG.

Der Vorstand **führt** darüber hinaus die **Hauptversammlungsbeschlüsse aus**, § 83 Abs. 2 AktG, **berichtet** dem Aufsichtsrat, § 90 AktG, führt die **Handelsbücher** und stellt den **Jahresabschluss** auf, §§ 82 Abs. 2, 90, 91 AktG, 264 Abs. 1 HGB. Besondere Bedeutung kommt in heutigen Zeiten der Pflicht zur Einrichtung eines Überwachungssystems zur Früherkennung von den Bestand der Gesellschaft gefährdenden Entwicklungen und zur Veranlassung entsprechender Maßnahmen zu. Dies verpflichtet die Vorstände zur Implementierung eines **Risikomanagementsystems** bzw. eines **Compliance-Management-Systems**, § 91 Abs. 2 AktG.

Die Vorstandsmitglieder haben bei ihrer Geschäftsführung die **Sorgfalt eines ordentlichen und gewissenhaften Geschäftsleiters** anzuwenden, § 93 Abs. 1 AktG. Vorstandsmitglieder, die ihre **Pflichten** und die notwendige Sorgfalt **verletzen**, sind der Gesellschaft für darauf beruhende **Schäden ersatzpflichtig**, § 93 Abs. 2 AktG. Ein Haftungsprivileg greift, wenn sie bei Treffen einer unternehmerischen Entscheidung auf Grundlage angemessener Informationen annehmen durften, zum Wohle der Gesellschaft zu handeln (sog. „**Businsess Judgement Rule**"), § 93 Abs. 1 Satz 2 AktG.

> **Beispiel:**
> Die Vorstände A, B, C und D der IMMO-AG versäumen es, die von den Mitarbeitern angewandten Methoden der Bestechung von Amtsträgern zur Erlangung von Bauprojekten zu unterbinden. Sie verletzten ihre Organisations-, Aufsichts- und Kontrollpflichten dadurch, dass sie versäumt haben, ein Compliance-Management-System zu etablieren, das solche Straftaten im Unternehmen systematisch aufdeckt und verhindert. Für die dem Unternehmen entstandenen Schäden durch Geldbußen, Anwaltskosten und entgangenen Gewinn aufgrund des Ausschlusses der GmbH von zukünftigen Vergabeverfahren haften sie der GmbH als Gesamtschuldner mit ihrem Privatvermögen. Die Berufung auf die Business-Judgement-Rule hilft hier nicht.

 Übung:
> Lesen Sie das sog. „Neubürger-Urteil" des Landgerichts München I vom 10.12.2013 – 5 HK O 1387/10 – in Sachen eines seine Pflichten verletzenden Finanzvorstands der Siemens AG (LG München I, NZG 2014,345 oder im Internet).

13.4.3.4 Aufsichtsrat: Kontrolle

Das **Kontrollorgan** ist der Aufsichtsrat, je nach Grundkapital besteht er aus **9, 15** oder **21 Mitgliedern** der Aktionäre, der Arbeitnehmer oder aus weiteren Mitgliedern, § 95 AktG. Aufsichtsrat können **natürliche, unbeschränkt geschäftsfähige Personen** sein, die Anzahl der Aufsichtsratsmandate je Person ist begrenzt, § 100 Abs. 1, 2 AktG. Die **Bestellung** erfolgt für die Aktionärsvertreter der Aufsichtsräte durch die Hauptversammlung oder durch Entsendung oder Wahl durch die Arbeitnehmer, § 101 AktG.

Der Aufsichtsrat wählt einen **Vorsitzenden** und Stellvertreter, sie werden im Handelsregister eingetragen, § 107 Abs. 1 HGB. Dem Aufsichtsrat obliegt die **Bestellung und Abberufung der Vorstandsmitglieder**, § 84 Abs. 1 AktG, er überwacht die Geschäftsführung des Vorstandes und hat dazu Prüfungsrechte, § 111 AktG. Vorstandsmitgliedern gegenüber **vertritt er die Gesellschaft** gerichtlich und außergerichtlich, § 112 AktG. Für seine Sorgfaltspflichten und die **Verantwortlichkeit** gilt im Wesentlichen § 93 AktG, vgl. § 116 AktG.

13.4.3.5 Aktionärs-Hauptversammlung

Die **Aktionäre** über ihre Rechte in den Angelegenheiten der Gesellschaft in der **Hauptversammlung** aus, § 118 Abs. 1 AktG. Ihre **Rechte** ergeben sich aus § 119 AktG, so etwa die Beschlussfassung über die Bestellung der **Aufsichtsräte**, die **Gewinnverwendung**, die **Entlastung** von Vorständen und Aufsichtsräten, **Satzungsänderungen** oder die Bestellung von **Prüfern** der Geschäftsführung. Form und Frist der Einberufung finden sich in §§ 121 ff. AktG.

Exkurs:

Die **Societas Europeana** (SE) ist eine europäische Aktiengesellschaft nach dem SEEG, deren Sitz in einem EU-Mitgliedsstaat liegen muss und deren Aktivitäten, z. B. über eine Holding oder Betriebsstätten, in verschiedenen europäischen Ländern liegen. Das Kapital der juristischen Person ist in **Aktien** zerlegt, sie benötigt ein **Mindestkapital von 120.000 €.** Sie verfügt als Organe über eine **Aktionärshauptversammlung** sowie wahlweise über ein **Aufsichts- und ein Leitungsorgan** (dualistisches System) oder nur über ein **einheitliches Verwaltungsorgan**, ähnlich dem amerikanischen Board-Modell (monistisches System).

13.5 Merksätze/Kontrollfragen

Merksätze

- **Unternehmer** ist, wer eine gewerbliche oder berufliche Tätigkeit ausübt.

- **Kaufmann** ist, wer als Unternehmer nach Art und Umfang eine kaufmännische Einrichtung benötigt und damit ein Handelsgewerbe betreibt; wer eine kaufmännische Einrichtung nicht benötigt, kann durch Eintragung in das Handelsregister zum Kaufmann werden.

- Der **Scheinkaufmann** betreibt kein Handelsgewerbe, er erweckt aber diesen Anschein, für ihn gelten die Kaufmannsvorschriften des HGB entsprechend.

- Das **Firmenrecht** regelt, unter welchem Namen der Kaufmann seine Geschäfte betreiben darf.

- Grundform der **Personengesellschaften** ist die **GbR**, von der sich die **OHG** ableitet, von welcher sich wiederum die **KG** ableitet.

- **GbR und OGH/KG** unterscheiden sich durch ihren **Gesellschaftszweck**, die KG sieht gegenüber den beiden anderen Formen lediglich eine **Haftungsbegrenzung** vor.

- **GbR, OHG und KG** sind **rechtfähige** und **parteifähige Personen**, die selbst Rechte und Pflichten begründen, vor Gericht klagen und verklagt werden können.

- Das **Gesellschaftsvermögen** steht bei Personengesellschaften den Gesellschaftern zur „**gesamten Hand**" zu.

- Die wichtigsten **Pflichten der Personengesellschafter** sind die Pflicht zur Förderung des gemeinsamen Zwecks, die sog. Beitragspflicht, die allgemeine Treuepflicht und die Pflicht zur Geschäftsführung und Vertretung, dem steht das Recht auf Gewinnbeteiligung gegenüber.

- Bei den Personengesellschaften besteht der **Grundsatz der Selbstorganschaft**, wonach Geschäftsführung und Vertretung nicht vollständig auf gesellschaftsfremde Dritte ausgelagert werden dürfen.

- **Geschäftsführung** und **Vertretung** sind bei GbR, OG und KG aufgrund der differierenden Zielsetzungen und Haftungssituationen unterschiedlich geregelt.

- Grundsätzlich stehen Gläubigern von Personengesellschaften als **Haftungsmassen** das Gesellschaftsvermögen sowie die Privatvermögen der Gesellschafter zur Verfügung, bei der KG ist die Haftung durch letzteres bei den Kommanditisten auf die geleistete Einlage beschränkt.

- Die **GmbH&CO KG** stellt eine zulässige Mischung von Gesellschaftsformen zur vollständigen Begrenzung der Haftung dar.

- Bei **Beendigung von Personengesellschaften** erfolgen zunächst **Auflösung** und dann Abwicklung der Gesellschaft durch **Auseinandersetzung**; bei OHG und KG ist auch ein Ausscheiden von Gesellschaftern möglich.

- Die Grundform von Körperschaften ist der Verein als **Idealverein** und **wirtschaftlicher Verein.**
- Die **GmbH** ist eine **rechtsfähige juristische Person** mit Haftungsbegrenzung auf das Gesellschaftsvermögen und einem **Stammkapital** von mindestens 25.000 €.
- Zum Schutze der Gesellschaftsgläubiger sind die Grundsätze der **Kapitalaufbringung** und **Kapitalerhaltung** zu beachten.
- Ist das Stammkapital mit weniger als 25.000 € vereinbart, so liegt eine **Unternehmergesellschaft (haftungsbegrenzt)** vor.
- Die **Gründung** der GmbH vollzieht sich in **drei Phasen** von der **Vorgründungsgesellschaft** über die **Vor-GmbH** zur **GmbH** mit jeweils unterschiedlichen Haftungssituationen.
- **Organe** der GmbH sind die **Geschäftsführer** und die **Gesellschafterversammlung.**
- Wegen des Grundsatzes der **Drittorganschaft** muss bei Kapitalgesellschaften keine Verbindung zwischen Gesellschafterstellung und Geschäftsführung/Vertretung bestehen.
- Ein **Aufsichtsrat** ist bei der GmbH nur bei mitbestimmten Gesellschaften obligatorisch, ansonsten ist er fakultativ.
- Die **Aktiengesellschaft** ist eine **rechtsfähige juristische Person** mit Haftungsbegrenzung auf das Gesellschaftsvermögen und einem **Grundkapital** von mindestens 50.000 €, das in Aktien zerlegt ist.
- Die Entstehung einer AG erfolgt in **drei Phasen** von der **Gründung** über die **Errichtung** bis zur **Entstehung** mit jeweils unterschiedlichen Haftungssituationen.
- **Organe** der AG sind der **Vorstand**, der **Aufsichtsrat** und die **Hauptversammlung.**
- Dem **Vorstand** obliegt die Leitung der Gesellschaft, die Geschäftsführung und die Vertretung.
- **Vorstände haften** für Pflichtverletzungen persönlich und solidarisch.
- Dem **Aufsichtsrat** aus 9,15 oder 21 Mitgliedern obliegt v. a. die **Kontrolle** der Geschäftsführung durch den Vorstand.
- Die **Hauptversammlung** tritt Entscheidungen zu gesetzlich vorgeschriebenen Themen.
- Die **SE** ist eine **europäische Aktiengesellschaft** nach dem SEEG.

Kontrollfragen:

K 1   Erstellen Sie ein Übersicht über die Rechtsformen unternehmerischer Betätigung.

K 2   Welche Merkmale sind für den Einzelunternehmer, welche für den Istkaufmann kennzeichnend?

K 3   Was versteht man bei § 1 Abs. 2 HGB unter „Art", was unter „Umfang" des Geschäftsbetriebs?

K 4   Ist ein Kannkaufmann, ein Unternehmer der sich im Handelsregister eintragen lassen kann? Wenn nein, was sonst?

K 5   Wie wird man zum Scheinkaufmann und welche Folgen hat das?

K 6   Was versteht man unter „Firma"? Welche fünf Firmengrundsätze gibt es und es bedeuten sie?

K 7   Worin unterscheiden sich GbR, OHG und KG jeweils nach ihrer Zielsetzung?

K 8   Wie ist der Gesellschaftsvertrag zu charakterisieren? Welches Recht gilt?

K 9   Kategorisieren Sie die für eine GbR denkbaren „Zwecke", wie grenzen sich dagegen die Zwecke einer OGH/KG ab?

K 10   Wie wird die Rechtsfähigkeit der GbR begründet?

K 11   Worin unterscheidet sich die Personengesellschaften von den juristischen Personen?

K 12   Was bedeutet „gesamthänderisch gebundenes Gesellschaftsvermögen"?

K 13   Welche Beiträge kann ein GbR-Gesellschafter leisten?

K 14   Was ist eine „actio pro socio"? Wann kommt sie ins Spiel?

K 15   Wozu verpflichtet die „Allgemeine Treuepflicht" konkret und welcher Sorgfaltsmaßstab ist bei Pflichterfüllung eines Gesellschafters anzulegen? Wo sind die Grenzen dieses Sorgfaltsmaßstabs?

K 16   Was versteht man unter Geschäftsführung, was unter Vertretung?

K 17   Wie ist das Geschäftsführungsrecht bei der GbR im Gesetz geregelt, wie das Vertretungsrecht?

K 18   Wie unterscheidet sich das Geschäftsführungsrecht der OHG und KG von dem der GbR?

K 19   Welche Varianten der Vertretung bei der OHG bietet das Gesetz? Welchen Umfang hat die Vertretungsmacht bei der OHG?

K 20   Was versteht man unter Selbstorganschaft? Was ist das Gegenteil?

K 21   Wie unterscheiden sich das Recht auf Gewinnbeteiligung bei GbR, OGH und KG nach der gesetzlichen Regelung?

K 22　Welche Haftungsmassen stehen den Gläubigern von Personengesellschaften zur Verfügung? Lässt sich vertraglich eine Haftungsbegrenzung herbeiführen?

K 23　Wie müssen Gesellschafter persönlich die Ansprüche ihrer OHG gegenüber Dritten erfüllen, wenn sie in Anspruch genommen werden?

K 24　Wie ist die Haftung des Kommanditisten, wenn seine Einlage ihm zur Hälfte zurückbezahlt wurde?

K 25　Was versteht man bei der GmbH&CO KG unter „doppelter Kapitalaufbringung"?

K 26　Nennen Sie die Auflösungsgründe einer GbR, wie unterscheiden sie sich von Auflösungsgründen der OHG?

K 27　Was passiert mit einer OHG, wenn sie nach dem Tod eines Gesellschafters mit dem Erben fortgesetzt wird?

K 28　Wie unterscheiden sich Idealverein und Wirtschaftsverein bei ihrer Entstehung?

K 29　Wieviele Personen müssen eine GmbH gründen?

K 30　Erläutern Sie die Grundsätze der Kapitalaufbringung und Kapitalerhaltung bei der GmbH!

K 31　Welche Pflichten bestehen bei einer UG (haftungsbegrenzt) nach Feststellung des Jahresüberschusses?

K 32　In welchen drei Phasen läuft die Gründung einer GmbH ab und wie gestaltet sich jeweils die Haftungssituation?

K 33　Wann hat die GmbH einen Aufsichtsrat?

K 34　Nennen Sie die Phasen der Entstehung einer Aktiengesellschaft, welche Arten von Aktien gibt es?

K 35　Welches sind die Aufgaben eines Vorstands der AG?

K 36　Was versteht man in welchem Zusammenhang unter der „business judgement rule"?

K 37　In welchen Fällen obliegt die Vertretung der Gesellschaft dem Aufsichtsrat?

K 38　Was ist eine SE?

Rechtsdurchsetzung: Forderungsmanagement **14**

In letzten Kapitel des Wirtschaftsprivatrechts geht es um die erheblich praxisrelevante Rechtsdurchsetzung, also um die Frage, wie berechtigte Ansprüche aus Schuldverhältnissen gegen den Willen des Schuldners geltend gemacht werden können. In der ersten Phase wird die Eintreibung regelmäßig vom Gläubiger selbst bewältigt, später sind dann Rechtsanwälte oder Inkassounternehmer einzubeziehen. Wo das kaufmännische Mahnwesen erfolglos bleibt, können außergerichtliche kooperative Konfliktlösungsinstitute wie Mediation oder Schlichtung zum Erfolg führen. Als ultima ratio bleibt in vielen Fällen nur der Gang vor das Gericht. Mit Hilfe des gerichtlichen Mahnverfahrens oder eines Zivilprozesses kann ein Vollstreckungstitel errungen werden, der im weiteren Verlauf als Grundlage für eine Zwangsvollstreckung dienen kann.

Lernziele

Haben Sie dieses Kapitel durchgearbeitet, haben Sie den Überblick über außergerichtliche Inkassomaßnahmen und Konfliktlösungsverfahren, aber auch über die Varianten und Vorgehensweise gerichtlicher Forderungsdurchsetzung. Im Einzelnen können Sie

- einen Überblick über die **Phasen des Forderungsmanagements** geben;
- den praktischen Umgang mit offenen Forderungen im **kaufmännischen Mahnverfahren** darstellen sowie die Vor- und Nachteile einer **Verlagerung auf Anwälte und Inkassoinstitute** bewerten;
- einen **Vergleich** formulieren und die Charakteristika von **Mediation** und **Schlichtung** benennen;
- den Ablauf eines **Schiedsgerichtsverfahrens** und des **gerichtlichen Mahnverfahrens** wiedergeben;
- Aussagen zur **Prozessvorbereitung** und die **Zuständigkeit von Gerichten** für einen **Zivilprozess** treffen;

* Die notwendigen **Schritte** von der **Klageerhebung** über die **mündliche Verhandlung** mit Beweisaufnahme bis zur **richterlichen Entscheidung** aufzeigen und die **Rechtsmittel** bezeichnen;
* Die Grundzüge des **Zwangsvollstreckungsrechts** in bewegliche Sachen, in Grundstücke oder in Forderungen des Schuldners wiedergeben.

14.1 Forderungsmanagement im Unternehmen und Rechtsdurchsetzung

Definition:
Als Forderungsmanagement bezeichnet man den Prozess zur Steuerung von Zahlungsansprüchen aus Warenlieferungen oder Dienstleistungen eines Unternehmens gegenüber seinem Kunden von der Bonitätsprüfung bis zur zwangsweisen Forderungseintreibung durch vorbeugendes Forderungsmanagement, kaufmännisches Mahnverfahren, außergerichtliche Konfliktlösungsverfahren und gerichtliche Verfahren.

Nicht immer können **präventive Maßnahmen** im „vorbeugenden Forderungsmanagement" durch „Kreditwürdigkeitsprüfungen", sog. Bonitätsprüfungen mittels Schufa, Wirtschaftsauskunfteien oder Einsichtnahme in die Einkommens- und Vermögensverhältnisse des Kunden, wasserdichte Vertragsgestaltung oder schnelle Rechnungsstellung die Vermeidung eines Forderungsausfalls des Kunden infolge Zahlungsunfähigkeit bewirken. Dann ist die **Durchsetzung der Forderung** gefragt:

* Zunächst sollten die Maßnahmen des **kaufmännischen Mahnverfahrens** eingeleitet und durch die Debitorenbuchhaltung erste Mahnungen versandt werden. Im weiteren Verlauf stellt sich in der Praxis bei Fehlen einer eigenen Rechtsfunktion im Unternehmen häufig die Frage nach Auslagerung von Inkassomaßnahmen auf professionelle Dienstleister wie Rechtsanwälte oder Inkassounternehmen. Dabei spielt vor allem die Frage nach den Kosten des Outsourcing und deren Erstattungsfähigkeit durch den Schuldner eine Rolle.
* Wo ein Kontakt zum Schuldner besteht, sollte im Wege **außergerichtlichen Konfliktmanagements** die Chance ergriffen werden, eine gütliche Einigung über die ausstehende Forderung zu erzielen. Gelingt das nicht im persönlichen Gespräch zwischen Gläubiger und Schuldner, etwa weil Einwendungen gegen Grund oder Höhe der Forderung erhoben werden, bieten die **Mediation** und die **Schlichtung** als institutionalisierte Verfahren einen im Vergleich zur gerichtlichen Auseinandersetzung in vielfacher Hinsicht güns-

tigeren Weg, mit professioneller Unterstützung durch Mediatoren oder Schlichter zu einer Zahlung zu kommen.

- Als ultima ratio dürfte die Einleitung eines **gerichtlichen Verfahrens** in Frage kommen, entweder durch Einleitung eines **gerichtlichen Mahnverfahrens** über einen Mahn- und Vollstreckungsbescheid oder durch Erhebung einer Zahlungsklage, die zu einem **Zivilprozess** und an dessen Ende zu einem vollstreckbaren Urteil führt, zum Ziel zu gelangen.

Abb. 73: Ablauf Inkassoprozess

14.2 Das Kaufmännische Mahnverfahren

14.2.1 Die Mahnung und der Verzug

Bleibt eine **Rechnung** nach Ablauf der gewährten Zahlungsfrist **offen**, darf der Gläubiger keine Zeit verlieren, will er seine Forderung nicht abschreiben: War der **Zahlungstermin vertraglich vereinbart**, befindet sich der Schuldner mit Verstreichenlassen des Zahlungstermins **automatisch** in **Verzug**, § 286 Abs. 2 Nr. 1 BGB; leider führt eine einseitig gesetzte Zahlungsfrist nur auf der Rechnung nicht zu dieser Rechtsfolge. Hier ist das Versenden einer ersten **Mahnung** angezeigt, § 286 Abs. 1 BGB, deren Zugang im Konfliktfall beweisen werden muss, weshalb – je nach Einzelfall – an einen Versand mittels Einschreiben (Rückschein) gedacht werden sollte. Wo auf das Versenden von Mahnung verzichtet wird, tritt nach Ablauf von **30 Tagen seit Zugang der Rechnung und deren Fälligkeit** ebenfalls **automatisch Verzug** ein, § 286 Abs. 3 BGB. Allerdings muss in diesem Fall die Rechnung, die an einen Verbraucher gerichtet ist, einen **Hinweis** auf die automatische Verzugsfolge nach 30 Tagen aufweisen, andernfalls entfällt der automatische Verzugseintritt und es muss gemahnt werden, § 286 Abs. 3 Satz 1, 2. HS BGB. Bei Unternehmerkunden ist ein Hinweis auf der Rechnung nicht erforderlich. Sie geraten immer spätestens nach 30 Tagen seit Fälligkeit und Rechnungserhalt in Verzug, vgl. Kapitel 8 „Leistungsstörungen".

Da das Mahnwesen regelmäßig vom Unternehmer selbst bewältigt werden kann, spricht man insoweit vom kaufmännischen Mahnverfahren; der ersten und verzugsauslösenden Mahnung können – rechtlich irrelevant – weitere Mahnungen folgen, die allerdings in ihrer psychologischen Wirkung mit zunehmender Zahl abnehmen. Mehr als zwei Mahnungen sollten daher nicht versandt werden.

14.2.2 Externes Mahnwesen

Wo das **unternehmenseigene Mahnwesen**, etwa durch die Finanzbuchhaltung, an seine Grenzen stößt oder erfolglos bleibt, ist an die Beauftragung externer Inkassodienstleister zu denken. Neben dem Verkauf der Forderungen durch **Factoring** bieten sich vor allem **Rechtsanwälte** und **Inkassounternehmer** an.

Der **Rechtsanwalt** ist als „Organ der Rechtspflege" nach der **Bundesrechtsanwaltsordnung** der berufene unabhängige Berater und Vertreter in allen Rechtsangelegenheiten, § 3 Abs. 1 BRAO. Als Volljurist, der das zweite juristische Staatsexamen erfolgreich abgelegt hat, umfasst seine Kompetenz alle Rechtsgebiete und die Vertretung in allen Verfahrensarten. Er kann den Mandanten von der Mahnung des Schuldners über außergerichtliche Vergleichsgespräche bis hin zum gerichtlichen Mahnverfahren und zum Klageverfahren beraten und vertreten.

Gewerblicher **Inkassounternehmer** kann werden, wer als „registrierte Person" aufgrund der Voraussetzungen des **Rechtsdienstleistungsgesetzes** die persönliche **Eignung und Zuverlässigkeit** aufweist und **theoretische und praktische Sachkunde** in den relevanten Rechtsgebieten (Bürgerliches Recht, Handelsrecht, Wertpapier- und Gesellschaftsrecht, Zivilprozessrecht, Zwangsvollstreckungs- und Insolvenzrecht) nachweisen kann und eine **Berufshaftpflichtversicherung** abgeschlossen hat, §§ 2 Abs. 2, 10 Abs. 1, 2, 11 Abs. 1, 12 Abs. 1 RDG. Inkassounternehmer sind im außergerichtlichen Forderungseinzug erfahren (z. B. Versenden von Mahnschreiben, Abschluss von Ratenzahlungsvereinbarungen), dürfen jedoch über die Antragstellung im gerichtlichen Mahnverfahren hinaus keinen Zivilprozess für ihren Mandanten führen.

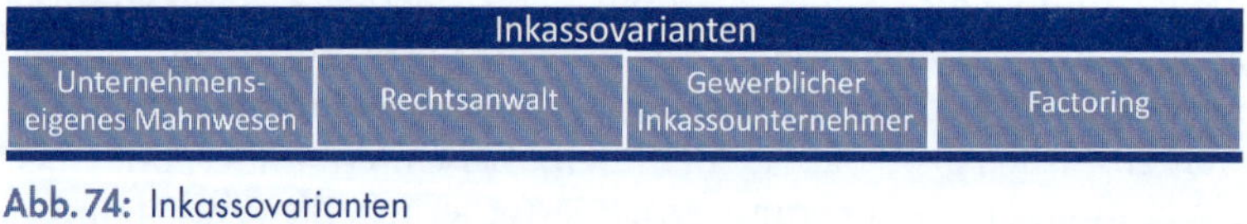

Inkassovarianten			
Unternehmenseigenes Mahnwesen	Rechtsanwalt	Gewerblicher Inkassounternehmer	Factoring

Abb. 74: Inkassovarianten

14.2.3 Kosten

Seine Tätigkeit rechnet der **Rechtsanwalt** i. d. R. nach den vorgeschriebenen Vergütungssätzen des Rechtsanwaltsvergütungsgesetzes ab, das für eine *außergerichtliche Inkassotätigkeit* abhängig vom *Gegenstandswert* (Forderungshöhe) nach einer **Gebührentabelle** in

Anlage 2 zum RVG einen Eurobetrag vorsieht, der nach dem **Vergütungsverzeichnis in Anlage 1 zum RVG** bei einer „**Geschäftsgebühr**" (Nr. 2300) mit einem Steigerungssatz versehen ist; üblicherweise beträgt dieser das 1,3-fache der Gebühr. Ausnahmsweise verlangen Rechtsanwälte alternativ Stundenhonorar, benötigen hierzu jedoch eine vertragliche Vereinbarung mit dem Mandanten, § 3a RVG.

> **Beispiel:**
> Die Geltendmachung einer Forderung über 30.000 € ergibt nach Anlage 2 zum RVG einen Gebührenwert von 863,00 €. Dieser ist wegen Nr. 2300 des Vergütungsverzeichnisses in Anlage 1 zum RVG mit einem 1,3-fachen Steigerungssatz zu multiplizieren, woraus sich ein Betrag in Höhe von 1.121,90 € errechnet. Dazu kommt noch eine Telefon- und Portopauschale in Höhe von 20,00 € (Nr. 7002 Anlage 1 RGV) sowie die Umsatzsteuer in Höhe von 19% (Nr. 7008 Anlage 1 RGV), also weitere 216,96 €. Zusammengerechnet ergibt dies eine Anwaltskostenrechnung über 1.358,86 €.

Der **Inkassounternehmer** hingegen unterliegt keiner gesetzlichen Beschränkung seiner Gebühren, die er im Voraus mit seinem Auftraggeber **vereinbaren** muss. Sie dürften tendenziell höher sein als die gebundenen Rechtsanwaltskosten und unterliegen dem Wettbewerb.

14.2.4 Erstattungsfähigkeit von Inkassokosten

Von großer praktischer Bedeutung ist die Frage, ob vom Gläubiger aufgewandte Inkassokosten durch Inanspruchnahme von Inkassounternehmern oder Anwälten an ihm hängen bleiben oder vom Schuldner zu ersetzen sind. Inkassokostenersatz durch den Schuldner erfolgt auf Grundlage einer **vertraglichen Vereinbarung**, soweit vorhanden, sonst als Verzugsschaden nach **Schadenersatzgrundsätzen** gem. §§ 280 Abs. 1, 2, 286 BGB:

Inkassokosten sind zwar logische Folge des Zahlungsverzugs des Schuldners, sie beruhen aber doch unmittelbar auf dem Willensentschluss des Gläubigers, der etwa einen Inkassounternehmer beauftragt. Solche **Schäden** sind nur dann ersatzfähig, wenn sich der Gläubiger zur Beauftragung eines Inkassodienstleisters „**herausgefordert**" fühlen durfte. Dies darf er jedenfalls dann, wenn die (erste) verzugsauslösende **Mahnung ohne Zahlungserfolg** geblieben ist. Weitergehende Aktivitäten des Gläubigers zur Forderungseintreibung sind aber nur erstattungsfähig, wenn sie erfolgversprechend sind („**zweckentsprechende Rechtsverfolgung**"). Welche Eintreibungsmaßnahmen der Gläubiger veranlassen darf, hängt vor allem von dem für den Gläubiger erkennbaren **Verhalten des Schuldners** ab: Weigert sich der Schuldner, schweigt er, erhebt er Einwendungen? Darauf basierend muss der Gläubiger eine **Prognose** über die Erfolgsaussichten seiner konkreten Inkassobeauftragung treffen: Reicht die Beauftragung eines Inkassoinstituts oder muss der Rechtswalt beauftragt werden? **Schweigt** der Schuldner etwa auf Mahnungen, hat der Gläubiger die freie Wahl zwischen Inkassounternehmen und Anwalt und kann die jeweiligen Kosten ersetzt verlangen. **Bestreitet** der Schuldner *von vornherein* die geltend gemachte Forderung *in der Sache*, sollte sofort der – wegen der entsprechend weitreichenden Kompetenzen prädestinierte – Rechtsanwalt beauftragt werden. Die Kosten eines Inkassobüros wären in diesem Fall als Verzugsschaden wegen Verstoßes gegen die **Schadensminderungspflicht** nicht erstattungsfähig, weil nicht erfolgsversprechend. Werden materielle Einwendungen hingegen erst *nach Beauftragung des Inkassounternehmers* erhoben, so hat der Schuldner die Inkassokosten *und* die Kosten des ggf. später eingeschalteten Anwalts zu bezahlen.

Bei gegebener Erstattungsfähigkeit *dem Grunde nach* sind die Inkassokosten wegen des Grundsatzes der **Schadensminderungspflicht** (§ 254 Abs. 2 BGB) auch *der Höhe nach* zu begrenzen: Ersatzfähig ist in der Regel nur der Betrag, der der 1,3-fachen Geschäftsgebühr des RVG entspricht, zzgl. 20 € Unkostenpauschale und Umsatzsteuer. Folgt der außergerichtlichen Inkassotätigkeit noch ein Zivilprozess nach, sind die für Anwälte geltenden *Anrechnungsvorschriften* außergerichtlicher Gebühren auf gerichtliche Gebühren entsprechend für Inkassogebühren anderer Dienstleister anzuwenden.

Beispiel:
Der Gläubiger begehrt vom Schuldner 30.000 € aus einem Werkvertrag; nach einer erfolg- und reaktionslosen Mahnung beauftragt er ein Inkassoinstitut, weil er annehmen darf, dass der Schuldner lediglich „auf Zeit spielt" um eine Zahlungsschwäche zu überwinden. Gelingt dem Inkassoinstitut, den Betrag einzuziehen, so schuldet zwar der Gläubiger dem von ihm beauftragten Institut den zuvor vereinbarten Betrag von 6 % aus der Forderungssumme, also 1.800 €. Er kann jedoch den Schuldner auf Ersatz von 1.358, 86 € erfolgreich in Anspruch nehmen, weil dies die bei Beachtung der Schadensminderungspflicht angefallenen Rechtsanwaltsgebühren gewesen wären, siehe Beispiel oben. Die Differenz von 441,14 € bleibt am Gläubiger hängen.

14.3 Außergerichtliches Konfliktmanagement

14.3.1 Der Vergleich

Ziel einer jeden außergerichtlichen Kontaktaufnahme sollte eine **gütliche Vereinbarung** sein, die eine Zahlung des Schuldners – ganz, teilweise, in Raten – zur Folge hat. Mittel der gütlichen Einigung ist der **Vergleich**, § 779 BGB.

> **Definition:**
> Vergleich ist ein Vertrag, durch den der Streit oder die Ungewissheit über ein Rechtsverhältnis im Wege gegenseitigen Nachgebens beseitigt wird.

Es gibt den Vergleich außergerichtlich als „**Privatvergleich**" bei Unternehmen und Verbrauchern im B2B, B2C oder C2C-Verhältnis, als „**Rechtsanwaltsvergleich**", wenn beide Parteien durch Anwälte vertreten sind und gesetzliche Mindestanforderungen erfüllt sind, vgl. § 796a ZPO, und gerichtlich als „**Prozessvergleich**" im Rahmen eines Zivilprozesses vor dem Richter, vgl. § 794 Nr. 1 ZPO.

Typisch ist für den Vergleich ein – wenn auch geringfügiges – Entgegenkommen *beider* Parteien, durch das Rechtsfrieden geschaffen wird, ein Streit beendet wird und eine Zahlung erfolgen kann.

Vergleich vom 01.04.2017
1. Herr Max Debitor verpflichtet sich, an Fa. Creditor GmbH noch 28.500,00 € nebst 10% Zinsen hieraus seit 14.10.2016 zu bezahlen. (*Verpflichtungsklausel*)
2. Herrn Debitor wird erlaubt, den unter Ziff. 1 genannten Betrag in monatlichen Raten von 1.500,00 € zu bezahlen, zahlbar jeweils am Fünften eines jeden Monats, erstmals am 5. Mai 2017. (*Ratenzahlungsklausel*)
3. Hat Herr Debitor insgesamt 20.000,00 € pünktlich und jeweils vollständig bezahlt, wird ihm der Restbetrag erlassen. (*Anreizklausel*)
4. Kommt Herr Debitor mit einer Rate ganz oder teilweise länger als 10 Tage in Rückstand, so ist der gesamte noch offene Restbetrag aus Ziff. 1 sofort zur Zahlung fällig. (*Verfallklausel*)
5. Damit sind alle gegenseitigen Forderungen aus dem Vertrag vom 20.08.2016 zwischen den Parteien erledigt. (*Erledigungsklausel*)
6. Fa. Creditor ist berechtigt, diesen Vergleich bis 10. April 2017 schriftlich zu widerrufen. (*Widerrufsklausel*)
7. Von den Kosten des Vergleichs trägt Herr Debitor 2/3, Fa. Creditor 1/3. (*Kostenklausel*)

Abb. 75: Muster eines Vergleichsvertrags

Mit Abschluss des Vergleichs ist die gegenseitige Rechtsbeziehung auf ein neues Fundament gestellt, er stellt für die darin begründete Forderung einen **neuen Rechtsgrund** dar, ein Zurückkommen auf die alte Rechtsbeziehung ist durch die Erledigungsklausel ausgeschlossen.

Institutionelle **kooperative Konfliktlösungsverfahren** sind v.a. die
Schlichtung und die **Mediation**. Daneben existieren sog. **Adjukationsverfahren**, die vor allem im Baubereich Anwendung finden und
auf einer *schnellen vorläufigen Regelung* durch den Adjukator beruhen,
um den Eintritt von Schäden zu verhindern.

14.3.2 Die Schlichtung

Kann ein Vergleich nicht im gegenseitigen Gespräch erzielt werden,
so bietet das **Schlichtungsverfahren** eine institutionelle Konfliktlösungsmöglichkeit. Kennzeichnend für die Schlichtung ist die Vermittlung durch einen **neutralen Schlichter**, der den Konfliktparteien
auf Basis ihrer Standpunkte einen vermittelnden **Lösungsvorschlag**
unterbreitet, den die Parteien annehmen oder ablehnen können.
Da der Schlichter **keine Entscheidungskompetenz** hat, führt die
beiderseitige Annahme seines Vorschlags zum Abschluss eines **Vergleichsvertrages**, die Ablehnung durch auch nur eine Partei zum
Scheitern der Schlichtung. Danach ist selbstverständlich der Weg
zu staatlichen Verfahren und Gerichten frei. Neben der von den
Parteien im **Einzelfall** durch Einigung auf einen Schlichter organisiertes Verfahren („Ad-hoc-Schlichtung"), existieren eine Vielzahl
an institutionellen **Gütestellen**, z.B. die Schlichtungsstelle für das
Versicherungswesen, für das Kraftfahrzeuggewerbe oder die Schlichtungsstelle für Onlinehandel. Schlichter kann jeder sein, auf den sich
die Parteien einigen.

14.3.3 Die Mediation

Demgegenüber basiert die Mediation auf Eigeninitiative der Parteien
bei der Konfliktlösung.

> **Definition:**
> Die Mediation ist ein vertrauliches und strukturiertes Verfahren, bei dem
> Parteien mithilfe eines oder mehrerer Mediatoren freiwillig und eigenver
> antwortlich eine einvernehmliche Beilegung ihres Konfliktes anstreben,
> § 1 Abs. 1 MediationsG.

Der Mediator ist eine unabhängige und neutrale Person ohne Entscheidungsbefugnis, der die Parteien durch die Mediation führt, § 1
Abs. 2 MediationsG. Das Verfahren genießt **Vertraulichkeit**, da der
Mediator zur Verschwiegenheit verpflichtet und die Mediation i.d.R.
nicht öffentlich ist, § 4 MediationsG. Den **Parteien selbst** obliegt
bei der – im Vergleich zum mehrinstanzlichen Zivilprozess meist
günstigeren – Mediation die Lösungsfindung für ihren Konflikt.
Der Mediator unterstützt mit den Techniken des **Harvard-Konzepts**.

Übung:

Informieren Sie sich in Ihrer Bibliothek oder im Internet über die Prinzipien der weltweit anerkannten Konfliktlösungsmethode des Harvard-Konzepts, z. B. bei „Patton, Ury,Fisher: Das Harvard-Konzept".

Üblicherweise durchläuft die Mediation **fünf Phasen** vom Abschluss des **Mediationsvertrages** (1) über die Ermittlung der **Verhandlungsthemen** und Parteiinteressen (2), die **Sachverhaltsklärung** und Prüfung der Rechtslage durch die Parteien und ihre Anwälte (3), die Erarbeitung von **Lösungsvorschlägen** im Wege des Brainstorming und deren Diskussion (4) bis zum Abschluss eines **Vergleichsvertrages** (5). Sollte die Mediation gelingen, ist der Konflikt beigelegt; scheitert sie, ist der Weg zu den Gerichten offen.

14.4 Gerichtliche Verfahren

Nach erfolgloser Mahnung oder aber auch erst nach erfolglosen außergerichtlichen Konfliktlösungsversuchen, steht der Gang vor ein **Gericht** an, will der Gläubiger nicht auf seine Forderung verzichten. Dort kann der Gläubiger auf verschiedenen Wegen einen „**Vollstreckungstitel**" erlangen, der ihn dazu ermächtigt, mit Hilfe staatlicher Vollstreckungsorgane die begründete Forderung **zwangsweise einzutreiben**. *Staatlicherseits* gibt es das **gerichtliche Mahnverfahren** vor dem Mahngericht oder den **Zivilprozess** vor dem Amts- oder Landgericht. Die Parteien können aber auch ein *privates Gericht* in Form eines **Schiedsgerichts** wählen.

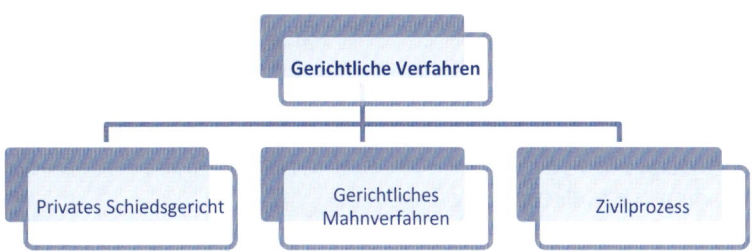

Abb. 76: Übersicht gerichtliche Verfahren

14.4.1 Das Schiedsgerichtsverfahren

Treffen die Kontrahenten schon bei Vertragsschluss im Rahmen einer **AGB-Schiedsgerichtsklausel** oder später nach Ausbruch der Streitigkeit als **Schiedsgerichtsvereinbarung** eine Abrede, anstelle der staatlichen Gerichte ein **Schiedsgericht** anzurufen, vgl. §§ 1029, 1031 ZPO, so sind sie im Konfliktfall dazu gezwungen, den Konflikt von **privaten Schiedsrichtern** ihrer Wahl durch **Schiedsspruch** entscheiden zu lassen. Der Weg zum staatlichen Gericht ist damit versperrt (§ 1032 ZPO: sog. „**Prozesshindernis**"). Schiedsrichter kann **jedermann** sein, die Parteien bestimmen das Verfahren zur Wahl, die Anzahl und Personen der Schiedsrichter selbst, vgl. §§ 1034 Abs. 1, 1035 Abs. 1 ZPO. Das von den Schiedsrichtern einzuhaltende Verfahren hat sich an den **rechtsstaatlichen Grundsätzen** der **Unparteilichkeit** der Schiedsrichter, der **Gleichbehandlung** der Parteien, der Gewährung **rechtlichen Gehörs**, der Möglichkeit der **Mitwirkung von Anwälten** und der optionalen Durchführung einer **mündlichen Verhandlung** zu orientieren, vgl. §§ 1042, 1046, 1047 ZPO. Falls das Verfahren nicht durch einen **Vergleich** endet („Schiedsspruch mit vereinbarten Wortlaut", § 1053 Abs. 1 ZPO), entscheiden die Schiedsrichter durch „streitigen" **Schiedsspruch**, der nach *Vollstreckbarerklärung* durch das staatliche Oberlandesgericht ein **rechtswirksamer Vollstreckungstitel** ist, der hinsichtlich darin titulierten Zahlungsverpflichtung als Grundlage einer Zwangsvollstreckung dienen kann, vgl. §§ 1060, 1062 Abs. 1 Nr. 4 ZPO. Gegen einen Schiedsspruch gibt es – außer bei schweren Verstößen des Gerichts gegen grundsätzliche Regeln des Verfahrensrechts, vgl. § 1059 ZPO – **keinen Rechtsbehelf.**

Auch hier wird zwischen „Ad-hoc-Schiedsgerichten", die für den Einzelfall konstituiert werden, und institutionellen Verfahren, die bei gewerblichen Anbietern (z. B. DIS) abrufbar sind, unterschieden.

14.4.2 Das gerichtliche Mahnverfahren

14.4.2.1 Wesen des Verfahrens

Das gerichtliche Mahnverfahren ist ein **schneller, einfacher** und **billiger** Weg, Außenstände gerichtlich „titulieren" zu lassen: Die **formulargestützte Antragstellung** führt zu einem **rein EDV-gesteuerten Verfahren** ohne mündliche Verhandlung und **ohne Anspruchsprüfung** durch einen Richter, an dessen Ende nach **wenigen Wochen** ein **Vollstreckungsbescheid** steht.

Das gerichtliche Mahnverfahren ist – von Ausnahmen abgesehen – zulässig wegen **Geldforderungen** in Euro, vgl. § 688 Abs. 1, 2 ZPO.

14.4.2.2 Verfahrensablauf

Der Antragsteller, also der Forderungsgläubiger, hat einen **Mahnantrag**, ein im Schreibwarenhandel oder im Internet erhältliches Formular bzgl. der Parteien sowie Art und Betrag seiner Forderung auszufüllen, zu unterschreiben und beim zuständigen Amtsgericht

einzureichen, vgl. § 690 ZPO. Zuständig ist – unabhängig vom Streitwert der Forderung – immer das **Amtsgericht**, in dessen Bezirk der
Antragsteller seinen „**allgemeinen Gerichtsstand**", also seinen Ver-
waltungs- oder Wohnsitz hat, vgl. § 689 Abs. 1, 2 ZPO i. V. m. §§ 12,13
17 ZPO. Die meisten Bundesländer haben allerdings jeweils *ein*
Amtsgericht ihres Landes als Mahngericht bestimmt, § 689 Abs. 3
ZPO.

> **Beispiel:**
> Möchte der Gläubiger einer Forderung über 15.000 € aus Konstanz
> gegen einen Schuldner aus Flensburg das gerichtliche Mahnverfahren be-
> treiben, so hat er den Mahnantrag beim zentral für Baden-Württemberg
> und alle dort belegenen Städte und Gemeinden zuständigen Amtsgericht
> Stuttgart einzureichen.

Auf den *korrekt ausgefüllten Mahnantrag* erlässt das Mahngericht nach
wenigen Tagen – durch die vom *Rechtspfleger* überwachte EDV – einen
„**Mahnbescheid**" über die geforderte Summe, ohne die Berechtigung
der Forderung zu prüfen, vgl. § 693 ZPO. Dieser Mahnbescheid wird
dem Antragsgegner, also dem Schuldner, förmlich **zugestellt**, § 693
ZPO. Dieser hat nun drei Reaktionsmöglichkeiten:

(1) Leistet der Schuldner nach Zustellung des Mahnbescheids die
verlangte **Zahlung**, so ist damit der Zweck des Verfahrens erreicht
und es **endet** ohne weiteres.

(2) **Widerspricht** er der geltend gemachten Forderung **binnen zwei
Wochen** seit Zustellung des Mahnbescheids, jedenfalls noch vor
Erlass eines Vollstreckungsbescheids, auf einem ihm übersandten
Widerspruchsformular, vgl. §§ 694, 692 Abs. 1 Nr. 3 ZPO, so ist das
Mahnverfahren beendet und beide Parteien können die **Abgabe
des Verfahrens** an ein „**Streitgericht**" beantragen. Am zuständigen
Amts- oder Landgericht wird dann im Wege eines „normalen" **Zi-
vilprozesses** die Berechtigung der Forderung durch einen Richter
geprüft und durch Urteil entschieden, §§ 696, 697 ZPO. Wollen beide
Parteien das Verfahren nicht vor das Streitgericht bringen, werden
die Akten weggelegt.

(3) Sollte der Schuldner weder zahlen noch Widerspruch einlegen,
sondern **schweigen**, kann der Antragsteller nach Ablauf von **zwei
Wochen** beim Mahngericht den Erlass eines „**Vollstreckungsbescheids**" beantragen, § 699 ZPO.

Der **Vollstreckungsbescheid** steht einem für vorläufig vollstreckbar
erklärten (Versäumnis-)Urteil gleich, vgl. § 700 Abs. 1 ZPO, wird dem
Antragsgegner wieder zugestellt und kann dem Gerichtsvollzieher

zur Vollstreckung der darin titulierten Forderung übergeben werden. Auch hier gibt es drei Reaktionsmöglichkeiten des Antragsgegners:

(1) Er kann bezahlen, dann wird der Vollstreckungsbescheid an ihn herausgegeben.

(2) Er hat eine „zweite Chance", sich durch Einlegung eines **Einspruchs** gegen den Vollstreckungsbescheid binnen zwei Wochen nach dessen Zustellung zu wehren, §§ 700 Abs. 1, 338, 339 ZPO. Legt er Einspruch ein, wird das Verfahren wiederum an das **Prozessgericht abgegeben**, § 700 Abs. 3 ZPO. Das Prozessgericht prüft Form und Frist des Einspruchs, § 340, 341 ZPO. Ist der Einspruch **verfristet**, wird er als unzulässig **verworfen** und der **Vollstreckungsbescheid ist unanfechtbar** geworden („rechtskräftig"). Ist der Einspruch **fristgemäß** eingelegt worden, fordert das Gericht den Anspruchsteller, der nun Kläger ist, zur Anspruchsbegründung auf, § 697 ZPO, und leitet durch Terminsbestimmung zur **Verhandlung über Einspruch und Hauptsache** einen Zivilprozess ein, § 341a ZPO. Nach Durchführung einer Verhandlung, ggf. mit Beweisaufnahme, entscheidet das Gericht über den Vollstreckungsbescheid: Ist der Anspruch begründet, wird der Einspruch verworfen und **Vollstreckungsbescheid aufrechterhalten**. Ist der Anspruch unbegründet, wird der Vollstreckungsbescheid aufgehoben und die Klage abgewiesen.

(3) **Reagiert** der Antragsgegner erneut **nicht**, wird der Vollstreckungsbescheid nach Ablauf der Einspruchsfrist von zwei Wochen **rechtskräftig**.

 Übung:

Rufen Sie die Seite *www.mahngerichte.de* auf und sehen Sie sich unter „Verfahrensüberblick" die Antragstellung, die Formulare und den Ablauf des gerichtlichen Mahnverfahrens genauer an.

14.4.2.3 Kosten

Seitens des Gerichts kostet das gerichtliche Mahnverfahren nur eine **halbe Gerichtsgebühr**, für einen Zivilprozess entstehen hingegen **drei Gerichtsgebühren**, deren Höhe der **Tabelle** in Anlage 2 des **Gerichtskostengesetzes** zu entnehmen ist. Wird das Mahnverfahren allerdings nach Widerspruch oder Einspruch an das Prozessgericht abgegeben, sind die restlichen 2,5 Gerichtsgebühren einzuzahlen, die halbe Mahnverfahrensgebühr wird angerechnet.

Der **Rechtsanwalt** erhält eine **ganze Mahnverfahrensgebühr** (Nr. 3305 Vergütungsverzeichnis Anlage 1 RVG), für die **Beantragung eines Vollstreckungsbescheids** bekommt er eine weitere **halbe Gebühr** (Nr. 3308 Vergütungsverzeichnis Anlage 1 RVG).

> **Beispiel:**
> Für ein gerichtliches Mahnverfahren über 30.000 € zahlt der Antragsteller 406 € an **Gerichtsgebühren**, die sofort der Forderungssumme auf dem Mahnbescheid zugeschlagen werden. Die **Anwaltskosten** betragen 863,00 € für den Mahnantrag und 431,50 € für den Antrag auf Vollstreckungsbescheid, zzgl. 20 € Unkostenpauschale und gesetzliche Mehrwertsteuer. Das Mahnverfahren kann jedoch auch ohne anwaltliche Unterstützung durchgeführt werden. Dann fallen nur die Gerichtskosten an.

14.4.2.4 Das Europäische Mahnverfahren

Nach deutschem Vorbild existiert für **grenzüberschreitende Forderungen** zwischen Personen aus verschiedenen EU-Mitgliedsstaaten ein ebenfalls formulargestütztes **Europäisches Mahnverfahren**. Der Antrag ist beim zuständigen **Gericht des Antragsgegners** anzubringen, wo ein **europäischer Zahlungsbefehl** ergeht, gegen den der Antragsgegner **30 Tage lang Einspruch** erheben kann; nach Ablauf dieser Frist ist er automatisch vollstreckbar.

14.4.3 Der Zivilprozess

14.4.3.1 Prozessvorbereitung

Bevor sich der Gläubiger zur Erhebung einer Klage entschließt, muss er sich über die **Chancen** einer gerichtlichen Geltendmachung, die mit einem Rechtsstreit verbundenen **Kosten** und im Zusammenhang damit vor allem mit der Notwendigkeit einer **anwaltlichen Vertretung** befassen. Denn vor bestimmten Gerichten und in bestimmten Verfahren ordnet das Gesetz „**Anwaltszwang**" an.

Muss der Prozess vor einem **Landgericht** geführt werden, kann ein Kläger nur auftreten, wenn er von einem Rechtsanwalt vertreten wird, § 78 Abs. 1 Satz 1 ZPO. Geht der Prozess in die zweite Instanz vor das **Oberlandesgericht** oder in die dritte Instanz vor den **Bundesgerichtshof**, so besteht auch hier Anwaltszwang, § 78 Abs. Satz 1, 3 ZPO. Lediglich am Amtsgericht können die Parteien selbst agieren, wird allerdings in einer „**Familiensache**" vor dem **Amtsgericht /Familiengericht** geklagt, dann ist das nur mit anwaltlicher Vertretung möglich, § 114 FamFG.

Mit dem Anwalt ist ein **Geschäftsbesorgungsvertrag** abzuschließen, § 675 BGB. Der Anwalt muss durch Befragung den für das gerichtliche Verfahren erheblichen **Sachverhalt herausfinden**, die **Rechtslage prüfen**, den Mandanten entsprechend **beraten** und dann ggf. den **Prozess einleiten** und **führen**. Die Gebühren des Anwalts, die sein Mandant ihm schuldet, ergeben sich aus dem RVG.

14.4.3.2 Zuständiges Gericht

Im zweiten Schritt ist das zuständige erstinstanzliche Gericht zu bestimmen: Dabei wird nach der **„sachlichen"** (Gegenstand, Streitwert) und der **„örtlichen"** Zuständigkeit (Ort) unterschieden:

Das **Amtsgericht** ist **sachlich** zuständig für Streitsachen mit einem Streitwert bis 5.000,00 €, daneben unabhängig von der Höhe des Streitwerts z. B. für Familiensachen, Nachlasssachen oder Wohnraummietstreitigkeiten, §§ 23, 23a GVG. Es entscheidet dort immer der Amtsrichter als **Einzelrichter**.

Die **landgerichtliche** sachliche Zuständigkeit betrifft Streitgegenstände ab 5.000,01 € sowie z. B. Amtshaftungsansprüche gegen Beamte, § 71 GVG. Am Landgericht entscheidet normalerweise der **Einzelrichter**, in besonderen Fällen die „Zivilkammer" mit drei Richtern.

Örtlich ist immer das Amts- oder Landgericht zuständig, in dessen Bezirk der **allgemeine Gerichtsstand** des Beklagten liegt, § 12 ZPO; dieser bestimmt sich nach dessen **Wohnsitz** oder bei juristischen Personen nach deren **Verwaltungssitz**, §§ 13, 17 ZPO. Daneben bestehen in §§ 20 ff. ZPO zur **Wahl** des Klägers „besondere Gerichtsstände", z. B. dort, wo in einer unternehmerischen Niederlassung ein Geschäftsabschluss getätigt wurde, aus dem geklagt wird, § 21 ZPO, oder am Ort einer unerlaubten Handlung für Schadensersatzansprüche, § 32 ZPO. In manchen Fällen ist der Gerichtsstand vom Gesetz zwingend vorgegeben, sog. **„ausschließliche Gerichtsstände"**, z. B. Mietstreitigkeiten müssen vor dem Gericht geführt werden, in dessen Bezirk die Räume liegen, § 29a ZPO.

> **Beispiel:**
> ElektroFritz aus Kaiserslautern möchte seinen Kunden Peter Maier aus Neustadt/Weinstraße auf Zahlung seiner Rechnung über 3.443, 14 € verklagen; aufgrund des Streitwerts ist sachlich zuständig ein Amtsgericht, örtlich muss ElektroFritz die Klage – selbst oder durch einen Anwalt – beim Amtsgericht Neustadt/Weinstraße anbringen, dem allgemeinen Gerichtsstand des Maier. Beliefe sich die Forderung auf 5.001,17 €, so wäre das für Neustadt/Weinstraße sachlich zuständige Landgericht in Landau/Pfalz zu wählen; dort könnte allerdings nur ein Rechtsanwalt die Klage einreichen, da am Landgericht Anwaltszwang herrscht.

Soweit beide Kontrahenten Kaufleute i.S. des HGB sind, können sie bereits in den AGB ihres Vertrages ein von den Wahlgerichtsständen abweichendes Gericht für einen etwaigen Prozess bestimmen, sog. **Gerichtsstandsvereinbarung**, § 38 Abs. 1 ZPO. Gegenüber Privatpersonen ist eine solche Gerichtsstandsvereinbarung nur *nach* Entstehung der Streitigkeit möglich, § 38 Abs. 3 ZPO.

Beispiel:
Steht in den Lieferbedingungen der BMW-Niederlassung *Altstadt*, dass für jeden Fall einer streitigen Auseinandersetzung als Gerichtsstand das Amts- und Landgericht *Altstadt* vereinbart wird, so ist diese Gerichtsstandsklausel gegenüber dem BMW-Privatkunden Schulze aus *Neudorf* nicht wirksam, § 38 ZPO; will die BMW-Niederlassung Schulze verklagen, muss sie dies in *Neudorf* tun, andernfalls wird die Klage in *Altstadt* als unzulässig abgewiesen. Haben sich die Niederlassung und Schulze hingegen *nach Ausbruch ihres Streits* – durch ihre Anwälte – auf irgendein erstinstanzliches Gericht geeinigt, so ist diese nachträgliche Gerichtsstandsvereinbarung wirksam und das Gericht wird zuständig.

Wird die Klage an einem unzuständigen Gericht erhoben, muss sie als **unzulässig** abgewiesen werden, ohne dass der Richter die Berechtigung der geltend gemachten Forderung prüfen würde. Das kann dadurch vermieden werden, das rechtzeitig Antrag auf **Verweisung** des Rechtsstreits an das zuständige Gericht gestellt wird, § 281 ZPO.

14.4.3.3 Die Klageerhebung

Ist das zuständige Gericht gefunden, muss eine **Klageschrift** gefertigt und eingereicht werden, § 253 Abs. 3 ZPO. Die Klageschrift muss Namen und Anschriften von Kläger und Beklagtem, das angerufene Gericht, einen Klageantrag sowie Grund und Gegenstand des erhobenen Anspruchs, also eine Anspruchsbegründung, enthalten, § 253 Abs. 2 ZPO. Mit Eingang der Klageschrift bei Gericht ist der **Rechtsstreit anhängig**, mit Zustellung der Klageschrift an den Beklagten wird er „**rechtshängig**", der Anspruch kann dann nicht mehr anderweitig vor Gericht gebracht werden, § 253 Abs. 1 ZPO.

Der bei Gericht funktionell nach dem sog. Geschäftsverteilungsplan zuständige Richter, vgl. § 21e GVG, als der „**gesetzliche Richter**", vgl. Art. 101 GG, 16 Satz 2 GVG, muss die Klage dem Beklagten zustellen lassen und zugleich den Haupttermin vorbereiten, § 272 Abs. 1 ZPO.

Dabei kann er zwischen einem „**frühen ersten Termin**", der alsbald stattfindet und sich bei guten Chancen auf eine schnelle gütliche Einigung empfiehlt, §§ 272 Abs. 2, 275 ZPO, und einem „**schriftlichen Vorverfahren**", das bei umfangreichem Prozessstoff den Parteien Gelegenheit gibt, ausreichend Vortrag zu halten und auf den Vortrag des Gegners zu erwidern, §§ 272, 276 ZPO, wählen. Auch hier bestimmt er nach gewisser Zeit **Termin zur mündlichen Verhandlung**.

Zu dessen Vorbereitung kann er weitere Maßnahmen treffen, vgl. § 273 ZPO.

Hinrich Hinz
Heizungsfachgeschäft

An das *Amtsgericht Esslingen*
Ritterstr. 8–10
73728 Esslingen   <u>Klage</u>

In der Rechtssache

Hinrich Hinz, Weinbergweg 17, 73728 Esslingen
./.
Karl Otto Kaltmaier, Drosselgasse 108, 73730 Esslingen

stelle ich den *Klageantrag*:
Der Beklagte wird verurteilt, an den Kläger 437,17 €
nebst 7 % Zinsen hieraus seit 03.04.2017 zu bezahlen.

Begründung:
Der Kläger hat gemäß Auftrag von 28.01.2017 am 29.01.2017 die Heizungsanlage im Einfamilienhaus des Beklagten gereinigt und wieder funktionsfähig gemacht. Die darüber erstellte Rechnung im Betrag von 437,17 € hat der Beklagte nicht bezahlt. Er ist mit Schreiben vom 02.04.2017 gemahnt worden und befindet sich seit 03.04.2017 in Verzug. Der Kläger nimmt Bankkredit zu 7 % p.a. in Anspruch.

Gez. Hinz

Abb. 77: Muster einer Klageschrift

14.4.3.4 Der Verhandlungstermin

Grundsätzlich geht jeder **mündlichen Verhandlung** im Zivilprozess zum Zwecke der gütlichen Einigung (Vergleich!) zwingend eine **„Güteverhandlung"** voraus, § 278 Abs. 2 Satz 1 ZPO, in der der Sach- und Streitstand mit den Parteien erörtert und die erschienenen Parteien persönlich angehört werden sollen, § 278 Abs. 2 Satz 2 ZPO. Der Richter soll in jeder Lage des Verfahrens auf eine **gütliche Beilegung** des Rechtsstreits bedacht sein, § 278 Abs. 1 ZPO; so kann er den Parteien sogar eine außergerichtliche Mediation vorschlagen, § 278a ZPO.

Kommt es zu keiner Einigung, schließt sich der **Verhandlungstermin** unmittelbar an, § 279 Abs. 1 ZPO. Es sind – wegen des Mündlichkeitsgrundsatzes – die Klageanträge zu stellen. Sodann hat der Richter mit den Parteien alle Aspekte des Streitgegenstandes zu erörtern. Bestehen unterschiedliche Darstellungen zu Tatsachen, so muss das Gericht **die von den Parteien vorgelegten Beweise erheben** (sog. **„Beibringungsgrundsatz"**), wobei i. d. R. die Partei für ihre Tatsachenbehauptung beweispflichtig ist, die einen Rechtsvorteil daraus ableitet.

> **Beispiel:**
> Bietet der Kläger für die seinem Anspruch zugrunde liegenden und vom Gegner bestrittene Tatsache der „mündlichen Auftragserteilung" keinen Beweis an, bleibt er „beweisfällig", die Auftragserteilung ist nicht bewiesen, die Klage muss abgewiesen werden.

Vor allem vier **Beweismittel** sind für die Beweisaufnahme vor Gericht von Bedeutung: **Zeugen** (haben etwas wahrgenommen, §§ 373 ff. ZPO), **Sachverständige** (können etwas beurteilen, §§ 402 ff. ZPO), **Urkunden** (können etwas schwarz auf weiß belegen, §§ 415 ff. ZPO), **richterlicher Augenschein** (der Richter kann etwas ansehen und sich selbst ein Bild machen, §§ 371 ff. ZPO). Die Parteivernehmung spielt in der Praxis keine Rolle, vgl. §§ 445 ff. ZPO.

Hat der Richter die Beweise erhoben, muss er deren Aussagekraft würdigen, sog. **„Beweiswürdigung"**: Hat der Zeuge die Wahrheit gesagt, ist die Urkunde echt, was bedeuten die Ausführungen des Sachverständigen für den Streit etc.? Dabei kommen dem Richter seine Berufserfahrung, Menschenkenntnis und Fachkenntnisse für die „Tatsachenfeststellung vor Gericht" zugute.

14.4.3.5 Der Verhandlungstermin in besonderen Fällen

* **Versäumnisurteil**: Der Verhandlungstermin kann auch einen **nicht streitigen Verlauf** nehmen, etwa wenn eine der Parteien **nicht erscheint**. Dann ergeht gegen die unentschuldigt abwesende Partei ein Versäumnisurteil, gegen das diese jedoch binnen zwei Wochen nach Zustellung **Einspruch** einlegen kann, §§ 330 ff. ZPO, worauf der Prozess wieder fortgesetzt wird.
* **Anerkenntnisurteil**: Ist die Klageforderung zutreffend, kann sich der Beklagte überlegen, ob er den Anspruch nicht „anerkennen" möchte. Das kürzt den Prozess ab, weil sogleich ein **Anerkenntnisurteil** ergehen kann, § 307 ZPO.
* **Klagerücknahme**: Umgekehrt kann der Kläger – etwa nach richterlichem Hinweis – zur Erkenntnis gelangen, dass seine Klage keine Aussicht auf Erfolg hat; dann kann er die **Klage zurücknehmen** und damit den Prozess beenden, muss aber die Kosten des bisherigen Rechtsstreits tragen, § 269 Abs. 1, 3 Satz 2 ZPO.
* **Prozessvergleich**: Schließlich kann es zum Prozessvergleich zwischen den Parteien kommen, den das Gericht in der mündlichen

Verhandlung zu Protokoll nimmt (Vollstreckungstitel, §794 Nr.1 ZPO). Ein gerichtlicher Prozessvergleich kann auch dadurch geschlossen werden, dass die Parteien einen gerichtlichen Vergleichsvorschlag **durch Schriftsatz** gegenüber dem Gericht annehmen; das Gericht stellt dann durch Beschluss Zustandekommen und Inhalt des Vergleichs fest, §278 Abs.6 ZPO.

* **Hautsachenerledigung:** Schließlich kann sich die **„Hauptsache** übereinstimmend **erledigen",** etwa weil der Beklagte außergerichtlich bezahlt. In diesem Fall muss das Gericht nur noch über die **Kosten** durch Beschluss nach §91a ZPO entscheiden.

14.4.3.6 Die Entscheidung

Im Normalfall entscheidet das Gericht durch **End-Urteil,** §704 ZPO. Der **Urteilstenor** lautet auf **Verurteilung** des Beklagten entsprechend dem gestellten Klageantrag, auf **Klageabweisung** oder auf eine Mischung aus beiden. Darüber hinaus muss das Urteil vom Richter für „vorläufig vollstreckbar" erklärt werden, weil ja noch eine Anfechtung in zweiter Instanz möglich ist. Schließlich trägt das Urteil eine **Kostenentscheidung,** §91 ZPO, wobei die Gesamtkosten für das Gericht (GKG), die Anwälte (RVG) und die Beweismittel (JVEG) nach den Anteilen des jeweiligen **Unterliegens** einer Partei im Verhältnis zu den gestellten Anträgen bemessen werden.

Beispiel:
1. Der Beklagte wird verurteilt, an den Kläger 3.456,78 € zu bezahlen, wegen der weiteren Forderung wird die Klage abgewiesen.
2. Das Urteil ist für den Kläger gegen Sicherheitsleistung in Höhe von 5.000 € vorläufig vollstreckbar, wenn nicht zuvor der Beklagte Sicherheit in gleicher Höhe leistet.
3. Von den Kosten des Rechtsstreits tragen der Beklage 2/3, der Kläger 1/3.

Sollte eine Partei mit der gerichtlichen Entscheidung nicht einverstanden sein, kann gegen erstinstanzliche **Urteil des Amtsgerichts** vor dem **Landgericht** in **Berufung** gegangen werden, gegen erstinstanzliche **Urteile des Landgerichts** ist Berufung an das **Oberlandesgericht** möglich, §511 ZPO). Dabei sind bestimmte Wertgrenzen zu überschreiten. Auch ist gegen ein **erstinstanzliches Urteil** des **Landgerichts** unter Auslassung des OLG eine „Sprungrevision" an den **Bundesgerichtshof** denkbar, §566 ZPO. In der Berufungsinstanz werden grundsätzlich die *Tatsachenfeststellungen* und die *Rechtswendung* des Erstrichters nochmals überprüft.

Gegen **Berufungsurteile des Landgerichts** und des **Oberlandesgerichts** kann die **Revision** an den **Bundesgerichtshof** zugelassen werden, hier wird nur noch die *richtige Anwendung der Gesetze*, nicht jedoch die Sachverhaltsermittlung der Vorinstanzen überprüft, §§ 542, 543 ZPO.

14.4.3.7 Die Zwangsvollstreckung

Urteile, Prozessvergleiche, Vollstreckungsbescheide oder Schiedssprüche sind **„Vollstreckungstitel"**, die als Grundlage einer Zwangsvollstreckung dienen, vgl. §§ 704, 794 ZPO. Dazu bedürfen Sie eines amtlichen Vermerks, dass aus einer konkreten **Ausfertigung** des Vollstreckungstitels die Vollstreckung betrieben werden darf, sog. **„Vollstreckungsklausel"**, § 724 ZPO. Die Zwangsvollstreckung darf erst beginnen, wenn der Titel dem Vollstreckungsschuldner **zugestellt** worden ist, damit er noch Gelegenheit hat, die Zwangsvollstreckung abzuwenden, § 750 Abs. 1 ZPO.

Wegen Geldforderungen kann eine Zwangsvollstreckung in das **bewegliche Vermögen** des Schuldners mittels **Pfändung** von Gegenständen durch den **Gerichtsvollzieher** erfolgen, §§ 803, 753 ZPO. Die Verwertung erfolgt durch öffentliche **Versteigerung** zum Mindestgebot, §§ 814, 817a; der Erlös wird vom Gerichtsvollzieher an den Schuldner zur Tilgung der Schuld ausbezahlt, vgl. § 819 ZPO.

Darüber hinaus ist eine Zwangsvollstreckung in **Grundstücke** durch **Eintragung einer Sicherungshypothek** mit der Option der Versteigerung, § 867 ZPO, durch **Anordnung der Zwangsverwaltung** mit Zugriff auf die laufenden Erträge eines Grundstück und durch **Zwangsversteigerung** des Grundstücks möglich, § 869 i. V. m. ZVG.

Schließlich können offene **Forderungen** des Schuldners gegen Dritte durch das Vollstreckungsgericht **gepfändet** und dem Gläubiger **zur Einziehung überwiesen** werden, sog. **„Pfändungs- und Überweisungsbeschluss"**, §§ 828, 829 ZPO.

14.5 Merksätze/Kontrollfragen

Merksätze

- **Forderungsmanagement** lässt sich in **vier Phasen** einteilen: Vorbeugendes Forderungsmanagement i. e. S., kaufmännisches Mahnverfahren, außergerichtliche Konfliktlösung und gerichtliche Verfahren.
- Unter dem **kaufmännischen Mahnverfahren** versteht man die **Inverzugsetzung** des Schuldners durch Mahnung und das **Inkasso** offener Forderungen.
- **Externe Inkassodienstleister** sind vor allem **Rechtsanwälte** und **Inkassounternehmen**, die sich nach Kompetenzen, Kosten und Erstattungsfähigkeit der Kosten stark unterscheiden.

- Die **Erstattungsfähigkeit von externen Inkassokosten** folgt mangels Vereinbarung dem **Verzugsschadensersatzrecht** unter Berücksichtigung der Herausforderungslehre und der Schadensminderungspflicht.

- Der **Vergleich** ist ein Vertrag, durch den im Wege gegenseitigen Nachgebens der Streit über eine Forderung beseitigt wird.

- Vergleiche können **Verpflichtungs-, Ratenzahlungs-, Anreiz-, Verfalls-, Erledigungs-, Widerrufs-** und **Kostenklauseln** enthalten.

- Kooperative Konfliktlösungsmethoden sind die **Schlichtung**, bei welcher der Schlichter einen Vergleichsvorschlag unterbreitet, und die **Mediation**, bei der die Parteien die Konfliktlösung eigenverantwortlich erarbeiten.

- Das **Schiedsgerichtsverfahren** ist ein dem Verfahren vor staatlichen Gerichten nachgebildetes privates Gerichtsverfahren, das mit einem vollstreckbaren Schiedsspruch endet.

- Das **gerichtliche Mahnverfahren** ist ein **schnelles, einfaches** und **billiges** formulargestütztes computergesteuertes Verfahren zur Titulierung von offenen Geldforderungen, das über einen **Mahnbescheid** zu einem **Vollstreckungsbescheid** führen kann.

- Die **Prozessvorbereitung** erfordert Klarheit über das Bestehen eines **Anwaltszwangs**, die entstehenden **Kosten**, die **Prozesschancen** und das **zuständige Gericht**.

- **Anwaltszwang** besteht bei allen **Landgerichten** und **höheren Gerichten** sowie beim Amtsgericht in **Familiensachen**.

- Für Streitsachen bis 5.000 € ist das Amtsgericht **sachlich zuständig**, darüber das Landgericht; daneben gibt es Sonderzuständigkeiten.

- Örtlich zuständiges Gericht ist regelmäßig das Gericht am **allgemeinen Gerichtsstand** des **Beklagten**, das sich durch dessen Wohnsitz oder Sitz bestimmt, sofern keine ausschließliche Gerichtszuständigkeit besteht.

- **Gerichtsstandsvereinbarungen** sind im Voraus nur unter **Kaufleuten** wirksam.

- Der **Ablauf des Zivilprozesses** wird nach Erhebung der Klage durch das Gericht bestimmt, welches die Wahl zwischen einem **frühen ersten Termin** und einem **schriftlichen Vorverfahren** mit anschließendem **Haupttermin** hat.

- Dem **Verhandlungstermin** geht zum Zwecke der gütlichen Einigung eine **Güteverhandlung** voraus.

- Die wichtigsten Beweismittel sind **Zeugen, Urkunden, Sachverständige** und der **richterliche Augenschein**.

- Besondere Verfahrensabläufe sind bei Säumnis einer Partei der Erlass eines **Versäumnisurteils**, bei Anerkenntnis der Erlass eines **Anerkenntnisurteils**, die **Klagerücknahme**, der **Prozessvergleich** oder die **Erledigung der Hauptsache**.

- Gegen ein Endurteil ist die **Berufung**, gegen ein Berufungsurteil die **Revision** mit unterschiedlichem Nachprüfungsumfang gegeben.
- Die **Zwangsvollstreckung** setzt **Titel, Klausel und Zustellung** voraus. Sie ist wegen Geldforderungen möglich in das **bewegliche Vermögen**, das **Grundeigentum** oder in **offene Forderungen** des Schuldners.

Kontrollfragen

K 1   Untergliedern Sie bitte das Forderungsmanagement in vier Phasen.

K 2   Von wann bis wann reicht das kaufmännische Mahnverfahren?

K 3   Welche Möglichkeiten gibt es, den Geldschuldner in Verzug zu setzen?

K 4   Welche externen Inkassodienstleister kennen Sie, wie unterscheiden sie sich hinsichtlich Ihrer Kompetenzen und Kosten?

K 5   Skizzieren Sie bitte die Erstattungsfähigkeit von angefallenen Inkassokosten, wenn eine Ersatzpflicht des Schuldners nicht vertraglich vereinbart wurde.

K 6   Was ist ein Vergleich, welche Arten gibt es, welche Klauseln sind üblicherweise enthalten und wie lauten sie?

K 7   Wie wirkt sich ein Vergleichsabschluss auf die damit erledigte offene Forderung aus?

K 8   Wie unterscheidet sich die Mediation von der Schlichtung hinsichtlich der Rolle des Mediators/Schlichters?

K 9   Nach welchen Prinzipien geht der Mediator vor und welche Phasen hat eine Mediation üblicherweise?

K 10   Skizzieren Sie kurz die Vorgehensweise bei einem Ad-hoc Schiedsgerichtsverfahren, welche Grundsätze müssen die Richter beachten?

K 11   Weshalb ist das gerichtliche Mahnverfahren schnell, einfach und billig?

K 12   Zeigen Sie den Verlauf des gerichtlichen Mahnverfahrens mit seine Varianten auf.

K 13   Was ist ein Vollstreckungsbescheid und wie kann man gegen ihn vorgehen?

K 14   Was kostet ein gerichtliches Mahverfahren im Vergleich zum Zivilprozess bzgl. Gericht und Anwalt?

K 15   Worin unterscheidet sich das Europäische Mahnverfahren vom deutschen gerichtlichen Mahnverfahren?

K 16　Welche Überlegungen muss ein Kläger vor einem Zivilprozess anstellen?

K 17　Was versteht man unter Anwaltszwang, wo besteht er?

K 18　Welche Pflichten hat ein Rechtsanwalt gegenüber seinem Mandanten?

K 19　Erläutern Sie bitte die Grundzüge der sachlichen und Örtlichen Gerichtszuständigkeit.

K 20　Ist eine Gerichtsstandsvereinbarung zwischen einem Unternehmer und einem Verbraucher wirksam? Differenzieren Sie bitte!

K 21　Welche Inhalte muss eine Klageschrift haben?

K 22　Was ist der „gesetzliche Richter" und wie wird er bestimmt?

K 23　Zwischen welchen Vorgehensweisen kann ein Richter zur Vorbereitung des Haupttermins wählen und welches sind die Kriterien?

K 24　Was ist eine Güteverhandlung und was geschieht dabei?

K 25　Was versteht man unter dem Beibringungsgrundsatz?

K 26　Weche vier Beweismittel kennen Sie?

K 27　Wie kann sich ein Verhandlungstermin abweichend von der Norm entwickeln? Nennen Sie vier Varianten!

K 28　Was ist der „Tenor" eines Urteils und welche Inhalte hat er?

K 29　Worin unterscheiden sich Berufung und Revision?

K 30　Welches sind die drei Voraussetzungen der Zwangsvollstreckung und in welche Vermögensmassen kann ein Gläubiger vollstrecken?

K 31　Welche Möglichkeiten gibt es, in ein Grundstück die Zwangsvollstreckung zu betreiben, wo ist das geregelt?

Weiterführende Literaturhinweise

Förschler, P., Privat- und Prozessrecht, Lehrbuch für Ausbildung und Praxis, Bad Wörishofen, 2016

Förschler, P., Privat- und Prozessrecht, Übungsaufgaben mit Lösungen, 12. Auflage, Bad Wörishofen, 2017

Führich, E., Wirtschaftsprivatrecht, 13. Auflage, München 2017

Birk, A / Löffler, J., Marketing- und Vertriebsrecht, München, 2012

Richter, Th. S., Vertragsrecht, 2. Aufl. 2013

Gildeggen, R. / Willburger, A., Internationale Handelsgeschäfte, 4. Aufl. München, 2012

Weber, D. / Förschler, P., Der Zivilprozess, 3. Aufl. München, 2013

Stichwortverzeichnis